保 険 法

補 訂 版

坂口光男 著
陳　　亮 補訂

文眞堂

はしがき

本書は、海上保険契約法を除いた保険契約法に関する多少詳しい概説的な体系書である。保険契約法の分野においては、先学によって、すでに多くのすぐれた本格的な体系書が公にされている。したがって、筆者には、それ以上にとくに新たなものを付け加える余地はもはや残されていないという観がある。たとえば、故大森先生の「保険法」は、それを乗り越えることが保険法研究者の長年にわたる悲願とされる不朽の名著であり、田辺先生の「現代保険法」は、先生の修正絶対説を随所で見事に具体的に展開されているとともに、保険契約法の基本問題について理論的に鋭く掘り下げた考察は他の追随を容易に許さないものであり、西島先生の「保険法」は、新しい型の保険の構造の分析と保険加入者の行動の動機の分析という壮大な構想をもとにして、大森保険法学を乗り越えようとするきわめて水準の高い体系書であり、石田先生の「商法Ⅳ（保険法）」は、普通保険約款についても深い考察を加えながら生きた保険契約法の叙述を行うとともに多くの立法論を示している意欲的な体系書であり、倉沢先生の「保険法通論」は、蓄積された研究の成果を、簡潔ながら随所に鋭く示されている体系書である。先学のこうしたすぐれた体系書を前にして、本書を公にすることの意味はどこにあるのであろうか、ということが、本書の刊行を計画してから執筆中にかけて筆者がいだいていた感想であった。

多少詳しい概説的な体系書の理想のひとつとして、解説は客観的に、主張は個性的に、ということをあげることができるかと思われる。前者は、学説・判例等が到達した現在の水準を客観的に叙述することである。本書においいても、筆者はそのことに心がけたつもりである。本書においては、可能なかぎり、ごく最近まで発表された著書・論文等の成果をも参照し、重要な問題や理論的に見解が分かれている問題については多少詳しい説明を加えたつもりであり、また、学説・判例・実務に対して大きな指針となっている損害保険契約法改正試案等についても可能なかぎり触れ、解説にあたっては平易に説くように心がけたつもりである。また、後者の個性的な主張ということに関しては、筆者の現在の一応の考えを示してはいるが、先学の研究成果の整理にとどまったところが少なくないとも思われる。今後ともさらに多くの研鑽を積み、個個の問題についての考察を掘り下げ、少しでも個性的な体系書となるように努めたいと願っている。

本書の執筆にあたっては、先学のすぐれた研究から多くのことを学ばせていただいた。ここで、深く感謝の意を表する。また、文眞堂の社長・前野眞太郎氏からは、本書の刊行を熱心に勧められたうえ、さまざまな点にわたって細かいご配慮とご助言をいただいた。感謝の意を表する。本書の校正と索引の作成については、明治大学大学院博士後期課程の福島雄一君を煩わせた。お礼を申し上げる。

一九九一年二月二三日

妻の誕生日に、

明治大学法学部研究室にて

坂　口　光　男

補訂にあたって

本書は、旧版以来、長年にわたって保険法講義の教材として明大生に親しまれてきたが、この間に、保険業法や保険法をはじめ、各種の重要法令ないし関連法令の制定・改廃が行われ、保険に関する重要な判例も多数現れた。そこで、一昨年の暮れ頃、本書の著者である恩師の坂口光男先生のご厚意により、本書の改訂という大役を私が任されることになった。ところが、改訂の具体的な方針が定まらぬまま、先生は昨年六月に急逝されてしまった。そこで、種々思案の結果、過渡期ともいうべき現在は、本書の全面的改訂というよりも、法令や判例等の補足を中心とする最小限度の補訂を行うこととした。

補訂に際しては、以下の方針を心がけた。第一に、原著の構成および記述をなるべく維持し、法令の実質的な変更がなされていない部分については、現行法令に合わせて必要最小限の修正を行うにとどめることとした。第二に、法令の実質的な変更がなされた箇所、とりわけ、本書の主たる考察対象である保険法の規定については、立法趣旨・要件・効果等の解説を中心に修正・加筆を行うが、同法の規定をめぐる最近の議論は、未だ流動的ともいえ、とくに深入りしないこととした。また、同法の前身である平成二〇年改正前商法の規定に関する原著の記述のうち、法の沿革を知る上で必要かつ有益な部分は極力残すように心がけた。第三に、旧版以降の新しい判例・学説については、学習上必要と思われるものにかぎり注記するという形で補うこととした。右の方針のもとに補訂を行った結果、全体としてやや統一を欠く感は否めないが、他日、一層完全なものとしたいと考えている。

補訂版の刊行が実現できたのは、先生の学恩およびご遺族のご厚情によるものと深く感謝している。また、本書の補訂にあたっては、文眞堂常務取締役・前野眞司氏から多くのご配慮とご助言を頂いた。心よりお礼を申し上げる。

二〇一二年三月

明治大学法学部研究室にて
陳　亮

凡例

一　法令

保険法については、他の法令との混同を避けるため必要な場合を除き、法令名を省略して条文番号のみで表記した。それ以外の法令については、以下の略称を用いたほか、概ね有斐閣『六法全書』の法令名略語に依拠した。

商旧＝保険法の施行に伴う関係法律の整備に関する法律（平成二〇年法律第五七号）による改正前の商法（本文中では、改正前商法という）

保険規＝保険業法施行規則

保険令＝保険業法施行令

二　判例・判例集

判例および判例集の表記については、法律編集者懇談会「法律文献等の出典の表示方法」に依拠した。

三　保険約款

自動車約款＝自動車保険普通保険約款

住宅総合約款＝住宅総合保険普通保険約款

傷害約款＝傷害保険普通保険約款

賠償責任約款＝賠償責任保険普通保険約款

目次

第三編　損害保険契約……117

第四編 定額保険契約……245

第一編　保険法総論

第一章　保険制度

第一節　保険制度の目的と構造

一　保険制度の目的

私有財産制度と自己責任原則を基礎とする経済社会においては、企業や家計は、原則として、自己の責任においてその経済生活を維持・運営しなければならない。しかし、各経済主体は、偶然で予測することができない種々の事故の発生によって、絶えず経済生活の不安定にさらされている。そして、各経済主体の経済生活を不安定ならしめる事故に対して、種々の方策が講じられる。第一は、予防策である。これは、事故の発生を未然に防止するものである。そのためには、事故の原因を究明し、その原因を除去することである。予防策は、事故の発生を未然に防止するものであるから、最も理想的な方策である。しかし、高度に発達した現代の科学・技術をもってしても事故の原因の究明や除去ができない場合には、事故の発生を未然に防止することは不可能である。ここに、予防策の限界がある。第二は、鎮圧策である。これは、発生した事故の結果の拡大を可能なかぎり阻止・局限するための方策である。たとえば、火災に際しての消火活動、海難に際しての救助活動が挙げられる。しかし、鎮圧策にも、予防策の場合と同様に、限界がある。第三は、善後策である。これは、事故によって生じた結果に対して、経済的な側面から一定の方策を講ずることである。これには、まず、貯蓄と公的な救済制度がある。しかし、貯蓄は、必要資金が蓄えられるまで相当に長期の期間を要することから、早期に事故が発生する場合には、その目的を達成することは不可能である。また、公的な救済制度は、救済を受けられるための要件と救済の範囲が限定的であるために、原状の回復のためには必ずしも十分ではない。そこで、少額の支出によって、事故が発生した場合に原状の回復のために必要な資金を取得しうる経済制度として、保険制度がある。

二　保険制度の構造

火災・死亡・賠償責任の負担等という事故は、小数、つまり個々の家計や企業についてみるならば、予測はほとんど不可能である。しかし、このような事故も、大数、つまり多数の集団についてみるならば、一定期間内に発生する程度は、ほぼ一定している（大数の法則）。そこで、大数の法則を用いて事故の発生率を測定し、その発生率に応じて保険加入者に保険料を分担させ、この保険料を保険加入者の共同財産として備蓄しておき、事故に遭遇した者にこの共同備蓄財産から支払をなし、これによって、経済生活の不安定を除去・軽減するための経済制度が保険である。たとえば、一万戸の家屋があり、一戸あたりの家屋の価額が一、〇〇〇万円であるとする。大数の法則によって、火災の発生率が〇・一パーセントと測定されるならば、一年間の火災損害の総額は一億円となる。この一億円を、一万戸の家屋の所有者に分担させるならば、一人あたりの分担額は一万円となり、合計一億円の共同財産が備蓄される。この共同備蓄財産から、火災の罹災者一〇人にそれぞれ一、〇〇〇万円が支払われ、火災の罹災者の経済生活の不安定が除去・軽減される。

このように、保険制度の目的ないし機能は、偶然の事故の発生による経済生活の不安定に対処することにあり、そのための方法ないし構造として、大数の法則を用いた確率計算によって収支相等の原則が行われるような共同備蓄の制度を用いる、という点に求められる。

第二節　保険制度の本質

一　総　説

海上保険や火災保険のような財産について生ずる損害に対処する保険しか存在しなかった時代においては、保険制度は、事故によって発生した具体的な財産上の損害を塡補する制度であるということができた。しかし、事故が発生した場合に、具体的な損害の有無や額と無関係に、保険契約で約定した一定額を支払う生命保険が出現するにいたると、右の考えを維持することができなくなった。そこで、生命保険をも含めて、一般的に、保険制度の目的ないし機能をどのように解するかということが問題となる。これが保険本質論であり、議論がなされている。(1) 保険本質論は、一方では、損害保険と生命保険の両者を統一的に定義するものであることを要し、他方では、保険を賭博等から区別しうるものであることを要することから、重要かつ困難な問題である。(2)

（1）この問題については、小島・保険学総論四四五頁以下、近藤・保険学総論三五頁以下、木村＝庭田・保険概論八頁以下参照。

（2）鈴木・六八頁（1）参照。なお、保険本質論の学説史については、坂口・学説史二一五頁以下参照。

二　学　説

(1)　損害塡補説　　これは、保険制度は事故によって生じた損害を塡補することを目的とすると解する説である。この説は、海上保険や火災保険のような損害保険だけが行われていた時代にはそのまま通用するが、具体的な損害の有無や額と無関係に、保険契約で約定した一定額を支払う生命保険が出現するにいたると、維持することができなくなった。そこで、損害塡補説を維持しようとする見解は、生命保険も広い意味において損害を塡補することを目的とすると解したり、生命保険は保険ではないと解する説が現れた。しかし、前説に対しては、はなはだしく擬制的であること、また、後説に対しては、生命保険も、多数人による危険の分担制度であるかぎり、保険であることを否定することはできないと批判されている。(1) このように、損害塡補説では、損害保険と、生命保険のような定額保険の両者を統一的に定義することが困難である。

(1) 大森・四頁（三）、田中＝原茂・三四頁、田辺・四頁、西島・一—二頁、石田・四頁。

(2) 経済的需要（用入）充足説　これは、保険制度の目的は、事故の発生によって生ずる経済的需要（用入）を充足することにあるとする説である。この説は、生命保険のような定額保険は損害塡補説では説明できないことから、経済的需要（用入）という概念を、「損害」の概念に代置することによって、生命保険をも含めてすべての保険に共通した目的を示そうとする説である。しかし、生命保険においては、保険事故としての人の死亡または一定年齢までの生存によって具体的に需要（用入）が発生したか否か、また、その額いかんを問うことなく、一定額の保険金が支払われるのであるから、この説も妥当でないと批判されている。(1) これに対しては、生命保険契約を締結するのは一定の需要を予想していること、生命保険において需要の多少に応じて保険金が支払われるのでないことを理由として需要説を否定するのは妥当でないとされている。(2)

(1) 大森・四頁（三）、石田・五頁。

(2) 田中＝原茂・三四頁。なお、田辺・五—六頁も、保険制度の機能は、経済的不利益をカバーするところにあるとし、稼得能力喪失者の死亡に対して保険金が支払われるというような、経済的不利益をカバーするという意味を有しない場合は、やむをえない例外現象であるとする。

(3) 経済生活確保説　これは、保険制度の目的は、事故が発生した場合にある金額が確実に支払われるべきことを保障することによって、現在の経済生活の不安定を除去・軽減することにあるとする説である。この説の特色は次の点にある。すなわち、従来の説は、保険事故の発生に際して行われる具体的な保険給付に着眼して保険の機能を考えているのに対し、この説は、これに反省を加え、保険事故発生前における保険の機能を重視している。したがって、この説によると、保険事故の発生後に行われる具体的な保険給付は、保険の機能にとっては、第二義的なものと解すべきことになろう。この説に対しては、経済生活の安定・確保が得られるというのは、保険事故が発生した場合に確実に保険給付がなされることの反射的効果にすぎず、解明されるべきは、その保険給付の性格であること、保険事故と保険給付との密接な関係を不明にさせること、また、保険と貯蓄などとの区別が明らかでないと批判されている。[1]

(1)　田中＝原茂・三五頁、小町谷＝田辺・三頁、田辺・四―五頁、石田・五頁。

(4)　相対的把握説　従来の学説は、保険制度の目的を、損害塡補、経済的需要（入用）充足、経済生活確保のどれか一つのみに求めているのに対し、この説は、保険制度の目的を一つの角度から統一的に説明することは困難であるとし、保険制度の目的を多角的に把握しようとする説である。

すなわち、保険制度の目的または保険加入の動機は、経済生活の安定確保にあるが、経済生活の安定確保に役立つものがすべて保険であるということはできず、保険は原状の回復という補正的性格を有していることから、保険給付の限度を示すことを要し、この点において、損害塡補説および経済的需要充足説が正しいとされる。[1]この説は、保険制度の目的・本質を、保険加入の目的・動機と、保険の補正的性格の二つの側面から把握しようとする見解である。なお、保険制度の本質を、保険制度の目的と手段の二つの要素の中に求めようとする説がある。すなわち、この説は、保険制度の目的は、偶然の事故によって生ずる需要を充足することにあり（需要説）、この目的を達成するための手段として、大数の法則を用いて測定された事故発生の蓋然率に基づく保険料の支払に対して保険金の支払を行うという技術を用いる（技術説）とし、保険制度の目的として需要説に、手段として技術説に賛成している。(2) この説も、保険制度の本質を、目的と手段という二つの側面から相対的に把握している見解であると評価することができる。

このように、保険制度の機能または保険本質論については種々の説が存在し、定説は存在しないが、この問題は、保険論に属する問題でもあるので、ここでは代表的と思われる説の一応の紹介にとどめておくことにする。

(1) 西島・四―六頁。
(2) 田中＝原茂・三六頁、鈴木・六八頁（1）。

第三節　保険制度と他の類似制度

一　総　説

保険制度といいうるために必要とされるいくつかの要素を含んではいるが、すべての要素を含んでいるのではない制度を、保険類似制度という。保険類似制度として、賭博・富くじ、貯蓄、自家保険、金銭無尽、保証、共済等がある。これらの保険類似制度は、その目的や手段等において、保険制度と共通する面と相違する面を有している。次に、これらの保険類似制度と保険制度との共通点と相違点を比較する。

二　保険類似制度

(1)　賭博・富くじ　賭博・富くじと保険は、射倖契約としての性質を有する点では共通しているが、目的ないし機能の点では異なっている。すなわち、賭博・富くじと保険は、将来の偶然の出来事の発生の有無によって当事者間の具体的な給付反対給付の均衡関係が左右される契約という点でともに射倖契約に属すること、また、多数人による出捐によって成立し、その全体としての給付反対給付が均衡を保つことになっている点で共通している。しかし、保険は、経済生活の安定を図ることを目的としているのに対し、賭博・富くじは、偶然の出来事の発生による積極的利得を得ることを目的としている。したがって、経済生活の安定を図ることを目的とする保険においては、事故によって生じた資金の必要性と資金の給付とが連動するが、賭博・富くじでは、このような連動は考えられない。また、賭博・富くじでは、利得と損失の機会が併存していることから、経済生活の不安定を助長することがある。(1)

(1) 小島・前掲一二六頁、大森・五頁（三）、田中＝原茂・三七—三八頁、西島・八頁、森・保険の本質と経済二〇頁。

(2) 貯蓄　貯蓄と保険は、経済生活の安定を図るという目的を有する点では共通しているが、この目的を達成するための技術的仕組の点では異なっている。すなわち、貯蓄は各経済主体が単独で備蓄するものであるのに対し、保険は多数の経済主体の団体的結合を基礎とした共同備蓄である。その結果、備蓄財産の使用・処分に関し、前者では自由であるのに対し、後者ではそうではない。また、事故発生の有無および時期をある程度予測できないかぎり、必要にして十分な貯蓄を行うことはできず、漫然とした貯蓄では不十分であり、あるいは不経済である。この意味において、貯蓄は、偶然の事故に備える制度としては必ずしも適切なものではない。さらに、事故発生の有無および時期をある程度予測することが可能であるとしても、事故によってもたらされる経済的需要の程度があまりにも大きい場合には、その需要を満たすだけの貯蓄を行うことが困難であることも考えられる。(1)

(1) 小島・前掲一二〇頁、大森・五頁（三）、西島・七頁、森・前掲一六—一七頁。

(3) 自家保険　これは、ある経済主体がその有する物や施設について生ずる損害に備えて、その物や施設から生ずる収益の一部を積み立てる制度をいう。多数の船舶とか工場などを有する会社においては、事故の客体である財産は各地に散在しているのが通常であることから、一度に多数の財産を喪失することは少ない。そこで、このような場合には、一定の割合に応じて一定金額の積立を行い、これによって、生じた損害を塡補することが行われている。

自家保険は、偶然の事故による経済生活の不安定に対処することを目的としていること、一定金額の積立は大数の法則を用いて行われる点において、保険と共通した面を有する。しかし、保険は、多数の経済主体の結合を前提とした共同備蓄制度であり、多数者間に危険を分散させるものであるのに対し、自家保険は、一経済主体の単独備蓄制度であり、一経済主体の内部における危険克服手段にすぎない。自家保険は、一種の貯蓄といいうる。したがって、自家保険は厳密な意味における保険ではなく、自家保険という用語は、正確ではない(1)。

（1）大森・五頁（三）、田中＝原茂・二八頁、田辺・三頁、西島・七頁、森・前掲一七頁。

(4)　金銭無尽　これは、多数人が集まって、一定の口数と金額を定めて定期的に掛金を払い込ませ、その総額のうちから抽籤または入札によって加入者に金銭の給付を行う一種の相互金融制度である。金銭無尽は、多数人の結合、加入者による拠金、抽籤または入札という偶然的出来事による金銭の給付という点において、保険と類似している。しかし、金銭無尽においては、加入者による拠金の額は蓋然率に基づいて算定されているのではないこと、加入者に対する金銭の給付は、加入者の経済生活の不安定に対処するために行われるのではないことから、金銭の必要性と金銭の給付との間に連動性が存在しないこと、給付反対給付の相等は、保険においては保険加入者の全体についてのみみられるのに対し、金銭無尽においては各加入者について個別的にもみられること等の点において、保険と異なっている。結局、金銭無尽は、早期に金銭の給付を受ける加入者にとっては金銭の借入であり、遅れて金銭の給付を受ける加入者にとっては金銭の払戻について特殊の条件がつけられている貯蓄にほかならない(1)。

（1）小島・前掲一二三頁、大森・六頁（三）、西島・八頁、森・前掲一九頁。

(5)　保証　保証は、債務者がその債務を履行しない場合に、その債務と同一内容の別個の債務を負担する担保制度である。保証は、債務者の債務不履行により債権者が被る損害に対処する制度である点で、保険と類似している。しかし、保証は、必ずしも有償的である必要はないこと、多数人の結合を本質的要素としない点で、保険と異なる。[1]もっとも、多数の加入者を集めて、有償的に保証を引き受ける場合は保険（保証保険）となりうる。

保証保険とは、契約等に基づく債務の不履行により債権者に生ずる損害を塡補する保険であり、その引受を行う事業は、昭和二六年六月の保険業法改正で保険事業の中に含まれることになった。保証保険に属するものとして、入札保証保険、履行保証保険、住宅ローン保証保険等がある。保証保険における保険事故は、債務者である保険契約者の債務不履行であり、しかも、この債務不履行は保険契約者の意思に基づいて発生するものである。その結果、保証保険は、保険事故の偶然性を定める法律の規定（二条六号・五条一項括弧書）と、故意または重過失に基づく保険事故招致の場合の保険者の免責を定める法律の規定（一七条一項）に反するのではないかという問題が生ずる。これが、保証保険の損害保険性の問題である。これに関し、保険事故の偶然性とは、保険契約の成立時における事故発生の不確定を意味するにとどまり、事故の発生が保険加入者の行為に基づくか否かとは無関係であること、また、故意または重過失による保険事故招致の場合の保険者の免責に関しては、故意または重過失という機械的な基準に基づいてではなく、この場合に保険者に塡補責任を負わせることが信義則または公序良俗に反するか否かということに基づいて判断すべく、この見地からするならば、保証保険において、故意による保険事故招致の場合に保険者の塡補責任を認めても信義則または公序良俗に反しないと解されている。[2]

（1）　小島・前掲一二七―一二八頁。もっとも、石田・諸問題二八八頁は、保険と保証の間には本質的な差異は顕著には現れていないとする。同旨、西島・九頁。

（2）　大森・三一七―三一八頁（一）、田中＝原茂・二五三頁、石田・諸問題二八四頁。なお、倉沢「保証保険・信用保険・ボンド」遠藤＝林＝水本・現代契約法大系第六巻二八九頁は、故意の事故招致とは、保険が付いているために債務を履行しないということを意味するとする。

(6)　共済　これは、多数の経済主体が団体的に結合して保険料に相当する掛金を払い込み、その加入者が火災や死亡など、規約に定められた事故に遭遇した場合に、あらかじめ定められている一定の金額を当該加入者に対し支払うものである。わが国では、同一職業または事業に従事する者が相互扶助の考えに立脚して共済組合・協同組合その他の組合を組織し、組合員の火災・負傷・死亡・自動車事故などの場合に金銭の給付を行う共済事業が盛んに行われている[1]。

一般に、保険事業と比較して共済事業には次のような特色がある。第一は、構成員が職域的・地域的に特定されていること、第二は、構成員が少数で、共済金額が見舞金程度にとどまること、第三は、募集組織を有しないこと、第四は、給付反対給付均等の原則が十分に貫かれていないこと、第五は、総じて構成員相互間の共同連帯の意識・情誼の念によって結ばれていることである。そして、現実には、右の諸特徴をすべて備えている相互扶助組織的なものから、保険的諸特徴を備え保険と同じ範ちゅうに属するものがあり、種々の段階のものが存在している[2]。

しかし、共済と保険の接近ないし同質化がみられるといわれている。すなわち、右の第一の点につき、構成員の特定が拡大されつつあること、第二の点につき、構成員が少数で、共済金額が見舞金程度にとどまっているという特色が失われているものが多いこと、第三の点につき、募集組織と同じ機能を果たすものが存在していること、第四の点につき、事業経営の健全性・永続性の観点から、給付反対給付均等の原則が貫かれるようになってきていること、第五の点につき、構成員相互間の共同連帯の意識・情誼の念による結合も稀薄になっているといわれている[3]。そこで、共済についても、保険契約法の準用もしくは適用を肯定する見解が主張され[4]、また、保険と共済を包括した監督法を制定し、監督行政の一元化を行うべきであるとの立法論が提唱されていた[5]。

保険法は、保険料や共済掛金が損害や病気等の発生の可能性に応じて支払われることを保険契約に該当するための要件と定め（二条一号）、この要件を満たす共済契約に保険法を適用することとしている。また、保険業法上の「保険業」とは、生命保険、損害保険その他の保険で、同法三条四項各号または五項各号に掲げるものの引受を行う事業をいうとされ（保険二条一項柱書。ただし、同条一項各号に掲げるものを除く）、このような保険業については、共済事業という名称を用いたとしても保険業法が適用される。このように、現在では、一定の要件を満たす共済には保険法および保険業法が適用されることになっている。

（1）わが国における共済事業の現状については、藤田「共済事業と保険事業の問題」田辺還暦二二三頁以下参照。
（2）保険審議会答申「共済保険問題に関する意見」（昭和四三年三月二七日）一一四―一一五頁。
（3）藤田・前掲二四〇―二四一頁。なお、木村＝庭田・前掲一六頁参照。
（4）田中＝原茂・四〇頁、鴻「保険と共済」安田火災記念財団叢書七号一三―一六頁、竹内「損害保険契約法改正の基本的問題」創立四十周年記念損害保険論集七―一五頁、同「総論における問題点」私法三六号一五頁、同「保険と共済」鴻還暦四八六頁、西島・一五六頁（3）、石田・四三頁、同・基本問題二八頁、大沢（康）「保険と共済」遠藤＝林＝水本・現代契約法大系第六巻一三〇頁、一三五頁、藤田・前掲二四二頁。
（5）鴻・前掲一六―一八頁、竹内・前掲鴻還暦四八九頁以下、藤田・前掲二四三頁。

第四節　保険の分類

保険は、種々の観点から分類される。以下では、保険の行われる目的、保険の経営主体、保険契約の内容等の観点から、保険の分類を行う。(1)

（1）田辺・六頁以下も、本文で述べたような観点から、保険を分類している。これに対し、保険事業、保険取引という観点から保険を分類しているものとして、戸田＝西島・一〇―一五頁（岩崎稜筆）がある。なお、保険の分類に関する学説史については、坂口・学説史二六五頁以下参照。

一　保険の行われる目的による分類

(1)　公保険と私保険　公保険とは、国家その他の公共団体が国民経済的見地から公的な政策の実現のために行う保険であり、私保険とは、公保険に対する保険で、関係者の純然たる私経済的見地から行われる保険である。公保険と私保険の分類は、保険制度の設定目的を基準とした分類なので、保険の経営主体が公法人であるか私法人であるかを基準とする公営保険と私営保険の分類とは、理論的に異なっている。ただ、実際には、公保険は公営保険であり、私保険は私営保険である。もっとも、自動車損害賠償保障法（昭三〇法九七号）による自動車損害賠償責任保険は、私営保険であるが、人身事故の被害者救済という社会政策的目的を強く有することから、公保険的性格が濃い。

公保険には、社会保険と産業保険がある。社会保険は、社会政策を実現するための保険であり、雇用保険法（昭四九法一一六号）による雇用保険、厚生年金保険法（昭二九法一一五号）による厚生年金保険、船員保険法（昭一四法七三号）による船員保険、労働者災害補償保険法（昭二二法五〇号）による労働者災害補償保険、健康保険法（大一一法七〇号）による健康保険、国民健康保険法（昭三三法一九二号）による国民健康保険、自動車損害賠償保障法（昭三〇法九七号）による自動車損害賠償責任保険の再保険、原子力損害の賠償に関する法律（昭三六法一四七号）による原子力損害賠償責任保険、地震保険に関する法律（昭四一法七三号）による地震保険の再保険などがある。

また、産業政策を実現するための産業保険として、森林国営保険法（昭一二法二五号）による森林保険、農業災害補償法（昭二二法一八五号）による農業保険、漁船損害等補償法（昭二七法二八号）による漁船保険、中小企業信用保険法（昭二五法二六四号）による中小企業信用保険、貿易保険法（昭二五法六七号）による貿易保険、住宅融資保険法（昭三〇法六三号）による住宅融資保険などがある。これらの公保険は、公の政策遂行のために設定されているため、私保険とは異なる法的規制を受ける場合が多い。

(2)　企業保険と家計保険　これは、保険加入者の保険加入目的を基準とする分類である。すなわち、企業保険は、企業者がその企業経済生活の安定・維持のために締結する保険であり、海上保険、運送保険、企業用建物や機械の火災保険などがこれに属する。これに対し、家計保険は、一般大衆がその家計経済生活の安定・維持のために締結する保険であり、住宅や家財の火災保険、一般の生命保険、自家用の自動車保険などがこれに属する。

企業保険と家計保険の分類は、保険の相違に基づく分類ではない。ただ、企業保険においては、保険の加入者は企業者であるのに対し、家計保険においては、保険の加入者は一般大衆であることから、両者の間には経済力および保険に関する知識力等において格差が認められるので、立法論および解釈論において異なった法的規制を要する場合が多い。

(3)　強制保険と任意保険　　これは、保険加入の強制の有無を基準とした分類である。強制保険は、一定の政策目的を達成するために、保険の加入が強制されているものである。公保険のうち、社会保険の多くは強制保険であるのに対し、産業保険は原則として任意保険である。私保険は任意保険であるが、自動車損害賠償責任保険のように強制保険もある。

二　保険の経営主体による分類

(1)　公営保険と私営保険　　前者は、国家や地方公共団体その他の公法人が経営する保険であり、後者は、個人または私法人が経営する保険である。

(2)　営利保険と相互保険　　これは、保険団体の形成の相違点を基準とした分類である。

営利保険は、商法五〇二条九号に定められている営業的商行為としての保険の引受を営業とする保険である。すなわち、保険加入者から徴収する保険料およびその運用益の総額と、保険加入者に対して支払うべき保険金の総額との差額の利得を目的として行う保険をいう。営利保険における保険加入者は、保険者と対立する債権契約の当事者にすぎず、保険事業の運営は保険者の責任において行われ、収支の差額も保険者に帰属する。営利保険の保険者となりうる者は、資本金が一〇億円を下回らない株式会社に限られている（保険六条・保険令二条の二）。

相互保険は、保険加入者を構成員として形成された団体が保険者となり、構成員が相互に行う保険をいう。保険加入者は、保険契約者としての地位と団体の構成員（社員）としての地位を有する。(1) 保険加入行為と団体への入社行為は一致することになる。保険加入者は、団体の構成員（社員）でもあるので、保険事業の運営は保険加入者の責任と計算において行われ、収支の差額は保険加入者に帰属する。相互保険は商行為ではなく、したがって、その保険者は商人ではない。相互保険事業は、基金が一〇億円を下回らない相互会社のみが営むことができる（保険六条・保険令二条の二）。

営利保険と相互保険は、右に述べたように、団体形成の方式ならびに保険事業の運営と計算の帰属の点において、異なっている。しかし、両者は、その実態において、それほど著しい差異を示していない。すなわち、保険事業による収支の差額は、相互保険では社員に帰属するとはいうものの、営利保険においても利益の一部を加入者に分配することがあること、相互保険における加入者の保険事業の運営に対する発言権も有名無実に近いこと、相互保険における加入者の責任は保険料に限定され（保険三一条）、保険金額の削減に関する旧保険業法四六条の規定も平成七年の保険業法改正により廃止されたことから、営利保険と相互保険との間には、実質的には著しい差異は存在しない。(2) また、保険法は、同法二条一号にいう保険契約の要素を備えるすべての契約に適用されるため、営利保険と相互保険の間には、保険契約の効果に関しては差異は存在しない。

（1） 相互保険における保険関係と社員関係の両者の関係をどのように把握するかについては見解が分かれているが、この点につき、服部「相互保険会社における保険契約者の地位」法学二四巻三号一頁以下、四号四七頁以下、石田「相互保険における保険加入者の地位」法学教室3〈第二期〉一一六頁以下、同・商法の争点（第二版）二六四頁以下参照。また、法制面において、相互保険会社の社員の有する二面的な性格をどのように規律するかという課題もある（山下（友）「相互会社と生命保険」ジュリ九四八号一一一頁）。

（2） 大森・一〇頁、同・法的構造三四四頁、伊沢・三二―三三頁、田中＝原茂・四四頁、田辺・一一頁、石田・九頁。なお、保険

相互会社の理念・本質とされる保険料または支払保険金の可変性が消滅する過程をフランスについて考察するものとして、大塚（英）「フランスにおける保険相互会社概念の変容とその論理」早法六二巻二号七五頁以下参照。

三　保険契約の内容による分類

この分類は、保険事故発生の客体や、保険事故発生の際に行われる保険給付の態様等を基準とした分類である。

(1)　物保険ないし財産保険と人保険　これは、保険事故発生の客体を基準とした分類である。

物保険は、保険加入者の具体的な物について生ずる事故を保険事故とする保険であり、船舶保険や家屋の火災保険などがこれに属する。人保険は、保険事故発生の客体が人である保険をいう。人保険は、保険事故の種類によって、生命保険、傷害保険、疾病保険に分けられる。

ところで、右の分類によると、責任保険・費用保険・信用保険などは、物保険、人保険のいずれにも属さないことになる。そこで、物保険の代わりに財産保険という概念を用い、これを人保険と対立させる分類方法が網羅的であり、すぐれている[1]。

（1）田辺・一二頁、石田・一〇頁。

(2)　損害保険と生命保険　損害保険は、保険事故によって生じた具体的な損害を塡補する保険であり、生命保険は、人の生死に関し一定の金額を支払う保険である。改正前商法は、保険を損害保険と生命保険に分けて規定していた（商旧六二九条・六七三条）。しかし、この分類方法は理論的ではない。なぜなら、損害保険は、保険者が支払うべき保険金の額の決定方法を基準とする分類であるのに対し、生命保険は、保険事故の客体ないし種類を基準とする分類であることから、両者は分類の基準を異にしているからである。同一の基準によって分類するならば、損害保険に対立する保険は定額保険であり、生命保険に対立する保険は傷害保険ないし火災保険等ということになる。保険を損害保険と生命保険に分類すると、そのいずれにも属さない保険が生ずる結果となる。たとえば、傷害保険・疾病保険などは、人の生死に関して保険金が支払われるものではないから生命保険には属さないし、また、定額保険として構成することも可能であるから、損害保険にも属さないことになる。したがって、すべての保険を損害保険と生命保険のいずれかに属させることはできない(1)。

（1）大森・一二頁、同・研究九三頁以下、野津・新一三頁、田中＝原茂・四六頁、田辺・一二頁、同・基本構造四頁、服部＝星川・基本法コン二二六頁（田辺筆）、石田・一〇頁、倉沢・通論一六頁。保険契約の分類は、第一に、一定の標準に基づいた網羅的な分類であること、第二に、契約の法構造の差異に根拠を有するものであることを要する（田辺・基本構造三頁）。そして、右の第二の点に関しては、保険給付の態様の差異を基準とすべきであるとする見解がある（田辺「損害保険と生命保険の分野の問題」保雑四四〇号七五頁）。

(3)　損害保険と定額保険　これは、保険事故発生のときに支払われる保険金の額の決定方法を基準とした分類である。損害保険は、保険者の支払うべき保険金の額が、保険事故の発生によって具体的に生じた損害額に応じて定まる保険である。定額保険は、保険事故の発生によって損害が発生したか否か、損害額いかんに関係なく、契約で約定された一定額を保険金として支払う保険である。物保険ないし財産保険は原則として損害保険である。人保険の多くは定額保険であるが、傷害保険・疾病保険などでは、損害塡補型のものもある。保険を損害保険と定額保険に分類することは、それが、保険保護の対象である利益と、その利益について生ずることあるべき不利益の態様の差異に基づいているかぎり、最も理論的であるといいうる(1)。保険法は、右の議論および諸外国の立法例を参考としつつ、保険を、損害保険、生命保険および傷害疾病定額保険に三分するという分類法を採用している（二条六号〜九号参照）。

損害保険には、物や債権のような積極財産が失われることに対処するための積極保険と、債務や費用の発生に対処するための消極保険があり、後者の例として、責任保険や費用保険がある。近時、消極保険の重要性が高まっているということができる。また、定額保険には、契約において約定された一定額が確定的に支払われる保険と、傷害保険のように、身体の障害の程度に応じて支払保険金の額が定まる階層的な定額保険もある。

（1）　田辺・基本構造三二頁、同・一三頁、服部＝星川・基本法コン二一六頁（田辺筆）、倉沢・通論一六頁。

四　その他の分類

(1)　元受保険と再保険　　ある保険者が保険金支払責任を負う場合に、それによりその保険者が被る損害について、さらに第二の保険者が保険を引き受けることがある。後の保険を再保険といい、前の保険を元受保険という。再保険は、経済的には、元受保険者が引き受けた危険を再保険の保険者が分担するものであるが、法的には、両者は独立の保険である。元受保険が損害保険であると生命保険であるとを問わず、再保険は、元受保険者の保険金支払債務の負担という損害を塡補する保険であるので、責任保険、したがって、損害保険に属する。保険業法は、生命保険事業と損害保険事業の兼営を禁止しているが（保険三条三項）、生命保険会社は生命保険または第三分野保険の再保険事業を営むことができると定めている（保険三条四項三号）。再保険は損害保険ではあるが、その危険率等は、生命保険の危険率と同じであるということに基づいている。

元受保険の保険者がその被保険者に対して法的責任を負うことが、再保険契約における保険事故である。通常の責任保険においては、不法行為等に基づく損害賠償責任の負担が保険事故であるが、再保険においては、元受保険者が保険契約に基づいて保険金支払の契約責任を負うことが、保険事故である。しかし、このような契約責任も、偶然性を有するかぎり、保険事故となりうる。(1)

（1）　倉沢・通論一八―一九頁。

(2)　海上保険と陸上保険　　これは、保険事故発生の主な場所を基準とする分類である。海上保険は、海上危険、すなわち、船舶や積荷につき、航海に関する事故によって生ずる損害を塡補することを目的とする保険である（商八一五条一項）。陸上保険は、海上保険以外の保険である。海上保険は、船舶や積荷の損害に対する保険であるので、物保険であり、非人保険である。(1)したがって、船主の責任負担に関する責任保険、海上の事故による人の死亡・傷害に関する保険は、海上保険ではない(2)。

海上保険と陸上保険は、保険に付される危険の性質その他の点において異なっているため、法的な規制においても必ずしも同じではない。しかし、海上保険も損害保険に属することから、海上保険契約には保険法第二章の一部の規定および第五章の規定が適用される（商八一五条二項）。

(1) 木村・二二三頁。
(2) 田辺・一四頁。

第二章　保険契約法

第一節　保険契約法の意義

一　総　説

保険法とは、広い意味においては、保険に関する法規の総体をいう。この意味における保険法は、保険公法と保険私法に分けられる。保険公法は、保険に関する公法的法規の総体をいい、公保険法、保険事業監督法等がこれに属する。保険私法は、保険に関する私法的法規の総体をいい、保険組織法と保険取引法に分けられる。保険組織法は、保険事業者の組織に関する法規であり、会社法と保険業法がこれについて定めている。保険取引法は、保険取引、すなわち、保険者と保険加入者の間の保険取引関係を規律する法規をいう。保険法（平二〇法五六号）の規定は、この保険取引に関するものであり、これを狭義の保険法という。正確には、保険契約法というべきである。

二　本書の考察対象

本書では、狭義の保険法、すなわち、保険契約法を考察の対象とする(1)。

保険法は、五章からなり、第一章は総則、第二章は損害保険、第三章は生命保険、第四章は傷害疾病定額保険、第五章は雑則となっている(2)。また、商法は、第三編「海商」第六章「保険」において、海上保険に関する特則を定めるとともに、保険法第二章の一部の規定および第五章の規定を適用することにしている（商八一五条二項）。

本書においては、保険契約の各論として、保険法が規定している保険契約のほかに、自動車保険契約、保証・信用保険契約についても説明するが、海上保険契約については説明を省略する。

（1）　保険契約法一般ないし損害保険契約法を中心として、明治期、大正期、昭和前期、昭和後期（昭和四〇年頃まで）におけるわが国の学説の特色・傾向と個々の問題点についての学説の推移を概観するものとして、田辺「学説一〇〇年史・商法―保険法」ジュリ四〇〇号（学説百年史）一一四―一二四頁がある。

（2）　保険法制定の経緯および保険法の概要については、萩本・一問一答四―一二頁参照。

第二節　保険契約法の特色

保険契約法は、現在の法体系上、民法の債権契約法に属する。しかし、保険契約法は、保険制度の有する特色を反映して、一般の債権契約法に対し種々の特色を有している。

(1)　保険の公共性・社会性による特色　保険契約は、保険者と保険加入者との間の私的な契約である。しかし、現代社会においては、保険制度は各個の経済主体にとって不可欠の制度となっていること、また、保険制度は多数人からの拠出金を基礎とした経済生活の安定保障のための制度である。この意味において、保険は、国民経済にとって重要な地位を占めているとともに、保険制度の管理・運営は、国民経済全体に対しても大きな影響を与える。ここに、保険の公共性・社会性が認められる（保険一条参照）。そこで、保険事業に対して免許制度が採用されており（保険三条一項）、また、保険契約の面においても、たとえば、普通保険約款に対する認可制度（保険四条二項三号・一二三条一項）が採用されている。その他、保険事業の運営について多くの行政的監督が加えられている。

(2)　保険の技術性による特色　保険制度は、保険事故発生の蓋然率を測定し、これに基づいて、保険事故発生の際に支払うべき保険金の総額と徴収すべき保険料の総額とが均衡を保つように運営される。その意味において、保険制度は、数理的計算を基礎とした、きわめて技術的な性格を帯びた制度である。保険制度の有するこの技術的な性格は、保険契約法にも反映する。たとえば、保険契約法において、保険料不可分の原則の適用が問題とされるのは、その例である。また、保険契約は射倖契約としての性質を有していることから、保険が賭博目的に悪用されることを防止するための特殊の法則が要請され、事実の認識に関する平等確保のために保険加入者に種々の義務が課されている。保険契約法の理解に際しても、保険制度の技術的構造に配慮すべき場合が少なくない。

(3)　保険の団体性による特色　保険契約は、法的には、保険者と保険加入者との間の個別的な債権契約にすぎない。しかし、保険制度は、経済的には、多数の保険加入者の糾合による危険の分散のための制度である。したがって、多数の保険加入者の間には団体的関係が生じ、個々の保険加入者の保険関係は、その保険団体の一構成要素にすぎない。この意味において、保険制度は、団体的性格を有しているといいうる。

もっとも、保険の団体性の意味の理解に関しては、見解が分かれている。まず、保険団体の意味を、保険加入者の相互扶助的・犠牲的精神に基づく団体という意味に解する見解がかつて主張されたことがある。この見解によると、保険加入者の団体的被制約性が肯定され、あるいは、危険団体の利益を妨げない範囲においてのみ保険加入者の利益が考慮されるとされ、保険契約法は、必然的に保険の団体性によって制約されるとされる[1]。この見地から、告知義務制度における当然無効主義・客観主義が主張され[2]、主務大臣による基礎書類の遡及変更処分の効力について定めていた旧保険業法一〇条三項の規定の理由を保険の団体性に求め[3]、また、保険契約者または被保険者に対する特別利益の提供を禁止する旧「保険募集の取締に関する法律」一六条一項四号の規定（保険三〇〇条一項五号相当）は、法律による保険の団体性承認の規定であると解している[4]。

しかし、保険団体の意味を、利他的犠牲や相互的扶助の精神によって構成された倫理的意味での団体と解する見解には、疑問がある。保険の団体性は、むしろ、保険制度の基礎としての危険の綜合平均化のための技術的要請から認められる団体の意味に解するのが妥当である。(5) 営利保険においては、保険者が営利事業として保険の引受を行っているのであり、個々の保険加入者と保険団体との関係は、保険者によって中断されている。(6) したがって、保険の団体性は、危険の綜合平均化のための技術的必要の範囲内に限定されるべきであり、保険の団体性を過度に強調して、保険契約法全体の解釈に用いられることは妥当でないと思われる。(7)

これに対し、相互保険においては、法形式的には、保険加入者は同時に保険者たる団体の構成員（社員）であることから、保険加入者間には法的に団体的結合関係が生じ、ある程度において、保険の団体性の理論を法解釈に及ぼすことは可能であると解されている。(8) 確かに、相互保険においては、保険団体は保険加入者によって直接に形成され、この保険団体の運営は保険加入者全体の計算と責任において行われるので、保険団体維持の理念が法解釈にも反映せざるをえないと考えられる。しかし、このような法形式の差異にもかかわらず、相互保険の実態あるいは保険加入者の意識においては、相互扶助的・犠牲的精神に基づく団体的結合関係を想定することは困難ではないかと思われる。(9) したがって、保険の団体性の意味の理解と法解釈に関し、相互保険についても、営利保険について述べたことと別異のことは妥当しないと考える。

(1) 朝川・保険法一二―一四頁。
(2) 田中（耕）・一七―一八頁、八九頁、同・商法研究（第二巻）七〇四―七〇六頁。
(3) 朝川・保険法研究二八一頁。
(4) 朝川・保険法一三―一四頁、同・保険法研究二八二頁。
(5) 大森・四二頁、同・法的構造三三〇―三三四頁、伊沢・三九―四〇頁、田中＝原茂・二四―二六頁、田辺・二一―二二頁。
(6) 伊沢・三九頁、田中＝原茂・二五頁、鈴木・七四頁。
(7) 小町谷・諸問題七八頁、大森・四二頁、伊沢・三九頁、田中＝原茂・二四―二六頁、田辺・二一―二二頁。なお、保険（危

険）団体の意味の理解をめぐる学説史については、坂口・学説史二三〇頁以下参照。

（8）田中＝原茂・二五頁、田辺・二二頁。

（9）大森・四二頁、同・法的構造三四一―三四五頁。

第三節　保険契約法の法源

一　総　説

保険契約法の法源として、制定法、慣習法が存在していることは、他の法領域におけると同様である。

まず、制定法として、保険法および商法第三編「海商」第六章「保険」における規定が主たるものである。[1] 保険に係る契約の成立、効力、履行および終了については、他の法令に定めるもののほか、保険法の定めるところによる（一条）。保険法および商法以外の保険契約法の法源として、自動車損害賠償保障法の中の自動車損害賠償責任保険契約に関する規定（自賠一一条以下）、地震保険に関する法律四条および四条の二、原子力損害の賠償に関する法律九条などがある。

次に、保険契約に関する慣習法として、改正前商法のもとで、再保険者が元受保険者に保険金を支払った場合、元受保険者が第三者に対して有する権利を代位するが（商旧六六二条）、元受保険者は、第三者に対して権利を行使し、取得した金員を再保険者に給付すべき商慣習法が存在するとされた例がある（大判昭和一五年二月二一日民集一九巻四号二七三頁）。

（1）保険契約法の規定は、公益ないし公の秩序に関するものを除いて、任意規定であると解するのが従来の判例（大判大正五年一一月二一日民録二二輯二一〇五頁等）・通説（松本・七三頁、青山・契約論一九四頁）であった。しかし、学説の中には、公の秩序に関しない規定でも、解釈論として、これを強行規定と解することは可能であり、また、場合によっては必要であるとするものが少なくない（大森・四四頁、野津・新二三頁以下、田中＝原茂・一八頁、田辺・二一頁、大隅＝戸田＝河本・判例コン七一七頁（石田筆））。その理由として、保険加入者の保護の必要性と、保険制度の合理的運営に必要な技術的基礎の確保の必要性の二点を挙げている。保険契約法の任意性の問題については、朝川・保険法研究三頁以下、大森・判例百選一〇頁以下、中西・商法判例百選八頁以下、竹内・生保判例百選一〇頁以下参照。なお、保険法では多くの片面的強行規定が採用されているが、これについては後述する。

二　普通保険約款

(1)　意義

普通保険約款とは、保険者があらかじめ作成した保険契約の内容となるべき契約条項をいう。保険契約は、その性質上、多数の加入者を相手方として大量的に締結されるが、各個の契約ごとに契約内容を折衝して決定することは不便である。そこで、保険者が保険契約の締結を迅速・合理的ならしめるために、あらかじめ作成した契約条項が普通保険約款である。したがって、保険契約については、保険法の強行規定および片面的強行規定を除いた規定に優先して普通保険約款が適用される。この意味において、普通保険約款は、保険取引においてきわめて重要な機能を果している。(1)

(1)　普通保険約款の規定を変更・補充・排除するために用いられる約款を、特別保険約款といい、保険事業の免許申請に際して添付すべき事業方法書にこれを記載することを要する（保険規八条一項六号）。なお、普通保険約款を一括して採用する形で保険契約が締結される場合において、契約当事者間で一定の事項について個別合意がなされ、その個別合意と約款中の条項とが内容的に矛盾するときは、個別合意と約款条項のいずれが優先するかが問題となる。この点につき、神戸地判平成九年六月一七日判タ九五八号二六八頁は、約款条項と異なる内容が保険契約で定められたとしても、それが直ちに契約の内容になるのではなく、約款条項に沿う範囲に修正されるか、約款条項に反する部分は無効になると判示した。この判決の解説として、山本豊・百選一〇頁参照。

(2)　規制

普通保険約款は、保険者と保険加入者との間の法律関係を規律する契約条項であり、しかも、それは、経済力と保険に関する専門的知識力において優越的地位にある保険者が一方的に作成するものである。そこで、普通保険約款の内容の公正妥当性を確保するために、普通保険約款に対して種々の規制が行われている。この規制は、とくに保険加入者の保護の要請が強い家計保険の分野において、重要な意味を有する。

(イ)　立法的規制　保険契約法は、本来、契約法または取引法の一部として、原則として任意法である。そのため、保険契約法は、保険者が作成する普通保険約款によって、保険者に有利な方向で修正されている。そこで、保険加入者の保護のために必要と思われる規定を定めるとともに、これを保険加入者に不利益となるような変更を認めないとするのが立法的規制である。これが、片面的強行規定の法定である。その例として、第一に、保険加入者の義務違反の要件と義務違反の効果に関する規定が重要な問題となる。法律および普通保険約款において、各種の義務が保険加入者等に課されており、その違反に対して一定の制裁が加えられている。その場合、保険加入者保護の観点から、義務違反の要件と義務違反の効果を定めるとともに、これを片面的強行規定とすることである[1]。第二に、保険契約の無効・解除と保険者の保険料返還の問題も重要である。すなわち、保険契約が無効となり解除される場合を定めるとともに、保険者が取得できる保険料の範囲を適切に規制することである[2]。

保険契約法の立法目的が、第一は保険加入者保護、第二が保険者と保険加入者との間の利害の適切な調整に存すると考えられるかぎり、強行規定中心主義が妥当である。それとともに、規定の体系的な完結性の確保と、当事者の意思が不明確な場合の解釈基準の提示という目的からして、最小限度において必要な任意規定をも含めて立法するのが妥当である。その際、保険加入者の保護が必要なのは、もちろん家計保険の分野においてである[3]。

保険法は、保険契約者等の保護のため、保険契約に関する規定の多くを片面的強行規定と定めている（七条・一二条・二六条・三三条・四一条・四九条・五三条・六五条・七〇条・七八条・八二条・九四条参照）。片面的強行規定とされている規定は、主として、保険契約者等の義務違反の要件と効果に関する規定、保険料の減額・返還に関する規定ということができる。片面的強行規定に反する特約で保険契約者等に不利なものは無効とされるので、保険約款の規定が片面的強行規定に反していないかについて、慎重に判断することを要する。

(ロ)　行政的規制　保険事業の免許を受けようとする場合には、その申請書に普通保険約款を添付することを要し（保険四条二項三号）、その変更の場合に内閣総理大臣の認可を受けることを要する（保険一二三条一項）。普通保険約款の有する重要性にかんがみて、普通保険約款には保険契約の内容上重要な事項を記載しなければならない（保険規九条）。これらの行政的規制は、普通保険約款に伴う病理的現象を事前に予防することを目的としている。

普通保険約款は、保険契約の内容を定めた契約条項であるから、保険加入者にとって、普通保険約款の開示はきわめて重要な意味を有する。実務においては、「保険証券ができあがりましたので、保険約款とともにお届け申し上げます。」というのが通例で、これによると、保険約款は契約成立後にはじめて開示されることになる。行政指導によって、普通保険約款は保険契約の申込時に配布するようになっているが、立法論としては、保険契約の締結に際して普通保険約款を開示せしめる制度が考慮されるべきである。(4)

(ハ)　司法的規制　これは、保険約款の解釈につき、裁判所の判断に委ねるもので、保険約款の私法上の効力について判断するものである。立法的規制、行政的規制だけでは必ずしも十分であるとはいえないので、最後に司法的規制によることになる。

しかし、司法的規制は、具体的な訴えの提起を前提とする事後的規制であり、判決の既判力が当該事案に限定されるため個別的規制であり、また、規制基準が信義則・公序良俗違反という抽象的・一般的基準とならざるをえないなどの点において、必ずしも十分なものではない。それにもかかわらず、裁判所による規制の可能性が存在していることによって、当事者の事前の自主的規制が期待されるので、司法的規制の意味はきわめて大きい。(5)とくに、近時の判決において、保険加入者の保護との関連において、普通保険約款の規定の効力に対して制限を加える方向が認められる。(6)

なお、普通保険約款の意味が不明確である場合には、約款作成者、すなわち、保険者に不利に、保険契約者に有利に解釈すべきである（作成者不利の原則）。なぜなら、普通保険約款は保険者が作成したものであり、保険者の作成した普通保険約款の不明確な規定を保険者に有利に解釈することは、衡平の観念に反するからである。とくに、保険者の免責に関する条項を、保険者に有利に解釈すべきでないことに注意すべきである。(7)

（1）石田・一七―一八頁。なお、同「保険と消費者保護」上智二〇巻三号一三〇―一三六頁参照。

（2）石田・一七頁。なお、同・前掲上智一二三―一二八頁参照。

（3）西島・一四―一五頁。

（4）青山・契約法一三二―一三三頁、大森・五二頁、石田・一九頁。なお、保険約款の実体的規制にあたっては、二つの側面が問題となる。第一は、内容の実質的適正化の側面であり、この側面においては、約款内容の適法性・合理性が問題となる。第二は、形式的適正化の側面であり、この側面においては、約款規定の明確性・平明性・理解の容易性が問題となる（洲崎「保険業法と消費者保護」ジュリ九四八号一〇六頁）。

（5）西島・二九頁。

（6）倉沢「『消費者の復権』と保険」法時六〇巻一〇号二一―五頁参照。少し古いが、たとえば、①損害発生の通知義務に関する東京地判昭和四七年六月三〇日判時六七八号二六頁、東京高判昭和五三年一月二三日判時八八七号一一〇頁、札幌地判昭和五九年五月二二日判時一一三九号九四頁、宮崎地裁都城支判昭和六一年三月一七日判時一一八七号一二九頁、最判昭和六二年二月二〇日民集四一巻一号一五九頁、②保険の目的の譲渡に関する盛岡地判昭和四五年二月一三日下民集二一巻一・二号三一四頁、③免責約款の解釈に関する秋田地判昭和三一年五月二二日下民集七巻五号一三四五頁、④損害賠償責任の無断承認に関する東京地判昭和四三年一一月二一日判時五五五号七三頁、東京地判昭和四四年二月三日判時五五五号七〇頁などがある。これらの判決は、いずれも、保険約款の規定を制限的に解釈したか、または、保険約款の規定の有効性に疑問を表明したものである。

（7）伊沢・六一頁、田中＝原茂・一六四頁、田中（誠）・企業の社会的役割重視の商事法学五七頁、田辺・二五頁、西島・三一頁。

(3)　普通保険約款の改正と遡及効

普通保険約款は、保険技術の進歩や経済事情の変化等の理由に基づいて、改正されることがある。保険約款が改正された場合、その改正が相手方にとって不利益である場合はもとより、利益である場合にも、改正前に締結された保険契約には及ばないのが原則である（大判大正六年一二月一三日民録二三輯二一〇三頁）。もっとも、当事者が、改正された保険約款によって保険契約の内容を変更する旨の合意をなした場合、また、保険約款の改正が保険加入者に利益にして保険者が改正前の保険約款による権利を放棄する旨の意思表示をなした場合には、改正された保険約款に遡及効を認めてもよい[1]。

(イ)　無認可約款による保険契約の効力　認可を受けた保険約款を変更する場合にも内閣総理大臣の認可を受けることを要する(保険一二三条一項)。そこで、保険約款を変更したにもかかわらず、認可を受けずにその保険約款で保険契約を締結する場合、保険契約の私法上の効力が問題となる。

まず、判例・通説は、認可を受けていない保険約款も私法上有効であるとする[2]。その理由として、保険約款の認可の有無と保険約款の私法上の効力とは無関係であること、認可について定めている保険業法の規定は取締規定ないし命令規定にすぎないこと、保険約款の有効・無効は、公序良俗違反や強行法規違反の有無を基準として裁判所が判断すべきものであり、行政官庁の認可の有無に拘束されるものではないとしている。原則論からするならば、判例・通説の立場は、もっともな見解ではある。

これに対し、認可は保険約款の私法上の効力の要件をなすと解する少数説がある[3]。その理由として、保険に関する専門的知識に乏しい保険加入者の保護のためには、保険約款に対する国家の監督を強化し、適正で公平な保険約款を設定するほうが効果的であること、無認可の保険約款には、行政機関による予審的判断に基づく肯定的評価が存在しないので、司法的判断を受ける前提が具備されておらず、その限度で、無認可の保険約款の効力は否定されるとする。この少数説は、原則論または一般論に終始する判例・通説の立場に満足せず、保険約款に対する行政官庁の認可の意味についてきめこまかな検討を加えた結果として導き出された見解であると評価でき、注目に値する。なお、保険契約者が企業者であるか否かによって、無認可約款の私法上の効力に差異が生ずるか否かが問題となる。この問題につき、保険契約者の経済的力関係における相違は、約款適用の根拠に影響を及ぼす事情ではあっ

ても、約款の私法的妥当性に影響を及ぼす事情ではないとする見解がある。(4)

(ロ)　保険料増額処分の効力　旧保険業法一〇条三項は、主務大臣は、保険契約者、被保険者または保険金受取人の利益を保護するためとくに必要ありと認めるときは、基礎的事項の変更を認可する際、現に存在する保険契約についても、将来に向かってその変更の効力が及ぶものとなすことができると定めていた。

ところで、保険事業を維持するために、保険料を将来に向かって増額すべき必要性が認められる場合がありうる。このような場合に、現に存在する保険契約に対しても、保険料増額処分の効力が及ぶか否かが問題となる。最大判昭和三四年七月八日民集一三巻七号九一一頁は、保険契約関係は危険団体的性質を有し、この見地のもとに多数の保険契約関係の法的性質を考えるべきこと、旧保険業法一〇条三項は保険契約関係のこのような特質にかんがみて設けられた規定であり、同条項の「保険契約者、被保険者又ハ保険金額ヲ受取ルベキ者ノ利益」とは、これらの者の立場を全体的に考察して判断すべきこと、それゆえ、保険事業の維持・経営の破綻を救うには保険料の増額以外には道がないと主務大臣が認めて一〇条三項の処分をした場合における既存契約の保険料の増額は、結局は契約者等の利益を確保することになるとして、現に存在する保険契約に対しても、保険料増額処分の効力が及ぶと判示した。この判決の事案は、相互保険に関する事案である点は注意すべきであるとしても、判決に対しては多くの批判が加えられている。すなわち、判決が、保険団体をもって加入者の協同組合的結合と解し、そのことから理論上当然にその構成員が全体のために犠牲を忍ばなければならないという意味であるならば正当でないこと、(5)判決は、取締法規たる保険業法の規定の解釈についてわずかに妥当性を認めうるにとどまり、もし、保険団体の理論が保険契約全体の解釈に用いられるようなことがあれば、それは由々しきことであること、(6)旧保険業法一〇条三項を、既存の保険契約者に保険料増額という不利な効果を及ぼす根拠とすることはできないこと、(7)主務大臣の一方的な行政処分は契約当事者の既得権を侵害するとされている。(8)判決に対する右の批判にはもちろん妥当性が認められる。したがって、主務大臣による一方的な行政処分という方法によるのではなく、一定の期間を定めて保険料の増額の承諾を求めるというように、保険者と保険契約者との個別的な関係に引き直して解決すべきであったとも考えられる。(9) なお、旧保険業法一〇条三項は、平成七年の保険業法改正により廃止された。

(1)　田辺・二六頁。なお、当初の保険約款自体に将来の改正を予定する条項、すなわち、改正留保条項が盛り込まれている場合にも、保険者は無制限に約款の改正を行いうるのではなく、改正の範囲は限定される（中西「保険約款の改正と既存契約」阪法一四九・一五〇号三七頁以下、山下（友）・生保判例百選一七頁）。

(2)　最判昭和四五年一二月二四日民集二四巻一三号二一八七頁、大森・五二頁（三）、石井・普通契約條款三三―三四頁（一）、田中＝原茂・一六三頁、鴻・損保判例百選一三頁、石田・二五頁、同・諸問題二七五頁、谷川・商法の判例（第三版）二七五頁、中西「普通保険約款」本間＝山口還暦三四六頁、金沢・ジュリ四八二号一〇八頁、大塚（龍）「普通取引約款の拘束力」法学教室（第二期）八号六一頁。

(3)　戸田・判例百選一五頁、西島・二六―二七頁、同・民商六五巻六号九七七頁、吉川・生保判例百選一五頁。甘利・百選九頁も、判例・通説には疑問があるとする。

(4)　倉沢「保険約款に対する司法的規制」保雑四五六号八五頁。

(5)　大森・法的構造三三七頁、田中＝原茂・二四頁以下、田中（誠）「商事法と共に六十年」二五二頁（発言）。

(6)　小町谷・諸問題七八頁、同・総論(一)五三頁。

(7)　喜多川「保険団体の法理的問題性」私法一一号八一頁、竹内・商法判例百選一五頁。

(8)　西島・二七―二八頁。

(9)　石田・商法の判例（第三版）二七〇頁、山下・六三頁。

(4)　拘束力の法的根拠　　普通保険約款は、保険者が作成したものであるから、保険者がこれに拘束されるのは当然である。これに対し、保険加入者は普通保険約款の作成に関与しておらず、また、普通保険約款の内容を知らないまま保険契約を締結するという場合もありうることから、普通保険約款は保険加入者に対して拘束力があるか否か、あるとした場合にその根拠をどのように法的に説明すべきかということが問題となる。これが、普通保険約款の拘束力の根拠に関する問題であり、わが国においては、森林火災免責条項に関する大判大正四年一二月二四日民録二一輯二一八二頁を契機として、論争されるにいたっている。(1)

(イ)　意思推定理論　これは、保険約款によって保険契約を締結する意思があるものと推定する見解である。そして、意思を推定するための根拠として、普通保険約款によらない旨の意思を表示せずに契約したときは反証のないかぎり約款による意思をもって契約したものと推定し、あるいは、普通保険約款による旨を記載した申込書に任意調印して申込をなしたときはこれによる意思をもって契約したものと推定するとされる。(2) そして、この推定をくつがえすためには、ある条項の存在の不知および約款による意思の不存在を立証しなければならないと解すべきであるとされている。(3) しかし、意思推定理論に従うと、右の立証がなされた場合には、約款の拘束力が否定されることになり、妥当でないと解されている。(4)

(ロ)　自治法理論　これは、普通保険約款を、団体が自主的に制定した自治法の一種と解する見解である。(5) すなわち、「社会あるところに法あり」の法諺を援用して、約款も定款と同様に自治法の一種であるとし、約款は、「約款による契約」の前提要件たる法規であり、当該取引圏という部分社会の自治法であるとし、また、約款による取引が普遍的となっている現在においては、取引社会から企業または第三者に自治法の制定が委ねられているとする。しかし、約款を直ちに実定法的な意味での法規と同視することは困難であること、約款は、企業者の便宜のために、企業者の経済力を背景として事実上の適用をみるにすぎず、一般的な適用のための法的基礎を欠いている。また、自治法は、会社その他の団体がその構成員に対して自主的に制定したものを意味するが、自治法理論は、約款も、これによる取引が行われる取引団体の自治法と解している。(6) しかし、保険取引圏という法的団体の存在を承認しうるか否かについては疑問があろう。(7)

(ハ)　商慣習法理論　これは、普通保険約款が商慣習法であることに、その拘束力の根拠を求める見解である。

この見解の中には、まず、約款の内容それ自体が商慣習法になっていると解する見解がある。しかし、この見解によると、その約款が長年にわたって反復して使用されてきたものでない場合には慣習法とはいえず、したがって、拘束力は否定されることになる。そこで、保険取引圏においては、「取引は約款による」ということが商慣習法になっているとする見解が有力に主張されている（白地商慣習法理論）。[8] この見解は、既存の法理論からの大きな飛躍がないうえ、普通保険約款の使用・内容についての保険加入者の知・不知を問うことなく拘束力を認めることから、保険者側の要請にも適合し、通説化している。[9]

(二)　近時の約款理論　わが国において、とくに昭和四〇年代に入って、安易に約款の拘束力を肯定する伝統的な判例・学説に対して、批判が加えられるにいたっている。すなわち、約款による企業経営の合理化の側面を重視するあまり、不当な約款条項にも安易に拘束力を認めることに対し批判的であるのが、近時の約款理論に共通した傾向である。そこで、いかなる要件が存在する場合に約款が拘束力を有するかが問われており、約款を契約内容とすることについての保険加入者の同意という法律行為の中に、拘束力発生の根拠を求める見解が強くなっている（契約説）。その際、約款を契約内容とすることについて保険加入者が同意したと認められるためには、いかなる要件が存在することが必要であるかが問題とされ、現在、約款の事前開示と約款内容の公正妥当性が、拘束力発生の要件との関連において、議論されている。[10] このように、約款の拘束力の根拠に関する近時の学説には注目すべき傾向が認められる。

(1)　山下（友）「約款による取引」竹内＝龍田・現代企業法講座4二〇頁。なお、保険約款の拘束力の根拠をめぐるわが国の学説史については、坂口・学説史二四九頁以下参照。

(2)　大判大正四年一二月二四日民録二一輯二一八二頁（解説として、大塚・百選六頁参照）。この判決は、本文で述べたように、二つの推定に言及しているが、この二つの推定の理論的関連性が必ずしも明らかではない（上柳・損保判例百選一〇頁、山下（友）・前掲講座4二一八頁（21））。

(3) 上柳・損保判例百選一一頁。
(4) 田辺・二四頁、菅原・判例百選一三頁、石田・二七頁、同・商法判例百選一一頁。
(5) 田中（耕）・改正商法総則概論一九三頁、西原・商行為法五二頁、服部・商法総則三〇頁。
(6) 服部・前掲三〇頁。
(7) 石井＝鴻・商法総則五一―五二頁、大森・五三頁、大隅・商法総則七七頁、田中＝原茂・一六二頁、田辺・二四頁、中西「普通保険約款」本間＝山口還暦三四〇頁、石田・二七―二八頁、同・商法判例百選一一頁、倉沢・通論二一頁。もっとも、田辺・二四頁は、相互保険においては、保険契約者は社員として定款に拘束されているので、保険関係についても、普通保険約款を団体員を拘束する自治法規と解する余地がないではないとしている。
(8) 大森・五三―五四頁、石井・海上二〇頁、大隅・前掲七七頁、鈴木・八四頁、石田・二八頁、倉沢・通論二一頁。
(9) 山下（友）・前掲二一頁。
(10) 山下（友）・前掲二三―二四頁参照。なお、吉川「普通取引約款の基本理論(1)」保雑四八一号四七頁は、保険約款拘束力の根拠を、約款への監督官庁の保険政策の挿入と契約当事者の客観的合意に求めている。

第二編　保険契約総論

第一章　保険契約の意義

一　総　説

保険法は、保険契約を、損害保険契約、生命保険契約、傷害疾病定額保険契約に分けて規定している。そして、生命保険契約と傷害疾病定額保険契約は定額保険契約であるから、保険法は、保険契約を、損害保険契約と定額保険契約に分類していると解することができる。損害保険契約と定額保険契約の分類は、保険者の給付の内容を基準としたものである。そこで、損害保険契約と定額保険契約の両者を包含した統一的な定義が可能か否か、可能であるとしても、どのように定義しうるかが問題となる(1)。

(1)　保険の定義をめぐるドイツおよびわが国の議論の詳細については、坂口・学説史二五九頁以下参照。

二　一元説と二元説

保険契約を一元的に定義しようとするならば、生命保険契約等の定額保険契約をも含めて損害塡補契約と解するか、反対に、損害保険契約をも含めて金銭給付契約と解することになる。しかし、前者は、余りにも事実に即しない擬制的説明であり、後者は、損害保険契約の本質が原則的に損害塡補であることを無視するものというべきである。そこで、あくまでも損害保険契約と定額保険契約の両者を包含した統一的な定義をなそうとするならば、「保険契約とは、保険者が相手方から報酬を徴収して、一定の偶然の事故が生じた場合に、相手方または第三者にある金額を支払うべきことを約する契約をいう」と定義せざるをえない(1)。しかし、このような定義は、抽象的で無内容に近く、これでは、保険と他の類似の契約との区別が困難となる。そこで、保険契約の定義を無意義とし、むしろ、保険契約の有する具体的な特色を明らかにすることで満足するという見解もみられる(2)。しかし、保険を他の類似の契約から区別し、法規の適用範囲を明確にするためにも、保険契約の定義は無意義とはいえない。また、保険契約の本質的な特徴を挙げることが可能であるならば、その特徴を結合することによって、保険契約の定義を行うことができる(3)。

そこで、あえて一元的な無内容の定義を行うよりも、損害保険契約と定額保険契約の法的異種性を認めて、二元的に定義する見解が妥当ではないかと思われる。それによると、保険契約は、当事者の一方が、偶然の事故が発生した場合に、これによって生じた損害を塡補し、または約定の一定額を給付することを約し、相手方がこれにその対価を支払うことを約する契約であると解することになる(4)。このような定義によるかぎり、損害保険契約と定額保険契約は別個の契約類型に属することになる。それにもかかわらず、両者がなお保険契約であるのは、それぞれが保険制度という経済制度を形成するための法形式であるからにほかならない(5)。

なお、保険法は、同法の適用対象となるべき保険契約の範囲を明確にするために、保険契約の定義につき、「保険契約、共済契約その他いかなる名称であるかを問わず、当事者の一方が一定の事由が生じたことを条件として財産上の給付（…以下「保険給付」という。）を行うことを約し、相手方がこれに対して当該一定の事由の発生の可能性に応じたものとして保険料…を支払うことを約する契約をいう」とする規定を設けている（二条一号）。そして、ここにいう保険給付は、損害保険契約にあっては、損害を塡補することであり（二条六号）、また、生命保険契約および傷害疾病定額保険契約にあっては、一定の金銭の支払を意味する（二条一号括弧書・同条八号・九号）から、保険給付という概念を導入したことによる実質的な変更は生じていないと解される(6)。

（1）大森・三五頁参照。
（2）伊沢・四六頁、石井＝鴻・一四九頁参照。
（3）野津・新五六頁。
（4）松本・二〇頁、田辺・二九頁、西島・三四頁、倉沢・通論二五頁。なお、保険法は、「保険」を法文において過不足なく定義づけることはきわめて困難であること、定義の仕方によっては、本来保険法を適用すべきものが適用対象から外れてしまったり、他の法令における保険の範囲との間に齟齬が生じたりする可能性もあることから、保険の定義規定を設けていない（萩本・一問一答三六頁）。
（5）倉沢・通論二五頁、二七頁参照。
（6）山下＝米山・一三七頁（洲崎筆）。

第二章　保険契約の性質

保険契約は、次のような性質を有している。

一　諾成契約性

保険契約は諾成契約である。すなわち、保険契約は、保険者と保険契約者の意思表示の合致によって成立し、何らかの給付をなすことを必要としない（二条一号参照）。保険約款では、「保険料領収前に生じた事故による損害に対しては、保険金を支払いません。」とか、保険料支払期日にその支払を怠ったときは「損害をてん補する責に任じない。」（例、住宅総合約款一五条三項）と規定しているが、これは、保険料の支払を保険契約の成立要件としているのでなく、保険者の責任開始の要件としているにとどまる。もっとも、実際には保険料の支払と同時に保険契約が成立すると同様の取扱いをしていること、保険料領収証の交付が契約成立の証拠とされていることから、保険契約は実際には要物契約に近くなっているとされる[1]。なお、保険料全額の支払を保険契約の成立条件と特約することも有効である[2]。

（1）　西島・三六頁、古瀬村・商法判例百選四九頁。

（2）　西島・三六頁、打田・判例百選三九頁。

二　不要式契約性

保険契約は、不要式契約であるから、その成立のために書面の作成などの方式を必要としない。ただ、実際には、保険契約の締結に際して、保険者が作成した保険契約の申込書が保険契約の申込者に交付され、これに一定の事項を記入して契約の申込を行うことになっている。このような申込書によらない申込に対しては、保険者は承諾しないのが通例である。そのため、通常の保険契約は、事実上要式化しているとされている。(1) しかし、申込書によらない申込に対して保険者が承諾を与えた場合には、保険契約は有効に成立することは否定できないのであるから、右に述べた実務は、法的な意味における要式契約性とは異なることに注意すべきである。(2) また、保険契約の締結後、保険者は遅滞なく保険契約者に対し法定事項を記載した書面（保険証券）を交付することを要するが（六条・四〇条・六九条）、これは保険契約成立の効果としてなされるのであって、保険契約は右書面の交付を成立要件とする要式契約ではない。

（1）　西島・三七頁、倉沢・通論二九頁。

（2）　倉沢・通論三七頁（4）。

三　射倖契約性

射倖契約とは、当事者の一方または双方の具体的な給付義務の発生の有無または給付義務の範囲が、偶然の出来事によって左右され、したがって、当事者のなす具体的な給付相互間の均衡関係が偶然の出来事によって左右される契約をいう。射倖契約に対立する概念が実定契約である。

保険契約の射倖契約性に関しては、争いがある。この点につき、保険契約は保険契約者にとっては射倖契約性は存在しないとする見解、保険契約は保険者にとっては射倖契約性は存在しないとする見解がある。(1) また、保険契約の射倖契約性を肯定しつつも、射倖契約に関する規定が存在しないわが国においては、保険契約の射倖契約性を論ずる実益は存在しないとする見解がある。(2) しかし、射倖契約とは、契約当事者の具体的な給付義務の発生の有無または給付義務の範囲が、偶然の出来事によって左右される契約であると解するならば、保険契約の射倖契約性は肯定される。(3) 保険契約が一般の契約に対して有する特殊性は、その射倖契約性に存在するといいうる。

射倖契約においては、当事者の具体的な給付の均衡関係が偶然の出来事によって左右されるため、この契約が不法な賭博目的に悪用される危険がある。この危険を防止するために、特殊な法則が要請される（例、三条・四条等）。(4) この法則は、保険契約の射倖契約性から導き出される善意契約性ないし信義則の具体的な発現と解することができる。保険契約の射倖契約性の問題の検討は、保険契約の法的構造ないし保険契約の本質の解明にとってきわめて重要な意味を有する。

（1）このような見解の詳細については、大森・法的構造一三四―一三八頁参照。
（2）松本・二六頁、石井＝鴻・一五二頁。
（3）大森・法的構造一二二頁以下、同・八四頁、伊沢・四七―四八頁、田中＝原茂・一〇八頁、田辺・三五頁、西島・三八頁、石田・三七頁、倉沢・通論三〇頁。
（4）大森・法的構造一二二頁以下、一六九頁以下、同・研究一頁以下、同・八四頁。

四　善意契約性

保険契約は射倖契約性を有する結果として、保険契約においては特別の善意と信義則が要請される。これに対し、善意は契約一般において要請されること、善意の契約という法律行為の範ちゅうは現行法には存在しないことなどを理由として、保険契約の善意契約性を承認することは実益に乏しいとされる。(1) しかし、射倖契約としての保険契約においては、偶然の事実によって当事者の具体的な給付の均衡関係が左右されることから、一般の債権契約におけるとは異なった意味での特殊な善意と信義則が要請される。善意契約性は、射倖契約に固有な属性であり、本質的な特徴であると解することができる。そして、善意契約性は、事実の認識に関する当事者の平等確保などの点に、具体的に発現している（四条・四条等）。(2)

（1）青山・契約法四二頁、松本・二六頁。
（2）大森・法的構造一六九頁以下、同・研究一頁以下、同・八六頁、伊沢・四九頁、田中＝原茂・一〇八頁、石田・三八―三九頁、倉沢・通論三〇頁、坂口「保険契約法の立法論と信義則」野津追悼二四三頁以下。

五　有償契約性

有償契約とは、契約成立の効果として、契約当事者の給付（捐出）が相互に対価的関係に立つ契約をいう。保険契約は有償契約に属するものであることは、一般に承認されている[1]。しかし、保険契約者の給付が保険料給付であることについては異論がないが、これと対価関係に立つ保険者の給付を何に求めるかについては、見解が対立している。この議論は、保険者の給付を単純に保険金給付と解すると、保険事故不発生の場合には保険者は何ら給付を行わず、したがって、この場合には保険契約の有償契約性は否定せざるをえないのではないか、という点をめぐって展開されている。

（1）　松本・二二頁、大森・八一頁、伊沢・四七頁、田中＝原茂・一〇九頁、西島・四一頁、石田・三九頁、倉沢・通論三〇頁。

(1)　保険金給付説　これは、保険契約者の保険料給付と保険者の保険金給付が対価関係に立つと解する見解である。この説に対しては、保険事故が発生せず、したがって、保険金が支払われないまま保険契約が終了する場合には、保険者は何ら給付をしなかったことになり、その結果、この場合には、保険契約の有償性が失われるか、保険料は不当利得として返還されなければならないのではないか、という問題が生ずることになる。また、この説によると、同じ内容の保険契約につき、保険事故が発生した契約については有償性は肯定されるが、そうでない契約については有償性は否定されるということになる。このように、この説によると、保険事故が発生しないまま保険契約が終了することが多い損害保険契約について、右のような疑問が存在することから、この説は、支持されていない[1]。

（1）　大森・法的構造二頁、同・八二頁（一）、野津・新七〇頁、服部「保険契約の対価的構造」法学二三巻一号二頁、田辺「保険契約の類似有償契約性」創立五十周年記念損害保険論集五四頁、同・三〇頁、西島・四二頁参照。

(2)　危険負担給付説　これは、保険契約者の保険料給付に対する保険者の反対給付は、危険負担であると解する見解である。すなわち、保険者は、保険事故が発生した場合に保険金を支払うべきことを引き受けること（危険負担）によって、被保険者の経済生活の不安を除去・軽減する。保険者は危険負担を行うことによって被保険者の経済生活の安定を保障するのであり、これも一つの給付である。保険者は、危険負担をなすので、保険事故の発生の有無、したがって、保険金支払の有無を問わず、給付をなしたのである。そして、保険者の危険負担は、保険契約の成立と同時に開始し、継続的に履行されていること、保険金の支払は、危険負担の具体化であり、危険負担と同一性を有するとされている。この説が通説となっている。[1] もっとも、この説に対しては、次のような疑問が提起されている。

まず、危険負担説における危険負担とは、安心の供与であり、これは、保険契約の締結時から給付されているとされるが、安心の供与は、保険契約の経済的効果にすぎない。法的にみるならば、保険事故発生のときに行われる保険金支払が保険者の給付であり、かかる給付の約束の結果として安心が得られるにすぎない。安心の供与をも給付と解するのは、給付概念の無用な拡張をもたらすことになる。[2] また、危険負担を給付と解する場合、この危険負担と保険事故発生の際になされる具体的な保険金支払との関係をいかに理解すべきかが問題となる。危険負担説によると、両者は別個のものと解すべきことになる。そこで、危険負担説によると、保険事故発生の際になされる具体的な保険金支払は、それ自体を独立の給付とは解さず、危険負担の具体化ないし二次的実現行為にすぎないとされる。[3] 保険事故が発生しないときにも保険者は危険負担という給付をなしたとする危険負担説によるかぎり、保険事故が発生したときになされる具体的な保険金支払を独立の給付とみないのは、危険負担説の当然の理論的帰結となる。これに対し、保険金支払が主たる給付性を有することは否定されえないと主張されている。[4] さらに、危険負担説によると、保険契約はいかなる意味において射倖契約であると解されるのかという問題が生ずる。危険負担説によると、保険者の危険負担は、保険契約の成立の時から、しかも、保険事故の発生・不発生にかかわらず、確定的に行われていると解されている。他方、射倖契約とは、当事者のなすべき給付が偶然の事実の発生にかかっている契約であると解するならば、危険負担説に従うかぎり、保険契約の射倖契約性は否定せざるをえない。(5)

（1）大森・法的構造二頁以下、同・八一頁、同「保険契約における対価関係について」法叢八八巻一・二・三号三頁、伊沢・四七頁、小町谷＝田辺・二〇頁、野津・新六九頁、鈴木・七四頁（1）、西島・四三―四四頁、石田・四一頁、倉沢・通論三一頁。
（2）服部・前掲法学二三巻一号二二―二三頁、同・商法の争点（第二版）二三五頁、田辺・三二頁。
（3）西島・四四頁、倉沢・通論三三頁、吉川「生命保険契約と保険金の支払」ジュリ七四〇号一三五頁。
（4）服部・前掲法学二三巻一号二六頁、同「保険金請求権の発生および消滅」大森還暦三五三頁、田辺・前掲創立五十周年記念損害保険論集五八頁。
（5）田辺・前掲創立五十周年記念損害保険論集五八頁。

(3)　条件付保険金給付説　これは、保険契約者の保険料給付と対価関係に立つのは、保険者の条件付保険金給付であると解する説である。(1)この説は、保険金給付説と同じく、保険者の給付を保険金支払に求めているが、保険事故発生前に保険者が条件付保険金給付を行っていると解する点で、保険金給付説と異なっている。そして、この見解は、保険契約のような射倖契約については、結果論を持ち出して有償契約性の有無を論ずべきではないとする。すなわち、保険事故が発生しない場合には保険金支払は行われないので、有償性は否定されるのではないかという問題提起は誤っていること、保険契約成立の時点において保険者は条件付給付をなしているが、条件付給付も制約された給付として、一つの給付であるとする。(2)この見解に対しては、保険事故が発生しない場合には具体的な給付はなされておらず、保険契約者が享受しているものは経済的安定ということになり、それは、「危険負担」給付と類似ないし同一のものとなるのではないかといわれている。(3)

（1）服部・前掲法学二三巻一号二四頁以下、同・前掲大森還暦三五三頁、田中＝原茂・一〇九頁。

（2）服部・前掲法学二三巻一号二四―二五頁、同・前掲大森還暦三五三―三五四頁（5）。
（3）田辺・前掲創立五十周年記念損害保険論集六七頁、同・三二頁。なお、田中＝原茂・一〇九頁参照。

(4) 類似有償契約説　これは、「危険負担」の「給付」性は否定せざるをえないことから、保険契約は、厳密な意味における有償契約とはいえないが、危険負担は経済的価値を有し、それが保険契約者の保険料給付と対価関係に立っているので、保険契約は類似有償契約性を有すると解する見解である。その結果、保険事故が発生せず保険金が支払われない場合にも、保険契約者の保険料返還請求は認められないとする。(1)「危険負担」の法的意味における給付性を否定しつつも、他方では、危険負担が、保険料給付に対する対価としての経済的価値を有することを承認して、保険契約について類似有償契約という新たな概念を認めるこの見解は、注目に値する。

（1）田辺・前掲創立五十周年記念損害保険論集九〇頁、同・三三―三四頁。

六　双務契約性

保険契約が双務契約であることについては、異論はない。しかし、保険契約者の保険料支払債務に対して、保険者が負担する債務をいかに理解するかについては、見解が対立している。

(1) 保険金支払債務説　この説は、保険者の負担する債務は保険金支払債務であると解する。この説の中には、保険者は、保険契約の成立と同時に、偶然の保険事故が発生した場合に保険金を支払うという、内容の不確定な債務を負うと解する見解(1)と、保険者は、保険事故の発生を条件とした保険金支払債務を負うと解する見解(2)がある。保険金支払債務説に対しては、保険事故が発生せずに保険期間が終了する場合には、内容の不確定な債務または条件付債務は結局は存在しなかったことになり、保険契約の双務契約性を否定せざるをえなくなるといわれている。すなわち、保険者の債務を保険金支払債務に求めると、大多数の保険契約は、保険事故が発生しないために片務契約となり、また、保険事故が発生した場合には、保険料の額に比較して巨額の保険金が支払われるために保険料債務と保険金債務との間の牽連性を認めることができなくなるとされる[3]。

（1）大森・前掲法叢八八巻一・二・三号七―八頁、同・八二頁、伊沢・四七頁。
（2）服部・前掲法学二三巻一号一頁以下、同・前掲大森還暦三五三頁、田中＝原茂・一一〇頁。
（3）小町谷・総論㈠一〇五頁、西島・四五頁、石田・四一頁、倉沢・通論三四頁、戸田＝西島・三二頁（倉沢筆）。

(2)　危険負担債務説　これは、保険者の債務を危険負担債務と解し、この危険負担債務は、保険契約の成立と同時に発生し、直ちに履行期が到来するとする見解であり、危険負担債務の具体的内容として、安全保障義務であるとか[1]、期待権の創設であるとされる[2]。そして、危険負担債務と保険事故発生後の保険金支払債務は同一性を有すること[3]、あるいは、二つの債務が存在するのではなく、危険負担債務という一つの債務が存在し、それが、保険事故の発生によって同一性を保って保険金支払債務に転化するとされている[4]。危険負担債務説に対しては、危険負担とは、保険事故が発生した場合に保険金を支払うべき義務を負っているということであり、このような義務についてさらに債務を負うと構成するのは、当事者の意思からかけ離れた技巧的な構成になると批判されている[5]。

このように、保険者の負担する債務をいかに解するかをめぐって見解が対立しているため、保険契約の双務契約性の意味の理解をめぐって議論があるが、いずれの見解によっても、双務契約に関する民法の規定（民五三三条以下）は保険契約にそのまま適用されることはないと一般に解されている[6]。

（1）西島・四六頁。
（2）倉沢・法理二三頁、石田・四一頁。
（3）もっとも、棚田「射倖契約」保険学会創立三十周年一九六頁は、別個の債務とする。
（4）西島・四六頁。
（5）大森・法的構造一五頁以下、同・八二頁、伊沢・四七頁、田中＝原茂・一一〇頁。
（6）田辺・前掲創立五十周年記念損害保険論集八〇―八七頁は、実定法規の適用上、保険契約を双務契約と認めなければならない理由は存在しないとする。

七　商行為性

営利保険契約は、保険者にとって営業的商行為であり（商五〇二条九号）、したがって、保険者は商人である（商四条一項）。保険契約については、商行為一般に関する規定（商五〇四条―五〇八条・五一一条・五一四条―五一六条・五二二条）および商人がなす商行為に関する規定（商五〇九条・五一二条・五一三条）が適用される。これに対し、相互保険会社による保険の引受は、商行為ではないので、商法の規定は当然には適用されないが、経済的実体の類似性からして、商法総則の規定が準用されている（保険二一条二項）。

保険契約は、保険契約者にとっては必ずしも商行為であるとはいえず、保険契約者の営業のためになされる場合にのみ、附属的商行為となる（商五〇三条）。

第三章　保険契約の当事者と関係者

第一節　当事者とその補助者

一　保険者

保険者とは、保険契約の当事者として、保険事故が発生した場合に、損害塡補義務（損害保険の場合）または約定の一定額を支払うべき義務（定額保険の場合）を負う者をいう（二条二号）。営業の自由という見地からするならば、すべての者が保険者となりうるはずであるが、わが国においては、保険者となりうる者は、一定規模以上の株式会社または相互会社で、一定の要件を備えた者に限られている。その理由は、広範囲にわたる多数の保険加入者を相手として大規模かつ永続的な経営を要する保険事業の特殊性、という点に求められる。

現行法上、営利保険の引受は資本金が一〇億円を下回らない株式会社、相互保険の引受は基金が一〇億円を下回らない相互会社で、内閣総理大臣の免許を受けた者に限られている（保険三条一項・五条の二・六条、保険令二条の二）。保険事業を免許事業とした理由は、保険加入者の利益が害されることがないようにするためである。無免許で保険事業を行うと、罰則の制裁を加えられる（保険三一五条一号）。この制限に違反して引き受けられた保険契約も、私法上は有効であると解されている(1)。

相互会社の基金は、保険事業を開始するにあたって必要とする基金であるが、株式会社の資本金のように社員が行う出資とは異なる。基金を拠出する者は相互会社の社員ではなく、会社外の債権者である。基金は、相互会社と基金拠出者との間の消費貸借類似の特殊契約に基づくものである。したがって、基金は、株式会社の資本金のように自己資本を形成するものではなく、やがては償還されるべき他人資本である。

一つの保険契約は、通常は一人の保険者によって引き受けられるが、複数の保険者が共同で一つの保険契約を引き受けることがある。これを、共同保険契約という。複数の保険者のうちの一人または全員が保険株式会社である場合には、各自連帯して保険契約上の債務を負担する（商五一一条一項）。

なお、保険業はきわめて公共性が高い事業であることから、保険業者の業務の健全かつ適切な運営、および保険募集の公正を確保することを要し、これに関する法律が保険業法（平七法一〇五）である。保険業法は、保険事業の開始、保険事業の運営、保険募集の制限などにつき、詳細な規定を定めている。

（1）　松本・四八頁、小町谷・総論㈠一一六頁、大森・八八頁。

二　保険契約者

保険契約者とは、保険者と保険契約を締結し、保険料支払義務を負う者をいう（二条三号）。保険契約者となりうる者には制限はなく、個人たると法人たると、商人たると非商人たると、能力者たると否とを問わず、保険契約者となることができる。

一つの保険契約の保険契約者は一人である場合が多いが、共有建物の火災保険契約のように、複数人が共同して一つの保険契約を締結することもある。この場合、保険契約が複数の保険契約者のうちの一人または数人にとって商行為となるときは、それらの保険契約者は各自連帯して債務を負担する（商五一一条一項）。なお、保険契約の締結は、保険契約者にとっては必ずしも当然に商行為となるのではないが、それが保険契約者の営業のためにするものである場合には、附属的商行為となる（商五〇三条）。

三　保険者の補助者

広範囲にわたって多数の保険加入者を募り、危険の分散を行うことを必要とする保険事業の性質からして、保険者は多くの補助者を用いる。その補助者として、保険代理商、保険外務員、保険仲立人、診査医等がある。

(1)　保険代理商　保険代理商とは、一定の営利保険会社のために継続的に保険契約の締結の代理（締約代理商）または媒介（媒介代理商）を業とする独立の商人である（会一六条）。相互会社は会社法上の会社ではないので、その代理商は会社法一六条にいう代理商ではないが、これについても代理商に関する会社法の規定が準用されている（保険二一条一項）。

締約代理商である保険代理商は、保険契約の締結・変更・解除、保険料の受領・減額・支払猶予などに関する権限を有するほか、意思表示の効力が、意思の欠缺、詐欺、強迫またはある事情の知・不知につき過失があったことによって影響を受けるべき場合においては、その事実の有無は代理商について判断する（民一〇一条）。これに対し、媒介代理商である保険代理商は、保険契約の締結についての代理権は有さず、単に保険契約の締結のための媒介・あっ旋を行う権限を有するにとどまる。したがって、当然に民法一〇一条の適用はない。もっとも、ある種の行為について代理権を与えられることは差し支えない。

ある保険代理商が、締約代理商であるか媒介代理商であるかによって、代理商の権限に大きな差異が生ずる。ある保険代理商が締約代理商と媒介代理商のいずれであるか、また、その権限の範囲は、保険者と保険代理商との間の代理商契約の内容によって判断される。したがって、保険代理商の権限は保険者との関係においては明瞭であるが、保険の知識に乏しいと考えられる一般大衆にとっては、保険代理商の権限が知られていないのが通常である。そのため、保険代理商と接する一般大衆の利益が害されることが考えられる。信義則を基礎とした合理的解釈による保険加入者の保護にも限界がある。外国の立法例においては、保険代理商の権限を標準化・画一化しているものがあり、わが国においても、その立法化が望ましい[1]。

なお、保険業法は、保険募集人の一つとして、生命保険代理店（保険二条一九項）と損害保険代理店（保険二条二〇項・二一項）を掲げるとともに、これらの代理店は保険契約の締結の代理または媒介を行う者をいうと定義している。そして、保険募集を行おうとするときは、顧客に対しその権限を明らかにすることを要すると定めている（保険二九四条二号）。

（1）　大森・九二頁、伊沢・八七頁、青谷・Ⅰ九八頁、西島・五三頁、石田・四八頁。このような立法提案として、保険法制研究会・試案理由書七四頁参照。

(2)　保険外務員　保険外務員（営業職員）とは、保険者に雇用され、あるいは、保険者の委託を受けて、保険者のために保険契約の締結の勧誘に従事する者をいう。保険外務員は、保険者に従属して労務を提供する被用者である点において、保険代理商や保険仲立人と異なる。生命保険の募集機構の主力は、依然として保険外務員であり、それは、募集業務、すなわち、見込客を訪問し、その保険需要を喚起して保険への加入意思を形成させるという勧誘業務に従事するにとどまり、私法上、保険契約の締結および保険契約上の諸問題の処理に関する代理権を有しないと解されている[1]。しかし、生命保険において、保険加入者と直接に接するのは保険外務員であることから、保険加入者の保護のために、保険外務員の権限や募集体制のあり方について、多くの困難な問題がある。

(イ)　保険外務員の契約締結権　保険外務員は、私法上、保険契約締結の代理権はないと解することにおいて、見解は一致している[2]。生命保険においては、被保険者の健康状態の審査が必要であり、また、道徳危険の調査なども必要である。そのためには、高度な専門的な判断能力が要求されるが、保険外務員にこうした能力を期待することは困難であるというのがその理由である[3]。しかし、保険外務員の契約締結権限をめぐって学説は大きく変化しており、従来の学説を修正する学説が現れている。すなわち、生命保険の保険外務員については従来の見解を維持しつつも、損害保険のうち住宅火災保険や自動車保険のような定型化された大衆保険で、特別の裁量を要せずに機械的に保険の引受を決定できる種類の保険については、保険外務員の契約締結代理権を肯定して保険者の責任の開始を即時に認めるのが妥当であるとされる。(4) 保険外務員に契約締結権が認められない理由が、保険者に判断の余地を残しておく必要性があるという点に存する以上、その必要性が存しない種類の保険においては、保険外務員の契約締結権を肯定してよい。(5)

(ロ)　保険外務員の告知受領権　保険外務員の権限に関する私法上の最大の争点は、告知受領権にある。保険外務員は、保険者を代理して保険契約を締結する権限を有さず、保険契約締結への勧誘の権限しか有しないということと関連して、保険外務員は告知受領権を有しないとするのが判例・通説である。(6) 保険契約における重要事項の告知は、これによって契約締結の諾否を決定するためのものであるから、その性質上、契約締結につき決定権を有する者に対してなされることを要するというのがその理由である。しかし、保険加入者が直接に接するのは保険外務員であり、保険加入者にとっては、保険外務員即保険会社と誤信し、保険外務員に告知をすれば保険者に告知をしたことになると信ずることが多いと考えられる。したがって、保険加入者のこの信頼の保護という観点からして、判例・通説には疑問がある。そこで、保険外務員の告知受領権をめぐる学説には、注目すべき大きな変化がみられる。

その第一は、保険外務員の代理権の有無の問題と、保険外務員の知・過失による不知を保険者のそれと同視しうるか否かの問題を切り離し、保険外務員が告知受領権を有しない場合であっても保険外務員の知・過失による不知を保険者のそれと同視するという構成である。その説明方法として、一定の補助者を保険者の「責任者」(7) ないし「機関」(8) とみて、これらの者を改正前商法六七八条一項但書（保険法五五条二項一号相当）にいう「保険者」の中に含める見解、また、保険者の不知が、保険外務員の選任・監督についての過失によるものと認められるときは保険者の過失による不知として、保険者の不知を改正前商法六七八条一項但書にいう保険者の過失による不知とする見解がある。(9) これらの見解には難点がないとはいえないが、正当な方向を示している。(10) 第二は、有診査保険と無診査保険を区別し、無診査保険について保険外務員の告知受領権を肯定する見解がある。[11] その理由として、無診査保険の場合には、保険外務員は診査医の地位を兼ねて危険測定資料を収集する任務を負わされているとする。これに対し、無診査保険においても保険外務員を診査医と同視するのは妥当でないとして、告知受領権を否定する見解がある。[12] 第三は、保険外務員の告知受領権を一般的に肯定することである。[13] 保険加入者が保険外務員に対して告知した情報が保険者に到達しないという不利益は、無責任ないし無能な保険外務員を採用した保険者が負担すべきである。このような解釈が可能であるとするならば、保険募集の段階における病理現象の解消が促進されるであろう。[14]

（1）大森・九四―九五頁、伊沢・八九―九〇頁。なお、保険業法上、保険外務員は保険契約締結の代理または媒介を行う者とされている（保険二条一九項）。

（2）大判大正五年一〇月二一日民録二二輯一九五九頁、大森・九四―九五頁、石井＝鴻・一六四頁、伊沢・八九頁、田中＝原茂・九五頁、西島・五八頁、石田・四九頁。判例の詳細については、江口・商法の争点（第二版）二四一頁、同・生保判例百選五六頁、遠藤・百選一一四頁参照。

（3）金沢「生命保険の募集」遠藤＝林＝水本・現代契約法大系第六巻三八三頁、西島・五八頁、石田・四九―五〇頁。

（4）田中＝原茂・九五頁、西島・五八頁。

（5）金沢・前掲四〇六頁は、被保険者の年齢および死亡保険金額の比較的低い契約に限定して、保険外務員の契約締結権限を肯定しようと提言する。保険外務員の資質を向上させるための過渡的措置として、妥当な提言であると思われる。

（6）大判昭和七年二月一九日刑集一一巻二号八五頁、大判昭和九年一〇月三〇日新聞三七七一号九頁（解説として、横田・百選一二二頁参照）、大森・二八五頁、川又・生保判例百選七九頁、倉沢・通論四四頁。判例の詳細については、江口・商法の争点（第二版）二四一―二四二頁参照。

（7）石井・判民昭和一四年度一三事件四六頁。

（8）田中＝原茂・九六頁。

（9）大森・一三二―一三三頁、二八五頁。

（10）坂口・生保判例百選三七頁参照。

（11）伊沢・九一頁、野津・新一四二頁、古瀬村・商事判例研究昭和二六年度三九事件二二〇頁、石田・五〇―五一頁。

(12) 金沢・判例百選一六一頁。
(13) 西島・五九―六〇頁。
(14) なお、金沢・前掲現代契約法大系第六巻三八五頁は、生命保険業界は、早急に告知受領権の付与を可能とする諸条件を整えるべきこと、また、四〇七頁は、告知事項の簡素化と身体的危険の選択基準の緩和を前提としたうえで、告知受領権を提唱する。外務員に関する問題は、生命保険のアルファにしてオメガの問題（竹内「生命保険と消費者保護」ジュリ七七一号一四一頁）ということができる。

(3) 保険仲立人　保険仲立人とは、不特定の保険者と保険契約者との間における保険契約締結のための媒介をなすことを業とする独立の商人をいう（商五四三条・五〇二条一一号）。保険契約締結のための媒介をなす点で媒介代理商と共通するが、特定の保険者に専属しない点で媒介代理商と異なる。

平成七年の保険業法改正前の旧「保険募集の取締に関する法律」によると、損害保険の募集は、損害保険会社の役員または使用人のほかは損害保険代理店でなければ行えず（同法九条・一八条）、また、生命保険募集人につき、一社専属制度が採用され、二社以上の生命保険募集人を兼ねることは禁止されていたので（同法一〇条）、保険仲立人は生命保険募集人であることはできなかった。その結果、損害保険代理店および生命保険募集人と性質を異にする保険仲立人は認められないと解されていた(1)。

保険仲立人は、国際的な海上保険取引の分野で活躍しており、ロンドンには古くから国際的に信用の高い海上保険仲立人が存在している。保険代理商は特定の保険者と継続的な関係に立ち、保険者側の代理人という構造を有しているのに対し、保険仲立人はこれと異なって、保険者と保険加入者の利害から中立的な立場にあるのが建前であり、保険仲立人の存在は保険加入者の利益保護を促進することに役立つと考えられる。そこで、立法論として、保険仲立人の導入が検討されるべきであるとされていた(2)。

平成八年四月一日施行の現行保険業法は、保険仲立人を保険募集の主体として正面から承認するとともに、その開業規制として、登録（保険二八六条以下）、保証金供託義務（保険二九一条）、賠償責任保険契約の締結義務（保険二九二条）につき、また、業務規制として、自己契約の禁止（保険二九五条）、氏名等の明示義務（保険二九六条）、報酬等の開示義務（保険二九七条）、結約書交付義務（保険二九八条）、誠実義務（保険二九九条）、帳簿書類の備付義務（保険三〇三条）等につき、それぞれ規定を定めている。現行保険業法が、保険仲立人を承認し、これに関する規定を定めていること自体は、きわめて画期的なこととして注目に値する。(3)

（1）大森・九四頁（七）、小町谷＝田辺・二五頁、田中＝原茂・一〇四頁、田辺・四二頁、西島・五五頁、石田・五二頁。

（2）西島・五五頁、同「保険募集制度のあり方」保雑五三三号一六頁以下。

（3）保険仲立人の私法上の法的地位について考察するものとして、坂口「保険仲立人の法的地位」保住古稀二〇一頁以下がある。

(4)　診査医　診査医（保険医）とは、生命保険に特有な補助者であって、被保険者になろうとする者の身体・健康状態の診査にあたる医師をいう。診査医には、保険者との間に雇用関係がある社医と、準委任関係がある嘱託医とがある。診査医は、被保険者になろうとする者の身体・健康状態の診査という事実行為を行う者であるから、保険者の代理人ではない。また、保険者と雇用関係がある場合でも、商業上の労務に服する者ではないから、商業使用人ではない。

診査医に対する告知は保険者に対する告知となり、また、診査医の知・過失による不知は保険者のそれと同視されると解するのが判例・通説である。もっとも、その理論構成については、見解が分かれている。(1)まず、診査医を保険者の「機関」と解する見解がある。(2)この見解は、診査医は、保険者の手足・耳目となり、保険者の機関となって健康状態を診査し、保険者の専門的知識の不足を補う者であるとする。しかし、機関という表現は一種の比喩にほかならないのみならず、診査医は、単に保険者の耳目として機械的に行為する機関ではなく、医学の専門的知識によって高度の判断を行う者であるので、この見解には疑問がある。(3)また、衡平の理念を根拠とする見解がある。(4)

この見解は、自己の需要を充足させるために他人を使用する者は、これによって自己の活動範囲を拡張するのであるから、その責任の範囲も拡張されると解するのが衡平の観念に適合するとする。さらに、診査医は、その職務の性質上、被保険者の身体・健康状態その他危険の測定に関し重要な事項について告知を受領する権限を与えられているものと推定されるとする見解がある。(5) この見解は、保険者と診査医との内部関係において保険者の意思を正しく推測していること、保険者に反証の余地を残している点で周到であり、妥当であると思われる。(6)

(1)　詳細については、大森＝三宅・諸問題一八九頁以下参照。
(2)　大判明治四〇年五月七日民録一三輯四八三頁、大判明治四五年五月一五日民録一八輯四九二頁、大判大正五年一〇月二一日民録二二輯一九五九頁、田中＝原茂・九九頁。
(3)　大森・二八四頁、西島・三七三頁、石田・二九六頁、山口・生保判例百選七七頁。
(4)　田中＝原茂・九九頁、伊沢・三六〇頁。
(5)　大森・二八三頁、西島・三七四頁、石田・二九六頁。
(6)　西島・三七四頁。

四　保険募集の取締

保険商品は、他の商品と異なって、無形の商品であることから、保険加入者によって積極的に求められる商品ではない。これが、保険商品は買われるものではなく売られるものであるといわれる理由であり、したがって、保険事業にとっては、募集活動は不可欠である。しかし、募集活動の激化は募集秩序を乱し、そのために、多数の保険加入者の利益が害されることがある。そこで、保険募集に対する取締が必要となる。わが国においては、昭和二三年七月一五日法律第一七一号をもって、「保険募集の取締に関する法律」が公布された。この法律の目的は、保険契約者の利益を保護し、あわせて保険事業の健全な発達に資することにある。そのため、生命保険募集人および損害保険代理店を登録させて特別の管理を行うとともに、保険募集について禁止事項を定め、その違反者には罰則を適用することにしていた（同法一条）。この法律は、その後、平成八年四月一日施行の現行保険業法に統合された。

現行の保険業法は、第一編「総則」において保険募集の意義（保険二条二六項）、第三編「保険募集」において募集従事者（保険二七五条）、登録制度（保険二七六条・二八六条）、募集行為の規制（保険二九四条・二九五条・三〇〇条等）、募集行為の監督（保険三〇二条以下）について、それぞれ定めている。

第二節　保険関係者

保険契約の当事者は、保険者と保険契約者であるが、保険契約は、その性質上、保険契約の当事者以外の保険関係者をその周辺に介在させている。

一　損害保険契約における被保険者

損害保険契約における被保険者とは、被保険利益の帰属主体として、損害保険契約により塡補することとされる損害を受ける者をいう（二条四号イ）。被保険者となりうる者は、保険事故の発生によって損害を受けるべき関係にある者、すなわち、被保険利益を有する者であることを要する。被保険利益を有するかぎり、個人はもとより法人も被保険者となりうる。

被保険者は保険契約者と同一人である場合と、別人である場合がある。前者を自己のためにする損害保険契約、後者を第三者のためにする損害保険契約という（八条）。被保険者の地位が保険契約法上で独立して問題となるのは、第三者のためにする損害保険契約の場合である。この場合、被保険者は、保険契約の当事者ではないから、保険金請求権を除いては保険者に対する権利（契約解除権、保険料の減額・返還請求権、書面（保険証券）の交付請求権等）を有さず、これらの権利は、契約当事者である保険契約者に帰属する。被保険者は、保険料支払義務を負わないが、各種の通知義務（一四条・二九条）および損害防止義務（一三条）を負い、また、被保険者の一定事実の知了（五条）および一定の行為（一七条）が保険契約の効力に対して影響を及ぼすことがある。なお、保険契約者の義務違反や保険事故招致の場合に、保険者は被保険者に対する保険金支払義務を免れる結果、被保険者が不利益を受けることがある。被保険者の保護の要請が強い種類の保険においては、問題である。[1]

（1）　石田・五三―五四頁。

二　生命保険契約における被保険者

生命保険契約における被保険者とは、損害保険契約における被保険者とは異なり、その者の生存または死亡に関し保険者が保険給付を行うこととなる者をいう（二条四号ロ）。生命保険契約における被保険者は、損害保険契約における「保険の目的」にすぎない。損害保険契約における被保険者は、保険者から損害の塡補を受ける者であり、生命保険契約における保険金受取人に該当する。このように、被保険者という用語は、損害保険契約と生命保険契約においては異なる意味を有していることに注意する必要がある。生命保険契約における被保険者は、損害保険契約における被保険者と異なり、保険金請求権を有しない。保険金請求権を有するのは、保険金受取人である。

保険契約者と被保険者は、同一人である場合と別人である場合がある。前者を自己の生命の保険契約といい、後者を他人の生命の保険契約という。他人を被保険者とする死亡保険契約を締結する場合には、被保険者の同意があることが保険契約の効力要件となる（三八条）。他人の生死が賭博目的に悪用されることとモラル・リスクを防止する趣旨である。[1]生命保険契約における被保険者は、告知義務（三七条）および危険著増の通知義務（五六条一項一号）を負う。

（1）　改正前商法六七四条一項但書は、被保険者が保険金受取人である場合には被保険者の同意は要しないとしていた。しかし、被保険者が保険金受取人である場合であっても、その者の死亡のときに保険金を受け取るのは被保険者ではなくその相続人であり、その意味では、実質的には他人を受取人とした場合と異ならないから（大森・二六九頁（二）、田辺・四五頁）、立法論としては疑問があるとされていた。保険法では、右の規定は削除されている。

三　傷害疾病定額保険契約における被保険者

傷害疾病定額保険契約における被保険者とは、その者の傷害または疾病に基づき保険者が保険給付を行うこととなる者をいう（二条四号ハ）。傷害疾病定額保険契約における被保険者は、生命保険契約における被保険者と同様の地位にあるので、後者とほぼ同様の法的規整に服する（六六条・六七条・八五条一項。ただし、六七条一項但書）。

四　保険金受取人

保険金受取人とは、保険給付を受ける者として生命保険契約または傷害疾病定額保険契約で定めるものをいう（二条五号）。生命保険契約および傷害疾病定額保険契約においては、損害保険契約におけるような被保険利益の観念は存在しないので、保険金受取人は被保険利益の帰属主体であることは要しない。そのため、保険契約者は、原則として、自由に保険金受取人を指定することができる。保険契約者と保険金受取人は同一人である場合と別人である場合があり、前者を自己のためにする生命保険契約または自己のためにする傷害疾病定額保険契約、後者を第三者のためにする生命保険契約または第三者のためにする傷害疾病定額保険契約という（四二条・七一条）。

保険金受取人は、自己固有の権利として保険金請求権を取得するが、保険金請求権を除いては、保険者に対して権利を有さず、保険料支払義務も負わない。なお、保険金受取人は、被保険者死亡の通知義務または給付事由発生の通知義務（五〇条・七九条）を負い、保険金受取人の知了（三九条・六八条）または行為（五一条三号・八〇条三号）が保険契約の効力に影響を及ぼすことがある。

第四章　第三者のためにする保険契約

一　意　義

第三者のためにする保険契約とは、保険契約者と、保険契約による受益者が異なる保険契約をいう。すなわち、損害保険契約において、保険契約者と被保険者が別人である保険契約、生命保険契約または傷害疾病定額保険契約において、保険契約者と保険金受取人が別人である保険契約をいう（八条・四二条・七一条）。

二　効　用

損害保険契約においては、運送人・運送取扱人・倉庫業者・賃借人など、他人の物を保管する者が、その義務の一環として、保管物についてその所有者を被保険者として保険契約を締結し、また、遠隔地売買における売主が買主を被保険者とする保険契約を締結する場合に利用される。また、生命保険契約においては、世帯主が保険契約者となり、その家族を保険金受取人としてその生活を保障し、債務者が債権者を保険金受取人として生命保険契約が締結される。

三　法的性質

第三者のためにする保険契約においては、保険契約者と、保険契約による受益者は別人であるが、このような契約の法的性質についてはかつては争いがあった。しかし、現在では、民法上の「第三者のためにする契約」（民五三七条）の一種と解するのが通説である。(1) もちろん、この見解が妥当である。もっとも、民法では、第三者のためにする契約では第三者の権利の取得につき第三者の受益の意思表示を必要とするが（民五三七条二項）、第三者のためにする保険契約においては、受益の意思表示を必要としない（八条・四二条・七一条）点が異なる。このため、第三者のためにする保険契約を第三者のためにする契約の一種と解するのである。もっとも、民法においても、受益の意思表示は第三者のためにする契約の要素とは解されていないので、第三者のためにする保険契約を、第三者のためにする契約の一種と解してよい。第三者のためにする保険契約において受益の意思表示が権利取得の要件とされていない理由は、保険契約は受益者に別段の負担を課すものではないので、受益者がこれを拒否する場合がないと考えられるためである。[2]

（1）　大森・一〇一頁、伊沢・七五頁、田中＝原茂・二一〇頁、田辺・四六頁、西島・六三頁、石田・六〇頁、倉沢・通論四〇頁。
（2）　田辺・四六頁。なお、第三者のためにする保険契約の受益者に負担を課す保険契約の効力については、坂口「他人のためにする保険契約と被保険者の責務」法論六〇巻四・五号四五一頁以下参照。

四　成立要件

第三者のためにする保険契約が有効に成立するためには、その旨について契約当事者間に合意がなされていることを要する。この合意の存在が明確でない場合には、保険契約者の自己のためにする保険契約と推定される。[1] 保険契約を締結するのは、特別の事情が存在しないかぎり、自己のためにするのが通常であると考えられるからである。

損害保険契約において、保険契約者が被保険者の委任を受けて第三者のためにする保険契約を締結する場合と、委任を受けずに第三者のためにする保険契約を締結する場合がある。改正前商法六四八条前段は、後者の場合について、保険契約者がその旨を保険者に告げないときは、保険契約は無効となると定めていた。その理由は、他人の被保険利益につき他人の委任を受けずに損害保険契約を締結する場合には、保険金詐取などの不正行為が伴いがちなので保険者に注意を喚起させること、被保険者の委任がない場合には、被保険者は保険契約締結の事実を知らないことが多く、そのために被保険者から通知義務等の履行を期待しえないことを保険者に知らしめるということにある。[2]しかし、委任の欠缺の不告知を理由として保険契約を一律に無効とするこの規定は、告知義務違反の場合には保険者は保険契約を解除しうるにとどまると定めている告知義務違反の効果に関する規定と比較して疑問であるとされ、解釈論として同条の無効原因を狭く解すべきであること、立法論として同条前段の削除が主張されていた。[3]保険法は、被保険者からの委任の欠缺は必ずしも不正行為につながるわけではないとして、同条前段の規律を削除した。[4]

なお、第三者のためにする保険契約においては、被保険者が特定されるのが通例であるが、不特定とすることもある。これを、「不特定の第三者のためにする保険」という。被保険利益関係が必ずしも被保険者の個性と不可分の関係にない場合には、被保険者を固定的に特定すべき理由は存在せず、また、貨物の運送保険などにおいては、被保険者を不特定としておく必要がある。したがって、このような保険契約は有効と解される。[5]

（1）大森・九七頁、伊沢・七八頁、西島・六三頁、石田・五六頁、ドイツ保険契約法四三条三項、スイス保険契約法一六条二項。
（2）改正前商法六四八条前段の立法理由として、賭博保険の防止と解する見解（大森・九八頁、野津・新三七五頁、小町谷・総論㈠一七二頁）と、被保険者の通知義務等の履行を期待しえないことを保険者に知らしめると解する見解（服部＝星川・基本法コン二四二頁〔中西筆〕）があるが、本文で述べたように、右の両説が立法理由となっているものと解される（石井＝鴻・一六一頁、西島・六五頁、石田・五六―五七頁）。
（3）松本・一二〇頁、大森・九八―九九頁、田中＝原茂・二一一頁、伊沢・八〇頁、西島・六四頁、服部＝星川・基本法コン二四二頁〔中西筆〕、石田・五七―五八頁。
（4）萩本・一問一答一四九頁。
（5）大森・九七頁、西島・六四頁。なお、「不特定の第三者のためにする保険」と「不特定人のためにする保険」は区別される。後者は、自己のためにする保険と第三者のためにする保険との混合形態であり、保険契約の締結時に被保険者が不特定な保険である（木村「不特定人のためにする保険の生成と発展」大森還暦三八四―三八五頁）。

五　効　果

ここでは、損害保険契約、生命保険契約および傷害疾病定額保険契約に共通する一般的な効果についてのみ説明する。

第三者のためにする保険契約が成立すると、被保険者または保険金受取人は、自己固有の権利として、当然に、当該保険契約の利益を取得する（八条・四二条・七一条）。「当然に」というのは、受益の意思表示を要せずに保険契約による利益を取得するという意味である（民五三七条二項と対比）。また、自己固有の権利として保険契約による利益を取得するのであって、保険契約者の権利を承継したり保険契約者の権利を代位行使するのではない。この場合、取得する利益は、保険金請求権だけであって、保険契約解除権（二七条・五四条・八三条・九六条一項）、保険料減額請求権（一〇条・一一条）または返還請求権、書面（保険証券）交付請求権（六条・四〇条・六九条）などは、契約当事者としての保険契約者が有する。なお、第三者のためにする保険契約においても、保険料支払義務者は保険契約者である（二条三号）(1)。

（1）改正前商法は、第三者のためにする保険契約において、保険料未払のまま保険契約者が破産手続開始の決定を受けた場合には、保険者は被保険者または保険金受取人に対して保険料を請求することができると定めていた（六五二条・六八三条一項＝六五二条）。しかし、このような場合には、破産管財人としては保険契約の解除を選択するのが通常であり、実務上も右の規定に基づいて保険者が被保険者または保険金受取人に対して保険料を請求することはないことから、保険法は、右の規定に相当する規律を設けていない（萩本・一問一答二一四頁）。

第五章　保険契約の成立

第一節　総　説

保険契約は、申込と承諾によって成立する諾成かつ不要式の契約である。かつては、保険契約は保険料の支払を要件とする要物契約であるとする立法例もあったが、今日では、当事者の合意のみで成立する諾成契約とするのが通例である。しかし、実際の保険取引においては、申込意思の明確な確認のため、また、大量の契約事務の迅速・確実な処理のために、保険契約の申込は、保険契約申込書に必要事項を記載して署名・捺印し、これに保険料相当額を添えて申込むのが通例である。しかし、これが法律上要求されているわけではない。保険約款では、保険料の支払があるまでは保険者は責任を負わないなどと定めるのが通例である。しかし、この場合においても、保険料の支払は保険者の責任開始の要件であるにとどまり、保険契約成立の要件となるのではない。

保険契約者の申込があっても、これに対する保険者の承諾がなければ、契約は成立せず、当事者は拘束されない。これに対し、立法論として、損害保険契約法改正試案六四二条の二第一項は、「保険者の定める方式に従う申込によって保険契約の内容を確定することができる場合において、その方式に従ってした申込が保険者に到達した後に保険者が遅滞なく拒絶の意思を表示しないときは、保険契約は、その申込に従って、申込到達の時に成立したものとみなす。」と定めている。そして、申込とともに保険料相当額が保険者に到達したときは、到達の時から保険者の責任が開始するとされている。これは、傷害保険、責任保険等の一部にみられるように、保険契約の内容を申込書の記載内容に従って自動的に確定して差し支えない場合に、申込書と保険料が保険者に到達したにもかかわらず、保険者の承諾の意思表示がないかぎり保険者の責任が開始しないという好ましくない状態が発生することを排除するためであるといわれている。(1) この規定によって、保険申込者の保護が強化されることは事実であるが、規定の内容と必要性につき、疑問が示されている。(2)

(1) 保険法制研究会・試案理由書三一頁、西島・七四頁。

(2) 石田・七〇頁参照。その理由として、無人の保険販売機等による保険については、保険者が申込に対して拒絶するということはないからであるとする。

第二節　告知義務

一　総説

保険契約者または被保険者は、保険契約の締結に際し、保険者に対して危険に関する重要な事項のうち保険者が告知を求めたものについて事実の告知をすることを要し（四条・三七条・六六条）、故意または重大な過失により事実の告知をせず、または不実の告知をしたときは、保険者は契約を解除することができる（二八条一項・五五条一項・八四条一項）。これを告知義務という。(1)

(1) 告知義務の法理論的根拠、探知義務、因果関係、民法規定との関係を中心として、ドイツとわが国の学説を考察するものとして、坂口・学説史二八五頁以下参照。

二　告知義務制度の理論的根拠

保険契約者または被保険者が告知義務を負わされている理論的根拠をどのように説明するかについては、学説が分かれている。まず、通説は、危険測定説に従っている。それによると、保険契約の申込に対して保険者が承諾を与えるか否か、承諾を与えるとしても保険料の額をいくらにするかを判断するためには、保険事故の発生率を測定しなければならない。そのためには、測定に必要な資料を収集することが必要となる。それは、本来ならば保険の引受を行う保険者がなすべきであるが、それには困難を伴うことがありうるので（例、被保険者の既往症など）、保険契約者または被保険者の協力を得ることが必要となる。そこで、法律が、危険率の測定にとって重要な事実につき保険契約者または被保険者に告知させることにしたのが告知義務であるとする。(1) この見解は、告知義務制度の理論的根拠を一般の契約法理で説明することは不十分であるとし、保険制度の特殊性に基づいて法律が認めた独自の制度であるという考えに立っている。この見解に対しては、保険者が危険率の測定をなすために保険契約者または被保険者の協力を得ることを必要とするということは説明しているが、保険契約者または被保険者はなぜ保険者に協力しなければならない義務を負っているのかということの法的な説明が不十分であるという批判がなされている。(2)

そこで、契約法理説は、契約法に内在する一般法理または保険契約の法的構造の特殊性に基づいて、告知義務制度の根拠を説明しようとする。もっとも、契約法理説の内部においても、見解が分かれている。まず、射倖契約説によると、保険契約は、契約当事者の具体的な給付義務の有無またはその額が偶然の事実の発生・不発生によって左右される射倖契約であるが、このような保険契約において、保険契約者が保険事故の発生に対して影響を及ぼす事実を知っているが保険者がこれを知らないという場合に、保険契約者がそれを伏せたままで契約を締結するのは公正とはいえないので、これを保険者に開示することが信義則上とくに要請されるとする。(3) これは、保険事故の発生に対して影響を及ぼす事実の認識に関する平等の確保ということに根拠を求めている見解とみることができよう。射倖契約説は、保険契約は射倖契約性を有することから、保険契約においてはとくに善意が要請されると解しているが、この説に対しては、善意契約性の意味についての十分な説明がなされていないとされる[4]。また、締約過失説によると、告知義務は、「契約締結上の過失」法理を保険法上で特殊化したものであるとされる[5]。契約締結上の過失法理とは、契約の一方の当事者の態度によって善意・無過失の相手方が損害を被った場合に、信頼利益についての損害賠償責任を負わせるものである。これを保険契約にあてはめるならば、告知義務違反をした保険契約者から保険者に対する信頼利益についての損害賠償責任の負担ということになる。しかし、告知義務違反の効果は、契約解除権の発生である。したがって、締約過失説では、保険者による既経過保険料の取得は説明できるが、契約解除権の発生を説明することができないとされる[6]。さらに、告知義務制度の根拠として、衡平理念の特殊な発現と解する見解（衡平説）がある。すなわち、射倖契約のうちでも特殊な性質を有する保険契約において、危険発生の蓋然性に関する事実を知らない保険者に反対の事実を信じさせて危険の測定を誤らせることは、保険者に対して不公正な不利益をもたらし、この不公正を排除するために、保険者に既経過保険料の取得権と契約解除権を認めたのであるとされる[7]。

　このように、学説は分かれているが、学説の優劣を決するきめ手は、①保険者が保険契約者の協力を必要とすることと保険契約者が協力義務を負うことの根拠、および、②告知義務違反の場合に保険者が契約解除権と既経過保険料を取得しうることの、二つの要請をどの程度において満たしうるかにかかっているとみることができよう。そして、一つの学説によって右の二つの要請が十分に満たされるかというと、必ずしもそのようには考えられず、一つの学説による根拠づけがあれば他の学説による根拠づけはもはや必要ではないというものではない。したがって、右に述べた学説は決して相互に対立する関係にあるのではなく、両立しうると解される[8]。すなわち、危険測定説によって、保険者が保険契約者の協力を必要とすることが説明され、射倖契約説によって、保険契約者が協力義務を負うことが説明され、衡平説によって、保険者の解除権が説明され、さらに、締約過失説によって、保険者の保険料取得権が説明されるのではないかと考える。

なお、告知義務に関する規定（四条・三七条・六六条）は、片面的強行規定である（七条・四一条・七〇条）。

（1）岡野・四一五頁、田中（耕）・九四頁、田中＝原茂・一七〇頁。
（2）服部＝星川・基本法コン二三五頁（中西筆）、西島・七八頁。
（3）大森・一一九頁、服部＝星川・基本法コン二三五頁（中西筆）。
（4）田中＝原茂・一七〇頁。また、射倖契約説は、告知義務制度の必要性の説明には成功しているが、告知義務違反の効果（契約解除権と保険料取得）の説明に成功していないとされる（西島・七八頁）。
（5）石田・七四頁、同・基本問題一二八頁以下、一七二頁。
（6）西島・七九頁、倉沢「火災保険の告知義務」田辺＝石田・新双書(1)一五五頁、同・法理二七〇頁。
（7）西島・七九頁、倉沢・前掲田辺＝石田・新双書(1)一五六頁、同・法理二八一頁。
（8）大森・一一九―一二〇頁、西島・七七―七八頁、石田・七三―七四頁、倉沢・前掲田辺＝石田・新双書(1)一五四頁。

三　法的性質

告知義務は義務であるが、それが通常ないし真正の義務であるのか否かが問題となる。これが、告知義務の法的性質論であり、見解が分かれている。まず、通説は、告知義務違反の効果から告知義務の法的性質を導き出している。すなわち、告知義務違反の効果として、保険契約の解除権と保険者の保険金支払の免責という効果が生ずるにとどまり（二八条一項・三一条二項一号本文等）、それ以上に、履行強制・損害賠償債務の発生という効果は生じない。したがって、告知義務は、保険契約の解除と保険者の保険金支払の免責という不利益を避けるために履行されるのである。すなわち、告知義務は、保険者の責任を問うための前提要件であるとする(1)（前提要件説）。これに対し、告知義務は保険者の責任を問いうるための前提要件として履行されるという説明だけでは、告知義務の法的性質を明らかにしたことにはならないとする見解がある。そこで、この見解は、告知義務は、履行強制・損害賠償請求によって裏打ちされた義務ではないが、その不履行の場合には既存の権利の喪失・法的地位の変化などの不利益による強制がみられるので、弱き効力しか有さないとはいえ義務性が承認されるとする。[2]この見解の特色は、種々に段階づけられた義務の体系を承認しているという点に求められるが、この見解については、疑問が存在しないでもない。すなわち、この見解は、告知義務の義務性を強調しているが、前提要件説に立つ通説においても、告知義務の義務性が全く否定されているとは考えられないので、この見解と通説との間には差異は存在しないとされている。[3]

(1) 通説は、告知義務を「保険者ノ契約上ノ拘束要件」(松本・一〇一頁)、「間接義務」または「自己義務」(田中＝原茂・一七一頁、鈴木・八六頁(5)、大森・一一七頁、服部＝星川・基本法コン二三四頁(中西筆))、「単純な不完全義務」(小町谷・総論(一)一九四頁)と説明している。このように、表現は異なっているが、通説は、告知義務の法的性質について前提理論に立っている。

(2) 石田・基本問題八八—九〇頁、一六六頁、同・七四頁、大隅＝戸田＝河本・判例コン七一八頁(石田筆)。

(3) 西島・七六頁。なお、告知義務をも含めた責務の義務性の問題については、坂口「保険契約法における責務の義務的性格」法論六四巻一号五九頁以下参照。

四　告知義務者

告知義務を負う者は、保険契約者または被保険者である(四条・三七条・六六条)。[1]同一の保険契約について保険契約者が複数存在する場合には、各自が告知義務を負う。ただし、同一の事項に関しては、一人が告知をすれば、保険者はその事実を知りうるので、他の者が重ねて告知をする必要はない。代理人によって保険契約を締結する場合には、告知義務違反の有無は代理人について判断する(民一〇一条参照)。

(1) 改正前商法によると、告知義務者は、損害保険契約では保険契約者(商旧六四四条一項)、生命保険契約では保険契約者または被保険者(商旧六七八条一項)とされていた。文言どおりに解するならば、第三者のためにする損害保険契約においても、告知義務を負うのは保険契約者のみであり、被保険者は告知義務を負わないことになる。これに対し、解釈論または立法論として、被保険者は、被保険利益の主体として、保険事故の発生に対して影響を及ぼす事実を最もよく知る立場にあることから、被保険者をも告知義務者に加えるのが妥当であるとされ(小町谷・総論(一)一六七—一六九頁、西島・八〇頁、保険法制研究会・試案理由書三五頁。反対説として、倉沢・通論四四頁、同「火災保険の告知義務」田辺＝石田・新双書(1)一五八頁、石田・七五頁、服部＝星川・基本法コンメ二三五頁（中西筆）参照）、保険法は、右の考え方を採用したということができる。なお、第三者のためにする損害保険契約の被保険者に告知義務を負わせることの根拠として、保険の目的に関する被保険者の情報通暁、それと結びついた告知義務履行についての被保険者の適格性・容易性が主張されるが、それだけでは、被保険者に告知義務を負わせることの根拠の積極的な説明とはなりえないと思われる。告知義務を負わせることが被保険者の地位に対していかなる影響を及ぼすかの問題の検討が必要である。そして、この問題は、告知義務の法的性質論と密接に関係しているが、この点については、坂口「他人のためにする保険契約と被保険者の責務」法論六〇巻四・五号四五一頁以下参照。

五　告知の相手方

告知は、保険者または保険者に代わって告知を受領する権限を有する者に対してなすことを要する。保険者に代わって保険契約締結の代理権を有する者は告知受領権限を有すると解されるが、媒介代理商や保険募集の勧誘に従事する保険外務員は告知受領権限を有しないと解されている(1)。この点については、すでに説明した。

(1)　大森・一二二頁、田辺・五一頁。

六　告知の時期および方法

告知の時期について、保険法は「保険契約の締結に際し」と定めている（四条・三七条・六六条）。「保険契約の締結に際し」の意味につき、保険法は、告知義務を自発的申告義務から質問応答義務に変更したことから、告知の時期は、質問がされた時ということにならざるをえないと解する見解がある(1)。しかし、告知義務者が、告知した内容に誤り等があることに後に気づいた場合には、契約成立時（通常は保険者の承諾時）までにその訂正・補充をなすことは可能であるから、告知義務違反の有無は、保険契約成立の時を標準として判断される。したがって、告知内容の訂正・補充が契約成立時までになされると、告知義務は履行されたことになるが、契約成立後に告知内容を訂正・補充しても、告知義務違反は消滅しない。ただし、後者の場合、保険者が解除権を行使しないときは、保険者は解除権を放棄したものと解してよい(2)。

告知の方法については、保険法上何ら制限はないので、書面によると口頭によると、明示的であると黙示的であるとを問わない。なお、告知義務者が自ら告知することなく、代理人をして告知させ、あるいは、履行補助者を使用して告知してもよい。

(1)　山下＝米山・一六四―一六五頁（山下筆）。
(2)　大森・一二三―一二四頁、石田・七六頁。

七　告知事項

告知事項は、「危険に関する重要な事項」のうち保険者となる者が告知を求めたものである（四条・三七条・六六条）。危険に関する重要な事項とは、保険者がその契約における保険事故の発生率を測定し、保険の引受を行うか否か、引受を行うとして保険料の額をいくらにするかを決定する際にその合理的判断に影響を及ぼすべき事実である。このような事実として、たとえば、建物の火災保険における建物の構造・使用目的・周囲の環境、自動車保険における自動車の用途・車種・運転者の事故歴、生命保険における被保険者の既往症・現在の健康状態などである。

これに対し、道徳危険に関する事実または契約危険事実が告知事項に含まれるか否かが問題となる。道徳危険に関する事実とは、保険契約者が故意の事故招致や保険事故発生の仮装により不正な保険金支払請求を行う意図を有している事実をいう。このような事実は、保険者が保険金支払義務を負う保険事故発生率の測定とは無関係な事実である。このような事実も告知義務の対象となるか否かについて、見解が分かれている。道徳危険に関する事実も真正の告知義務の対象となる事実に属すると解する見解がある一方(1)、道徳危険に関する事実は、その性質上、危険測定上の重要事実には該当しないことから、告知義務の対象外の事実であると解する見解がある(2)。後者の見解が妥当ではないかと思われる。

また、すでに他の保険契約に加入している保険契約者がさらに保険契約を締結する場合に、保険契約を締結しようとしている保険者に対して他の保険契約に加入していることについて告知義務を負うかが問題となる。後述するように、保険法では、告知義務は保険者の質問に対する応答義務に転換されたが、保険者による質問事項は「危険に関する重要な事項」に制限される。そこで、他の保険契約に加入していることが危険に関する重要な事項といえるか否かが問題である。他の保険契約に加入していること自体は危険に関する重要な事項にはあたらないと思われる。なお、保険契約者が短期間に著しく重複した保険契約に加入していたという事情が存在している場合には、他の保険契約の存在について告知義務を負うと解する余地はなくもないが、告知義務違反の対象である他の保険契約の存在と保険事故の発生との間に因果関係が存在しないかぎり、保険者は免責されない（三二条二項一号但書等）[3]。

告知すべき事項は、告知義務者が知っている事実に限定される。告知義務制度は、義務者に対して事実の探知義務ないし調査義務を課すものではなく、義務者が知っている事実について告知させるものである[4]。これに対し、告知義務者の知りうべかりし事項も告知義務の対象となると解する見解がある[5]。この見解によると、重過失によって告知すべき事実を知らないために告知しなかった場合にも告知義務違反になると解されることになる。

このように、危険測定上重要な事実で、告知義務者がこれを知っているかぎり、保険者からの質問の有無に関係なく積極的に告知すべきであるとも考えられる（自発的申告義務）。実際、改正前商法は、このような立場に立っていた。しかし、一方では、保険の技術について専門的知識を有しているとはいえない保険の申込者に、ある事実が告知事項に属するか否かについての判断を期待することは困難であること、他方では、危険率測定の資料となるべき事実を収集する保険者の立場からするならば、保険者の側から質問をして告知を求めるとすることが合理的でもある。そこで、実際の保険取引においては、保険者が、保険契約申込書の告知欄またはこれとは別の告知書に、告知義務の対象となるような事項を質問形式で列挙し、保険の申込者をしてこれに返答させるという方式をとっている。この書面を、質問表という。もっとも、改正前商法のもとにおいて、質問表に関する規定は存在しなかったために、質問表にいかなる効力が認められるかが問題とされていた(6)。質問表に列挙されていないが実質的に重要な事項があり、反対に、質問表に列挙されているが実質的に必ずしも重要でない事項もありうる。そこで、質問表の効力をめぐって、見解が対立していた(7)。第一説は、質問表に法律上の効力を認めない見解であり、質問表について格別の規定が存在していないということを根拠とする。第二説は、質問表に推定的効力を認める見解である。すなわち、質問表は、保険技術に精通している保険者が作成するものであるから、質問表に列挙されている事項はすべて重要な事項と推定し、反対に、質問表に列挙されていない事項は重要でない事項と推定する効力を認めたうえで、前者については保険申込者の反証により、後者については保険者の反証により、右の推定をくつがえすことを認めるべきであると解している（多数説）(8)。第三説は、質問表にさらに強い効力を認める立場から、少なくとも重要事項はすべて質問表に含まれていると解し、質問表の記載事項以外に重要事項はなく、したがって、告知義務者はそれに答えれば足りると解している(9)。

このように、質問表の効力をめぐって見解が対立していたため、保険契約者の地位は不安定であった。そこで、保険法は、ある事実が告知事項に該当するか否かについては、保険者が判断すべきであることを前提として、告知義務の対象を危険に関する重要な事項という要件に、さらに「保険者となる者が求めたもの」という要件を追加して、告知義務を明文で質問応答義務としている（四条・三七条・六六条）。

（1）　中西「傷害・疾病保険」竹内＝龍田・現代企業法講座4四〇九頁、同「告知義務と道徳危険に関する事実」保雑四八八号三八頁、同・生保判例百選六五頁、竹内「傷害保険契約法の課題」私法四五号一六一―一六二頁。

（2）　倉沢・現代的課題三八―三九頁、山下丈・私法四五号一七四頁、一七六頁（発言）。

（3）　萩本・一問一答四七―四八頁。

（4）　大森・一二四頁、野津・新二一六頁、田中＝原茂・一七二頁、西島・八七頁、石田・七九頁、服部＝星川・基本法コン二三七頁（中西筆）。
（5）松本・一〇四頁、小町谷・総論(一)二六八頁、田中（耕）・八八頁、石井＝鴻・一七一頁、田辺・五二頁。
（6）外国立法における規定の詳細については、中西「告知義務と質問表」創立四十周年記念損害保険論集八〇―九五頁参照。
（7）学説の詳細については、中西・前掲創立四十周年記念損害保険論集九五―九八頁、古瀬村・商法の争点（第二版）二三六頁、坂口・学説史二九八頁以下参照。
（8）田中（耕）・九一頁、大森・一二五頁、田中＝原茂・一七五頁、西島・八五頁、石田・七八頁、服部＝星川・基本法コン二三六頁（中西筆）。
（9）古瀬村・商法の争点（第二版）二三七頁。

八　告知義務違反の要件

告知義務違反を理由として保険者が契約の解除をなしうるためには、客観的要件および主観的要件が備わることを要する（二八条一項・五五条一項・八四条一項）。

(1)　客観的要件　客観的要件として、告知事項を告げなかったこと、または、告知事項について不実のことを告げたことを必要とする。このように、告知事実についての黙秘または虚陳が行われたことは、客観的な事実と告知における客観的表現とが一致しないことを意味する。

(2)　主観的要件　主観的要件として、故意または重大な過失があることを必要とする。不良危険を排除するためであるならば、告知義務違反の要件として客観的要件のみが存在すれば足りるということも考えられる。しかし、契約当事者間の衡平の確保と、故意・重過失がない場合にも告知義務違反とすることの過酷性という点からして、現行法の立場は妥当である(1)。

ここにいう故意とは、ある事実の存在およびその重要性ならびにこれを告知すべきことを知りながら黙秘または虚陳することをいう。保険契約者が保険者を欺罔しようとする意図まで有していなくてもよい。また、重大な過失とは、事実の重要性およびこれを告知すべきことを知らないことについて重大な過失があることをいう。告知事項を、知っている事実に限定しない見解に従うかぎり、事実の存在を重大な過失によって知らない場合にも、重過失があると解すべきことになる。[2] しかし、告知義務は、保険契約者に事実の探知義務ないし調査義務を課すものではなく、知っている事実を告知させる義務にとどまるので、事実の存在を重大な過失によって知らない場合には、ここでいう重過失にはあたらないと解される。[3] 以上に述べた告知義務違反の要件の存在は、契約解除権を行使しようとする保険者が立証することを要する。

（1）大森・法的構造一九一頁、西島・八八頁（7）、石田・基本問題一五五―一五七頁参照。

（2）松本・一〇四頁、田中（耕）・八八頁、伊沢・一七一頁、石井＝鴻・一七一頁、小町谷＝田辺・三三頁、田辺・五五頁、大判大正四年六月二六日民録二一輯一〇四四頁。

（3）青山・契約法一二七頁、大森・一二七頁、田中＝原茂・一七二頁、野津・新二一六頁、西島・八七頁、石田・七九頁、中西「告知義務と重大な過失」商法演習Ⅲ一四四頁。

九　告知義務違反の効果

(1)　解除権　告知義務違反の要件が備わると、保険者は保険契約を解除することができる（二八条一項・五五条一項・八四条一項）。契約が当然に無効となるのではない。[1] 保険者の契約解除は、保険契約の成立後であれば、保険者の責任開始の前後を問うことなく、また、保険事故発生の前後を問うことなく、これをなしうる。実際には、保険事故発生後に、告知義務違反が明らかとなって、解除される場合が多いであろう。[2] 告知義務違反の要件が備わっていても、例外的に、一定の場合には保険者は保険契約を解除することができない（解除権の阻却）。これについては、後述する。

告知義務違反を理由として契約が解除された場合には、保険契約は将来に向かって消滅するので（三一条一項・五九条一項・八八条一項）、保険者は、既経過期間に相当する保険料を返還する義務を負わない。[3] 一方、告知義務違反行為に対する制裁として、保険者は、解除がなされた時までに発生した保険事故による損害等について支払責任を負わない（三一条二項一号本文・五九条二項一号本文・八八条二項一号本文）。ただし、この場合においても、保険契約者側において保険事故の発生が、その黙秘または虚陳した事実と因果関係がないことを立証したときは、保険者は保険金支払責任を負う（三二条二項一号但書・五九条二項一号但書・八八条二項一号但書）。この因果関係不存在の特則は改正前商法のもとにおいても認められていたが（商旧六四五条二項但書・六七八条二項＝六四五条二項但書）、その当否については、多くの学説から疑問が提起されていた(4)。その理由として、保険者が保険契約の当時に告知義務違反の対象となった事項について真実を知っていたならば少なくとも同じ契約内容では保険契約を締結せず、この点に保険者に解除権を認める基礎があるので、保険事故がどのような形で発生したかという事後的な事情によって保険金支払義務の存否を左右せしめることは、理論的に一貫しないとされる。これに対し、因果関係不存在の場合には保険者有責とする規定には合理性があり、この規定は維持されるべきであると解する見解がある。その理由として、告知義務違反の事実が保険者に対し何ら不利益を及ぼさない場合にまで保険者の全部免責を認めることは不公正であること、告知義務違反行為と制裁との不均衡を回避すべきこと、告知義務制度に教育的・一般予防的機能を過度に期待すべきでないこと、契約当初における契約選択上の局面と保険事故発生後における保険金支払の局面とを区別して、後者の局面においては因果関係を問題とするのが妥当であること、諸外国の立法例の中にも因果関係の有無を問題としている立法が存在すること等を主張している(5)。この見解が保険法に正当にも維持されたのである。

(1) 改正前商法のもとにおいて、契約を当然に無効とする保険約款も有効であると解されていた（大森・判例百選一〇頁）。

(2) 解除の意思表示は保険契約者に対し、また、保険契約者の死亡後は、その相続人に対してなすことを要すると解するのが判例（大判大正五年二月七日民録二二輯八三頁。なお、相続人が複数ある場合につき、最判平成五年七月二〇日損保企画五三六号八頁参照）・学説（松本・一〇六頁、大森・一二八頁）である。したがって、保険金受取人に対して解除の意思表示をなしても、効力は生じない。詳細については、中西・総合判例研究叢書・商法(8)一五五―一五七頁、戸塚・生保判例百選一〇〇頁参照。

(3) 保険者が保険料の返還をする必要がないのは、告知義務違反者に対する制裁の趣旨と、保険者が契約解除によって損失を被ることがないようにするためである。なお、改正前商法は、告知義務違反による契約解除の効果として、「其解除ハ将来ニ向テノミ其効力ヲ生ス」と定めていたが（商旧六四五条一項・六七八条二項＝六四五条一項）、学説の中には、右規定の文言どおりに契約の解除に将来効を認める見解（田辺・理論と解釈八五頁以下、同・五七―五八頁）と、遡及効を認める見解（大森・一二九頁、一三一頁、西島・八九頁、服部＝星川・基本法コン二三八頁（中西筆）、石田・八一頁）があった。しかし、告知義務違反の効力は多面的であり、解除の効力という観点からのみ議論すると、遡及効とするにせよ将来効とするにせよ、いずれも効力の十分な説明はできないため、保険法は、告知義務違反の効力について、将来効解除と遡及的法定免責とを組み合わせて規定することとしたとされる（山下＝米山・五九七―五九八頁（山下筆））。

（4）　大森・一二九頁、伊沢・一七七―一七八頁、田辺・五九頁、石田・基本問題一五四頁、服部＝星川・基本法コン二三九頁（中西筆）。

（5）　西島「商法六七八条に関する一考察」文研九一号一六―一九頁。

(2)　解除権の阻却　告知義務違反の要件が備わっていても、次の場合には保険者は保険契約を解除することはできない。

すなわち、まず、①保険者（またはその代理人）が告知義務違反の対象である事実を知りまたは過失によって知らなかった場合と、②保険者のために保険契約の締結の媒介を行うことができる保険媒介者が告知妨害や不告知教唆をした場合である（二八条二項一号〜三号・五五条二項一号〜三号・八四条二項一号〜三号）。右の②の保険媒介者は、保険者のために保険契約の募集は行うが、保険契約の締結の代理権を有しない者を意味する。保険媒介者が告知妨害や不告知教唆の場合に保険者による保険契約の解除が認められないのは、保険媒介者の指揮や監督は保険者が行うのが適切であること、保険媒介者の言葉を信じた保険契約者等の信頼を保護する必要があるという理由に基づく[1]。もっとも、右の②には例外が認められ、保険契約者等による告知義務違反と保険媒介者の告知妨害等の間に因果関係がない場合には、保険者は保険契約を解除することができる（二八条三項・五五条三項・八四条三項）。

また、保険者が解除の原因があることを知った時から一カ月間解除権を行使しなかったとき、あるいは、契約の時から五年を経過したときは、解除権は消滅する（二八条四項・五五条四項・八四条四項）[2]。右の期間は除斥期間である。さらに、保険者が解除権を放棄した場合にも解除権が消滅することはいうまでもない。

なお、告知義務違反の効果に関する諸規定（二八条一項ないし三項・三一条二項一号、五五条一項ないし三項・五九条二項一号、八四条一項ないし三項・八八条二項一号）は、片面的強行規定である（三三条一項・六五条一号二号・九四条一号二号）。

（1）　萩本・一問一答五〇頁。

（2）　解除の原因があることを知った時とは、保険者が告知義務違反の客観的要件および主観的要件を確認した時を意味する（大森・一三二頁、西島・九一頁、大隅＝戸田＝河本・判例コン七四四頁〔石田筆〕、岡田「商法六七八条二項における除斥期間の起算点について」鹿法二一巻一号四六頁）。

十　告知義務違反と詐欺・錯誤との関係

改正前商法のもとにおいて、保険契約者が告知義務に違反し、告知義務に関する商法の規定が適用される場合に、保険者は、危険測定に関する重要事実に関して錯誤があったとして保険契約の無効を主張できるか、また、この場合に詐欺を理由として保険契約を取り消すことができるか、ということが争われていた。すなわち、告知義務違反に該当する事実が同時に民法上の詐欺または錯誤に該当することがあるか否か、該当するとした場合に、商法の告知義務に関する規定とともに民法の詐欺または錯誤に関する規定も適用されるか否かが問題となり、見解が分かれていた。この問題を議論する実益は、商法の告知義務に関する規定のほかに民法の規定が適用されると解するならば、保険者が商法の規定によってはもはや契約解除権を行使できない場合であっても、民法の詐欺または錯誤に関する規定によって保険契約の取消または無効を主張することができるという点にある。そして、対立している見解の優劣を決するきめ手は、保険者と保険契約者間の利害の衡平な調整、および両者間の権利関係の安定の確保をいかに実現するかという点にある。右の議論は、保険法のもとにおいても存続しうる。次に、改正前商法のもとにおける見解の状況について説明する。

まず、判例は、告知義務に関する商法の規定と詐欺・錯誤に関する民法の規定は、その趣旨・要件・効果を異にするので、保険者は告知義務違反を理由として契約を解除しうる場合でも詐欺による取消、錯誤による無効の主張をなしうるとする[1]。この判例理論は、その後の判例によっても現在まで一貫して支持されている。これに対し、学説は鋭く対立している。

第一説（民商法適用説）は、判例と同じく、告知義務に関する商法の規定は、詐欺・錯誤に関する民法の規定の適用を排除しないとする。その理由として、告知義務に関する商法の規定と詐欺・錯誤に関する民法の規定は、その根拠・要件・効果を異にした独立の規定であって、両者は特別法と一般法の関係に立つものではないとする[2]。しかし、この見解によると、詐欺による場合には特殊な契約解除権と一般的な取消権が一個の契約について同時に発生するというありうべからざる結果となること[3]、また、錯誤の場合には無効であると同時に解除権があることになるが、商法の規定によると解除されるまでは有効であり、無効であると同時に有効であるという矛盾した結果になる[4]とされる。

第二説（商法単独適用説）は、告知義務に関する商法の規定は、詐欺・錯誤に関する民法の規定に対する例外規定として、商法のみが適用されるとする。また、その実質的な理由として、告知義務に関する商法の規定を一体としてみた場合、保険者の保護のみを目的とするのではなく、同時に保険者の契約解除権の行使に一定の制限を設けて保険加入者の保護をも図っているが、民法の規定の適用を認めると、この加入者保護の趣旨が無視されることになるとする[5]。

第三説（折衷説）は、詐欺と錯誤を区別し、民法規定の適用を、前者については肯定し、後者については否定する見解であり[6]、妥当な見解であると思われる。その理由として、第一に、詐欺の場合には、保険者を欺罔する意思があるので保険契約者を保護する必要がないが、錯誤の場合には、たとえ保険契約者の故意または重過失による告知義務違反によって保険者が錯誤に陥ったとしても、保険契約者に害意がないので保険契約者を保護する必要がある。(7)第二に、告知義務制度において、保険者と保険契約者間の権利関係の安定を確保することも重要であり、改正前商法六四四条二項（保険法二八条四項・五五条四項・八四条四項相当）の不可争期間の経過後には権利関係の安定を図るべきであるが、詐欺による告知義務違反の場合にはその必要性は認められない。第三に、告知義務に関する商法の規定は、危険測定上の重要な事実に関する錯誤という特殊の動機の錯誤に関する特別規定として、錯誤に関する一般規定である民法九五条の適用は排除されるが、他方、詐欺は、相手方を欺罔して契約を締結させようとする意思が存在することを必要とする点において告知義務違反とは異なっているので、詐欺に関する民法九六条と告知義務に関する商法の規定は、一般法と特別法の関係に立つとは解されないからである。(8)

（1）　大判大正六年一二月一四日民録二三輯二一一二頁。判例の詳細については、中西・総合判例研究叢書・商法(8)一六二―一九〇頁、金沢・商法の争点（第二版）二三八頁、栗谷「告知義務違反と詐欺または錯誤」創立五十周年記念損害保険論集三六頁以下、伊藤・百選一三六頁参照。
（2）　大森・一三五頁、田辺・六〇頁、栗谷・前掲四九頁。
（3）　倉沢・現代的課題四九頁。
（4）　野津・新二二三頁（四一）。
（5）　松本・一〇八頁、同・私法論文集第三巻五五八頁以下。金沢・商法の争点（第二版）二三九頁も、商法の告知義務規定の自己完結的体系性を理由として、商法単独適用説に従っている。長谷川・基本商法講義（保険法）三三頁。
（6）　小町谷・総論(一)三五四頁、小町谷＝田辺・三六―三七頁、伊沢・一七九頁、田中＝原茂・一七六頁、西島・九六頁、石田・八二頁、大隅＝戸田＝河本・判例コン七五三―七五四頁（石田筆）、服部＝星川・基本法コン二三九頁（中西筆）、中西・総合判例研究叢書・商法(8)一九〇―一九二頁。
（7）　これに対し、田辺・六〇頁は、錯誤に関する規定を保険契約の場合にだけ適用を排除するのは恣意的な解釈であるとする。
（8）　西島・九六―九七頁、服部＝星川・基本法コン二三九―二四〇頁（中西筆）、石田・八二―八三頁。

第六章　保険契約の内容

第一節　総　　説

保険契約には、損害保険契約と定額保険契約があり、ここでは、両者に共通な内容についてのみ説明し、両者に特有な内容についてはそれぞれの箇所で説明する。

第二節　保険事故発生の客体

保険者は、保険契約で定められたある客体に保険事故が発生した場合に保険金を支払う。この保険事故発生の客体は、物保険または財産保険においては「保険の目的物」（六条一項七号・九条・一五条・一六条・二四条・三六条）または「保険ノ目的」（商八一六条・八二九条・八三一条—八三三条・八三七条・八三九条—八四〇条参照）といい、人保険においては「被保険者」（二条四号ロハ・三四条—三五条・三七条—三八条・四〇条—四一条・四五条・四七条・五〇条—五二条・五五条—五八条・六〇条・六四条—七〇条・七四条・七六条・七九条—八一条・八四条—八七条・八九条・九三条—九四条参照）という。

物保険においては、保険の目的物は保険契約において約定されることを要するが（六条一項七号括弧書）、一個の物（例、一戸の家屋）でも（個別保険）多数の物の集合（例、家財道具一式）でも（集合保険）よく、また契約当初から固定的に特定される（特定保険）ことは必ずしも要せず、一定の標準によって範囲が限定されるかぎり内容の交替が予定されているもの（総括保険）であってもよい。自然人についても、特定人のほか、交替が予想される特定の団体に所属する者であってもよい。

第三節　保険事故

一　意　義

保険者の保険給付義務を具体化させる事実を、保険事故という（五条・三七条参照）(1)。火災保険における火災、海上保険における船舶の沈没・座礁、生命保険における被保険者の生死などが、その例である。なお、傷害疾病定額保険契約については、保険法は、「保険事故」に代えて、「傷害疾病」（二条四号八参照）と、「給付事由」（六六条参照）という二つの概念を用いている。これは、傷害疾病定額保険契約における保険事故の定め方や保険事故を含む保険給付事由の発生要件の定め方は多様であり、保険事故即保険給付発生事由であるとはいえないということに基づく(2)。

（1）　保険事故をめぐるドイツとわが国の議論の詳細については、坂口・学説史三一三頁。
（2）　萩本・一問一答一六七頁、山下＝米山・一七八頁（山下筆）。

二　要　件

保険事故は偶然の事故でなければならない（五条一項括弧書参照）。事故の「偶然性」とは、保険契約の成立当時において、その事故が発生するか否かが不確定なこと（例、火災保険における火災）、発生は確実であるが発生時期が不確定なこと（例、終身保険における被保険者の死亡）を意味する。したがって、保険事故の偶然性は、保険事故が保険関係者の意思によらずに発生するということを意味するものではない(1)。契約成立当時にすでに発生している事実、または不発生が確定している事実を保険事故とする保険契約は成立する余地はなく、また、契約成立後に保険事故の不発生が確定したときは契約は消滅する。

事故の発生・不発生の不確定は、客観的に判断される。しかし、保険法は、保険契約を締結する前に発生した保険事故（傷害疾病保険定額契約にあっては、給付事由）に関し保険給付を行う旨の定めは、保険契約者が当該契約の申込またはその承諾をした時において、当該保険契約者等がすでに保険事故が発生していることを知っているときにのみ無効であると定め（五条一項・三九条一項・六八条一項）、また、保険事故の申込の時より前に発生した保険事故に関し保険給付を行う旨の定めは、保険者または保険契約者が当該契約の申込またはその承諾した時において、当該保険者が保険事故が発生していないことを知っているときにのみ無効であると定めているので（五条二項・三九条二項・六八条二項）、保険事故の不確定性は、主観的に契約当事者および関係者の認識において認められることで足りる。したがって、たとえば、船舶が発航した数日後でも、契約当事者および関係者が船舶の安否について知らないかぎり、保険期間を発航の時点へ遡って開始させる保険契約（遡及保険）を有効に締結することができる。保険契約締結の時を基準とするならば、それよりも前の時期については、保険事故はすでに発生したか発生しなかったかのいずれかであり、そのいずれであるかが客観的に確定している。それにもかかわらず、遡及保険契約を締結しうるのは、客観的に確定している事実を保険事故とする保険契約を有効としても、当事者および関係者の主観的不知を要件とするかぎり、これが悪用されるおそれはない、という理由による。(2) 結局、保険事故の偶然性とは、事故の客観的不確定ないし主観的不可測性を意味する。

右に述べた要件が備わるかぎり、いかなる事実でも保険事故となりうるが、具体的な保険契約が成立するためには、保険事故が特定されることを要する。特定されるかぎり、一種類（例、火災保険における火災）、数種類（例、住宅総合保険における火災・風災・雪災・盗難など）でありえ、また、包括的（例、海上保険における航海に関するあらゆる事故）でありうる。

(1) 保険事故発生の偶然性の主張・立証責任の問題につき、①最判平成一六年一二月一三日民集五八巻九号二四一九頁は、火災保険の事案において、保険金の請求者が火災の発生によって損害を被ったことさえ立証すれば、火災発生が偶然のものであることを主張・立証すべき責任を負わないと判示し（解説として、山野・百選五八頁）、②最判平成一八年六月一日民集六〇巻五号一八八七頁は、車両保険の事案において、車両の水没が保険事故に該当するとして車両保険金の支払を請求する者は、事故の発生が被保険者の意思に基づかないものであることについて主張・立証すべき責任を負わないと判示し（解説として、神谷・百選八八頁)、③最判平成一九年四月一七日民集六一巻三号一〇二六頁は、被保険自動車が盗難に遭った事案において、車両保険金の支払を請求する者は、被保険者以外の者が被保険自動車をその所在場所から持ち去ったという外形的な事実を主張・立証すれば足り、被保険自動車の持ち去りが被保険者の意思に基づかないものであることを主張・立証すべき責任を負わないと判示した(解説として、加瀬・百選九〇頁)。

(2)　もっとも、通信機関が発達した現代においては、遡及保険を認める必要性は余り多くはない(大森・六二頁、田辺・九〇頁、西島・一〇〇頁、倉沢・通論五三頁)。

第四節　保険期間

一　意　義

保険者の危険負担は、期間的にも制限され、保険者の責任が開始してから終了するまでの期間を保険期間または責任期間という(六条一項五号・四〇条一項六号・六九条一項六号参照)。この期間内に保険事故(傷害疾病定額保険契約にあっては、給付事由)が発生した場合に、保険者は保険金支払責任を負う。したがって、この期間の開始前または終了後に発生した保険事故については、保険者は保険金支払責任を負わない。保険期間内に保険事故が発生することが必要にして十分である。保険期間が無限定な保険契約は認められない。

二　定め方

保険期間は、当事者の特約または保険約款によって定められるのが通例である。その定め方として、何年何月何日から一年間というように日時をもって定めるのが通例であるが、甲港から乙港までの航海の期間というようにある事実をもって定め、あるいは、甲港から乙港までの間の何週間というように右の両者をもって指定し、さらに、終身保険のように、保険期間の終期を定めない場合もある。保険契約において保険期間が定められていない場合には、法定の保険期間によるが（商八二一条・八二二条）、法の規定も存在しない場合には、保険契約の存続期間と一致する。

三　保険契約期間・保険料期間との区別

保険契約期間とは、保険契約が成立してから終了するまでの期間であり、保険契約の存続期間をいう。保険契約期間は、通常は保険期間と一致するが、契約成立後の特定時点から保険期間が開始する場合、または、遡及保険の場合には、一致しない。

保険料期間とは、保険料算定の基礎とされる単位期間をいう。危険率の測定は、一定の期間を単位とし、この単位期間内における平均的な事故発生率を基礎として行われる。保険料期間は、通常は一年であり、したがって、保険期間が一年である保険契約の場合には、保険料期間と保険期間は一致するが、長期契約においては、保険期間は多くの保険料期間から成っている。

四　遡及保険

遡及保険とは、保険期間を保険契約の成立時よりも前に遡らせる保険契約をいう。保険契約の成立時において事故または給付事由の発生・不発生が客観的に確定していても、保険法五条・三九条・六八条に定められた場合を除いては、当該保険契約は無効とならない。

ところで、保険法五条・三九条・六八条の前身である改正前商法六四二条(1)によると、契約当事者の一方または保険金支払を受けるべき者が保険事故の発生または不発生を知っている場合には、保険契約は無効となる。その結果、たとえば、保険者が保険事故の発生を知っているかぎり、保険契約者および保険金支払を受けるべき者が知らない場合にも、保険契約は無効となる。しかし、保険事故の主観的不確定性ないし主観的偶然性を認める趣旨は、保険契約者側の保険金詐取を防止する点にあるから(2)、たとえ保険者が保険事故の発生を知っていたとしても、保険契約者および保険金支払を受けるべき者が知らないかぎり、契約を有効としても保険契約者側で保険契約を保険金詐取の目的に悪用するということは考えられない。そこで、保険法は、保険契約を締結する前に発生した保険事故に関し保険給付を行う旨の定めは、保険契約者が当該保険契約の申込または承諾をした時において、保険契約者または保険金支払を受けるべき者が保険事故がすでに発生したことを知らないかぎり、その発生につき保険者の知・不知を問うことなく、保険契約を有効としている（五条一項・三九条一項・六八条一項参照）。また、保険事故の主観的不確定ないし主観的偶然性を認める趣旨は、保険者側の保険料詐取の防止の点にもあるから、[3]保険事故の不発生を知りながら保険契約を締結した保険者に保険料を取得させるのは妥当ではない。そこで、保険法は、保険契約の申込の時より前に発生した保険事故に関し保険給付を行う旨の定めは、保険者または被保険者が当該契約の申込または承諾をした時において、当該保険者が保険事故が発生していないことを知っているときは、無効であると定め（五条二項・三九条二項・六八条二項）、保険者の保険料取得権を否定している。

なお、保険法五条二項・三九条二項・六八条二項の規定は、片面的強行規定である（七条・四一条・七〇条）。これに対し、保険法五条一項・三九条一項・六八条一項の規定は、その性質上絶対的強行規定である。

（1）　改正前商法六四二条は、遡及保険でない場合をも含めて一般的に保険事故の偶然性は主観的意味において存在すれば足りるとする規定か（田辺・基本構造二〇〇頁）、それとも、遡及保険にのみ関する規定であるかについて、見解が分かれていた。後者の見解が妥当である。なぜなら、前者の見解に従うと、たとえば、建物が火災で焼失した後に当事者がそのことを知らずにその建物について遡及保険でない火災保険契約を締結したときは、その保険契約は有効となって保険契約者は保険料支払義務を負うが、火災は保険期間の開始前に発生しているので保険者は保険金支払責任を負わないという結果になるからである（服部＝星川・基本法コンメ二三三頁（中西筆）、神崎・損保判例百選二七頁、石田・九五頁）。この点につき、保険法五条・三九条・六八条は、遡及保険にのみ関する規定であると明確に定められている。

（2）　田辺・八六頁（1）参照。

（3）　田辺・八六頁（1）参照。

第五節　保険料

一　総説

保険契約者は、保険者による危険負担の対価として、保険料を支払うことを要する（二一条三号）。

二　保険料の構成

保険契約者が支払うべき保険料は、純保険料と附加保険料から構成されている。純保険料は、危険負担料であり、一定期間（保険料期間）内の危険率と保険金額を基礎として算定され、保険者が支払うべき保険金の総額と領収すべき純保険料の総額とが均衡するように定められる（収支相等の原則）。これに対し、附加保険料は、代理店手数料、保険者の人件費、物件費その他の費用から割り出して定められる。純保険料と附加保険料の比率は、保険の種類によって異なり、必ずしも一定しているわけではないが、純保険料に対する附加保険料の比率が小さいほど保険事業の効率が高く、保険加入者の利益となる。

三　保険料不可分の原則

純保険料は、一定の期間（損害保険では一年が原則である）を単位とし、この単位期間（保険料期間または危険測定期間という）内の危険率を基礎として算出される。この保険料期間に対する保険料は一単位として扱われ、さらに細分しえないことから、保険者が保険料期間の一部分について危険負担をなした以上、その後に何らかの事由によって保険者が危険負担をしないことになったとしても、保険者は、当該保険料期間に対する保険料の全部を取得しうるとするのが改正前商法のもとでの判例・通説の立場であった（保険料不可分の原則）(1)。その根拠として、形式的には、改正前商法六五三条・六五四条・六五五条の規定の反対解釈を主張し、また、理論的には、保険技術的必要説や危険不可分説を主張していた。保険技術的必要説によると、保険料は保険料期間内に生ずる危険を統計的に測定して算出されるので保険料期間に該当する保険料を日割りその他の方法によってさらに分割することは技術的に不可能であるとされ、また、危険不可分説によると、保険事故は保険者の責任開始後の各瞬間に発生することが可能であり、したがって、危険は保険者の責任が開始した瞬間から保険期間中同一の重要さを有することから、保険者が引き受ける危険が単一にして不可分であり、その危険に対する保険料も不可分であるとされる。(2) これに対し、保険料可分の原則を支持する見解が有力に主張されていた。(3) この見解は、保険料不可分の原則の土台とされている保険料期間を細分化することは技術的には不可能でないこと、保険料不可分の原則を契約法の次元で説明することは困難であること、危険率がかなり高いうえに統計が不備であった古い海上保険に由来する保険料不可分の原則を一般化して適用することは妥当でないとする。

保険法は、保険料期間よりも短い期間に対応する保険料を算定することが技術的に不可能であるとはいえないこと、保険者が現に危険負担をした期間の長短にかかわらず、一律に保険料期間全部の保険料を保険者が取得することには合理性がないことなどから、保険料不可分の原則を採用せず、改正前商法六五三条・六五四条・六五五条の規定をも削除している。(4)

(1) 大判大正一五年六月一二日民集五巻八号四九五頁（この判決につき、菅原・損保判例百選五四頁参照）、大森・七九頁、小町谷「保険料不可分の原則」損保一二巻三号七四頁以下、小町谷＝田辺・五四頁、今村・上二五三頁、田中＝原茂・一四五頁、加藤・火災保険論七九頁。

(2) もっとも、両説は実質的な内容において異ならず、前説は後説を純化したものであると解することができる（金沢「保険料の返還と保険料不可分の原則」損保二九巻一号三八―三九頁、岩崎・義務論一〇七頁）。

(3) 田辺・一一二―一一三頁、金沢・前掲四二頁、戸田＝西島・五七頁（金沢筆）、西島・一〇六頁、岩崎・義務論一〇八頁、山下丈「ドイツ保険契約法における保険料期間概念の機能と性質」民商六九巻二号三〇七頁以下、同・商法判例百選三五頁。なお、保険料不可分の原則に関する学説史的考察として、坂口・学説史三二三頁以下参照。

(4) 萩本・一問一答一〇八―一〇九頁。なお、未経過期間に相当する保険料の返還をしない旨の約定が許容される可能性につき、同書・一〇九頁参照。

第六節　保険金額

保険金額とは、保険事故発生の際に保険者が支払うべき金額の約定の最高限度額をいう（六条一項六号・四〇条一項七号・六九条一項七号参照）。現行法のもとにおいては、損害保険契約に関しては、保険金額の約定についての制限はないが、保険事故の発生の際に保険金額がそのまま支払われるとはいえず、実際に生じた損害額の範囲内において、損害額に応じて、しかも、保険金額と保険価額との割合に従って支払われる（一八条一項・一九条）。このように、損害保険契約においては、保険金額は、事故発生の際の支払において、一定の制限に服するものであることに注意すべきである。

これに対し、生命保険契約においては、保険事故が発生した場合には約定の保険金額がそのまま支払われる。したがって、損害保険契約における保険金額とは異なった意味を有する。また、傷害疾病定額保険契約においては、傷害疾病による死亡の場合には保険金額の全額、傷害疾病による後遺障害の場合には障害の程度に応じて保険金額に一定の割合を乗じて算出される金額、入院保険金は保険証券記載の入院保険金日額に入院日数を乗じて算出される金額が、それぞれ支払われる。

第七章　保険契約の効果

第一節　総　説

保険契約が成立すると、保険者と保険契約者・被保険者・保険金受取人の側に種々の効果が発生する。その効果には、損害保険契約と定額保険契約に共通した効果と、両者に特有な効果とがある。ここでは、両者に共通した効果について説明し、両者に特有な効果については、それぞれの箇所で説明する。なお、保険契約の効果は、契約当事者または関係者の権利または義務の形式となって現れるが、以下では、契約当事者または関係者の義務の面から保険契約の効果を説明する。

第二節　保険者の義務

一　書面（保険証券）交付義務

(1)　総説　保険法上、書面とは、保険契約の成立および内容を証明するために、保険者が作成しかつ署名して保険契約者に交付するものをいい（六条・四〇条・六九条）、改正前商法にいう「保険証券」（商旧六七九条・六六八条・六七一条・六七九条）に相当する。現行法は、共済契約においては「共済証書」等の名称で契約内容を記載した書面が交付されていることなどを踏まえ、書面という表現に改めたが、もとより「保険証券」等の名称の使用を禁ずる趣旨ではない。

不要式契約である保険契約においては、保険証券の作成・交付は保険契約の成立要件ではない。成立した保険契約の効果として、保険証券の作成・交付が行われる。なお、改正前商法の規定によると、保険証券は保険契約者の請求によって交付されるとされていた（商旧六四九条一項）。しかし、保険証券は、被保険者にとっては保険契約の成立と内容を証明する手段として、また、保険者にとっては保険金支払義務の迅速・確実な履行の面において重要な機能を果たしていること[1]、保険の実務においては保険証券は当然に発行されていることから、保険法は、保険契約者の請求を待たずに、保険契約の締結後、保険者は遅滞なく保険証券を交付しなければならない旨を定めている（六条一項柱書・四〇条一項柱書・六九条一項柱書）。なお、保険約款では、保険金は、保険証券と引換に支払うと定められているのが通例である。

（1）　西島「保険証券」創立四十周年記念損害保険論集一三二頁。

(2)　記載事項　保険証券は、そこに記載すべき事項が法定されているという意味において、要式証券である。しかし、厳格な意味における要式証券ではない。損害保険・生命保険・傷害疾病定額保険の保険証券に共通する記載事項は、①保険者、保険契約者および被保険者に関する事項、②保険事故（傷害疾病定額保険にあっては給付事由）、③保険期間、④保険金額、⑤保険料、⑥危険著増通知義務に関する事項、⑦保険契約締結の年月日、⑧書面作成の年月日であり、さらに、損害保険の保険証券については、保険の目的物および約定保険価額に関する事項、また、生命保険および傷害疾病定額保険の保険証券については、保険金受取人に関する事項が記載事項としてそれぞれ法定されている（六条一項一号—一二号・四〇条一号—一一号・六九条一号—一一号）。いずれの書面にも、保険者が署名し、または記名押印しなければならない（六条二項・四〇条二項・六九条二項）。

(3)　法的性質　保険証券は、証拠証券、非設権証券であり、契約書ではない、ということについては異論はない。これに対し、保険証券の免責証券性と有価証券性に関しては議論がある。

まず、多数説は、保険証券の免責証券性を肯定している[1]。これに対し、免責証券性を認める必要性があるのは、同種の多数の債権者に対し迅速に弁済をしなければならない大量証券についてであるが、このような事情は、一般の保険証券には認められないとして、保険証券の免責証券性を否定する見解がある。(2) もっとも、免責証券性を肯定する見解の中にも、損害保険の場合にはとくに損害の調査・査定を行うのが通例であることから、保険証券の呈示者に直ちに保険金が支払われることはなく、右の調査・査定の懈怠の場合には免責されないと解する見解がある。(3) この見解に従うと、保険証券の免責証券性の意味は弱められていると解すべきことになろう。

　次に、指図式の損害保険証券（例、積荷保険証券）の有価証券性をめぐって、見解が対立している。すなわち、保険の目的たる物の上の権利が貨物引換証や船荷証券に化体されて流通するのを通例とする運送保険や海上積荷保険において、この保険契約上の権利の移転のために指図式の保険証券が発行されるが、その有価証券性に関して見解が分かれている。その有価証券性が肯定されるならば、保険証券の単なる裏書交付のみによって、指名債権譲渡の方式（民四六七条）によることなく、保険者その他の第三者に対する関係で、保険契約上の権利の移転について、対抗要件が具備されることになる。

　判例は、保険者の保険金支払義務は不要因債務でないこと、保険者は保険の本質また保険契約に基づく種々の抗弁を主張しうること、指図式保険証券を認める法規がないことを理由として、指図式保険証券の有価証券性を否定した。(4) しかし、株券のように、要因証券でも有価証券でありうるので、無因証券でないという理由で有価証券性を否定するのは妥当でない。権利義務関係が不要因か否かということと、その権利義務に関する証券が有価証券か否かということとは、必ずしも一致するものではない。そこで、指図式保険証券の有価証券性を肯定する見解が主張される。(5) しかし、保険証券を有価証券と解しうるとしても、保険金請求権のみの単独処分を認めると、被保険利益を有しない者に保険金請求権を与えることになり、故意の保険事故招致などの弊害が生ずることになる。したがって、指図式の保険証券が貨物引換証や船荷証券と一体となって流通する場合にのみ、有価証券性が肯定されると解すべきである。すなわち、保険証券が貨物引換証や船荷証券とともに裏書または引渡によって譲渡される場合に、権利移転的効力、資格授与的効力、免責的効力および善意取得が認められる(6)。もっとも、貨物引換証や船荷証券に従属し、これと一体をなしてのみ効力が認められる証券を有価証券と解すべきか否かは問題であろう(7)。

(1) 松本・九三頁、石井＝鴻・一七七頁、西島・一一二頁、石田・一〇二頁、倉沢・通論四八頁。
(2) 田辺・一一六頁。
(3) 石田・一〇一頁。
(4) 大判昭和一〇年五月二二日民集一四巻九二三頁。この判決については、前田庸・判例百選四八頁、龍田・損保判例百選三八頁参照。
(5) 伊沢・一〇五頁、野津・新一七七頁、小町谷・総論(二)四四二頁。
(6) 大森・一四二―一四三頁、田辺・一一六頁、西島・一一五―一一六頁、服部＝星川・基本法コン二四四頁（中西筆）、戸田＝西島・六三頁（金沢筆）、大隅＝戸田＝河本・判例コン六五一頁（岩崎稜筆）。なお、保険法理をも視野に入れつつ、指図式保険証券の有価証券性をめぐる議論について吟味検討を加え、今後この問題を検討する際の視点を示すことを試みるものとして、坂口「指図式保険証券の有価証券性」法論七四巻四・五合併号一二一頁以下参照。
(7) そこで、大森・一四〇頁以下は、かかる証券は有価証券というよりは有価証券的性質が認めうるとしているようであり（田辺・一一七頁（4）参照）、また、石田・一〇四頁（2）は、大森説を「制限的有価証券説」という用語で表現している。なお、保険の目的物の譲渡に関する改正前商法六五〇条の規定を根拠として、指図式保険証券の有価証券性を否定する見解があるが（石井＝鴻・一八〇頁、二〇四頁）、これについては、坂口・前掲一三〇頁以下参照。

二　保険金支払義務

保険者は、保険期間内に保険事故（傷害疾病定額保険契約にあっては給付事由）が発生した場合に、損害填補として（損害保険契約）、または約定金額の給付として（定額保険契約）、保険金を支払う義務を負う（二条一号）。保険金支払義務は、保険者の主たる義務である。損害保険契約と定額保険契約では、保険金支払義務の発生要件、保険者の免責事由、支払うべき金額の算定方法などにおいて異なる。これらの点については、それぞれの箇所で説明することにして、ここでは、損害保険契約と定額保険契約に共通する保険金支払義務の履行場所、履行期および消滅時効について説明する。

(1)　履行場所　保険者の保険金支払義務の履行は、債権者（損害保険契約では被保険者、定額保険契約では保険金受取人）の現在の営業所または住所でなされることを要する（商五一六条一項・保険二一条二項）。ただし、右の規定は任意規定であると解されるので、約款においてこれと異なる定めをなすことは認められる。

(2)　履行期　改正前商法のもとにおいて、保険者の保険金支払義務の履行期については、同法に規定がなかったために、民法の規定（民四一二条）が適用されると解されていた。すなわち、保険金支払義務の履行について確定期限の定めがあるときはその期限が到来した時から（同条一項）、不確定期限の定めがあるときはその期限の到来を知った時から（同条二項）、期限の定めがないときは履行の請求を受けた時から（同条三項）、それぞれ保険者は遅滞の責任を負うことになる。一方、保険約款では、所定の請求手続の終了後三〇日以内（損害保険）または五日以内（生命保険）に保険金を支払うこと、この期間内に必要な調査を終えることができなかったときは調査を終えた後遅滞なく保険金を支払い（損害保険）、または事実の確認のためにとくに時日を要するときはこのかぎりでない（生命保険）旨を定めるのが通例であり、このような約款規定は、従来、履行期についての特約として有効と解されていた。これに対し、最判平成九年三月二五日民集五一巻三号一五六五頁は、保険金の支払時期に関する火災保険約款の規定のうち、三〇日の猶予期間を定めた部分は、猶予期間の経過により保険金支払の履行期が到来することを定めた保険金支払時期についての約定として有効であること、猶予期間内に必要な調査を終えることができなかったときは調査を終えた後遅滞なく保険金を支払うと定めた部分は、保険契約者等の法律上の権利義務の内容を定めた特約と解することができず、保険会社の事務処理上の準則を明らかにしたものにすぎないと判示した。

確かに、保険者は、保険給付をすべき事由等について必要な調査を行った上でなければ保険給付を行うことができないので、保険者が行うべき調査に必要で合理的な期間内は、保険者が保険金支払について遅滞の責めを負わないこととするのが相当である。他方、保険事故発生後、迅速に保険給付が行われるべきであるという要請もあるので、たとえ期限の定めがある場合であっても、保険者が行うべき調査に必要で合理的な期間を超えて保険者が遅滞の責めを負わないとするのは妥当ではない。この二つの要請を満たすように、保険法は、保険金支払義務の履行期について、以下の特則を定めている[1]。

第一に、保険給付を行う期限を定めた場合において、当該期限が、保険事故や保険者の免責事由など、保険給付を行うために確認をすることが保険契約上必要とされる事項の確認をするための相当の期間を超えるときは、当該期間の経過時をもって保険給付の履行期とされる（二一条一項・五二条一項・八一条一項）。これは、契約自由の原則に基づき、期限の定めがあるときは原則としてその定めを有効とした上で、例外的に、その期限が、保険契約上の確認が必要とされる事項の確認をするための合理的な期間を超える場合には、当該合理的な期間の経過時から保険者は遅滞の責任を負うものとし、保険事故発生後に迅速に保険給付を受ける利益が不当に害されないようにするものである。そして、ここにいう「確認をするための相当の期間」とは、当該保険契約の内容に照らして確認のためにどの程度の期間が一般的にかかるかという観点からみて、合理的な期間であることを意味する[2]。

第二に、保険給付を行う期限を定めなかったときは、保険者は、保険給付の請求があった後、保険給付を請求する者が請求にあたって証明すべき事項を確認するために必要な期間を経過するまでは、遅滞の責任を負わない（二一条二項・五二条二項・八一条二項）。これは、保険給付を行うための調査に必要な期間を確保しようとするものであるが、保険者は免責事由等の調査に必要な期間を考慮して期限を定めることができたにもかかわらず期限を定めなかったので、確認の対象となる事項は、保険給付の請求権者側が証明責任を負うこととなる事項に限定される。そして、ここにいう「確認をするために必要な期間」とは、期限の定めがある場合における「確認をするための相当の期間」とは異なり、当該請求に係る個別の事実関係に照らして、保険事故や損害額の確認のために客観的に必要と認められる期間であることを意味する(3)。

第三に、保険者が右の確認をするために必要な調査を行うにあたり、保険契約者等が正当な理由なく調査を妨げ、またはこれに応じなかったときは、保険者は、これにより保険給付を遅延した期間について、遅滞の責任を負わない（二一条三項・五二条三項・八一条三項）。これは、保険事故は保険契約者側の支配領域内で発生するのが通常であり、保険契約者等が保険者の調査を妨げたり、必要不可欠な調査を拒んだりするなど、保険契約者等の帰責事由によって調査が遅延し、これによって保険給付が遅れた場合に、その遅延した期間についてまで保険者に遅延損害金を負担させるのは相当ではないという理由に基づく(4)。

なお、保険給付の履行期に関する規定（二一条一項三項・五二条一項三項・八一条一項三項）は、片面的強行規定である（二六条・五三条・八二条）。

(1) 萩本・一問一答六九頁。なお、保険給付の履行期をめぐる議論の詳細については、山下＝米山・四六〇頁以下（後藤筆）参照。

(2) 萩本・一問一答七一―七二頁。

(3) 萩本・一問一答七七頁。

(4) 萩本・一問一答七八頁。もっとも、「正当な理由」の意義は必ずしも明らかではなく、解釈上問題となりうる（甘利＝福田・三〇頁）。

(3) 消滅時効　保険者の保険金支払義務は、三年の時効によって消滅する（九五条一項）。このような短期消滅時効期間を定めた理由は、保険事業の財務状況の明瞭性確保という保険監督政策的要請にある(1)。

ところで、改正前商法において、保険金請求権の消滅時効期間の起算点については規定がなかったために、見解が対立していた。対立している見解の争点は、民法一六六条一項の「権利を行使することができる時」と履行期との関係、および、保険約款などにおいて定められている保険金支払手続に関する規定が保険金請求権の消滅時効期間の起算点に対していかなる影響を及ぼすかという点にある。たとえば、火災保険約款においては、被保険者が保険金の支払を請求するときは保険証券に添えて所定の書類を保険者に提出することを要し、この手続の終了後三〇日以内に保険金が支払われると定めているが（支払猶予期間（住宅総合約款三六条一項柱書））、保険事故の発生によって具体化した保険金請求権の時効期間の進行に関し、右のような約款規定がいかなる影響を及ぼすかということが問題となる。この問題は、保険法のもとにおいても存続しうる。次に、改正前商法のもとにおける見解の状況について説明する。

第一説は、右のような約款の定めの有無に関係なく、保険事故発生の時点が時効期間の起算点であると解する（事故発生時説）[2]。この見解はわが国の多数説であり、保険事故の発生によって、一種の条件付債権であった保険金請求権が具体的な金銭給付請求権に転化し、その時から権利は行使しうべきものとして、時効期間が進行するとする。また、この見解は、保険者の義務の履行期ないし弁済期と、消滅時効期間の起算点とは同じではないとする。なお、原則として保険事故発生時を時効期間の起算点とする立場に立ちつつ、客観的にみて被保険者が保険事故の発生を知らないことがやむをえない場合には、保険事故の発生を知った時が起算点となるとする見解がある[3]。

第二説は、保険金請求権者が保険事故の発生を知った時が時効期間の起算点であるとする（事故発生了知時説）[4]。この見解は、時効制度をもって、権利のうえに眠る者は保護するに値しないとする立場に立ち、権利の発生、したがって、権利の行使しうることを知らない者は権利のうえに眠る者とはいえない、ということを理由としている。しかし、時効に関する一般理論によると、「権利を行使することができる時」（民一六六条一項）とは、権利を行使することについての法律上の障害がないことを意味するのであり、権利の存在についての不知のごときは、権利行使についての事実上の障害にとどまり、時効の進行を妨げないと解されている。

第三説は、右に述べたような約款の定めがある場合には、所定の手続を終了した後、三〇日が経過した時が時効期間の起算点であると解する（支払猶予期間経過時説）[5]。この見解の特色は、この見解は、時効期間の起算点に関し右に述べた約款の規定に実体法的効力を認めていること、約款における支払猶予期間の定めは弁済期の定めであり、弁済期の到来前には権利行使はできず、支払猶予期間の定めは時効期間の進行について法律上の障害にあたると解している点に求めることができる。しかし、この見解によると、約款所定の手続を怠れば、時効期間の始期を定めることができないことになる。そこで、この場合には、約款所定の手続をなすべき期間が経過した時から三〇日を経過した時が時効期間の起算点になると解する見解がある。(6) しかし、そのように解すると、約款所定の手続をしない場合のほうが権利者に有利になるとして、請求手続が現実に行われたか否かを問うことなく、約款所定の手続をなすことをうべかりし時から三〇日を経過した時を時効期間の起算点と解する見解がある。(7)

最高裁は、生命保険契約の被保険者が自宅を出たまま帰宅せず、その生死も不明のまま時が経過し、三年以上が経過した後に死体で発見され、その死亡時期は三年以上が経過したと推認され、その後、保険金受取人が保険金の支払を求めた事案において、民法一六六条一項の趣旨は、単にその権利の行使について法律上の障害がないというだけではなく、さらに権利の性質上、その権利行使が現実に期待することができるようになった時から消滅時効が進行することであるとしたうえで、消滅時効について定めている約款規定につき、支払事由が発生した時からの権利行使が現実に期待できないような特段の事実の存する場合には、その権利行使が現実に期待することができるようになった時以降において消滅時効が進行すると判示した。(8)

(1) 大隅＝戸田＝河本・判例コン六八二頁（岩崎稜筆）、西島・一一八頁。なお、保険金請求権の消滅時効に関する学説史的研究として、坂口・学説史三三〇頁以下参照。
(2) 青山・契約法一〇七頁、水口・四四二頁、大森・一五八頁、大森＝三宅・一八二頁、小町谷・各論㈣五三五頁、小町谷＝田辺・六五頁、倉沢・法理二一八頁、坂口「保険金請求権の消滅時効の起算点」法論四八巻四・五・六号三九三頁以下。
(3) 石田・一八九頁、金沢「保険契約上の請求権の消滅時効」創立四十周年記念損害保険論集二六八頁。
(4) 村上・五一六頁、野崎・一三一頁。
(5) 大判大正一四年二月一九日新聞二三七六号一九頁、野津・新六二八頁、田中＝原茂・二八六頁。
(6) 栗谷「保険金支払義務の消滅時効の起算点」保雑三八一号五二頁以下、同・判例百選一九三頁。
(7) 西島・一二〇頁。なお、田辺・一四二頁は、約款所定の手続が行われなかったときは、保険事故発生時が時効の起算点となるが、保険事故の発生を知らなかったために約款所定の手続を行わなかったときは、保険事故の発生を知った時が時効の起算点になるとする（同「保険金請求権の消滅時効と保険会社の約款の定め」西南一七巻二・三・四号七四―七五頁）。

（8）　最判平成一五年一二月一一日民集五七巻一一号二一九六頁。この判決については、坂口・判例評論五四六号二九頁以下、吉井・百選一七八頁参照。なお、損害保険契約法改正試案六六三条は、立法論として、保険金請求権は、保険事故発生後二年の時効にかかるのを原則としたうえで、被保険者が保険事故の当時その発生を知らなかったことを立証したときは、その発生を知った時から二年の時効にかかると定め、保険事故発生時または了知時の二段階的処理を提案している（保険法制研究会・試案理由書七二頁、西島・一二〇頁）。二段階的処理によって、保険事故の発生を知らなかった被保険者の保護が図られることは明らかであるが、権利者の主観的態様が時効による権利の消長に影響を及ぼすものと解すべきではないという見解（倉沢・法理二一八頁）によるならば、右の提案に反対すべきことになる（倉沢・法理二一九頁（17））。

三　保険料返還義務

保険者は、次の場合に保険料返還義務を負う。

(1)　保険契約の無効・取消の場合　保険契約の全部または一部が無効である場合には、保険者は保険料を取得することができないのは当然であり、すでに受領した保険料は全部または一部を不当利得として返還しなければならないはずである（民七〇三条）。しかし、改正前商法は、保険契約の全部または一部が無効である場合であっても、保険契約者等が無効につき善意で重大な過失がなかったときにのみ、保険契約者は保険料の全部または一部の返還を請求しうるものと定めていた（商旧六四三条・六八三条一項＝六四三条）。悪意または重過失の場合に保険料返還請求権が認められないのは、保険契約者に制裁を加える趣旨である。なお、保険契約が取り消された場合にも右の規定が適用されると解されていた。

右の規定によれば、保険契約者等に悪意または重過失があれば、保険契約の無効や取消の原因の如何を問わず、保険契約者は保険料の返還を請求することができないことになる。しかし、それでは、未成年者が締結した保険契約が取り消された場合にも保険料は返還されないことになり、このような結果は、未成年者を保護するために意思表示の取消を認めた民法規定の趣旨に反し相当でない。そこで、保険法は、保険契約の無効・取消事由のうち、保険契約者等に対する制裁として保険料を返還しないことが相当と認められる場合に限定して規定を設けている。すなわち、①保険契約者等の詐欺または強迫を理由として保険者が保険契約に係る意思表示を取り消した場合（三二条一号・六四条一号・九三条一号）と、②保険契約が遡及保険に関する規定（五条一項・三九条一項・六八条一項）により無効とされる場合（三二条二号・六四条二号・九三条二号）である。もっとも、②については、保険者が保険事故または給付事由の発生を知りながら保険契約の承諾または申込をしたときは、もはや保険者に保険料の取得を認める理由はないことから、例外的にこのような場合を規律の対象から除いている（三二条二号但書・六四条二号但書・九三条二号但書）[1]。

なお、保険料返還の制限に関する規定（三二条・六四条・九三条）は、片面的強行規定である（三三条二項・六五条三号・九四条三号）。

（1）萩本・一問一答一〇五―一〇六頁。

(2) 保険者の責任開始前の契約の解除・失効の場合　保険者の責任が開始する前に保険契約者が保険契約を解除し、または保険事故発生の可能性が消滅したときは、保険者は危険負担をしていないので、保険契約は遡及的に消滅するため、保険者は保険料請求権を失い、すでに受領した保険料を返還することを要するはずである（民五四五条・商旧六五四条参照）。しかし、改正前商法六五五条は、保険者に対して保険契約の締結に要した諸費用を補償させることが必要であるとして、右の場合には、保険者はその返還すべき保険料の半額に相当する金額を返還手数料として請求することができると定めていた（保険料半額返還主義）。これに対し、保険法は、一律に保険料の半額を保険者に取得させることには合理性はないとして、改正前商法六五五条に相当する規定を設けていない[1]。

（1）萩本・一問一答一〇八頁。なお、保険法が改正前商法六五五条に相当する規定を設けていない別の理由として、保険法は保険料不可分の原則を採用しないこととしていることも挙げられている（同書・一〇八―一〇九頁）。

(3) 保険者の責任開始後の契約の消滅の場合　保険者の責任が開始した後に保険契約が解除され、または失効した場合には、改正前商法のもとにおいて、保険料不可分の原則により、解除または失効の時が属する保険料期間の保険料は返還されないと解されていた。これに対し、保険法は保険料不可分の原則を採用していないので、右の場合には、保険者は、すでに受領した保険料のうち、未経過期間に相当する保険料を返還する義務を負う（民七〇三条）。なお、保険事故が発生しないまま保険期間の満了またはその他により契約が消滅しても、保険者は保険料を返還する義務を負わないのが原則であるが、約款においては、無事故の場合に保険料の全部または一部を返還することを特約することがある。これを、無事故戻しといい、かかる定めがある場合には、これに従うべきことはいうまでもない。

(4)　時効　保険者の保険料返還義務は、三年の時効によって消滅する（九五条一項）。

第三節　保険契約者・被保険者・保険金受取人の義務

一　総　説

保険契約者、被保険者または保険金受取人は、保険者に対して、保険料支払義務、危険著増の通知義務、保険事故発生の通知義務を負っている。

二　保険料支払義務（二条三号）

(1)　義務者　保険料支払義務者は、第三者のためにする保険契約の場合においても保険契約者である。なお、改正前商法は、保険料未払の保険契約者が破産手続開始の決定を受けたときは、保険者は被保険者または保険金受取人に対して保険料の支払を請求することができると定め（商旧六五二条・六八三条一項＝六五二条）、保険料を支払うことによって保険契約を存続させる機会を被保険者または保険金受取人に与えることとしていた。しかし、このような場合には、破産管財人としては保険契約の解除を選択するのが通常であると考えられ、実際に右の規定が働く場面はあまり想定されないこと、実務上も右の規定に基づいて保険者が被保険者または保険金受取人に対して保険料を請求することはないことから、保険法は、右の規定に相当する規定を設けていない。(1)

(1)　萩本・一問一答二一四頁。なお、西島・一二九頁（2）、服部＝星川・基本法コン二四八頁（西島筆）参照。

(2)　保険料の額　保険料の額は契約によって定められる。約定された保険料の額は、当事者の合意によってのみ変更しえ、当事者の一方的意思表示によって変更することはできないのが原則である。しかし、保険法は、次の場合には、保険契約者に保険料減額請求権を認めている。①損害保険契約の締結後に保険価額が著しく減少したときは、保険契約者は、保険者に対し、将来に向かって、保険金額または約定保険価額については減少後の保険価額に至るまでの減額を、保険料についてはその減額後の保険金額に対応する保険料に至るまでの減額をそれぞれ請求することができる（一〇条）。ある保険価額を基礎として保険金額および保険料を定めた場合において、その後に保険価額が著しく減少したときは、この減少した保険価額を標準として算定される損害額に応じて保険金が支払われるので（一八条参照）、保険契約者がその減少前の保険価額を前提とした保険金額に応ずる保険料を支払うことは不合理であるという理由による。なお、保険法一〇条は、契約の締結後に保険価額が減少して超過保険となった場合のほかに、契約の成立時に一部保険であったが保険価額の減少によって付保割合が変更したにすぎない場合にも適用される。(1)　②保険契約の締結後に危険が著しく減少したときは、保険契約者は、保険者に対し、将来に向かって、保険料について減少後の当該危険に対応する保険料に至るまでの減額を請求することができる（一一条・四八条・七七条）。これは、保険者が引き受けている危険と保険料が釣り合わなくなる事態が生じた場合に、変更後の危険と保険料が見合うように契約内容を修正する権利を契約当事者に認めるという理由に基づく。(2)

右に述べた減額請求権は保険契約者の形成権であるから、保険者の承諾を要することなく保険契約者の一方的意思表示によってその効力が生じ、保険金額および保険料は相当の額だけ減額される。その減額は将来に向かってのみ効力が生じ、既経過期間の保険料は減額されない。

なお、保険契約者の減額請求権に関する規定（一〇条・一一条・四八条・七七条）は、片面的強行規定である（一二条・四九条・七八条）。

（1）大森・一六五頁（九）、服部＝星川・基本法コン二二七頁（田辺筆）、西島・一三一頁（2）参照。

（2）萩本・一問一答六七頁。なお、保険法一一条・四八条・七七条に相当する改正前商法六四六条は、当事者が特別の危険を斟酌して保険料の額を定めた場合において、保険期間中その危険が消滅したときは、保険契約者は保険料の減額を請求することができると定めていた。しかし、危険の減少に関する規定の趣旨が本文に述べた点にあることからすると、右の場合にかぎって減額請求を認める必然性はない（同書・六七頁）。

(3)　支払の方法・場所等　保険料支払義務の履行期については保険法上定めがない。従来の通説は、期限の定めのない債務として、保険者の請求によって履行期が到来する（民四一二条三項）と解しているが[1]、保険契約の成立と同時に履行期が到来すると解する見解もある[2]。保険料の支払方法は、全保険期間に対する保険料を一時に支払うか否かにより、一時払と分割払とに分けられ、また、保険期間の開始前に支払うことを要するか否かにより、前払と後払に分けられる。損害保険では、一時払かつ前払が原則であり[3]、生命保険では、分割払かつ第一回保険料について前払とされている。

保険料支払の場所は、原則として、債権者である保険者の営業所であり（商五一六条一項・保険二一条二項）、保険料支払債務は持参債務である。この一般原則は、一時払の保険料または分割払における第一回保険料の支払場所には妥当するが、第二回以後の保険料について、保険者が取立をなす慣行がある場合には、取立債務とする黙約があるとし、または、取立債務化したと認めてよい。その結果、保険料の取立を怠った保険者は、保険料の不払を理由として保険契約の解除などを行うことはできない[4]。取立という保険者の行為を期待して保険料を持参しなかった保険契約者に対し、持参債務である旨の主張を保険者に認めることは妥当ではないからである[5]。

なお、保険契約者の保険料支払義務は、一年の時効によって消滅する（九五条二項）。

（1）大森・一六五頁、石田・一三〇頁。
（2）田辺・一六四頁。
（3）もっとも、損害保険でも、長期総合保険や月掛火災保険のように、分割払のものもある。
（4）大森・一六六頁、野津・新二五三頁、田中＝原茂・一八五頁、田辺・一六五―一六六頁、西島・一三二頁、石田・一三一頁。
そこで、損害保険契約法改正試案六四七条の三は、立法論として、一時払または第一回の保険料債務と第二回以後の保険料債務とに分け、前者は保険者の営業所を支払場所とし、後者は保険契約者の住所または営業所を支払場所としている。
（5）渋谷（光）・商法の争点（第二版）二四五頁。

(4)　手形・小切手による保険料の支払　保険料支払債務は金銭債務であり、金銭債務の弁済は通貨でなすのが本則である（民四〇二条一項）。現在は、現金による支払のほか、口座振替やクレジットカードによる支払も一般化しているが、手形や小切手で保険料を支払うことができるか否かが問題となる。

まず、手形による保険料の領収は、昭和二六年七月二四日の「手形による保険料領収等の禁止について」と題する行政通達以来、禁止されている。その理由として、手形決済により保険料の領収を行うことは、一部の被保険者に対する特別の利益提供行為として、旧「保険募集の取締に関する法律」（保険業法第三編相当）の違反であり、また、財産利用方法書の違反・脱法行為として、保険業法に抵触するおそれがあるとされる（1）。これに対し、小切手による保険料の領収は禁止されていない。問題は、責任開始条項付の保険契約において、保険料の支払があったと認められるのは、小切手が保険者に交付された時か、それとも小切手が現金化された時のいずれであるかということである。前者だとすると、保険料が現実に保険者の手に渡らない時点で保険事故が発生しても保険者は保険金支払責任を負うが、後者だとすると、小切手が現金化されない時点で保険事故が発生しても保険者は保険金支払責任を負わないことになる。小切手を現金と同じように処理している取引界の実情からして、反対の事情が認められないかぎり、小切手の不渡を解除条件として現金の支払に代えて受領されたものとし、小切手の決済を待たず、保険者が小切手を受領した日を保険料を受領した日とし、その日から保険者の責任が開始すると解するのが妥当である。[2]

(1)　昭和二六年七月二四日蔵銀第三四七九号。しかし、これは、保険者に対する指導であり、かつ、手形による保険料の支払は私法上で無効であるという趣旨ではない（広島地裁呉支判昭和四九年六月七日判時七七〇号九七頁、田辺・一六五頁(3)、大塚・損保判例百選六一頁）。

(2)　広島高判昭和四六年一〇月一九日判時六九〇号八三頁、龍田・商法判例百選二〇九頁、田辺・一六五頁(3)、倉沢・法理二九六頁、西島・一四二頁、石田・一三三頁、平出・損保判例百選五九頁、吉井・判評一七三号三九頁。これに対し、金沢・判タ二九五号九八頁は、「責任持ち」の特約と解している。

(5)　責任開始条項　保険料の適時の支払を確保し、保険制度を円滑に運営できるようにするために、各種の保険約款において、保険者の責任開始を保険料の支払にかからしめているものが多い。約款によって表現に多少の違いがみられるが、それによって法的効果に差異が生ずるものではない。保険約款における右の条項を、責任開始条項といい、その適法性については異論はない。問題は、責任開始条項がある保険契約において、保険者が保険契約者の保険料不払を理由として保険契約を解除した場合、保険者は契約解除の時までの既経過保険料を請求できるか否かということである。

まず、最判昭和三七年六月一二日民集一六巻七号一三二二頁は、「保険期間カ始マリタル後ト雖モ保険料領収前ニ生ジタル損害ハ当社之ヲ塡補スル責ニ任ゼズ」（旧火災保険普通保険約款二条二項。なお、現在の住宅総合約款一五条三項も同旨）と定める保険約款による保険契約において、保険者が保険契約者の保険料不払を理由として保険契約を解除するとともに、解除の日までの保険料の支払を求めたという事案（「みまき荘」事件）について、右の約款の規定は、保険者は保険料の支払を受けないままでは保険期間の開始と同時に責任を負うことはなく、保険者の責任は保険料の支払がなされるまでは開始しないという趣旨を定めたものと解し、結論として、保険者は、解除の日までの保険料を請求する根拠を有しないと判示した

（責任開始条項説）。従来の多数説も、責任開始条項説に従っている。(1) この見解によると、約款の規定は、保険料の支払があるまでは保険者の責任は開始しない旨を定めた規定であると解され、したがって、保険料の不払を理由とする契約の解除は保険者の責任開始前の解除となり、解除は遡及効を生じ、契約も遡及的に消滅し、保険者は既経過保険料を取得できないということになる。この見解に対し、次のような疑問が提起されている。すなわち、約款の規定を、保険料の支払があるまでは保険者の責任が開始しない趣旨に解すると、保険料支払遅滞の場合、遅滞期間だけ保険期間が短縮されるか、保険期間の終期が先に延びることになるかのいずれかである。そして、前者であるとすると、保険期間を一年としている約款の趣旨に適合せず、後者であるとすると、保険期間の終期が契約において明定されていることと矛盾するとされる。(2) そこで、約款の規定は、保険者の責任開始を保険料の支払にかからしめたものではなく、保険者の責任は保険料の支払の有無にかかわらず開始するが、保険事故発生の時に保険料が未払の場合には保険者は保険金支払義務を免れるにすぎないと解する見解がある（損害不塡補条項説）(3)。しかし、この見解によると、通常の保険者免責の場合には保険事故ないし損害の特殊性に基づく免責であるのに対し（一七条・五一条・八〇条）、保険料不払による免責では一切の事故について免責されるという相違をどのように説明するかという問題が生ずるとされる。(4) そこで、右の約款の規定は、抽象的保険金債務が具体的保険金債務に転化する要件を特約したものと解する見解が主張されている。すなわち、保険期間の開始とともに保険者は抽象的保険金債務を負い、それが保険事故の発生とともに具体的保険金債務に転化するが、右の約款の規定は、これにもう一つの要件を加え、保険料の支払を右の転化の要件としたものであると解されている（二重条件説）(5)。この見解によると、保険料不払を理由とする契約解除は、保険者の責任開始後の解除となり、解除は遡及効を有しないと解すべきことになる。ところが、この見解は、解除が遡及効を有するか否かを、解除が行われたのが保険者の責任開始前であるか責任開始後であるかによって判断する立場に反対し、むしろ、解除の趣旨を検討して判断すべきであるとする。そして、保険料の不払という最も基本的な義務の不履行を理由とする契約解除は遡及効を有するとし、結論として、遡及効を認めた右の最高裁の判決に賛成している。(6)

責任開始条項が存在する場合には、保険料の支払があるまでは保険者の責任は開始せず、また、保険料が支払われていない間に生じた保険事故について保険者は保険金支払責任を負わない。このような契約を存続させることは、実際上も妥当でない。そこで、損害保険契約法改正試案六四七条の五第一項は、立法論として、責任開始条項がある場合において、保険料の不払があるときの保険者の契約解除権および契約のみなし解除について定めている。すなわち、その一文は、保険契約者が一時払または第一回保険料の支払時にその支払をしないときは、保険者は直ちに契約を解除することができること、また、二文は、保険者がその請求権をその支払時期から二カ月内に裁判上行使しないときは、保険契約は解除されたものとみなすと定めて、保険契約を自動的に消滅させている。(7)

(1)　学説の多数説については、服部・損保判例百選六三頁参照。
(2)　服部「保険金請求権の発生および消滅」大森還暦三五六頁、同・損保判例百選六三頁、西島・一三五頁。
(3)　青谷・判評五一号一〇頁、西島・一三六頁。
(4)　服部・前掲大森還暦三五六頁、同・損保判例百選六三頁。
(5)　服部・前掲大森還暦三五六―三五七頁、同・損保判例百選六三頁、加藤「保険契約の成立と保険料の支払」田辺＝石田・旧双書(1)一〇八頁。
(6)　服部・前掲大森還暦三五七頁、同・損保判例百選六三頁。これに対し、加藤「保険料不払と保険契約解除の効果」相馬古稀七三〇―七三一頁は、保険期間開始後は、保険者は保険料支払と保険事故発生という二重条件付で保険金支払債務を負担しているので、保険料不払を理由として契約を解除した場合、解除は遡及効を有さず、保険者は既経過保険料の支払を請求しうるとする。なお、契約解除の将来効を定めている保険法三一条一項・五九条一項・八八条一項の規定が、保険料不払による契約解除など、保険法に規定のない契約解除にも適用されるかという問題については、山下＝米山・五九九頁以下参照（山下筆）。
(7)　保険法制研究会・試案理由書四三頁。試案の規定は支持されている（西島・一三七頁、石田・一三六頁）。

(6)　「責任持ち」の特約　保険契約が成立した後、保険者が保険料の支払を猶予した場合には、保険契約者は保険料支払債務について履行遅滞の責めを負わない。問題は、それ以上に、支払猶予の意思表示が責任開始条項を排除し、保険料未領収の間でも保険者は保険金支払責任を負う（「責任持ち」の特約）趣旨かということである。この問題は、契約当事者の意思表示の解釈にかかっているが、支払猶予の意思表示は責任開始条項を排除すると解するのが当事者の合理的意思に合致するであろう。(1) このように解すると、保険料が未払の間にも保険者は危険負担をしていることになり、保険料不払を理由とする契約の解除がなされたときは、保険者は解除の日までの既経過保険料を請求できることになる。(2)

なお、「責任持ち」の特約は、行政監督上で禁止されているだけでなく（昭和二五年一二月二三日蔵銀第二三七一号）、保険契約者または被保険者に対して特別の利益の提供を約し、または保険料の割引・割戻その他特別の利益を提供する行為（保険三〇〇条一項五号）に該当するおそれがあり、保険契約者の平等取扱に反する。そこで、「責任持ち」特約の私法上の効力が問題となるが、(3) 通説はその有効性を肯定している。(4) 通説の見解が妥当であると思われる。行政監督上の禁止と行為の私法上の効力とは別であること、責任開始に関する約款の規定は契約当事者の合意によって排除できないものと解すべき理由はないこと、責任開始条項の適用の排除は保険契約者の利益に合致すると認められるからである。(5)

(1) 伊沢・判評一九号一〇頁、鈴木（辰）・火災三四頁。反対、石田・一三七頁。
(2) 保住・法論三四巻一号一〇八―一〇九頁、西島・一四〇頁、中西「保険料不払を理由とする保険契約の解除と保険料請求権」ジュリ三〇〇号二三五頁。
(3) 大森・研究四八頁（三）、田中＝原茂・一八四頁、石田・一三七頁。
(4) 伊沢・判評一九号一二頁、西島・一四〇頁、鈴木（辰）・火災三三―三四頁。
(5) 鈴木（辰）・火災三三―三四頁。

三　危険著増の通知義務

保険契約の締結後に、保険料の計算基礎とされる保険事故または給付事由の発生の可能性（危険）が著しく増加し、その結果、保険者が引き受けている危険と保険料が釣り合わなくなる事態が生じた場合には、給付反対給付均等の原則の観点からして、保険契約をそのまま存続させるのは適切ではない。

(1)　改正前商法　改正前商法は、危険の著しい増加に関し、それが保険契約者または被保険者の責めに帰すべき事由によるか否かによって区別し、効果に差異を設けていた。すなわち、前者の場合（主観的危険増加）には、保険契約は当然に失効するものとし（商旧六五六条・六八三条一項＝六五六条）、後者の場合（客観的危険増加）には、保険契約者または被保険者に通知義務を課すとともに、通知を怠った場合には保険者は危険増加の時から保険契約は失効したものとみなすことができ、通知があった場合には保険者は将来に向かって保険契約を解除しうると定めていた（商旧六五七条一項二項・六八三条一項＝六五七条一項二項）。しかし、危険増加を、その発生原因に応じて区別し、これに基づいて効果に差異を認める改正前商法の体系は、危険増加制度の本質から説明しうるか否かについて疑問があり、また、いずれの場合にも保険契約の存続の余地を残しておくことが必要であると説かれていた[1]。

（1）　田辺・一六八頁（1）、西島・一四五頁、石田・一四六頁、同・諸問題五六頁、坂口「保険契約法における危険の増加」損保三五巻四号一二四頁以下。

(2)　保険法　保険法は、改正前商法の規定に大きな変更を加えている。すなわち、危険増加の発生原因に基づく危険増加の効果の区別を放棄し、危険の増加が生じても、保険料を増加後の危険に対応した額に増額するとしたならば保険契約を継続することができる程度の危険の増加であるか否かという、危険の増加の客観的な程度によって次のような規定を設けている。

第一に、危険増加に関する規定の適用範囲を明確化するため、危険増加を、告知事項についての危険が高くなり、その結果として、保険契約で定められている保険料が当該危険を計算の基礎として算出される保険料に不足する状態になることをもって定義している（二九条一項柱書括弧書・五六条一項柱書括弧書・八五条一項柱書括弧書）。危険増加を告知事項についての危険の増加に限定したのは、保険者が危険の測定にあたって重要と考えて告知を求めた事項についての危険が高くなった場合にのみ、危険増加に関する規定の適用を問題とすべきであると考えられるためである。また、従前の保険料が増加後の危険に対応する保険料に不足する状態にならなければ危険増加に該当しないとしたのは、危険増加に関する規定の趣旨が、保険者が引き受けている危険と保険料が釣り合わなくなる事態が生じた場合に契約内容を修正する権利を契約当事者に認める点にあるためである。このように、保険法は、危険増加に関する規定の適用範囲を限定するために「著しい」という要件を課していないが、「著しい」という要件を設けているのと実質的にはほぼ同様の限定が付されていると解される[1]。なお、危険の増加は継続性を有することを要し、危険増加の概念は、危険増加の継続性を前提としていると解される。したがって、危険増加が一回限りで一過性のものである場合には、危険増加とは解されず、以下に述べる通知義務も発生しない[2]。

第二に、当該の危険増加が、保険料を増加後の危険に対応した額に増額するとしたならば保険契約を継続することができる程度のもの（引受範囲内の危険増加）であれば、保険者は原則として保険契約を解除することができないが、例外的に、当該危険増加に係る告知事項について、その内容に変更が生じたときは保険契約者等が保険者に遅滞なくその旨の通知をすべき旨があらかじめ保険契約に定められており（例、住宅総合約款一七条一項一号～三号）、かつ、保険契約者等が故意または重過失により遅滞なく当該通知をしなかったときは、保険者が契約内容を修正する権利を行使することが保険契約者等によって実質的に妨げられていることから、保険者は当該保険契約を解除することができると定めている（二九条一項一号二号・五六条一項一号二号・八五条一項一号二号）。保険契約者等が負うべき通知義務の要件を「危険が増加したとき」ではなく、「その内容に変更が生じたとき」としているのは、告知事項の内容の変更が危険の増加にあたるか否かを判断するだけの情報を有しない保険契約者側にその判断責任を負わせるべきではないからである[3]。

第三に、保険法は、右の規定による解除については、告知義務違反による解除と同様に、除斥期間を定めている（二九条二項・五六条二項・八五条二項）ほか、解除の効果についても、告知義務違反による解除と同様に、契約解除の将来効とそれに伴う保険者の免責を定めるとともに、因果関係不存在の特則を採用している（三一条一項・二項二号、五九条一項・二項二号、八八条一項・二項二号）[4]。なお、危険増加に関する保険法の諸規定は、片面的強行規定である（三三条一項・六五条一号二号・九四条一号二号）。

（1）萩本・一問一答八六―八七頁。

（2）西島・一四六頁、大森（利）・損保判例百選一四五頁。この点の詳細については、坂口「火災危険の増加と火災保険事故招致」田辺＝石田・新双書(1)二三七頁以下、坂口・学説史三四一頁以下参照。

（3）萩本・一問一答八九―九〇頁。なお、保険法は、引受範囲外の危険増加の場合に保険者の解除に制限を設けていないが、保険者に法定解除権を与えているわけではないので、保険者が引受範囲外の危険増加を理由に保険契約を解除するためには、その旨をあらかじめ約款で定めておく必要がある（同書・九一頁。例、住宅総合約款一七条六項）。

（4）保険法が危険増加に関する規定の見直しを行った結果として、一定の場合には危険の増加があっても保険契約の解除は認められず、保険契約はそのままの内容で存続することになるが、約款で保険者に契約の内容を修正する余地（たとえば、保険料の増額請求権）が残されているときは、保険者は、当該の規定により保険料の増額を請求することができる（萩本・一問一答九五頁）。

四　保険事故発生の通知義務

保険契約者または被保険者（生命保険にあっては保険金受取人、傷害疾病定額保険にあっては被保険者または保険金受取人）は、保険事故（傷害疾病定額保険にあっては給付事由）の発生を知ったときは遅滞なく保険者に対してその旨の通知を発しなければならない（一四条・五〇条・七九条）。このような通知義務が課されているのは、保険事故の発生したことを知りうる立場にある者に通知義務を課すことによって、保険者に、事故原因の調査、証拠の保全、損害の種類・範囲の確定、損害の防止・軽減などの措置をとりうる機会を与えるという理由に基づく。この通知義務の法的性質をどのように解するかについては、見解が分かれている[1]。通説は、その違反の場合に、債務不履行に基づく損害賠償義務が発生する真正の義務であると解している。(2) 通説が通知義務を真正の義務と解している理由は、義務違反の場合に保険者は損害賠償を請求でき、これを、その支払うべき保険金から控除しうるという点にある。しかし、義務不履行によって発生・増大した費用等については、保険者は支払うべき保険金から控除でき、通知義務の履行は、このような控除が行われることのない保険金請求権を確保するための前提要件であると解することもできる。(3) したがって、通知義務は「責務」(Obliegenheit) であり、しかも、完全な保険金請求権を確保するための前提要件であると解される。(4)

通知義務者は、損害保険においては保険契約者または被保険者（一四条）、生命保険においては保険契約者または保険金受取人（五〇条）、傷害疾病定額保険においては保険契約者、被保険者または保険金受取人（七九条）であり、これらの者のうちの一人が通知すれば足りる。保険者が保険事故の発生を知っている場合には、通知義務はない。保険契約者等において保険事故の発生を知った場合にのみ通知義務がある。知らないかぎり、それが保険契約者の過失によるか否かを問うことなく、通知義務はない。保険法は通知の方法についてとくに定めていないので、通知は口頭でも書面でもよい。もっとも、通知内容の正確性の確保と証拠保全の見地からするならば、書面による通知のほうが望ましいことはいうまでもない。

保険契約者等が保険事故発生の通知義務に違反した場合の効果については、保険法に定めがない。この義務の法的性質につき、真正の義務と解する通説によると、保険者は通知義務違反によって損害を被った場合には損害賠償を請求でき、これを、支払うべき保険金から控除しうると解されている。(5) しかし、通知義務の違反によって損害調査費用等が増大した場合には、保険者は、これを控除して保険金を支払いうると解するのが妥当である。(6)

なお、従来の保険約款においては、正当な理由がないのに通知義務に違反したときは、保険者は保険金を支払わないと定めるもの、また、対人事故の場合において、事故発生の日から六〇日以内に事故内容の通知が行われないときは、保険者は損害を塡補しないと定めるものが存在していた（例、旧火災保険普通保険約款一七条四項、旧自家用自動車保険約款第六章一般条項一六条）。しかし、単に通知義務に違反したという理由だけで、その違反によって保険者に損害が発生したか否かを問うことなく、保険者が保険金支払責任を免れると解することは妥当でない。義務違反に際しての主観的要件等を考慮しながら、保険約款の規定を制限的に解釈することが妥当である。[7]なお、損害保険契約法改正試案六五八条の三は、立法論として、保険事故発生の通知義務違反の場合、保険者の塡補額は、損害額からその義務の履行があったならば軽減することができたと認められる損害の額を控除した額を基礎として決定すること（減額主義）、例外として、保険契約者等に詐欺的意図による義務違反があった場合には、保険者は損害塡補責任を免れる（全額免責）と定めている。改正試案の立場は支持しうる。[8]

（1）　わが国とドイツにおける学説の詳細については、石田・諸問題一八六―一九四頁参照。

（2）　大森・一六八頁、小町谷＝田辺・七九頁、田中＝原茂・一八七頁、石井＝鴻・二一一頁、伊沢・二七五頁、服部＝星川・基本法コン二八三頁（金沢筆）、西島・一四七頁、石田・一七一頁、倉沢・通論八〇頁。もっとも、石田・諸問題一九五頁では、弱き効力を有する義務と解している。

（3）　田辺・一七〇頁（4）。

（4）　野津・新二九五頁、田辺・一六九頁。なお、責務をめぐる議論の詳細については、坂口・基礎理論一頁以下、同・学説史二七一頁以下参照。

（5）　大森・一六九頁、小町谷＝田辺・七九頁、田中＝原茂・一八七頁、石井＝鴻・二一一頁、伊沢・二七五頁、石田・一七〇頁。もっとも、通説によると、故意による通知義務違反の場合にも、保険者が損害を被っていないかぎり、保険者は全額の保険金支払責任を負担することになり、不当であるといわれている（竹濱「事故発生の通知義務等の違反効果について」文研七一号一一三頁、一四三―一四五頁）。

（6）　田辺・一六九頁。

（7）　最判昭和六二年二月二〇日民集四一巻一号一五九頁は、旧自家用自動車保険約款第六章一般条項一六条のいわゆる六〇日条項につき、通知義務違反が詐欺的目的によるか否かによって、全額免責と減額責任に分けて解釈した。この判決の解説として、西島・判評三四四号二一一頁以下、石田・ジュリ八八五号四二頁以下、坂口・損保判例百選〔第二版〕六〇頁以下、石山・百選三二頁参照。なお、大阪地裁平成一九年一二月二〇日交民四〇巻六号一六九四頁は、事故による損害等を通知する申告の重要部分に不実の内容が含まれている事案につき、不実申告免責条項に基づき、事故による全損害について保険者の免責を認めた。この判決については、福原・百選三四頁参照。

(8)　西島・一四九頁（9）、石田・一七二頁、佐藤（公）「保険契約者・被保険者の各種義務」田辺＝石田・新双書(2)二五一頁。なお、大隅＝戸田＝河本・判例コン六六一頁（岩崎稜筆）参照。

第八章　保険契約の終了

一　総　説

保険契約は、契約一般の終了原因、たとえば、当事者の合意による解除、民法上の解除権・取消権の行使、保険金額の全額の支払による目的の達成などによって終了するほか、保険契約に特有な終了原因によっても終了する。以下では、保険法の規定を中心として、保険契約一般に共通する終了原因について説明する。

二　保険契約者による解除

改正前商法は、「保険者ノ責任カ始マル前」において、保険契約者は保険契約の全部または一部を解除することができると定めていた（商旧六五三条・六八三条一項＝六五三条）。しかし、保険契約は長期間存続することが多いので、保険契約の締結後に保険契約者側の事情が変更し、保険契約を解除したいと考えられる場合がある。このような場合には、保険契約の解除を保険者の責任開始前に限るのは妥当でない。

そこで、保険法は、保険者の責任開始の前後を問うことなく、保険契約者はいつでも保険契約を解除することができると定めている（二七条・五四条・八三条）。保険契約自体を解除することができるので、保険契約の一部だけを解除することができるのは当然のことである。

また、保険者が破産手続開始の決定を受けたときは、保険契約者は保険契約を解除することができ（九六条一項）、破産手続開始の決定の日から、保険契約者が契約を解除することなく三カ月を経過したときは、当該保険契約は失効する（九六条二項）。

三　保険者による解除

(1)　告知義務違反による解除（二八条・五五条・八四条）　これについては、すでに説明した。

(2)　危険増加による解除（二九条・五六条・八五条）　これについては、すでに説明した。

(3)　重大事由による解除　(イ)　趣旨　保険契約は、長期間にわたる契約であること、射倖的性質を有するために保険契約者等の行為によって保険者の保険金支払責任の有無が左右されること、そのため、保険契約にはモラルリスクが伴いがちである。その意味において、保険契約においては当事者間の信頼関係が強く求められるのであり、保険契約者等がこうした信頼関係を破壊するような行為を行う場合には保険関係を維持することが困難となる。そこで、保険法は、重大事由による解除の規定を新設し、保険者をして保険契約者等のモラルリスクに対処することができるようにした（三〇条・五七条・八六条）。

(ロ)　保険契約の解除が認められる場合　保険法は、以下のように、保険契約の解除が認められる場合を具体的に定めつつ、他方では、包括的条項をも定めている。

(i)　保険契約者等が、保険者に保険給付を行わせることを目的として損害や保険事故を生じさせ、または生じさせようとした場合である（三〇条一号・五七条一号・八六条一号）。これは、保険金目的（故意）で保険事故を招致しまたは招致しようとした場合である。

(ii)　被保険者または保険金受取人が当該保険契約に基づく保険給付について詐欺を行い、または行おうとした場合である（三〇条二号・五七条二号・八六条二号）。その例として、盗難保険契約において、盗難という保険事故が発生していないにもかかわらず発生したとして保険給付を請求する場合が挙げられる。

(iii)　右の(i)および(ii)に掲げるもののほか、保険者の保険契約者等に対する信頼を損ない、当該保険契約の存続を困難とする重大事由が生じた場合である（三〇条三号・五七条三号・八六条三号）。この規定による解除が認められるためには、保険者の保険契約者等に対する信頼を損なうこと、これによって保険契約の存続を困難とすることが必要である。この規定は、右の(i)および(ii)の規定と異なり、包括的な条項であるため、具体的にどのような場合がこれに該当するかは明らかでなく、保険金不払のための口実として濫用される危険はありうる。(1)

(1)　参考となる裁判例として、大阪地判平成一二年二月二二日判時一七二八号一二四頁がある。本判決は、入院給付金特約付の本件保険契約を締結した保険契約者が、ほぼ同一時期にほぼ同種の保険に複数加入し、その生活状況に比して不自然ともいうべき多額の保険料を支払い、また、本件保険契約の締結後間もなくして、事故招致または疾病を偽装する不正請求であるとの評価を受けても仕方ない行為をし、長期間の入院を繰り返し、頻繁に入院給付金を請求した事案において、こうした行動は、少なくとも本件疾病に基づく入院による入院給付金を請求した時点において保険者との信頼関係を損なうに足るものとして、本件約款条項にいう「保険契約を継続することを期待しえない事由」に該当すると判示し、保険者による本件保険契約の解除を認めた。解説として、山本（為）・百選一八四頁参照。

(ハ)　解除の効果　保険者は、重大事由を理由として保険契約を解除した場合には、重大事由が生じた時から解除がなされた時までに発生した保険事故による損害等につき保険金支払責任を負わない（三一条二項三号・五九条二項三号・八八条二項三号）。また、重大事由による解除の場合には、告知義務違反による解除や危険増加による解除の場合と異なり、因果関係不存在の特則は適用されないので、重大事由と保険事故の発生との間に因果関係が存在しなくても保険者は免責される。これは、保険契約者側のモラルリスクに適切に対処するためであり、たとえば、生命保険における保険金受取人が被保険者を死亡させようとしたところ、被保険者が交通事故で死亡した場合にも因果関係不存在の特則を適用すると、保険金受取人は保険金を取得することができることになるが、これは妥当でない。

重大事由による解除権については除斥期間は設けられていないが、これも保険契約者等に存するモラルリスクに適切に対処するためである。すなわち、たとえば、保険金目的で被保険者を死亡させようとしたときは解除が認められるが、このような重大事由が発生した時点を起算点として解除権について除斥期間を設けると、除斥期間の経過後には解除をすることができなくなり、モラルリスクに適切に対処しえなくなるからである。

なお、重大事由による解除に関する右の諸規定（三〇条・五七条・八六条）は、片面的強行規定である（三三条一項・六五条二号・九四条二号）。

四　保険料返還の制限

保険契約が無効であったり取り消された場合には、保険者は保険責任を負わなくなるので、すでに取得した保険料を不当利得として返還すべきことになる。したがって、保険料を返還しなくてもよいということは例外を認めることになるが、例外は特定の場合にかぎって認められるべきである。そこで、保険法は、保険料を返還することを前提とし、特定の場合に例外的に返還することを要しないと定めている（三二条・六四条・九三条）。これについては、すでに説明した。

第三編　損害保険契約

第一章　損害保険契約総論

第一節　損害保険契約の意義と種類

一　意　義

損害保険契約とは、保険契約のうち、保険者が一定の偶然の事故によって生ずることのある損害を塡補することを約するものをいう（二条六号）。もっとも、「損害を塡補」する契約ということの意味の理解、および被保険利益の位置づけについては、学説が鋭く対立している。この問題は、損害保険契約の本質論と密接に関連している。

まず、通説は、損害保険契約を、文字どおり、保険事故によって現実に発生した損害を塡補することを本質的な内容とする契約であると解する。そして、損害と表裏の関係にある被保険利益は、損害保険契約の成立・存続のための論理的・内面的・本質的前提としての地位を有するとし、法が、被保険利益をもって「保険契約の目的」（商旧六三〇条・保険法三条）と称しているのは、このことを示しているとしている。このような見解は、客観主義ないし絶対主義といわれている。(1)しかし、この見解によると、保険事故によって現実に生じた損害額を超えて保険金が支払われる場合

（損害塡補原則の量的例外）のあること（例、評価済保険、保険価額の法定、新価保険等）、また、確定的に損害が発生したとはいえないが蓋然損害が発生した段階において、すでに保険金が支払われる場合（損害塡補原則の質的例外）のあること（例、保険委付、保険代位、抵当保険、免脱型の責任保険等）を説明することが困難となる。とくに、この見解によると、損害塡補原則の量的例外現象については、「損害塡補」概念に若干の弾力性を与えることによって説明が可能であるが、損害塡補原則の質的例外現象の説明が困難であるとされている。[2]

そこで、保険契約は、損害保険契約であると定額保険契約であるとを問わず、金銭給付契約であるが、損害保険契約においては、無条件に保険金の支払を認めると被保険者に利得を与えることになり、その結果として、保険契約が不法な賭博目的に悪用される危険があるので、これを防止するために、損害保険契約の損害塡補契約性、したがって、被保険利益の存在が要請されるとする見解が主張されている。この見解によると、損害と表裏の関係にある被保険利益の存在は、損害保険契約が不法な賭博目的に悪用されるのを防止するための政策的・外面的要請にすぎないと解されることになる。[3]このような見解は、主観主義ないし相対主義といわれている。もっとも、この見解は、損害保険契約の損害塡補契約性を否定し、被保険利益不要論を主張しているわけではなく[4]、これらは、損害保険契約の有効性のための消極的要件としての地位を占めているにとどまると解する見解であることに注意を要する。この見解は、債務不履行や不法行為における損害賠償義務と保険者の損害塡補義務における「損害」概念の精緻な分析を通して、両者の損害概念および義務の本質的な差異を明らかにしたこと、実際上の必要性と合理性が認められるならば現実の損害額を超えて保険金が支払われる保険の適法性の理論的根拠を与えた点において、高く評価されている。しかし、この見解によると、保険契約は金銭給付契約であると解されることから、損害保険契約と定額保険契約との本質的な差異が認められなくなり、また、実際の損害保険契約においては、損害保険契約の「損害塡補」原則は、確かに大幅に破られていることは事実であるが、それは決して単に公序に反しない金銭給付契約という枠まで拡げられているものではないことから、この見解は損害保険契約の「損害塡補原則」の例外現象に限界があることを見落しているとされる。[5]また、損害保険契約を単純に金銭給付契約と解することは、損害保険契約の実体、契約当事者の意思、現行法の諸規定に反すると指摘されている。[6]

さらに、修正絶対説が主張されている。この見解は、損害保険契約における「損害塡補原則」に対する例外現象の厳密な把握と分析を、その出発点としている。すなわち、その例外現象には、評価済保険、保険価額不変更主義、新価保険などのように、実際の損害額を超えて保険金が支払われる「量的例外」と、保険委付、保険代位、抵当保険、免脱型の責任保険などのように、損害が未だ確定的でない段階において利得防止の措置を講じて保険金が支払われる「質的例外」がある。そして、前者の「量的例外」については、損害塡補の概念に多少の弾力性を与えることによって通説たる絶対説を維持することは可能であるが、後者の「質的例外」については、損害保険契約の本質を損害塡補契約と解する通説には決定的な修正が必要であるとし、この場合の保険金の支払は、損害塡補ではなく、蓋然的損害に対する救済であると解する。そして、この見解は、損害保険契約の定義として、「当事者の一方が、偶然な一定事故によって生ずべき確定損害を塡補すること、または具体的な価額の範囲内における蓋然的損害に対し、利得を与えない方法により救済することを約し、相手方がこれに対し報酬（保険料）を支払うことを約する契約」であるとされる。[7]主観主義ないし相対主義的見解のもとにおいては、損害保険契約における「損害塡補原則」の例外現象は、一括して取り扱われていた。これに対し、修正絶対説は、例外現象を精緻に分析して、これを量的例外と質的例外に分け、後者について、「救済契約」という新しい概念を提唱した点に、この学説の最大の特色がある。[8]もっとも、この見解に対しては、不確定損害ないし蓋然損害を、「塡補」の対象としての損害には含めないという、損害概念の把握の仕方の狭隘さが指摘されている。すなわち、この見解が、損害塡補原則の質的例外の例として挙げている保険代位の場合について、被保険者が第三者に対して損害賠償請求権を有する以上、被保険者は確定損害を被っているとはいえないと解することは妥当でないこと、また、抵当保険の場合について、抵当物が滅失しても債権の弁済が確実である以上、損害は認められないと解することは妥当でないと指摘されている[9]。そして、損害概念を、確定損害に限定するという考えが維持できないとするならば、修正絶対説は、その存立の前提を失うことになる。この点につき、損害の賠償を本質とする一般の損害賠償法においてさえ、「損害」概念が拡大されて、不確定損害をも賠償の対象とする傾向があることから、損害保険契約法における「損害」概念も、確定損害ないし蓋然損害ないし現実損害に限定すべき必然性がないこと、絶対説に近い見解においても、被保険利益の概念に弾力性を与えているので純粋の絶対説は存在せず、絶対説と修正絶対説との間には基本的な差異はないとされる。そして、被保険利益が少し不足する場合を、量的例外と説明するかそれとも被保険利益が存在するものとして構成するかは紙一重の差にすぎず、また、修正絶対説が質的例外と構成している場合を、質的例外と説明するかそれとも拡大された損害概念を適用するかは用語の問題にすぎないとし、その意味において、論争は、「非生産的な学説の対立」で、したがって、「学説の無用な対立を克服」することが今後の課題であると指摘される[10]。一般の損害賠償法における損害概念の理解をめぐる傾向を基礎に据え、かつ、学説相互の接近と対立の止揚を主張しているこの指摘は、鋭いものを含んでいる。しかし、損害保険契約における「損害塡補」契約性の意味および「被保険利益」の位置づけをめぐる論争の過程において、損害保険契約の本質論がきわめて大きな深まりをみせたことは率直に認めざるをえない。

(1)　これが従来の通説である。しかし、客観主義ないし絶対主義の立場においても、損害保険契約の損害塡補契約性を厳格に貫き、また、被保険利益を欠く保険契約は絶対に無効であると解しているのではなく、そこには例外の存在していることを承認している（野津・新「序文」六頁以下、三四四―三四五頁）。したがって、純粋な意味における客観主義ないし絶対主義的見解は存在しないと考えることができる（西島・一五八頁（1）参照）。

(2)　田辺・基本構造一二四頁、一二八―一二九頁、同・七三―七四頁。なお、損害保険契約法改正案六三〇条は、被保険利益を保険契約の目的と表現することをやめて、被保険者が経済的利益を有しないときは損害保険契約は無効とすると定めている。そして、このように定めることによって、第一に、被保険利益の地位をめぐる理論的対立の調整が可能であること、第二に、新種保険の開発に際して被保険利益の絶対性の強調が緩和されるとされる（保険法制研究会・試案理由書八—九頁）。

（3） 大森・五六—五八頁、同・法的構造一一〇頁以下。
（4） 大森・法的構造一二一頁(3)参照。
（5） 田辺・基本構造一二五—一二七頁。
（6） 西島・一五九頁。なお、伊沢・一三〇頁参照。
（7） 田辺・基本構造一二一—一三三頁、同・一六〇頁、同「損害保険契約における被保険利益の地位」私法三三号一九八頁。
（8） 加藤「審査報告」損保二五巻三号一〇七頁。
（9） 加藤・前掲損保二五巻三号一〇八頁、鈴木（辰）・損害二三—二六頁、石田・六五頁以下。
（10） 西島・一六一—一六二頁、石田・基本問題五九頁、同「田辺康平著・保険契約の基本構造」民商八〇巻六号七九一頁。

二　種　類

改正前商法は、損害保険の種類として、火災保険（商旧六六五条—六六八条）、運送保険（商旧六六九条—六七二条）および海上保険（商八一五条—八四一条）を規定していたが、保険法は、損害保険のうち、火災保険（一六条）、責任保険（二二条）および傷害疾病損害保険（三四条・三五条）について、若干の特則を定めている。もちろん、これは、損害保険の種類をこれらの保険に限定する趣旨ではない。技術の進歩・経済生活の高度化に対応して、多くの新しい種類の損害保険が生み出されている。

損害保険の種類を、一定の標準に基づいて理論的に分類すると、次のようになる。まず、保険事故が発生する場所を標準として、陸上保険、海上保険、航空保険に分類することができる。また、被保険利益の観念の存否を標準として、物保険、権利保険、利益保険等の積極保険と、費用保険、責任保険等の消極保険に分類することができる。責任保険として、強制の自動車損害賠償責任保険、任意の対人賠償責任保険、一般の賠償責任保険、再保険等がある。

第二節　損害保険契約の内容

第一款　総　　説

損害保険契約は、保険契約のうち、保険者が一定の偶然の事故によって生ずることのある損害を塡補することを約するものである（二条六号）。損害保険契約の内容として、あるいは損害保険契約に関連する問題として、保険の目的物、被保険利益、保険価額、損害防止義務、保険代位がある。以下において、これらについて説明する。

第二款　保険の目的物

保険の目的物とは、積極保険である物保険、権利保険、利益保険において、保険事故発生の客体ないし対象であるとともに、そこに被保険利益が化体されている財貨、権利、利益をもたらすべき物または施設をいう（六条一項七号参照）。たとえば、火災保険における建物や家財、船舶保険における船舶、運送保険における運送品、利益保険における営業中の店舗などが、保険の目的物に属する。

これに対し、責任保険や費用保険などの消極保険においては、これらの保険における保険事故を何に求めるかによって、保険事故発生の客体は異なってくる。すなわち、これらの保険における保険事故を、責任負担または費用支出という事実に求めるならば、保険事故発生の客体は被保険者の全財産ということになるが、保険事故を損害事故と解するならば、保険事故発生の客体は被害物件または被害者であると解することになる(1)。

物保険等の積極保険においては、保険の目的物は保険事故発生の客体であるから、保険の目的物の性質・場所・

用途などは、事故発生率の測定との関係において、重要な意味を有する。

（1） 田辺・八三―八四頁（1）。

第三款　被保険利益

一　意義

被保険利益とは、保険事故が発生することによって被保険者が損害を被るおそれのある利益、あるいは、保険事故が発生しないときに被保険者が有する利益をいう[1]。

損害保険契約は射倖契約に属するが、射倖契約の効力を無制限に認めると、不労の利得獲得のために悪用されるおそれがある。これを防止するために、損害保険契約の有効な成立・存続のために被保険利益が存在しなければならないという法則が要請される。なぜなら、被保険利益の存在が必要とされるならば、被保険者は保険事故の発生によって保険者から保険金を取得したとしても、他方では、被保険者が保険事故によって損害を被っているならば、保険金と損害は相殺され、これによって保険による不労の利得は防止しうるからである。損害保険において、「利益なければ保険なし」といわれる実質的な理由は、右に述べた点にある。一般に、保険の歴史は、被保険利益のある真の保険を被保険利益のない賭博保険から守るための闘争の歴史であったといえる。

被保険利益の存在は、既存の利益の喪失に対する積極保険において要請されるのであり、責任保険や費用保険などの消極保険においては被保険利益の存在は要請されない。もっとも、消極保険も損害保険である以上、有効な保険契約の締結のためには、損害を被る可能性が存在しなければならない。その意味において、消極保険においても、損害発生の前提としての被保険利益はその要素となる。しかし、消極保険においては可能な損害額をあらかじめ確定することは不可能であるから、可能な損害額を限定するという意味での被保険利益の存在は消極保険においては認められないといわなければならない[2]。

（1）　被保険利益の意義に関しては、被保険者と保険の目的物との関係と解する関係説（加藤・構造三頁以下）、人が物について有する財産財ないし価値であると解する財産財説（今村・上二九五頁以下）ないし価値説（勝呂・海上保険論七七頁以下）があるが、本質的な差異は存在しない（大森・六七頁（二）、岩崎稜「被保険利益の意義と機能」本間＝岩崎・商法三〇講II八六頁）。なお、被保険利益概念の機能と地位についてヨーロッパの諸学説を詳細に紹介するものとして、木村「被保険利益概念の機能と地位」保雑三九〇号八九頁以下がある。

（2）　田辺・基本構造二三―二五頁、同・九四頁、二二四頁、西島・一六八―一六九頁、石田・九〇頁、同「田辺康平著・保険契約の基本構造」民商八〇巻六号七八八頁、倉沢・通論六〇頁。

二　被保険利益の要件

(1)　経済的利益であること　改正前商法六三〇条は、「金銭ニ見積ルコトヲ得ヘキ利益」にかぎって被保険利益となりうると定め、保険法においても同様である（三条）。これは、被保険利益は経済的利益であることを要するという意味である。したがって、精神的・感情的利益（例、親の遺髪について有する利益）は被保険利益とはなりえない[1]。経済的利益であるかぎり、法律上の権利関係の形をとる場合（例、所有権、賃借権）はもちろん、法律上の権利関係の形をとらないで単に事実上の利害関係にすぎない場合（例、火災による営業不能に基づく損失）でも被保険利益となりうる。また、経済的利益であるかぎり、その利益は積極的なものであると消極的なものであるとを問わない。

（1）　被保険利益を経済的利益に限定することに対しては、民法においては賠償の対象となりうる損害には非財産的・非経済的損害も含まれるということを根拠として、疑問が提起されている（西原・私法三六号五三頁（発言））。

(2)　適法な利益であること　たとえば、密輸の成功によって得べき利益は不適法な利益であり、この利益を保険によって保護することはできない。また、所持を禁止されている物についての利益も被保険利益とはなりえない。これらの利益を保険によって保護することは、不法な行為を助長することになるからである。

(3)　確実な利益であること　その発生が確実であるかぎり、現存する利益はもちろん、将来の利益であっても被保険利益となりうる。将来の利益の例として、運送品の到達によって得られる荷主の利益、デパートの将来の確実な見込収益などが挙げられる。なお、有効な保険契約の成立のためには、被保険利益の主体、保険の目的物、両者の関係など、被保険利益の内容を構成する各要素は、少なくとも、保険事故発生の時まで確定しうるものであることを要する。そうでなければ、保険者の保険金支払義務の判断の基準となる損害や被害者を確定しえないからである。

三　性　質

被保険利益の性質、すなわち、被保険利益は主観的性質と客観的性質のいずれの性質を有するかが問題となる。この点については、次のように区別して考えるべきである。

まず、被保険利益は特定の主体に帰属する利益でなければならず、被保険利益は特定の主体への帰属を離れては存在しえない。この意味において、被保険利益は主観的な性質を有すると考えられる。これに対し、被保険利益の存否・範囲の判断は客観的になされることを要し、個人的判断によって決められるべきではない。なぜなら、被保険利益の存否・範囲は保険契約の賭博化を防止する機能を有する以上、その判断を被保険者の個人的判断に委ねることは、被保険利益の存在を要請している趣旨と矛盾するからである。この意味において、被保険利益は、客観的な性質を有すると考えられる[1]。

(1)　大森・続法的構造三九頁（2）、同・七二頁（六）、田辺・九五頁。

四　地　位

保険法は、改正前商法と同様に、被保険利益を表現するために「保険契約の目的」という語を使用している（三条）。契約の目的とは、一般に、契約内容たる権利義務の目的としての給付自体、または給付の客体である権利・物・労務などを意味する。そして、契約の目的を欠く契約は無効となる。

そこで、損害保険契約は本質的に損害塡補契約であると解する通説は、被保険利益を、他の契約におけると同じく、「契約の目的」と解し、被保険利益は損害保険契約の成立・存続のための論理的・内面的前提をなすと解している（客観主義ないし絶対主義）。これに対し、被保険利益は、射倖契約としての損害保険契約が不労の利得獲得の目的に悪用されることを防止するための、いわば公序政策的見地から要請される外面的前提にすぎないと解する見解がある（主観主義ないし相対主義）[1]。また、修正絶対説は、積極財産の喪失に対処する積極保険については被保険利益を理論的要素と解するが、消極財産の発生に対処する消極保険については、一般に理解されている意味における被保険利益の観念を認める余地はないと解している[2]。

（1）大森・法的構造八一頁以下、同・五八頁、七三―七四頁。なお、岩崎稜「被保険利益の意義と機能」本間＝岩崎・商法三〇講II八五―八六頁によると、客観主義ないし絶対主義は、海上保険法学者によって強く主張されるのに対し、主観主義ないし相対主義は、陸上保険ないし保険一般法理が海上保険法理から相対的独立を遂げることに伴って有力化してきたとされる。

（2）田辺・理論と解釈一〇―一一頁、同「責任保険契約の特殊性とその本質」南出三〇年一三八頁、同・九四頁、服部＝星川・基本法コン二二〇頁（田辺筆）。

五　機　能

被保険利益は、次のような機能を営む。

第一に、保険の賭博化を防止する機能である。被保険利益が存在しなければ損害は発生しえず、損害の発生しないところには保険金の支払は行われないとすることによって、保険の賭博化が防止される。

第二に、保険契約の同一性を識別する機能である。保険の目的物は一個であっても、その物について、たとえば、所有者としての被保険利益、抵当権者としての被保険利益等が存在しえ、しかも、これらの利益は別個独立であるから、それぞれの利益ごとに別個の保険契約が成立しうる。「利益なければ保険なし」といわれるが、他方では、「利益あれば保険あり」ということができ、一個の保険の目的物について複数の被保険利益が存在する場合には、複数の独立の保険契約が存在しうる。したがって、同一の目的物についての保険契約であっても、被保険利益が異なると、保険契約も別個のものとなる。

第三に、被保険利益の評価額である保険価額と保険金額との比較によって、一部保険、全部保険、超過保険の区別がなされる。すなわち、被保険利益の評価額は、一部保険、全部保険、超過保険を判断する基準となる。

六　被保険利益の認定

(1)　対抗要件と被保険利益　　対抗要件の有無が、被保険利益の認定の問題に関していかなる意味を有するかが問題となる。

有効な保険契約の成立のために必要とされる被保険利益は、経済上の利害関係であれば足りるので、保険契約の有効・無効の判断に際しては、被保険者が保険の目的物について被保険利益を有するか否かが基準となり、対抗要件の有無は直接には問題となりえない。しかし、そのために、対抗要件の有無が被保険利益と全く無関係であるということになるのではない。すなわち、たとえば、建物の二重譲渡が行われ、一方の譲受人が対抗要件を具備することによって対抗力ある所有権を取得した場合には、他方の譲受人は所有権の取得を対抗しえないので所有者利益を有しえなくなり、そのため、保険契約は被保険利益を欠いて無効となる。このように、対抗要件の有無は被保険利益の認定に直結するわけではないが、対抗要件の欠缺によって所有権の取得を対抗できない場合には、所有者利益を有しえなくなり、そのかぎりにおいて、対抗要件の有無は被保険利益の認定に関して影響を及ぼすと解される。[1] その結果、同一の建物について二重の保存登記がなされたときは、第二の保存登記は無効となり、これに基づいてなされた所有権移転登記も無効となる結果、保険契約は被保険利益を欠くために無効となる。[2]

（1）　大森・民商四五巻四号八七頁、蓮井・損保判例百選一七頁、西島・一七四頁、同「所有者としての被保険利益と所有権」ジュ

リ三〇〇号二三二―二三三頁、高田・判例百選一九頁。
（2）　最判昭和三六年三月一六日民集一五巻三号五一二頁。

（2）　譲渡担保と被保険利益　　譲渡担保設定者は、譲渡担保に供した目的物について、所有者としての被保険利益を有するか否かが問題となる。まず、譲渡担保の設定によって、目的物に対する所有権は確定的に譲渡担保権者に移転し、他方、譲渡担保設定者は確定的に所有権を失い、その締結した保険契約は、被保険利益を欠いて無効となるとする判決がある。(1)この判決は、譲渡担保の法的構成として、古い信託的譲渡説の立場に立っている。これに対し、譲渡担保の法的構成として、判例はかなり早くから、担保という実質的目的を重視する担保的構成の考えを採用し、この考えに基づいて譲渡担保に関する具体的な問題を処理してきたし、学説においてもこうした傾向が強くなっている。譲渡担保は、「譲渡担保」という名の担保権であり、譲渡担保の設定後においても譲渡担保設定者は依然として所有者であるので、その所有者利益を被保険利益とする保険契約は有効と解されている。(2)なお、譲渡担保のように、一個の物に対する所有権が二人の間に分かたれている場合には、所有者としての被保険利益も二人の間に分かたれ、そのいずれもが所有者として損害保険契約を締結しうると解する見解もある。(3)(4)

（1）　岐阜地判昭和三四年三月二三日下民集一〇巻三号五二八頁。
（2）　竹内・損保判例百選一八―一九頁、小町谷＝田辺・四〇頁一、田中＝原茂・一四一頁（一）、西島・前掲ジュリ三〇〇号二三三頁、長谷部「譲渡担保設定者が目的物を自己の物としてした火災保険契約の効力」金融二二九号三九頁。譲渡担保設定者の被保険利益が肯定される理由を詳細に述べるものとして、中馬「譲渡担保と火災保険ないし火災共済」筑波一号八六―九三頁参照。なお、京都地判昭和六三年二月二四日判タ六七四号一九六頁は、譲渡担保設定者と譲渡担保権者の両者が譲渡担保の目的物について火災保険契約を締結したという事案において、譲渡担保設定者は、被担保債権を弁済して所有権を回復することができるので被保険利益を有するとし、その保険契約を有効とした。
（3）　大隅・法叢六六巻四号一〇三頁。なお、最判平成五年二月二六日民集四七巻二号一六五三頁は、譲渡担保権者および譲渡担保設定者は、共に譲渡担保の目的不動産につき保険事故が発生することによる経済上の損害を受けるべき関係にあり、したがって、いずれも被保険利益を有すると判示した。この判決については、坂口「不動産の譲渡担保と被保険利益」金判九三三号二五頁以下、洲崎・百選一二頁参照。

（4）　夫が妻所有の財産を夫所有の財産とし、夫を被保険者として締結した保険契約の有効性が問題となる。大審院は、妻の財産に対して夫は管理権を有するということを根拠として、保険契約の有効性を認めた（大判昭和一二年一二月八日民集一六巻二三号一七六四頁）。しかし、他人の財産についての管理権の存在は、他人の財産を自己の財産として自己のためにする保険契約を有効に締結できることの根拠とはなりえない。むしろ、この保険契約における被保険利益をどのように解するかが問題となる。この点につき、この保険契約における被保険利益を夫の費用利益と解する見解、妻の財産については妻を被保険者とした第三者のためにする保険契約の存在を肯定する見解、世帯内の財産および被保険利益の帰属を対外的と対内的に分け、世帯内の財産は、対外的には、夫の財産とし、被保険者を夫とし、夫のためにする保険契約が有効に成立し、対内的には、妻の財産とし、被保険者を妻とし、妻のためにする保険契約が成立していると解する見解等が主張されている。この問題については、田辺・判例百選二二三頁以下、坂口・損保判例百選二〇頁以下、大隅＝戸田＝河本・判例コン六四八頁（倉沢筆）参照。

第四款　保険価額

一　意義・機能

被保険利益は、金銭に見積りうべき経済的利害関係であり、被保険利益の評価額を保険価額という。保険法は、保険価額を、「保険の目的物の価額」と表現している（九条）。

損害保険契約においては、被保険者に利得が生ずることは禁止されるが（利得禁止原則）、被保険者に利得が生ずるか否かの判断基準として、保険価額がある。保険価額は、保険事故発生の際に保険者が支払うべき保険金の額の法定の最高限度額である。したがって、保険契約の締結の際に保険金額が保険価額を超えて約定されたとしても、保険事故発生の際に保険者が支払うべき保険金の額は、保険価額の範囲内に限定される（一八条）。そして、保険価額を基準として、一部保険、全部保険、超過保険が判断される。もっとも、特定物についての責任に対する責任保険のように、責任負担の限度額が限定されているものを除き、一般の責任保険においては保険価額は存在しない。したがって、保険価額が存在しない一般の責任保険においては、保険価額の存在を前提とする一部保険、超過保険が問題となる余地はない。

二　評価の基準

被保険利益の存否・範囲は、一般的・客観的に評価すべきであると同様に、保険価額の評価も一般的・客観的に行うことを要する。このような評価の基準をもとにして、個々の保険の目的物の保険価額が評価される。

すなわち、使用財ないし固定資産については、取得価額から減損額を控除した額が保険価額となる。交換財ないし流動資産については、交換価額、すなわち時価が保険価額となる。もっとも、住宅などの使用財ないし固定資産については、取得価額から減損額を控除した額を保険価額としたのでは、保険価額相当の保険金の支払を受けたとしても、その金額では事故に遭遇した物と同じ物を再調達できない場合が生ずる。そこで、再調達価額を保険価額とする保険が必要となる。これを新価保険といい、これについては火災保険のところで説明する。

三　評価の時期

保険価額の評価の時期は、評価の目的によって異なる。すなわち、保険事故が発生した後、保険者が支払うべき保険金の額を決定するための基準となる保険価額の評価の時期は、損害発生の時であり（一八条一項）、保険価額の著しい減少を理由として、保険契約者が保険金額および保険料の減額を請求するための保険価額の評価の時期は、保険期間中の随時の時点であり（一〇条）、超過保険であるか否かを判断する基準となる保険価額の評価の時期は、保険契約の締結時である（九条）。このように、問題ごとに制度の趣旨に応じて、保険価額の評価の時期を判断すべきである。[1]

（1）大森・七六頁、田辺・九八—九九頁、西島・一七七—一七八頁。なお、保険価額は、それが保険期間中のいつの時点における価額であるかにより、保険期間の始期における価額、保険期間中の価額、損害発生時の価額に分類され、それに応じて、始期価額、期中価額、塡補価額に区別される（木村・四六頁）。

四　特　則

保険価額は各時期において客観的な基準に従って評価される。しかし、保険価額が問題となる時期において、保険価額を事後的に算定することは困難であることがあり、そのため、保険価額をめぐって紛争が生ずることが考えられる。これに対処するために、次のような特則が定められている。

(1)　保険価額の約定　保険契約の当事者は保険価額を約定することができ（九条但書参照）、約定したときは、保険者が塡補すべき損害額は約定保険価額により算定される。ただし、約定保険価額が保険の目的物の客観的価額である保険価額を著しく超えるときは、約定の効力は失われ、塡補損害額は保険価額によって算定される（一八条二項）[1]。保険価額を約定した場合の保険契約を、評価済保険といい、保険価額を約定しない場合の保険契約を、未評価保険という。評価済保険は主として海上保険や運送保険において行われるのに対し、火災保険などにおいては未評価保険が原則である。

保険価額の約定がなされたといいうるためには、その価額を保険価額とすることについての当事者の合意を要する。したがって、保険契約者が契約申込書に見積価額を一方的に記載しただけでは、保険価額の約定がなされたとはいえない。保険価額の約定は、保険者の給付義務の内容を定める一つの要素に関する特別の合意として、保険契約の内容の一部分を構成し、当事者を拘束する効力を有する。

（1）　判例によると、実価が九万五、〇〇〇円なのに一二万円と約定した場合（大阪控判大正五年七月三日新聞一一四六号一五頁）、実価が五〇〇円なのに一、二〇〇円と約定した場合（大判昭和一六年八月二一日民集二〇巻一九号一一八九頁）は、いずれも過当な約定であるとされる。なお、約定保険価額が保険価額を著しく超えるときは、客観的な保険価額を基準として保険者の塡補損害額が算定されることになるが（一八条二項但書）、この場合、客観的な保険価額の範囲内では全部保険として扱うべきか、それとも一部保険として扱うべきかという問題が生ずる。この問題に関する従来の議論については、坂口・一二九―一三一頁およびそこに掲げる文献参照。

(2)　保険価額不変更主義　保険の目的物が場所的に移動するために、損害発生の地・時における保険価額を算定することは困難である場合がある。そこで、商法は、保険期間が比較的短く、その間に保険価額が変動することの少ない保険について、評価の容易なある時点における保険価額をもって全保険期間に通ずる保険価額としている（商八一八条—八二〇条。なお、商旧六七〇条参照）。このように、保険価額をある時点の価額に固定することを、保険価額不変更主義という。

保険価額を約定した場合や保険価額不変更主義が定められている場合には、損害発生時における実際の価額よりも高い価額が保険価額とされ、その結果、実際の損害額よりも多い保険金が支払われることがある。これは厳密にいえば、損害塡補とはいえないことになる。そこで、損害保険契約の「損害塡補」契約性の意味の理解をめぐって争われているが、この点についてはすでに説明した。

五　一部保険と全部保険

一部保険とは、保険金額が保険価額に達しない保険をいい、全部保険とは、保険金額が保険価額に達している保険をいう。

(1)　一部保険　(イ)　保険金額が保険価額に達しない一部保険は、種々の理由から生ずる。すなわち、保険契約者が保険料を節約するために意図的に一部保険とすることがあり、また、全部保険に伴う保険契約者の注意力の低下を防止するために、保険者が一部保険を保険契約者に勧める場合がある。これらの場合には、保険契約の当事者の意思に基づいて意図的に一部保険が成立しているので、とくに問題は生じない。ところが、保険契約の締結時には保険金額が保険価額に達する全部保険であったが、その後の物価の騰貴によって保険価額が上昇したために一部保険となり、損害が発生した場合に被保険者は満足な損害塡補を受けることはできないということがある。保険契約者の意思に反して一部保険が生じているこのような場合にも、損害発生の際に一部保険として後述する比例塡補の原則に従って処理するのが妥当か否かという問題が生ずる。この点につき、後述するように、実損塡補に関する特約が考案されており、また、保険法のもとでは、将来の物価の上昇を見込んで保険契約の締結時に保険価額よりも高い保険金額を約定することも許容されている。

(ロ)　一部保険の場合には、保険者の負担は、保険金額の保険価額に対する割合によって定められる（一九条）。これを比例塡補の原則といい、各国の立法例においても広く認められている。比例塡補の原則は、保険事故発生の場合の損害塡補についてのみならず、損害防止費用（一三条二項）、共同海損分担額（商八一七条但書）などについても適用がある。

問題は、比例塡補の原則の理論的根拠をいかに説明するかであり、見解が分かれている。(1) まず、被保険者は、保険価額が保険金額を超えている超過額につき、自ら危険の負担を引き受けた自家保険者であるとする共同保険理論がある。しかし、実際に保険を付けなかっただけのものを自家保険者というのは一種の擬制であり、説得力が欠ける。また、支払保険料の不足を根拠とする見解がある。この見解によると、保険価額が保険金額を超えている差額部分に保険を付けない被保険者は、その真の危険に見合うだけの十分な保険料を支払っていないとされる。さらに、保険料負担の不衡平さを根拠とする見解がある。すなわち、統計が示すところによると、保険価額に比して相対的に低い金額しか付保しない者は、保険価額に近い金額を付保している者に比較して、はるかに高い保険料率を課せられるべきであることが明らかになっている。それゆえ、付保割合による保険料率の差別を排して平均料率による場合には、一部保険に比例塡補の原則を適用しないと、負担の著しい不衡平が生ずるとされる。このように、見解が分かれているが、共同保険理論を除くと、支払保険料の不足と、負担の不衡平という二つの見解にしぼられることになる。もっとも、この二つの見解は密接に関連しているのであり、同じことを異なる観点からとらえたものにすぎないと解することができる。(2)

(ハ)　一部保険の場合の比例塡補を定める保険法一九条の規定は、任意規定である。したがって、当事者は特約をなして、保険金額の範囲内において、生じた損害額の全部を塡補すべきものと定めることもできる。これを、第一次危険の保険または実損塡補契約という。

(i)　付保割合条件付実損塡補条項　耐火構造建物などの場合には、全損となることは比較的少ないので、全部保険契約を締結することは保険料の無駄払となる。しかし、比例塡補方式によると、一部保険の場合には実損害額以下の塡補しか受けられない。そこで、保険価額の全部について保険契約を締結しなくても、実損害を塡補するものとして、付保割合条件付実損塡補条項がある。これは、保険金額が、罹災時の保険価額に一定割合（約定割合）を乗じた額を下回らないときは、保険金額を限度として実損害が塡補されるとするものである。これによると、保険価額の全部に保険を付けるよりも保険料が節約でき、しかも、事実上完全な損害の塡補を受けられることになる。(3)住宅総合保険においても、保険金額が保険価額の八〇％に相当する額以上のときは、保険金額を限度として損害額の全部が塡補される（住宅総合約款五条三号）。

(ii)　価額協定保険特約　これは、一定条件の住宅総合保険等に付帯する特約で、建物については再調達価額を、家財については再調達価額または時価額を基準として保険金額を設定する（新価保険）とともに、保険事故が発生したときに保険金額を限度として実損害額が支払われるものである。価額協定保険は、新価保険に実損塡補の特約を付加したものである。実損塡補の特約が付加されているのは、一般的に比例塡補の原則が理解されにくいという事情に基づいている。保険契約の締結時に保険価額を評価し、保険金額は、右の評価額に約定付保割合を乗じて得た額とされる（価額協定保険特約二条）。

(1)　詳細については、鈴木（辰）・火災一〇三―一〇八頁参照。
(2)　鈴木（辰）・火災一〇七頁、石田・一二四頁、横尾「被保険者を自家保険者とみなす擬制について」創立三十五周年記念損害保険論集九頁。なお、伊沢・一五四頁は、被保険利益の全額について危険を担保するに足る保険料が支払われていないとし、西島・二〇九頁は、実損塡補に必要なコストが加算されていないとするが、本文で述べた見解と差異はないものと解される。

（3）　約定割合は、三〇％から八〇％までである。損害発生の時の支払保険金は、次のように算出される。

保険価額一、〇〇〇万円、約定割合八〇％、損害額八〇〇万円の場合、

$$800\text{万円（損害額）}\times\frac{800\text{万円（保険金額）}}{1000\text{万円（保険価額）}\times 0.8}=800\text{万円}$$

右の例において、約定割合三〇％、損害額五〇〇万円とすると、

$$500\text{万円（損害額）}\times\frac{300\text{万円（保険金額）}}{1000\text{万円（保険価額）}\times 0.3}=500\text{万円}>300\text{万円（保険金額}=300\text{万円）}$$

(2)　損害塡補額　(イ)　物保険など保険価額が存在する場合　まず、全部保険の場合（後述する超過保険の場合も同じ）には、全損であると分損であるとを問わず、損害額が塡補額となる。これに対し、一部保険の場合には、比例塡補の原則によるときは、損害額に保険金額の保険価額に対する割合を乗じて得た額が塡補額となり（一九条）、実損塡補特約があるときは、保険金額の範囲内で損害額の全部が塡補されるので、全損では保険金額が、分損では保険金額と損害額のいずれか低い額が、塡補額となる。

(ロ)　保険価額が存在しない場合　責任保険や費用保険のように、保険価額の観念が存在しない保険においては、全部保険、一部保険、超過保険の観念も存在しない。したがって、保険金額の限度において、常に損害額の全部が塡補される。

六　超過保険

(1)　意義　超過保険とは、保険契約の締結の時において、保険金額が保険価額を超過する保険[1]をいう（九条）。改正前商法は、保険価額を超過する部分の保険契約を無効としていた（商旧六三一条）。これにより、保険契約の締結に際しては、保険金額が保険価額を超過する保険契約は認められないことになるが、立法論としては問題があるとされ

ていた。すなわち、一定の期間継続する保険契約においては、その期間中に物価の変動によって保険価額が上昇し一部保険となることがあるが、この場合に備えて保険価額を超える保険金額をあらかじめ約定してもその超過部分の保険契約は無効となるという不合理な結果が生ずる。したがって、実際上の弊害を防止するための手当さえしておくならば必要にして十分であり、超過部分の保険契約を一律かつ当然に無効とする必要はないとされていた。そこで、保険法は、超過部分の保険契約を一律に無効とはせず、超過部分の保険契約も有効であることを前提とした規定を定めている。

（1）　超過部分の保険契約は無効となると定めていた改正前商法六三一条の理論的根拠をめぐるかつての議論については、坂口・一三一―一三三頁参照。

(2)　超過保険の判断時期　　超過保険であるか否かは、保険価額と保険金額との比較によって判断されるが、保険価額は保険期間中絶えず変動するので、超過保険の有無を判断する基準となる保険価額の評価の時期が問題となる。この点につき、改正前商法六三一条の文言上明らかでなかったため、見解の対立がみられたが[1]、保険法は、超過保険の判断時期を保険契約の締結時としている（九条）。

（1）　保険契約の締結時と解するのが通説であったが（大森・一〇五頁、田辺・一〇四頁、石田・一〇八頁、棚田「火災保険の超過保険・重複保険」田辺＝石田・新双書(1)二〇五頁）、そのほかにも、保険事故発生時説、全保険期間説、最高価額時説など、種々の学説があった。詳細については、坂口・一三三―一三四頁参照。

(3)　超過保険の効力　　保険法は、超過保険契約に柔軟に対応できる規定を定めている。すなわち、保険契約者のニーズに応じて保険契約を締結することができるように、超過部分の保険契約も有効であることを前提としつつ、保険契約の締結時に、保険契約者および被保険者が、保険金額が保険価額を超えていたことにつき善意でかつ重大な過失がなかったときは、保険契約者はその超過部分について保険契約を取り消すことができると定め（九条本文）、誤って超過保険契約を締結した保険契約者の保護を図っている。ただし、約定保険価額がある場合には、約定保険価額をもとに定められる保険金額が実際の保険価額を超えているか否かを問題とする必要はなく、反対に、このような場合にも保険契約者の取消権を認めると、契約当事者間で保険価額を約定した意味がなくなってしまうので、右の場合には、例外的に取消権は認められない（九条但書）。保険契約者が超過部分の保険契約を取り消したときは、取り消された部分の保険契約は遡って無効となり（民一二一条）、保険契約者は取り消された部分の保険契約に相当する保険料を不当利得として返還請求することができる。

なお、保険法九条本文の規定は片面的強行規定である（一二条）。

七　重複保険

(1)　意義　ある保険の目的物について、保険事故、被保険利益が同一で、保険期間を共通にする複数の損害保険契約が併存する場合を、広義の重複保険という。この場合、各契約の保険金額の合計が保険価額を超過しない場合と超過する場合がある。前者の場合には、複数の有効な一部保険が併存するだけであってとくに問題はない。これに対し、後者の場合には、被保険者が複数の保険者から損害額以上の保険金支払を受けることにより利得することを防止するとともに、複数の保険者間の利害の衡平な調整を図るために、一定の規律に服させる必要性が生ずる。このような重複超過保険を狭義の重複保険という。

(2)　要件　狭義の重複保険が存在するといいうるためには、次の要件を備えていることを要する。

(イ)　同一の被保険利益について数個の保険契約が締結されていることを要する。保険の目的は一個であっても、そこには複数の被保険利益が存在しうるので、保険に付された被保険利益が異なるときは、別個の保険契約が存在し、重複保険の問題は生じない。被保険利益が同一であるかぎり、保険契約者が同一人であるか否かは問わない。

(ロ)　数個の保険契約の保険事故が同一であることを要する。したがって、ある建物に同時に火災保険と風水害保険を付しても、保険事故は異なるので、重複保険とはならない。ただし、数個の契約の保険事故が全く同一であることは要せず、ある契約における保険事故の一部が他の契約における保険事故と同一であるかぎり、その共通の事故については重複保険となりうる。

(ハ)　数個の保険契約の保険期間が同一であるかまたは重複することを要する。数個の契約が存在していても、ある保険契約の保険期間終了後に他の保険契約の保険期間が始まる場合には、重複保険とはならない。ただし、保険期間の全部が共通していることは要せず、一部分が共通している場合には、その共通している部分について重複保険が存在する。

(ニ)　数個の保険契約を数人の保険者と締結したことを要する。一個の保険契約が存在するにとどまる場合には、超過保険の問題が生ずるにすぎない。また、数個の保険契約が存在するとしても、そのすべてを一人の保険者と締結した場合にも、超過保険の問題が生ずるにとどまり、重複保険とはならない[1]。数人の保険者が一個の超過保険契約を共同で締結した場合にも、重複保険とはならない。

(ホ)　数個の保険契約の保険金額の合計が保険価額を超過することを要する。保険金額の合計が保険価額を超過しない場合には、一部保険が併存するにとどまる。

(1)　青山・契約法一二六頁、松本・八七―八八頁、野津・新四一九頁、石井＝鴻・一九五頁、田中＝原茂・一五六頁。これに対し、大森・一〇八頁、鴻「重複保険論」創立四十周年記念損害保険論集一二六頁、石田・一一二頁、保険法制研究会・試案理由書一五頁は、保険者は同一人であってもよいとする。

(3)　効果　(イ)　立法例　重複保険の効果に関する立法例は、三つに分けられる。第一は、優先主義である。これは、数個の保険契約が同時に締結されたとき（同時重複保険）は、各保険者の負担額は各保険金額の総保険金額に対する割合によって決定し、異時に締結されたとき（異時重複保険）は、後の保険契約は、前の保険契約と重複しない範囲においてのみ有効とするものである。この主義は、前の保険契約において付保されているかぎり、後の保険契約における被保険利益は欠缺しているということを根拠としている。改正前商法は、優先主義の考えを採用していた（商旧六三二条・六三三条）。しかし、客観主義ないし絶対主義の考えに基づいている優先主義は、保険期間中の物価上昇に対処できないということが従来から指摘されている。第二は、比例主義である。これは、数個の保険契約の締結が同時であるか異時であるかを区別することなく、保険価額を限度として、各保険金額の総保険金額に対する割合に応じて各保険者の負担額を決定するものである。この主義の中には、さらに、支払不能の保険者の分担額は他の保険者において分担すべきであるとするものもある。第三は、連帯主義である。これは、契約成立の前後を問わず、各保険者は保険価額までの損害に対して連帯責任を負い、損害塡補をした保険者は、保険金額の総保険金額に対する割合によって、他の保険者に対して求償をなしうるとするものである(1)。

(ロ)　保険法　保険法は、現代の立法例を参考としつつ、重複保険に関する改正前商法の規定を全面的に改めている。すなわち、各保険契約の保険金額の合計額が保険価額を超える場合にも超過部分の保険契約は有効であるという前提のもとに、①複数の保険契約の締結の先後に関係なく、各保険者は自己の保険契約によって塡補すべき損害額の全額（独立責任額）について支払責任を負うとし（二〇条一項＝独立責任額主義）、被保険者の保護を図るとともに、②各保険者の独立責任額の合計額が塡補損害額（各損害保険契約に基づいて算定した塡補損害額が異なるときは、そのうち最も高い額）を超える場合には、各保険者の負担部分は独立責任額のその合計額に対する割合によって決定し、自己の負担部分を超えて支払をなした保険者は、他の保険者に対し各自の負担部分について求償することができると定め（二〇条二項）、各保険者間の衡平を図っている。これを具体例をもとに説明する。

たとえば、保険契約者Xが自己所有の一、〇〇〇万円相当の家屋につき、保険者Aと保険金額一、〇〇〇万円の保険契約、保険者Bと保険金額六〇〇万円の保険契約、保険者Cと保険金額四〇〇万円の保険契約をそれぞれ締結し、保険事故の発生により全損が発生したとする。①各保険者の支払うべき金額は独立主義によって決まるので、Xに対して、保険者Aは一、〇〇〇万円、保険者Bは六〇〇万円、保険者Cは四〇〇万円の支払義務をそれぞれ負う。②各保険者の負担部分は、独立責任額のその合計額に対する割合によって決まるので、保険者Aの負担部分は五〇〇万円、保険者Bの負担部分は三〇〇万円、保険者Cの負担部分は二〇〇万円となる。そして、たとえば、保険者AがXに対して一、〇〇〇万円を支払ったときは、保険者Bに三〇〇万円、保険者Cに二〇〇万円をそれぞれ求償することができる。

なお、重複保険に関する保険法の規定は、同一の損害について複数の保険契約が塡補することとなっている場合についての一般原則を定めているので、物保険はもとより、責任保険や費用保険にも適用される。

（1）これらの立法例については、野津・新四一六―四一七頁、今村・上五一九―五二二頁、大森・一一六頁（一五）参照。

八　他保険契約の通知

(1)　趣旨　従来の保険約款の多くは、重複超過保険にならなくても、保険契約者または被保険者が、同一の目的物について、保険事故、被保険利益および保険期間を共通にする他の保険契約の存在を知ったときは、これを保険者に通知しなければならないと定めているのが通例である。(1) また、諸外国の立法例においても、他の保険契約の通知について規定しているものが多い。保険者は、種々の理由から、他保険契約の存在を知ることについて利益を有しているので、(2) 保険契約者または被保険者に他保険契約の通知義務を負わせることは是認しうる。問題は、通知義務違反に対して、どのような効果を発生させるのが妥当であるかということである。

（1）この問題については、石田「他保険契約の告知・通知義務」上智二八巻一・二・三号五七頁以下参照。
（2）他保険契約の通知に関する規定の趣旨については、多くの見解が主張されているが、詳細については、棚田「他保険契約通告の沿革と立法趣旨」保雑四六六号一〇六―一一七頁参照。

(2)　効力　改正前商法と同様に、保険法には、他保険契約の通知義務に関する規定は存在しない。したがって、法律上、その義務違反の効果は明らかでない。これに対し、保険約款では、義務違反の場合に、保険者の免責、保険契約の無効等の効果が生ずると定めている。しかし、保険約款の規定は、他保険契約の存在自体またはその不通知によって被る保険者の不利益に比較して、保険契約者等に厳しすぎる。したがって、約款の規定の効力に制限を加えるのが妥当である。すなわち、保険契約者または被保険者が悪意または重過失によって通知義務に違反した場合にのみ通知義務違反の効果が生ずるというように、帰責事由の程度を加重するとか、保険契約の無効を主張するにつき公正妥当な事由が存在することを要するというように、無効主張の要件を設けるとか、告知義務違反の効果に関する規定の類推適用によって、保険者による保険契約の無効主張期間に制限を設けることが必要である(1)。

(1)　石田・一二一頁、西島・二〇三―二〇四頁。棚田・前掲一一七頁も、厳しい制裁は、不必要にして不当であるとする。なお、わが国の裁判例は、悪意または重過失による通知義務違反を保険者の免責の要件とし、そのうえで、保険金の不正取得目的の存在を加重的要件としている。この点については、山下・五八五頁以下参照。

第五款　損害防止義務

一　総　説

保険契約者および被保険者は、保険事故が発生したことを知ったときは、これによる損害の発生および拡大の防止に努めなければならない（一三条）。右の規定は、改正前商法六六〇条を受け継ぐものであるが、その立法理由をいかに説明するかについては、従来、見解が分かれている。まず、損害の防止をなしうる立場にある者がこれを怠ることは、財貨の徒消として公益に反するとされる。しかし、損害防止活動が結果的には公益保護の要請にも応ずるとしても、右の規定は、直接的には公益保護の確保を目的としているとは考えられない。そこで、損害防止義務に関する立法理由の説明として、公益保護のみを挙げるというよりも、他の理由と並んで公益保護についても触れているのが一般的であるといえる。(1) しかし、損害防止活動は結果的には公益保護の要請にも応ずるといってみたところで、とくに私法的な意味を有することにはならないと考えられる以上、保険契約法上の関係としては、公益保護を挙げる必要はない。故意または重過失によって招致した保険事故について保険者は免責されるのと同じく、作為または不作為によって拡大せしめられた範囲の損害については、保険者は塡補責任を負わないということを、保険契約者および被保険者の義務の面から規定したものと解するのが妥当であると思われる。(2)

（1）たとえば、保険者の保護と公益保護（松本・一一三頁、青山・契約論二六二頁）、信義則ないし善意契約性と公益保護（大森・一七〇頁、野津・原則一四二頁、伊沢・二八二―二八三頁）、自ら拡大した損害の転嫁禁止と公益保護（小町谷「損害防止義務について」損保一二巻四号四―六頁、同・総論㈡五五二―五五四頁、田中＝原茂・一八九頁）といわれている。

（2）石井＝鴻・二〇九頁、田辺・一七一頁、古瀬村「損害防止義務及び損害防止費用について」私法一八号五七頁以下、同「損害防止義務」創立四十周年記念損害保険論集二一五頁、西島・二四〇―二四一頁、服部＝星川・基本法コン二五三頁（西島筆）。石田・一七三頁、一七四頁(3)も同旨と解される。

二　義務者

損害防止義務者に関する立法例として、被保険者のみを義務者とするもの、保険契約者だけを義務者とするもの、保険金請求権者を義務者とするものがあり、また、わが国の従来の保険約款では、保険契約者または被保険者、保険契約者および被保険者と定めて、保険契約者を損害防止義務者に加えているのが通例である。(1) 改正前商法は、被保険者だけを義務者としていたが（商旧六六〇条）、解釈論ないし立法論として、種々の議論がなされていた。(2) これに対し、保険法は、保険契約者および被保険者を義務者としている（一三条）。

（1）立法例と約款の詳細については、古瀬村・前掲創立四十周年記念損害保険論集二〇二―二〇三頁参照。

（2）改正前商法六六〇条の解釈論として、第一は、損害防止義務は法律がとくに被保険者に認めた義務であるから保険契約者はこれに何ら関係も有しないとする被保険者限定説がある（田中（誠）・新版一八九―一九〇頁、田中＝原茂・一九〇頁、西島・二四二頁）。第二は、解釈論としてはともかく、立法論としては、保険契約者にも損害防止義務を負わせるべきであると解する見解がある（小町谷＝田辺・八一頁二（田辺）、木村「損害防止義務に関する商法第六六〇条の規定について」田中古稀二〇八頁、石田・一七四頁）。第三は、解釈論としても保険契約者を損害防止義務者に含める見解がある（小町谷・総論㈡五五四頁、今村・上二六〇―二六一頁、小町谷＝田辺・八一頁、伊沢・二八五頁）。立法論または解釈論として、保険契約者をも損害防止義務者に含める見解は、保険の目的と密接に関係し、損害防止活動に最も適した地位にあるのが被保険者であるということに基づいて商法が被保険者を損害防止義務者と定めている以上、保険契約者が保険の目的に密接に関係している場合には、この者も損害防止義務を負うべきであるということを根拠としている。

三　内　容

保険法一三条は、改正前商法六六〇条と同様に、損害の発生および拡大の「防止」（以下、単に「損害の防止」という）と定めている。これに対し、従来の保険約款では、損害の「防止または軽減」と定めているのが通例であり、諸外国の立法例においても、同様である。[1] 保険法の解釈としても、損害の軽減義務は除外されると解すべき理由はない。

損害の防止とは、損害の発生または損害の拡大の全部または一部の阻止を意味する。また、損害の軽減とは、すでに発生した損害の全部または一部の除去を意味する。損害の防止が損害の軽減から区別されるのは、効果の程度によってではない。したがって、損害の防止とは損害の全部の防止であり、損害の軽減とは損害の一部の防止であると解するのは、妥当でない。損害の軽減によって、損害の全部の除去が行われることもありうるからである。また、火災の蔓延が阻止されると同時に、消火水によって濡れた家財が乾燥される場合のように、損害の防止と軽減が時間的に同時に行われることもある。[2]

損害の防止・軽減に努めるべき方法・程度につき、保険契約が存在するために、これが存在しない場合よりも格別に高い努力を要求されると解すべきではない。保険契約を締結していない場合にも努めるであろう方法・程度の努力をなせばよい。結果的に功を奏したか否かは問わない。

(1) 木村・前掲田中古稀二〇二―二〇七頁参照。
(2) 木村・前掲田中古稀二一五頁、同・一七七―一七八頁、坂口「損害防止・軽減義務に関する若干の諸問題の考察」法論四五巻五・六号一五四頁。

四　義務の開始時期

改正前商法は、損害防止義務の開始時期について定めていなかった。保険約款では、改正前商法と同様のものがあるが、多くの保険約款は、「事故が生じたとき」、あるいは、「事故が発生したことを知ったとき」と定めている。(1)そして、改正前商法のもとにおいて、損害防止義務の開始時期につき、見解が分かれていた。

まず、従来の学説は、損害防止義務は、保険事故が発生したことを前提とした義務であり、保険事故の発生自体を防止することは損害防止義務の範囲に含まれないと解し、保険事故の発生の防止を怠ったときは、不作為による保険事故招致として、保険者は免責されると解している。(2)その理由として、商法は保険事故の防止ではなく損害の防止と表現していること、保険事故の防止義務を負うとするならば、保険契約者または被保険者は不確定な保険事故の発生を防止することに意を用いなければならないことになり、安心感の売買を目的とする保険の存在意義が失われてしまうとする。

これに対し、保険事故が発生したときばかりでなく、保険事故の発生が避け難いときにも、損害防止義務が開始すると解する見解がある。(3)その理由として、次のように述べている。すなわち、論理的にみて、保険事故が発生したということは損害がすでに生じたことを意味し、損害の完全な防止は保険事故の発生を防止することによってはじめて可能であること、損害の防止には事故発生を防止するのが最も合目的であること、損害防止義務の開始時期を保険事故発生前に遡らせることは被保険者に酷なようであるが、保険事故発生の防止に要した費用を損害防止費用として保険者に負担させることによって、被保険者に対する過酷さは緩和されること、保険事故の発生を防止しなかった場合に、不作為による保険事故招致として保険者を免責させるよりは、保険事故発生の防止義務を負わせ、その代わりそれに要した費用を保険者に負担させる方が合理的であるとする。(4) なお、基本的には、損害防止義務は保険事故の発生を前提とする義務であると解しながら、例外的に、損害防止義務を保険事故の発生前に開始させる見解がある。その例外的な場合とは、一つの危険が多くの利益を同時におびやかす場合であり、その例として、貨物船が座礁したときは、座礁とともに積荷に関して損害防止義務が開始し、家屋に火災が発生したときは、まだ火災にかからない家具について損害防止義務が開始するとされる。(5)

保険法一三条は、保険契約者および被保険者が「保険事故が発生したことを知ったとき」に損害防止義務が開始すると定めているので、損害防止義務が保険事故発生後の義務であることは明らかである。もっとも、保険事故発生後には損害の完全な防止は不可能であるので、保険法は損害発生の防止というよりも損害拡大の阻止に重点を置いていると評価することができる。

(1)　この点の詳細については、古瀬村・前掲創立四十周年記念損害保険論集二〇七―二〇八頁参照。

(2)　青山・契約論二六二頁、大森・一七一頁、伊沢・二八五頁、小町谷・総論(二)五六〇頁、小町谷＝田辺・八二頁、田辺・一七一頁、窪田・八〇頁、西島・二四三頁。

(3)　加藤・損害論三三一頁、今村・上二六〇頁、横尾「『保険事故』および『保険期間』両概念の再検討」保雑四七五号九頁、木村・前掲田中古稀二一二頁、石田・一七五頁。

(4)　木村・前掲田中古稀二一二―二一三頁、今村・上二六〇頁、藤井「損害防止義務と消防損害」田辺＝石田・新双書(1)三五九頁。

(5)　坂口・前掲法論四五巻五・六号一七〇頁。

五　義務違反の効果

改正前商法は、損害防止義務違反の効果について格別の定めをなしていなかった。保険法一三条も同様である。

これに対し、保険約款では、義務違反の効果に関する規定を設けているのが通例であり、その規定の形式は、三つに分けられる。第一は、損害額から防止軽減することができたと認められる損害の額を控除した残額を基礎として填補額を決定するとするもの、第二は、義務違反があると、保険者は損害を填補する責めに任じないとするもの、第三は、防止軽減することができたと認められる部分については保険者は填補の責めに任じないとするものである。大多数の保険約款は、第一の類型に属するといわれる(1)。

学説においては、まず、損害防止義務違反は、保険契約を失効させるとか保険者の損害填補義務を全部免れしめると解する見解がかつて主張されていたが、これらの見解には疑問があり(2)、今日では支持者は少ない。

これに対し、通説は、損害防止義務違反があっても被保険者は保険者に対する保険金請求権を失わないという前提のもとに、義務違反の場合に、被保険者は保険者に対し損害賠償義務を負うとし、保険者は保険金支払債務と損害賠償債権との相殺をなしうると解している。もっとも、被保険者が保険者に対し損害賠償義務を負うとする理論構成として、債務不履行説(3)（民四一五条）と不法行為説(4)（民七〇九条）に分かれている。しかし、まず、債務不履行説に対しては、この見解は、損害防止義務を被保険者の「債務」としてとらえるのであるが、それでは、保険者は損害防止義務の履行を強制しうるか、また、強制することについて利益を有するかという疑問が生ずる。被保険者は、損害保険契約が締結されたために、自己の所有物について損害の発生・拡大を防止すべき法律上の債務を負担するということの根拠も不明である(5)。また、不法行為説に対しては、次のような疑問が生ずる。すなわち、この見解は、被保険者の損害防止義務違反を、不作為による、保険者の有する「保険の目的に損害の生じない」という消極的利益の侵害と説明する。しかし、かかる「保険の目的に損害の生じない」という消極的利益が法律上保護に値する利益として保険者に認められるかが問題となる。この問題が肯定されるためには、保険契約の締結によって被保険利益の所有権が被保険者から保険者に移転しているということを前提とせざるをえないが、このような構成は妥当であろうかという疑問が生ずる。[6] そこで、損害防止義務違反によって発生・拡大した損害を限度として、保険者は塡補責任を免れると解する見解が主張されている。[7] この見解が妥当である。損害防止義務の履行は保険者の損害塡補責任を問うための一種の前提要件である。前提要件なので、損害防止義務違反によって拡大した損害については保険者の損害塡補責任を問うことはできない。前提要件と解すると、損害防止義務違反の場合に、保険者は損害塡補責任を全部免れることになると解する必要はない。[8]

（1）　詳細については、古瀬村「損害防止義務」創立四十周年記念損害保険論集二一三頁参照。
（2）　田辺・商法の争点（第二版）二五三頁参照。
（3）　松本・一一四頁、田中（耕）・一二一頁、大森・一七二頁、小町谷・総論㈡五七五頁、加藤・損害論三四三―三四四頁、窪田・八〇頁、石田・一七六頁。
（4）　野津・新二五八頁、田中＝原茂・一九〇頁。
（5）　田辺・商法の争点（第二版）二五三頁。
（6）　古瀬村「損害防止義務及び損害防止費用について」私法一八号五八―五九頁、西島・二四六頁、坂口「損害防止・軽減義務に関する若干の諸問題の考察」法論四五巻五・六号一四八頁。
（7）　石井＝鴻・二〇九頁、田辺・一七一頁、同・商法の争点（第二版）二五三頁、西島・二四六頁、古瀬村・前掲私法一八号六〇頁。
（8）　田辺・商法の争点（第二版）二五三頁。なお、損害保険契約法改正試案六六〇条三項は、立法論として、故意または重過失による義務違反の場合には、保険者の塡補額は、損害額から義務の履行があったならば防止または軽減できたと認められる損害の額を控除した額を基礎として決定すると定め、これに対し、軽過失による義務違反については問題としていない。保険事故発生に伴う精神的動揺による不注意を考慮したのである（保険法制研究会・試案理由書六五頁、古瀬村・前掲創立四十周年記念損害保険論集二一七頁）。

六　損害防止費用

改正前商法は、損害の防止のために必要または有益な費用は、たとえその費用が塡補額と合計して保険金額を超えるときでも、保険者は負担するものと定め（商旧六六〇条一項但書）、一部保険の場合には、保険者は保険金額の保険価額に対する割合に従って防止費用を負担すると定めていた（商旧六六〇条二項）。保険法は、右の規定を基本的に維持している（二三条一項二号・二三条二項）。

これに対し、損害防止費用の負担に関する保険約款の規定は、きわめて多様である。すなわち、第一は、保険者は損害防止費用を負担しないとするものであり、第二は、保険者は損害防止費用を負担するが、塡補額と合計して保険金額を限度とするものであり、第三は、改正前商法または保険法と同じく、保険者は保険金額の制限によらずに損害防止費用を負担するとするものであり、第四は、保険者は保険金額の制限のもとに損害防止費用を負担するが、ある種のものは、保険金額の制限によらずに保険者は負担するとするものである。そして、第一類型の保険約款が相当に多いといわれている(1)。

そこで、法律上の規定と異なる定めをなしている保険約款の規定の効力が問題となり、見解が分かれている。まず、無効説は、損害防止費用を負担しないとする約款規定は無効であるとする。その理由として、保険者が損害防止費用の負担をしない場合には、被保険者による損害防止の実現を困難ならしめるので、公益上の理由に基づいて被保険者の損害防止義務を定めている法規定に反するとする(2)。しかし、損害防止義務に関する規定は、直接的には公益の確保を目的としたものであると解することができないので、この見解には賛成できない。条件的無効説は、損害防止費用を全く負担しないという約款の規定は無効であるが、損害防止費用を含めて保険金額までしか責任を負わないとする約款の規定は有効であるとする。その理由として、損害防止義務は間接的とはいえ公益にも関係することから損害防止費用を全く負担しない旨の約款の規定は被保険者の損害防止努力を放棄せしめる結果となること、他方、保険制度の技術的構造上、保険者の責任は保険金額を上限としているとする(3)。有効説は、保険約款の規定を完全に有効と解している。その理由として、損害防止義務は当然の義務であって、被保険者に特別の義務を負担させるものではないから、その見返りとして保険者は損害防止費用を必ず負担すべきであるということにはならないこと、費用損害としての損害防止費用を保険者が負担すべきか否かは保険料との関係で決定される問題であること、損害防止費用の種類が多岐にわたり負担の範囲が不明確なため費用の算定をめぐって紛争が生ずるとされる。(4) 最後の有効説が妥当であると考える。(5)

(1) 詳細については、古瀬村「損害防止義務」創立四十周年記念損害保険論集二一八―二一九頁参照。
(2) 野津・保険法二二五頁。もっとも、同・原則一四六頁、同・新二五九頁は、改説している。
(3) 大森・一七三頁、石井＝鴻・二一〇頁、田中＝原茂・一八九頁、伊沢・二八四頁、石田・一七八頁、大隅＝戸田＝河本・判例コン六六四―六六五頁(岩崎稜筆)。
(4) 青山・契約論二六九頁、野津・新二五九頁、今村・下三二〇頁、田辺・一六〇頁、西島・二四九頁、古瀬村・前掲私法一八号六四頁。
(5) 保険法とは別に、消費者契約法一〇条との関係において損害防止費用を負担しないという特約の効力が問題となりうるが、この問題については、坂口・学説史四〇六頁以下参照。

第六款　保険代位

一　総　説

保険事故の発生により損害が生じ、保険者が被保険者に対し保険金を支払ったときは、一定の要件のもとに、被保険者が有している権利が保険者に移転する。これを、保険代位という。

保険事故が発生した場合に、保険者は一定の要件のもとに保険金支払義務を負う。そして、保険事故が被保険者の財産に対して別の側面において何らかの影響を及ぼしたとしても、それは保険契約上の法律関係に対して何ら影響を及ぼさないはずである。しかし、保険者からの保険金の支払によって、被った損害の回復をした被保険者が、残存物または第三者に対する権利を保有し、これを行使することになると、被保険者は利得することになる。そうかといって、残存物の価額を控除して保険者の塡補額を算定することは技術的に困難を伴うし、また、被保険者が第三者に対して損害賠償請求権を有するかぎり被保険者には確定損害は発生していないとして、保険者は保険金を支払う必要はないとすることは、被保険者を迅速に救済することにもならない。そこで、保険法は、保険事故が被保険者の財産に対して別の側面においてどのような影響を及ぼしたかを問うことなく、保険者に保険金を支払わせるとともに、保険金を支払った保険者に、被保険者が有している権利が移転するとした。保険代位には、残存物代位と請求権代位がある。

二　残存物代位

(1)　総説　保険者は、保険の目的物の全部が滅失した場合において、保険給付を行ったときは、当該保険給付の額の保険価額に対する割合に応じて、当該保険の目的物に関して被保険者が有する所有権その他の物権について当然に被保険者に代位する（二四条）。たとえば、家屋の火災保険や船舶保険において、全損が生じ、保険者が保険給付を行ったときに、残存する焼跡の石材・鉄材や難破物に対する所有権を保険者が取得し、盗難保険において、保険金を支払った保険者が、盗難にかかった物に対する所有権を取得することがその例である。

(2)　趣旨　保険者が残存物に対する権利を取得するという規定の趣旨の理解をめぐって、見解が分かれている。まず、利得防止説は、次のように説明している。すなわち、全損が生じ、保険の目的物が従来有していた経済的効用を全部失った場合には、被保険者は、残存物の有無にかかわらず保険金額の全部の支払を請求できる。しかし、その場合、価値ある残存物を被保険者のもとに残しておくならば、保険事故の発生によって被保険者はかえって利得を得る結果となる。そこで、被保険者の利得を防止する趣旨から、保険者は法律上当然に残存物に対する権利を取得することにしたのであるとする。利得防止説が多数説である[(1)]。しかし、この見解に対し、次のような疑問が提起されている。すなわち、この見解は、全部保険の場合は利得防止の趣旨によって保険者の代位を説明しうるが、一部保険の場合には、被保険者が保険金額の全部の支払を受けても塡補されていない損害が残っており、残存物の価額がその塡補されていない損害額を超えないかぎり残存物を被保険者のもとに残しておいても被保険者に利得が生じないのに、この場合にも保険者は付保割合によって残存物について代位しうるので、これは、利得防止だけでは説明できないとされる。[2] そこで、技術説が主張される。すなわち、保険の目的物に全損が生じたとしても、なお価値ある残存物が存在する場合には、それは被保険利益に準ずる残存利益として、本来ならば、保険価額からこの残存利益を控除して保険者の塡補すべき実損害額を算定すべきである。しかし、残存利益の価額の算定には時間と費用を要する。そこで、迅速な保険保護を与え、しかも正確な損害塡補を実現する技術的方法として、保険者は、保険金額の全部を支払うとともに、残存物を取得することにしたのが、残存物代位の制度であるとする。[3] そして、技術説の立場から、保険者は、たとえ一部保険においても負担額の全部を支払ったかぎり、付保割合によって残存物に対して代位をなしうるとすることは是認できるとする。[4]

このように、見解が分かれているが、両説において、被保険者の利得防止ということは当然の前提とされているので、この点において両説の間に差異は存在せず、また、被保険者の利得防止と、残存物価額の評価の困難を回避して被保険者の迅速な保護を図るということとは、必ずしも矛盾するものではないので、この点においても両説は対立する見解ではないと考えられる。[5] 一つの見解だけで、残存物代位制度の趣旨を説明しうるものではないと思われる。

(1)　大森・一七九―一八〇頁、小町谷・各論㈣五八五頁以下、田中＝原茂・一九一頁、石田・二〇一頁、服部＝星川・基本法コンメ二五五頁（岩崎稜筆）。

(2)　田辺・商法の争点（第二版）二五四頁、同・一四五頁。

（3）加藤・損害論四〇二―四〇三頁、伊沢・三〇四頁、田辺・一四四―一四五頁、同「保険者の残存物代位」創立四十周年記念損害保険論集二二四頁、同・商法の争点（第二版）二五四頁、西島・二一二頁、山下（友）「火災保険における保険者代位」田辺＝石田・新双書(1)三七六頁。
（4）田辺・前掲創立四十周年記念損害保険論集二三〇頁。
（5）同旨、西島・二一二頁、石田・二〇二頁（1）、山下（友）・前掲田辺＝石田・新双書(1)三七六頁、坂口「残存物代位と負担の帰属」損保六五巻一・二合併号一二二頁以下。なお、野津・新二六三頁、倉沢・通論七二頁は、利得防止と技術的困難の二つの理由を並列して挙げている。このことは、両説の併存可能性を意味するものである。

(3)　要件　残存物代位が生ずるためには、次の要件が備わることを要する。第一は、保険の目的物の全部が滅失したこと、すなわち、全損が発生したことを要する。そして、全損とは、保険の目的物が従来有していた経済的効用を全部失ったことを意味し、必ずしも物理的な全滅を意味するものではない。保険の目的物が従来有していた経済的効用を全部失った場合でも、価値ある残存物が存在し、この残存物について代位が行われる。[1]問題は、分損の場合にも保険者の代位は認められるか否かということである。一般的に、分損の場合には、残存している目的物の価額を控除して損害額が算定されるので、分損の場合には保険者の代位は認められないと解されている。[2]これに対し、技術説に賛成する見解の中には、分損の場合にも、損害額算定の困難を避けて、保険保護を迅速に付与する必要があるとして、保険者の代位を肯定しようとする見解がある。[3]可分な数個の物を一つの保険の目的物とした場合には、全損か分損かはそれぞれ個々の物について判断し、保険者の代位を認めるべきである。[4]第二は、保険者が保険給付を行ったことを要する。[5]改正前商法のもとにおいて、保険者が支払うべき保険金の一部のみを支払った場合にも代位は認められるか否かについて争いがあったが、保険法二四条は、「保険者が保険給付を行った」ことのみを要件としていること、残存物の価値が僅少である船舶保険や火災保険の場合と異なり、盗難保険における盗失品の発見とか、有価証券の運送保険における有価証券喪失後の除権決定による再交付請求権などを考慮すると、保険者が支払うべき保険金の一部のみを支払った場合にも保険者の代位を認めないと、被保険者に利得が生ずることになることから、右の場合には、保険者の代位は認められると解される。(6)

(1)　株券の運送保険において、株券が運送中に紛失したため、保険者が直ちに株式の時価相当の保険金を支払った場合、保険者は、残存物代位に関する規定により株式上の権利を取得するか否かが問題となる。この問題は、株券の運送保険における「保険の目的」および「被保険利益」をいかに解するかという問題と関連し、この点に関して、紙片説と有価証券説が対立している。通説的見解である有価証券説によると、この保険における保険の目的は有価証券であり、被保険利益は株式の時価相当の利益であるとされ、被保険者の利得防止のために、保険金額の全部を支払った保険者は、残存物代位に関する規定によって株式上の権利を取得すると解されている（大隅「株券の運送保険者と保険者代位による公示催告の申立権」商事法務三五五号三七頁、河本「株券の運送保険について」大森還暦四八七頁、同・商法判例百選二一四頁、保住・法論三八巻二号八三頁）。このように解する下級審決定もある（大阪地決昭和三八年二月一九日下民集一四巻二号二一九頁）。これに対し、有価証券説に従いつつも、株券の紛失は未だ全損とは解しえないので、残存物代位に関する規定の適用は困難であるとし、むしろ、商法八三三条の保険委付に準ずる取扱の特約がなされていると解する見解もある（田辺・理論と解釈一一七頁、一二一頁、同・一四七頁（1）、新山（二）「株券の喪失に対する株主のための保険について」長谷川還暦五〇頁）。

(2)　大森・一八一頁、小町谷＝田辺・六七頁三、石田・二〇二頁。

(3)　田辺・前掲創立四十周年記念損害保険論集二二六頁、西島・二一三頁。

(4)　大森・一八一頁（三）、田辺・一四六頁、西島・二一三頁、石田・二〇二頁。

(5)　保険法二四条の前身である改正前商法六六一条は、「保険者カ保険金額ノ全部ヲ支払ヒタル」ことを要件の一つに掲げていたが、これは、保険者が負担額の全部を支払ったという意味に解されていた（田辺・前掲創立四十周年記念損害保険論集二二七頁、西島・二一三頁）。もっとも、残存物代位の規律をそのまま維持すると、たとえば、保険価額一、〇〇〇万円の家屋について、Aを保険者とする保険金額一、〇〇〇万円の保険契約とBを保険者とする保険金額一、〇〇〇万円の保険契約の二つが締結されている場合において、被保険者とAおよびBが事前に相談してAとBが五〇〇万円ずつを支払ったときは、代位が認められない等の問題が生ずる。そこで、保険法は、保険者が保険金額の全部を支払った場合にかぎって代位を認めていた点を改め、より一般的な形で代位を認めることとした（萩本・一問一答一三八頁）。

(6)　田辺・前掲創立四十周年記念損害保険論集二二八—二二九頁、西島・二一四頁、石田・二〇三頁参照。なお、保険者が損害防

止費用その他の費用を負担すべき場合には、保険金のほかにこれらの費用をも支払ったときにはじめて代位が生ずるか否かについては争いがあり、改正前商法のもとでは、保険者がその負担している義務の一部を不履行のままにして代位の利益を受けるのは不衡平であることを理由として、これを肯定する見解が有力であった（加藤・損害論四〇四頁、野津・新二六六頁(二)、西島・二一三―二一四頁）。

(4)　効果　以上に述べた要件が備わると、残存物について被保険者が有する所有権その他の物権は、保険者が行った保険給付の額の保険価額に対する割合に応じて保険者に移転する（二四条）[1]。移転の時期は、保険事故発生の時ではなく、保険金支払の時である。この移転は、法律の規定による当然の移転であって、被保険者の意思表示に基づく移転ではない。また、この権利移転の事実をもって第三者に対抗するためには、対抗要件（例、民一七八条参照）を必要としない。

ところで、保険者による保険金の支払とともに、残存物についての権利が保険事故発生時にまで遡って保険者に移転すると解すると、保険者による保険金支払前における被保険者による権利の処分は不法行為となり、保険者は被保険者に対して不法行為に基づく損害賠償請求権を有すると解すべきことになる。これに対し、保険者による保険金の支払とともに残存物についての権利が将来に向かって保険者に移転すると解すると、被保険者による権利の処分は不法行為とはならない。しかし、この場合には、保険者は、被保険者による権利の処分がなかったならば取得しえたであろう限度において、損害塡補義務を免れる[2]。

(1)　改正前商法六六一条の解釈として、物保険の場合には、保険の目的物に対する所有権が保険者に移転するが（大森・一八二頁(四)、田中＝原茂・一九二頁）、債権を保険に付した場合には、債権の担保としての質権や抵当権も保険者に移転すると解されていた（野津・新二六六―二六七頁、田辺・一四七頁、石田・二〇四頁（1）、山下（友）・前掲田辺＝石田・新双書(1)三七七頁）。保険法二四条は、物保険への適用を想定して設けられた規定であると解するのが自然であるが、残存物代位制度の趣旨からして、債権保険への適用ないし類似適用は肯定すべきであろう。

(2)　田辺・前掲創立四十周年記念損害保険論集二三一―二三二頁、西島・二一六―二一七頁。

(5)　保険者の代位権放棄　残存物代位は、保険者に利益だけをもたらすとは必ずしもいえない。代位によって、保険者はかえって不利益を受ける場合がありうる。たとえば、保険が付けられている船舶が沈没したとき、保険者は保険金を支払うと沈没船の所有権を取得するが、沈没船の除去義務を負い（港則二六条）、また、保険に付けられている建物が火災によって焼失したとき、保険金を支払った保険者は、たとえば焼跡に残っている柱の所有権を取得するが、その柱が他人に損害を与えた場合に、損害賠償責任を負うことになる。このような場合に、代位によって保険者に移転するのは権利だけであって、各種の負担は保険者に移転しないと解すべきであるか否かが問題となる。代位は、常に保険者に利益をもたらすべきであって、保険者に不利益に作用すべきでないことを理由として、負担は保険者に移転せず、被保険者において負担を除去する義務があると解する見解がある。(1)しかし、所有権制度の本質からして、所有権に伴う負担も保険者に移転すると解さざるをえない。(2)

そこで、保険約款では、保険の目的の残存物の所有権は、保険者がこれを取得する旨の意思を表示しないかぎり、保険者に移転しないと定めている（例、住宅総合約款三四条）。(3)法律の規定によると、保険金の支払により残存物についての権利は保険者に当然に移転するのに、保険約款によると、保険者による代位の意思表示によってはじめて残存物についての権利が保険者に移転することになっているので、保険約款では法律の規定とは反対の立場が採用されているといえる。これは、代位による所有権取得に伴う諸負担を保険者が免れるために設けられていることはいうまでもない。そこで、このような保険約款の規定の効力が問題となる。通説は、これを有効と解し、その理由として、残存物についての権利を取得することによって、保険者はかえって不利益を受けることがあり、これを防止する必要があるからであるとする。(4)しかし、残存物代位制度の趣旨につき利得防止説に従うと、代位制度は公序良俗に関する規定として強行規定と解さざるをえず、また、技術説に従っても、被保険者に著しい利得を与えるような保険者の代位権放棄は認められないと解され、したがって、具体的な場合において、被保険者に著しい利得を与えるか否かによって保険約款の規定の効力を判断すべきことになる。(5)そして、保険約款の規定が有効と判断された場合には、被保険者は残存物についての権利を保持しつづけることになるが、他方では、残存物に伴う負担を背負うことになる。この場合、(6)被保険者は権利の価値以上の損失を被るということも考えられ、被保険者の保護という観点からみて問題となる。結局、保険約款の規定の効力に関する問題は、被保険者の利得防止と被保険者の保護という、二つの要請をいかに調和させるかという問題であると思われる。(7)

なお、保険法二四条の規定は、片面的強行規定である（二六条）。そして、被保険者に不利な特約として無効となるか否かは、あくまで保険者の代位の範囲が保険法の定める代位の範囲より広いか否かで決まり、残存物に伴う負担の有無等、具体的な内容によって有効か否かが決まるわけではないとされている。(8)

（1）　葛城「残存物代位によって保険者が取得する権利」損保三七巻一号二六―二七頁。
（2）　田辺・理論と解釈一二五頁以下、同・二〇四頁、西島・二一六頁（1）（2）、久留島「残存物代位における負担移転の有無について」保雑五一五号一一六頁、坂口「残存物代位と負担の帰属」損保六五巻一・二合併号一三〇頁以下。なお、田辺・理論と解釈一二五頁以下は、負担も保険者に移転すると解するとともに、残存物代位に関する規定の趣旨が、本来の実損塡補方式がとられた場合と同一の状態を生ぜしめるところにあるので、保険者は、負担を除去するために要した費用を被保険者に対して請求できるとする。
（3）　約款規定の変遷については、山下（友）・前掲田辺＝石田・新双書(1)三七八頁参照。
（4）　大森・一八二頁（五）、服部＝星川・基本法コン二一七頁（岩崎稜筆）。
（5）　田辺・前掲創立四十周年記念損害保険論集二三二頁、山下（友）・前掲田辺＝石田・新双書(1)三七九頁。
（6）　田辺＝石田＝棚田＝戸出・註釈二五八頁（田辺筆）、山下（友）・前掲田辺＝石田・新双書(1)三七九頁。
（7）　なお、負担も移転すると解される改正前商法六六一条の規定を解釈によって変容させることなく、負担移転否定論を正当化するための論拠を、負担は移転しないとする実際界の商慣習法によって説明しようとする試みとして、久留島「残存物代位制度のもとにおける負担移転否定論の根拠」保雑五三一号一頁以下参照。
（8）　萩本・一問一答一三九頁。

三　請求権代位

(1)　総説　保険事故による損害が第三者の行為によって生じたときは、被保険者は、当該第三者等に対して損害賠償請求権等（保険法では、これを被保険者債権という）を取得することがある。この場合、被保険者に対して保険給付を行った保険者は、当該保険給付の額と被保険者債権の額（保険給付の額が塡補損害額に不足するときは、被保険者債権の額から当該不足額を控除した残額）のうちいずれか少ない額を限度として、被保険者債権について当然に被保険者に代位する（二五条一項）。これが請求権代位の制度である。

(2)　趣旨　被保険者が保険者に対して有する保険金請求権と第三者に対して有する損害賠償請求権は、法的に発生の原因を異にする別個独立の請求権であり、理論的に両者は両立しうる。ところが、保険金を支払った保険者に、被保険者が第三者に対して有する損害賠償請求権が移転する。このことを定めている法規定の趣旨をどのように解するかについて、多くの議論がなされ、現在においても決着をみていない。この議論の優劣を決する基準は、保険者の保険金支払によっても第三者は損害賠償責任を免れるべきでないこと（免責阻止）、被保険者は、保険金請求権と損害賠償請求権の両方を行使することによって利得をすることは許されないこと（利得防止）、保険者が第三者に対して権利を取得することの根拠（権利取得根拠）、という三つの要請をいかに説明しうるか、という点に求められる。とくに、被保険者の利得防止と保険者の権利取得の根拠に関して、学説は分かれている[1]。

まず、多数説は、被保険者は第三者に対する損害賠償請求権と保険者に対する保険金請求権を有するという前提のもとに、被保険者は両請求権を重畳的に行使することはできず、第三者が先に被保険者に対し損害賠償をなしたときは保険者は免責されるが、保険者が先に被保険者に対し保険金の支払をなしたときは、被保険者が第三者に対して有する損害賠償請求権が保険者に移転するとする。しかし、損害賠償請求権が保険者に移転する、あるいは保険者が取得することの根拠の説明をめぐって見解が分かれている。①損害保険契約の本質につき、「損害塡補原則」を持ち出すことなく、金銭給付契約と解する主観主義・相対主義によると、被保険者に二つの請求権の行使を認めると被保険者は利得し、その結果、被保険者は保険事故の発生に対し放任的態度をとることになる。そこで、公序政策的な見地から、保険者の請求権代位が認められるとされる(2)。しかし、保険者の請求権代位が認められるのは、保険事故が第三者の行為によって発生した場合に限られるのであるから、たとえ被保険者に二つの請求権の重畳的行使を認めることにより被保険者に利得が生ずるとしても、保険事故が誘発されるとは考えられない。被保険者の放任的態度は、保険事故の発生自体については問題とならず、事故発生後の損害防止義務違反の問題として処理すれば十分である(3)。また、この見解は、保険者が第三者に対して請求権を取得すべきことの積極的理由について何ら説明していないと批判されている(4)。②損害保険契約の本質を「損害塡補」契約と解する客観主義・絶対主義によると、被保険者が二つの請求権を行使することができない理由は、損害保険契約が本質的に損害塡補契約であるということに求められる。しかし、この見解によっても、保険金を支払った保険者が被保険者の第三者に対する損害賠償請求権を取得することの根拠の説明をめぐって、争いがある。まず、第三者の行為による損害に対して保険者が保険金を支払うことにより、保険者は損害を被っており、保険者を保護する必要があると解する見解がある(5)。しかし、保険者は、保険料を取得して保険事故発生の場合に損害を塡補することを約束しているのであり、保険金の支払による保険者の損害は、法律上当然に埋め合わされるべき法的保護を受けうる性質のものではないと解される(6)。また、保険者よりも、有責行為をした第三者に最終的に損害を負担させるのが衡平であると解する見解がある(7)。確かに、保険者の請求権代位制度の根底に衡平の観念が存在していることは否定しえない。しかし、衡平の観念だけで、被保険者の重畳的権利取得の禁止、第三者の免責阻止、保険者の権利取得を論理的に説明することは困難である。また、軽過失があるにとどまる第三者と、保険料を取得して危険の引受を行っている保険者との間において、前者に最終的責任を負わせるのが常に衡平であるといいうるかについても疑問があるように思われる(8)。

さらに、保険者の損害塡補義務を、厳密な意味における損害、すなわち確定損害をその限度において塡補する義務のほかに、保険事故によって損害が生じている蓋然性があり、あるいは損害が生ずべき蓋然性が高まった場合にも利得防止の措置を講じて、このような不確定損害に対する救済を与えることをも意味すると解する修正絶対説によると、保険者の請求権代位の趣旨は、次のように説明される。すなわち、保険者の損害塡補義務を厳密に解するならば、第三者の有責行為によって保険事故が発生し、被保険利益が滅失した場合における保険者の塡補すべき損害は、被保険利益の滅失額そのままではなく、その滅失額から第三者に対する損害賠償請求権の経済的価値を控除した残額について認められるべきである。しかし、この場合、損害賠償請求権の経済的価値は第三者の財産状態によって左右されるので、評価がはなはだ困難である。そこで、迅速な保険保護の付与を必要とする保険制度においては、損害賠償請求権の経済的価値の評価という難事を避けるとともに、被保険者の利得を防止して保険保護を与える蓋然損害の救済としての保険代位が要請される。すなわち、保険者の請求権代位は、保険者が被保険利益の滅失額相当の保険金を支払うとともに、被保険者の第三者に対する請求権を取得するという方法において、被保険者に生じた蓋然損害を、利得を生ぜしめる余地なく救済する制度であるとする。このように解するかぎり、第三者の損害賠償義務における損害と、保険者の損害塡補義務における損害は、その外延的範囲については、ともに被保険利益の滅失額において一致する。しかし、内容的には異なっており、前者の損害は、被保険者の有する保険金請求権を考慮しない確定損害であるのに対し、後者の損害は、被保険者の有する損害賠償請求権を考慮に入れた蓋然損害である。したがって、第三者の損害賠償義務は、被保険利益の滅失額相当の確定損害を賠償すべき義務であるのに対し、保険者の損害塡補義務は、履行不確実な第三者の損害賠償義務を確実な保険金で肩代わりしてやる救済義務であるとする。(9) この見解は、損害保険契約において損害塡補の対象となる「損害」概念をきわめて精緻に分析するとともに、保険者の請求権代位を、利得防止措置を講じての蓋然損害に対する救済と把握した点に、この見解の最大の特色があり、また、この学説によって、損害保険契約の本質に関する研究がきわめて深められたということについては全く異論はなかろう。しかし、被保険者が第三者に対して損害賠償請求権を有するかぎり、被保険者には確定損害ではなく蓋然損害しか発生していないという、この見解が前提としている損害概念は狭すぎはしないかという疑問が生じえよう。[10] また、被保険者が第三者に対して損害賠償請求権を有するかぎり、保険者が塡補すべき損害が被保険者には発生していないと解するのは、保険者と被保険者との間の保険関係と、被保険者と第三者との間の保険外関係とを混同するものではないかと指摘されている。[11] 結局、保険者の請求権代位を、利得防止措置を講じての蓋然損害に対する救済と把握するこの見解の当否は、この見解の前提となっている損害概念の把握の当否にかかっているということができよう。

(1) 田辺・基本構造二四九頁、西島・二一七頁参照。
(2) 大森・一八二頁、同・続法的構造一〇三―一〇四頁。
(3) 田辺・基本構造二五三頁、同・商法の争点（第二版）二五五頁、西島・二一八頁。
(4) 田辺・商法の争点（第二版）二五三頁。
(5) 小町谷・各論㈣五九八頁、田中＝原茂・一九三頁、倉沢・法理一四五頁。
(6) 田辺・基本構造二五九頁、同・商法の争点（第二版）二五五頁、同「保険者の請求権代位」創立四十周年記念損害保険論集二三六頁、同・一五一頁（1）。
(7) 鈴木（辰）・火災一六九頁。田中＝原茂・一九三頁、倉沢・法理一四五頁、同・通論七三頁も、衡平について触れている。
(8) 田辺・基本構造二五九頁、同・商法の争点（第二版）二五五頁、西島・二一九頁。
(9) 田辺・基本構造二六〇―二六一頁、一二一頁以下、同・一五一頁、同・商法の争点（第二版）二五五頁。この見解に、西島・二二〇―二二一頁も同調している。
(10) 石田「保険者代位と損益相殺」田辺還暦二〇頁は、この場合にも被保険者は確定的に損害を被っているとする。
(11) 鈴木（辰）・損害三五―三六頁。

(3) 移転する権利　保険法二五条一項によると、「保険事故による損害が生じたことにより被保険者が取得する債権」について保険者が代位するが、この権利には、第三者の不法行為（例、放火）による損害賠償請求権はもちろん、第三者の債務不履行（例、借家人の失火による借家の返還不能）による損害賠償請求権も含まれる。また、債務の不履行等により債権について生ずることのある損害を塡補する保証保険契約においては、被保険者＝債権者が債務者に対して有する債権も含まれる（二五条一項柱書括弧書）。さらに、適法行為による請求権も含まれる。たとえば、船長のなした共同海損処分（商七八八条以下）により、被保険者が共同海損債務者に対して有する共同海損分担請求権のように、保険事故が第三者の行為によって生じた場合に、その第三者以外の者に対して被保険者が有する請求権も含まれる(1)。第三者の行為によって損害が生じた場合であっても、被保険者が第三者に対して損害賠償請求権を有しないときは（例、「失火ノ責任ニ関スル法律」による軽過失免責）、保険者の取得すべき権利は存在しないので、代位は生じない。保険事故による損害が、被保険者の家族など、被保険者と共同生活を営む者の過失によって生じた場合にも、本条を適用して保険者の代位を認めることは、被保険者から事実上保険保護を奪う結果となり、妥当でない(2)。

(1)　大森・一八四頁（四）、田辺・一五二頁、同・前掲創立四十周年記念損害保険論集二三七頁、西島・二一七頁、石田・二〇六頁、服部＝星川・基本法コン二五七頁（岩崎稜筆）、大判明治四四年五月一六日民録一七輯二八七頁。

(2)　改正試案六六二条四項は、立法論として、被保険者の同居の家族その他被保険者と生計を共にする者に対する保険者の権利の代位取得それ自体は認める前提のもとに、その権利の行使を認めないことにしている（保険法制研究会・試案理由書七〇頁）。なお、保険法二五条の前身である改正前商法六六二条は、「保険契約者」が有する権利についても保険者が代位すると定めていた。これは、たとえば、他人の物を保管している者が、その他人のために保険契約を締結し、第三者がその物に損害を加えた場合に、その物の保管者＝保険契約者が第三者に対して有する不法行為による損害賠償請求権を含めさせる趣旨であると解されていた（松本・一一七頁、大森・一八三―一八四頁、石井＝鴻・二二三頁、伊沢・三〇七頁）。しかし、この場合には、その物の所有者＝被保険者も第三者に対して不法行為に基づく損害賠償請求権を有し、これについて保険者の代位を認めれば十分であり、とくに物の保管者＝保険契約者が第三者に対して有する権利について保険者の代位を認める必要性は乏しい（田辺・前掲創立四十周年記念損害保険論集二四〇頁、同・一五三頁、西島・二二三頁、竹内「請求権代位」私法三六号二九頁、横尾「損害保険契約における保険契約者と被保険者」損保三二巻二号四一頁）。そこで、保険法二五条は、「保険契約者」の語を削除している。

(4)　要件　まず、保険事故による損害が生じたことにより、被保険者が第三者に対して権利を取得したことを要する。移転する権利については、すでに説明した。全損の場合はもちろん、分損の場合でもよい。また、保険者が保険給付を行ったことを要する。保険者が保険給付の全部を行った場合のみならず、保険者の資力不足等のため、保険給付の一部を行った場合にも、保険者の代位権は生ずる。

(5)　効果　(イ)　総説　保険者は、被保険者が第三者に対して有する権利を法律上当然に取得する。すなわち、権利の移転のためには当事者の意思表示を必要とせず、また、権利の取得をもって債務者その他の第三者に対抗するためにも対抗要件(民四六七条)を備えることは要しない。権利移転の時期は、保険者が保険給付を行った時である。

(ロ)　権利移転の範囲　保険者に移転する権利の範囲が、保険者が行った保険給付の額を限度とするのは、当然である。しかし、保険者が保険給付の一部のみを行った場合や一部保険の場合には、塡補を受けられずに残存する損害についての被保険者の第三者に対する権利と、支払保険金の限度で代位取得した保険者の第三者に対する権利とが、賠償額の全部を弁済するに足りない第三者の財産に対して競合する場合に、対立する利害をいかに調整するかという問題が生ずる。この点につき、改正前商法は、保険者が被保険者に対しその負担額の一部を支払ったときは、保険契約者または被保険者の権利を害しない範囲においてのみ代位権を行使することができると定めていた(商旧六六二条二項)。また、一部保険において、第三者の資力がその負担した損害賠償義務を履行するのに不足する場合や、第三者に対する被保険者の損害賠償請求権が過失相殺等によって損害額よりも少ない場合の保険者の代位の範囲という問題については、改正前商法のもとにおいて、限度主義、損害額超過主義、比例主義の三つの見解が主張されていた。まず、限度主義は、改正前商法六六二条一項は、全部保険であると一部保険であるとを区別することなく、「其支払ヒタル金額ノ限度ニ於テ…権利ヲ取得ス」と定めていたことを理由として、保険者はその支払額相当額まで権利を取得するとする。(1) 限度主義に対しては、この見解によると、被保険者が保険者と第三者のいずれに対し先に権利を行使するかによって被保険者が取得する金額に差異が生ずることになり妥当でないと批判されていた。(2) 次に、損害額超過主義は、被保険者の権利行使について優先権を認め、保険者は、被保険者の損害が完全に塡補された後になお第三者に対する請求権が残っている場合にのみ、その残額について代位取得しうるにすぎないとする。(3) 損害額超過主義に対しては、第一に、この見解がその根拠としている改正前商法六六二条の規定は、保険者がその負担額の一部を支払った場合の規定であって、一部保険において損害額の一部ではあるが負担額の全部を支払った場合の規定ではないこと、第二に、この見解によると、全部保険の被保険者も一部保険の被保険者も結果的には同一の保険保護を受けることになり不衡平であること、第三に、この見解によると、損害保険における実損塡補の原則とは、保険自体から利得すべきではないという要請にとどまり、保険以外の関係で利得の可能性を有する場合にも右の原則が適用されるものではなく、保険者の塡補すべき損害は第三者の損害賠償によって影響されないとされるが、これは妥当ではないと批判されていた。(4) また、比例主義は、改正前商法六三六条または六六一条但書の類推適用を認め、保険者は、被保険者の請求権の額に付保割合を乗じて算出された額について権利を取得すると解していた。(5) そして、改正前商法のもとにおいて、解釈論としては、比例主義が妥当であるが、立法論としては、被保険者の保護に厚い損害額超過主義が考慮に値するとされていた。(6)

保険法は、一部保険の場合のように、被保険者の損害のすべてが保険契約によって塡補されず、被保険者に損害が残る場合には、被保険者の損害の回復を優先すべきであることから、被保険者に利得が生じない範囲内であれば、被保険者債権について保険者による代位を認めずに被保険者に引続き権利が帰属するとする差額主義を採用している。(7) すなわち、保険者は、保険給付を行ったときは、保険給付の額と被保険者債権の額のうちいずれか少ない額を限度として権利を取得するとしつつ、保険者が保険給付の一部のみを行った場合や一部保険の場合のように、保険給付の額が塡補損害額に不足するときは、保険者は、保険給付の額と、被保険者債権の額から当該不足額を控除した残額のうちいずれか少ない額を限度として権利を取得すると定めている（二五条一項）。具体的に説明するならば、次のとおりである。

保険価額一、〇〇〇万円、保険金額一、〇〇〇万円の保険契約（全部保険）において、第三者の行為によって全損が発生し、過失相殺によって被保険者の損害賠償請求権の額が八〇〇万円の場合において、保険者が保険給付の全部として一、〇〇〇万円を支払ったときは、被保険者債権の額に相当する権利を取得する。また、右の例において、保険者が保険給付の一部として八〇〇万円を支払ったときは、被保険者債権のうち六〇〇万円についてのみ権利を取得する。保険価額一、〇〇〇万円、保険金額五〇〇万円の保険契約（一部保険）において、第三者の行為によって全損が生じ、過失相殺によって被保険者の損害賠償請求権の額が八〇〇万円の場合において、保険者が保険給付の全部として五〇〇万円を支払ったときは、被保険者債権のうち三〇〇万円についてのみ権利を取得する。また、右の例において、保険者が保険給付の一部として三〇〇万円を支払ったときは、被保険者債権のうち一〇〇万円についてのみ権利を取得する。

(ハ)　被保険者の優先　右に示した具体例のように、保険法二五条一項の適用の結果として、保険者が代位取得した第三者に対する権利と被保険者に残存する第三者に対する権利が、第三者の財産に対して併存・競合する場合がありうる。そして、第三者の資力が十分でない場合に、保険者が被保険者よりも先に権利行使することを認めると、被保険者の損害の優先的回復の実現は望めない。そこで、保険法は、被保険者の損害の回復を優先すべきであるという趣旨から、被保険者は、被保険者債権のうち保険者が代位取得した部分を除いた部分について、保険者が代位取得した権利に先立って弁済を受ける権利を有すると定めている（二五条二項）[8]。

なお、保険法二五条の規定は、片面的強行規定である（二六条）。その結果、いかなる場合でも保険者が行った保険給付の額まで代位が生ずる旨の約定や、比例主義を採用する約定等は無効である。

（1）加藤「保険代位について」保雑四四〇号二五頁以下、野津・新二八三頁。
（2）田辺・理論と解釈一五一―一五二頁、同「一部保険における保険者の請求権代位の範囲」金融一一九〇号七頁、同・一五四頁（2）、西島・二二九頁。
（3）大森・一八五頁、伊沢・三〇八頁、野津・新二八一頁、田中＝原茂・一九五―一九六頁。なお。田辺・一五五頁（5）参照。
（4）田辺・基本構造二五四頁、同・理論と解釈一五三―一五四頁、同・一五四頁、西島・二三〇頁、石田・二一〇頁(2)。
（5）大森・一八五頁（八）、小町谷・各論(四)六一八―六一九頁、小町谷＝田辺・七一頁、田辺・基本構造二七四―二七五頁、同・理論と解釈一五五頁以下、同・一五四頁、西島・二三〇頁、石田・二〇九頁、栗谷「第三者に対する権利の保険代位」保雑四三四号一頁以下、山下（友）「火災保険における保険者代位」田辺＝石田・新双書(1)三九〇頁、横尾「保険者の請求権代位」創立四十周年記念損害保険論集三七八―三八〇頁。最判昭和六二年五月二九日民集四一巻四号七二三頁も同旨である。この判決については、田辺・前掲金融一一九〇号六頁以下、山下丈・ジュリ九一〇号一一〇頁以下、同・損保判例百選（第二版）六九頁参照。
（6）田辺・理論と解釈一五六頁、同・一五四頁。
（7）萩本・一問一答一四〇―一四一頁。なお、任意自動車保険の特約の一つである人身傷害補償保険において、約款所定の計算方法により査定された損害額（人傷基準損害額）と、後に被保険者の加害者に対する損害賠償請求訴訟で認定された損害額（裁判基準額）が異なるときに、保険者はいかなる範囲で被保険者の加害者に対する損害賠償請求権を代位取得しうるかが問題となる。この問題につき、いわゆる裁判基準差額説を採用した裁判例として、東京高判平成二〇年三月一三日判時二〇〇四号一四三頁がある（解説として、梅津・百選八六頁参照）。
（8）萩本・一問一答一四一頁。

(6)　被保険者の権利放棄　被保険者が第三者に対して有する権利を放棄したり他に譲渡した場合には、保険者は、保険金の支払前であれば、その額を控除して支払えばよく、保険金を支払った後であれば、被保険者に対して代位によって取得しうべかりし金額につき損害賠償請求権を有する。(1)

（1）運送契約の約款の中に、荷主が保険者から保険金の支払を受ける限度において、荷主が運送人に対して有する損害賠償請求権を事前に放棄するという条項があり、これを、保険利益享受約款という。このような約款を有効とすると、本文で説明したように、荷主は、保険者から保険金の支払を受けられないのみならず、運送人からも損害賠償を受けられず、荷主にとってきわめて不利益となる。そこで、このような約款は、強行規定である商法七三九条に違反して無効であるとされ（最判昭和四九年三月一五日民集二八巻二号二二二頁）、あるいは、たかだか保険金額を超える損害部分の賠償請求権だけを放棄する趣旨の意思表示にすぎないとされている（最判昭和五一年一一月二五日民集三〇巻一〇号九六〇頁）。最高裁は、運送約款中の保険利益享受約款の効力を一貫して消極的ないし制限的に解している（谷川・損保判例百選八〇頁、重田「約款における免責条項の効力」神田追悼三三一―三三二頁、川又・損保判例百選（第二版）七四頁以下、坂口・基本問題一三三頁以下）。

(7)　再保険と請求権代位　再保険契約が存在する場合において、元受保険者が保険金を支払えば、その被保険者が第三者に対して有する権利を代位取得し、再保険者は、元受保険者に再保険金を支払った限度で、元受保険者の権利を代位取得する。しかし、第三者に対する権利を再保険者が自ら行使せず、元受保険者が自己の名で、しかも再保険者の受託者的地位に立って行使し、回収した金員を再保険者に交付するという商慣習法の存在が認められている。(1)

ところで、保険実務においては、保険者が被保険者に貸金の形式をもって損害を塡補することがあり、これを、ローン・フォームによる支払という。すなわち、損害が第三者の行為によって生じた場合、保険者は被保険者に保険金の支払を行う代わりに保険金と同額の金銭の貸付を行い、被保険者をして第三者に対する損害賠償の請求をさせ、被保険者が第三者から賠償金を受けたときは保険者に借入金を返還するという方法であり、再保険の場合にも、再保険者と元受保険者との間で行われているとされる。(2)

(1)　大判昭和一五年二月二一日民集一九巻四号二七三頁。この判決につき、前田庸・損保判例百選一八八頁参照。

(2)　田中＝原茂・二五〇頁。もっとも、ローン・フォームの用語の説明の仕方は論者により必ずしも同じでないということについては、中西「いわゆるローン・フォームによる支払と商法第六六二条」南出三〇年一〇頁(2)参照。

第三節　損害保険債権の処分

第一款　保険事故発生後の保険金請求権

保険事故の発生によって具体化した保険金請求権は、通常の金銭債権として、一般の債権譲渡・質入の方法と効力をもって、譲渡または質入をなしうることは明らかである（民四六六条・三六二条参照）[1]。

（1）ただし、責任保険においては、保険金請求権に対する被害者の優先的地位を確保し、被害者を保護するために、保険法は、被保険者による保険金請求権の譲渡・質入、被保険者の債権者による保険金請求権の差押について制限を設けている（二二条三項）。この点については、後述する。

第二款　保険事故発生前の保険金請求権

一　被保険利益の移転を伴わない処分

保険事故発生前の未必的保険金請求権を、被保険利益の移転を伴うことなく、単独で譲渡・質入をなしうるか否かにつき、否定説もあるが[1]、通説はこれを肯定している。その理由として、被保険利益は被保険者との相対的関係において決定される利益であり、被保険者の未必的権利が譲渡された場合でも被保険利益はなお客観的に存在していること[2]、被保険利益の存在は、保険契約が不当な利得取得の手段として悪用されることを防止するための要請にすぎない[3]などと説明している。この点につき、保険金請求権のみの単独譲渡が行われた場合でも、被保険利益はなお客観的に存在していることは事実であり、また、被保険利益の存在は公序政策的要請に基づくと解することも可能であろう。しかし、保険金請求権のみの単独譲渡の可否の問題は、これを認めることによって生ずるであろう弊害との関連においても、判断されるべき問題である。この見地からすると、保険の目的物の安否について利害関係を有しない者に保険金請求権のみを単独譲渡すると、譲受人は損害を被らないにもかかわらず保険金のみを取得することになり、公序性の見地から問題となると考えることができよう(4)。

被保険利益の移転を伴わない未必的保険金請求権の譲渡・質入の方法や対抗要件については、債権の譲渡・質入に関する一般原則による（民四六七条・三六三条・三六四条参照）。権利の譲渡によって、被保険者は被保険者としての地位を失うものではなく、譲受人も被保険者の地位を取得するものではない。被保険者の作為・不作為によって保険契約上の権利が影響を受ける場合には、原則として、譲受人もその結果を甘受せざるをえない。譲受人による保険事故招致は、被保険者の保険事故招致に準じて、保険者は免責される(5)。

（1）青山・契約論三一二頁、同・契約法一〇二頁。その理由として、被保険利益の存在しないところに保険はなく、被保険利益を有する者が危険を冒す者であるので、保険債権のみの移転は損害保険の本質に反するとする。
（2）田中＝原茂・二〇八頁。
（3）大森・一七五頁、西島・二五二頁。
（4）田辺・一七八頁、倉沢・通論八四頁。なお、田辺「被保険利益を伴わない未必的保険金請求権の処分」福岡大学創立二十五周年記念論文集法学編一三五頁以下は、権利の譲受人または質権者に事故発生により利得を生じないような制限を付してのみ、権利の処分が認められるとする。
（5）小町谷・総論(二)六三四頁、大森・一七五頁、西島・二五二頁。

二　被保険利益の移転を伴う処分

(1)　包括承継　保険の目的物につき、相続、会社の合併などによって、包括承継が行われたときは、保険契約上の被保険者の地位も当然に包括承継の対象となる。

(2)　保険の目的物の譲渡　保険契約者が保険の目的物を譲渡すると、譲渡人である保険契約者は、所有権を失うとともに被保険利益を失い、被保険者でなくなる。その結果、保険契約は消滅することになる。他方、保険の目的物の譲受人も被保険者としての地位を当然に承継することにはならないため、保険者に対して権利を主張しうる立場にはない。保険の目的物の譲受人が保険保護を受けるためには、自ら新たに保険契約を締結する必要がある。保険の目的物の譲渡が行われた場合には、理論的には、右に述べたような結果となる。しかし、このような結果は、必ずしも妥当でなく、関係者の意思にも相応しないとも考えられる。すなわち、保険の目的物の譲渡によって危険が著しく増加しないかぎり、保険の目的物の譲渡は保険者にとって重要なことではない。また、保険の付いた状態で保険の目的物を譲渡できるならば、譲渡人には支払った保険料の回収が可能となり、譲受人にとっても無保険状態の発生が回避される。そこで、改正前商法六五〇条一項は、保険の目的物が譲渡された場合、保険関係は消滅しないとの前提のもとに、保険契約に基づく被保険者の権利は譲受人に移転すると推定されること、二項は、保険の目的物の譲渡により著しく危険が増加したときは保険契約はその効力を失うとそれぞれ定めていた。そして、この規定をめぐって、第一に、保険契約に基づく保険債権の移転について対抗要件を具備することを要するか、第二に、保険の目的物の譲渡によって被保険者の地位のほかに保険契約者の地位も譲受人に移転するかということについて、見解が分かれていた。

保険法は、改正前商法六五〇条の規定を削除した。その理由として、現在の多くの保険約款では、保険の目的物を譲渡した場合は保険者に通知し保険証券への承認裏書を求めるという手続を定めているなど、保険の目的物の譲渡とともに保険契約上の権利が当然には移転しないという前提に立っていること、同条一項の規定の効果が必ずしも明らかでないこと、保険証券への承認裏書を求めるという事例は実際上ほとんどないこと等を挙げている(1)。右の規定が削除された結果、特約がないかぎり、被保険者が保険の目的物を譲渡したときは、被保険者は被保険利益を失い、保険契約は失効することになる。

（1）萩本・一問一答一五〇頁。

第四節　損害保険債権による担保権者の保護

一　総説

損害保険の本来の機能は、保険事故により被保険者の財産に生ずる損害を塡補することによって、被保険者の経済生活を安定させるところにある。しかし、近時では、損害保険の機能が拡大して、保険加入者に対して債権、とくに担保権を有する債権者の債権を保全するという機能をも有するにいたっている。このため、損害保険の債権担保的機能が注目されている。

現在、抵当権者などの担保権者が、火災保険契約に基づく保険金から債権の優先弁済を受ける方法として、①物上代位、②保険金の代理受領方式、③質権設定、④抵当権者特約、⑤単純譲渡担保、⑥債権保全火災保険がある。以上の債権保全方法のうち、①から⑤は、債務者または第三者の所有物についての所有者利益を被保険利益として締結した保険契約に基づく保険金から、債権者が債権の優先弁済を受ける方法であり、⑥は、債権者の利益を被保険利益として締結した保険契約に基づき、債権者が被保険者として保険金を取得し、債権の優先弁済を受ける方法である。また、債権保全の方法が、保険事故の発生前または発生後に採られるか否かによって、事前的方法（②から⑤）と事後的方法（①）に分けられ、さらに、債務者または第三者の協力を要するか否かによって、強行的方法（①と⑥）と平和的方法（②から⑤）に分けられる。[1] 以上の債権保全方法のうち、ここでは、①、③、④、⑥について説明する。

（1）松島実「火災保険と担保権者の保護」田辺＝石田・新双書(1)二八〇—二八二頁、西島・二六一頁（3）参照。

二　物上代位

(1)　保険金請求権に対する物上代位の可否　抵当権者は、抵当権の目的物の滅失または損傷によって債務者が受けるべき金銭に対しても優先的な効力を及ぼすことができる（民三七二条＝三〇四条一項）。物上代位のこの効力が保険金請求権にも及ぶか否かについては、見解が分かれている。すなわち、肯定説と否定説があり、肯定説は、さらに、積極的肯定説と消極的肯定説に分かれている。

まず、積極的肯定説は、保険金請求権に対する物上代位を理論上当然に肯定する見解であり、判例および多数説の立場である(1)。その理由として、形式的には、民法三〇四条は、目的物の滅失または損傷により債務者が受けるべき金銭その他の物と規定しており、債務者の権利が法の規定に基づくか契約に基づくかを区別していない以上、保険契約に基づく保険金請求権もその中に含まれること、民法の起草者も、物上代位の対象に保険金請求権を含める趣旨で民法三〇四条の規定を起草したこと、また、実質的には、保険金は、抵当権の目的物の売却代金や滅失・損傷の場合の損害賠償請求権などと同じく、経済的には抵当権の目的物に代わるものないし変形物であるとする(2)。

これに対し、消極的肯定説は、理論的には後述する否定説に立つが、抵当権設定当事者の通常の意思の推測、抵当権者保護という政策的・目的論的考慮から、保険金請求権に対する物上代位を消極的に肯定する見解である(3)。否定説は、保険金請求権に対する物上代位を否定する。その理由として、抵当物の滅損は、保険金請求権具体化のための条件ではあるが、保険金請求権は、抵当物の滅損によって法律上当然に発生するのではなく、締結された保険契約とこれに基づく保険料の支払によって生ずるものであること、抵当権設定者は、特約による禁止がないかぎり、保険契約の解除や期限到来時に契約を継続しないこともできること、抵当権設定者の保険料不払、告知義務・通知義務・損害防止義務の違反、故意による事故招致などにより保険金が支払われないことがあるので、抵当物の滅損が保険金支払に結びつくとは限らないこと、保険金が支払われる場合でも、その金額は支払済の保険料額いかんによって左右されること等を挙げている。(4)

確かに、積極的肯定説が主張するように、抵当物と保険金請求権との経済的関連性は認められるとしても、保険金請求権を単純に「目的物の…滅失又は損傷によって」（民三〇四条一項）生じたものと解することは困難であり、保険金請求権は、他の請求権とは異なり、保険契約の締結と保険料の支払によってはじめて生ずるという特殊な性格を有している。したがって、保険金請求権のこの特殊な性格の解明のもとに導き出された消極的肯定説ないし否定説は、高く評価される。抵当権の効力は保険金請求権に当然に及ぶと解する従来の多数説には反省が加えられるべきであろう。理論的には否定説に立たざるをえず、せいぜい、当事者意思の推測や抵当権者保護ということを根拠としてのみ物上代位が肯定されるにすぎないと解される。以下では、積極的にしろ、消極的にしろ、物上代位が肯定されるということを前提として、物上代位に関連する法的諸問題について説明する。

（1）　大判大正二年七月五日民録一九輯六〇九頁、大判大正五年六月二八日民録二二輯一二八一頁、大（連）判大正一二年四月七日民集二巻五号二〇九頁、松本・一二二頁、我妻・新訂担保物権法二八三頁、田中＝原茂・一九七頁、鴻・商法研究ノートⅡ一〇二―一〇三頁、石田・一五七―一五八頁、北沢・損保判例百選八三頁。

（2）　田辺・一八〇頁も積極的肯定説に賛成しているが、その理由として、保険契約の有償契約性につき、保険者の給付は、保険事故の発生による保険金の支払に求められるからであるとする。

（3）　大森・続法的構造五〇―五一頁、同・一八七―一八八頁、小町谷・各論㈣五六四頁、伊沢・三一四頁、田村・商法の争点（第二版）二五九頁、窪田・八六頁、中西「保険金請求権担保」加藤＝林＝河本・銀行取引法講座〈下〉四三七頁。

（4）　西島「保険金債権に対する物上代位」法政二三巻一号五七頁以下、同・二六二―二六三頁。なお、旭川地判昭和四八年三月二八日判時七三七号八四頁は、保険金請求権は、抵当物の滅失によって法律上当然に発生するものではなく、保険契約とこれに基づく保険料支払によって生ずるものであること、保険金は経済的には目的物に代わるものであるということは、被保険者の内部的な私経済上の問題としてはともかく、抵当権者に対する関係でもそのようにいいうるかは疑わしいとして、明らかに否定説に立っている。

(2)　物上代位における差押　抵当権に基づく物上代位権を行使するには、代位物である保険金が保険者から被保険者＝債務者に支払われる前に差押をなすことを要する（民三〇四条一項但書）。この差押は、保険事故発生前に行うことはできず、また、保険事故発生後、保険金が被保険者に支払われると差押はできない。このように、差押は、保険事故発生後にして、かつ保険金支払前にかぎって可能であり、しかも、保険事故の発生から保険金の支払までの期間は余り長くはないので、この点においても、物上代位による抵当権者の保護は十分なものではない。

物上代位権の行使の要件である差押が要求される根拠をめぐって見解が分かれており、それは、抵当権の本質論とも密接に関連している。

まず、特定性保全説がある。この見解は、抵当権の本質について価値権説に立ち、抵当権の効力は抵当物の価値変形物の上に及ぶのは当然であるが、民法は、代位物である請求権が弁済によって、被保険者＝債務者の一般財産に混入し特定性が失われることを防止するために、差押を要求していると解している。[1] この見解によると、抵当権者が自ら差押を行うことは要せず、他の債権者による差押があれば足り、自ら差押をしなかった抵当権者も他の債権者による差押があれば優先権を失わず、代位物に対する優先権は抵当権の登記によって公示されるから、物上代位権者が競合する場合の優劣は、抵当権の登記の順位によって決定されることになる。この見解のいう特定性保全のための差押は、通常の債権差押とはかなり性格を異にしていることになる。[2]

これに対し、優先権保全説がある。この見解は、抵当権の本質について物権説に立ち、抵当権は物権であり、物権は目的物の滅失によって当然に消滅するのが原則であり、たとえ価値変形物が生じたとしてもそれに抵当権の効力が及ぶべき理由はないが、物上代位は法律がとくに抵当権者保護のために認めた特権であり、差押は抵当権の優先権を保全するための要件であるとする。[3] この見解によると、差押は抵当権の優先権を保全するための要件であり、抵当権者が自ら差押をなすことを要し、抵当権者の差押以前に他の債権者が差押をなしたときは、抵当権者は優先しえず、代位物を差押えた数人の担保権者相互間の優劣は、差押の先後によって決定されることになる。この見解のいう差押は、特別のものではなく、通常の強制執行手続における差押と基本的に同じ性格のものであると解されることになる。

（1）我妻・前掲二八八頁、大判大正四年三月六日民録二一輯三六三頁、大判大正四年六月三〇日民録二一輯一一五七頁。
（2）保住・損保判例百選八五頁。
（3）大（連）判大正一二年四月七日民集二巻五号二〇九頁、大判昭和五年九月二三日民集九巻九一八頁、福岡高裁宮崎支判昭和三二年八月三〇日下民集八巻八号一六一九頁、石田・一五九頁。なお、清原「保険金請求権に対する抵当権の物上代位について」経済理論一八六号七〇頁は、差押は抵当権者の存在を保険者に知らせるための保険者保護の目的を有するので、差押は抵当権者自身が行うべきであるとする。

⑶　物上代位権と質権の競合　同一の保険金請求権の上に抵当権に基づく物上代位と質権が競合した場合、いずれが優先するか、また、優劣を判断する基準を何に求めるかについて見解が分かれている。

まず、確定日付対登記説がある。(1)この見解は、抵当権の登記と質権の第三者対抗要件（保険者の質入承諾書の確定日付）の先後によって優劣を判断しようとするものであり、物上代位は価値権である抵当権の当然の権能であり、物上代位の対抗要件はすでに抵当権の登記の時に備わっているとする。この見解に対しては、抵当権の登記だけでは代位物についての優先権の公示としては不十分であると批判されている。(2)

確定日付対差押説(3)は、質権の第三者対抗要件である確定日付と物上代位による差押の先後によって優劣を判断しようとする。この見解は、抵当権の物権的側面を重視し、物上代位は、抵当権者保護のために法がとくに認めた特権と解し、物上代位による差押は、特定性保全のためのみではなく、優先権保全ないし公示手段でもあるとする。この見解の支持者が、近時多くなっている。物上代位による差押によって、代位物に対する明確かつ確定的な公示がなされ、それによって、取引の安全が確保されるとするのがその理由である。この見解に対しては、差押をもって第三者対抗要件と解するのは妥当でないとされる[4]。

確定日付対保険事故説[5]は、質権の第三者対抗要件である確定日付と保険事故発生の先後によって、優劣が判断されるとする。その理由として、保険金請求権に対する抵当権者の地位はきわめて不安定であり、抵当権の物上代位的効力を保険事故発生前の保険金請求権の上に及ぼす必要はないこと、物上代位による保護は保険事故発生時において要請されることから、保険事故の発生時に物上代位の効力が生ずるとする[6]。しかし、保険事故とは、保険者の保険金支払義務を具体化ならしめる出来事であり、かかる保険事故の発生をもって物上代位が公示されると解することは困難であり、また、数人の物上代位権者が存在する場合、その優劣は抵当権の登記の先後によって判断するのか、それとも平等分配となるのかという問題も生ずる[7]。

質権絶対優先説[8]は、質権は常に物上代位に優先するとする。その理由として、物上代位は、利害関係人の意思と金融助長の必要性から認められているものであるが、すでに当事者がその意思に基づいて自ら排他的な権利である質権を設定している以上、物上代位によって質権を排除することはできないとする。この見解の特色は、物上代位と質権設定における当事者の意思の表われ方の差異に着眼している点に求められる。確かに、当事者の意思の表われ方の差異に着眼するならば、質権を優先させるべきであるとも考えられる。しかし、物上代位による差押がなされた後に質権が設定されたような場合には、抵当権者の意思の方が先に明示されていることになり、この場合にも質権を優先させるのは不当である[9]。

（1）　鹿児島地判昭和三二年一月二五日下民集八巻一号一一四頁、田辺・一八二頁、青谷「保険金請求権の上に設定された質権と抵当権の物上代位の優劣について」損保四一巻三号八三頁、中馬「保険金請求権上の質権と抵当権による物上代位」ジュリ三〇〇号一四三頁、同「保険金請求権への物上代位と保険金請求権上の質権との優劣」民法の争点Ｉ一六五頁。もっとも、中馬教授は、この見解に不満を示してはいる。清原・前掲六九頁。
(2) 西島・二七五頁、同・商法の争点（第二版）二六一頁。
(3) 福岡高裁宮崎支判昭和三二年八月三〇日下民集八巻八号一六一九頁、田中＝原茂・一九八頁（一）、五十嵐「抵当権の物上代位」民法演習II一六〇頁、西島・二七五頁、同・商法の争点（第二版）二六一頁、同・銀行取引判例百選（新版）一六四頁、石田・一六〇頁、中西「保険金請求権担保」加藤＝林＝河本・銀行取引法講座〈下〉四五三頁。
(4) 鴻・商法研究ノートII一一四頁。
(5) 鴻・商法研究ノートII一一五頁。
(6) 鴻・商法研究ノートII一〇九―一一五頁。
(7) 中馬「保険金債権上の質権と抵当権に基づく物上代位」私法二一号八七頁、同・前掲ジュリ三〇〇号一四三頁、西島・二七六頁、同・商法の争点（第二版）二六一頁。
(8) 伊沢・三二四頁。
(9) 西島・二七四頁、石田・一六〇頁（1）。

(4)　物上代位の欠点　物上代位には多くの欠点があり、その結果、抵当権者は物上代位によっては債権の優先弁済を受けることができないことがある。すなわち、保険金請求権に対する抵当権の物上代位の可否について見解が分かれており、否定説に立つと抵当権者は物上代位をなしえないこと、物上代位権行使の要件としての差押は、保険事故発生後にして保険金支払前に限定されているため、差押可能期間はきわめて制限されていること、差押が必要とされる根拠につき、優先権保全説に従うと、抵当権者が自ら差押をなすことを要し、他の債権者が先に差押をなしたときは抵当権者は優先しえないこと、物上代位と質権が競合する場合の優劣の判断基準につき、近時、有力になっている確定日付対差押説に従うと、抵当権者の差押が質権の確定日付より遅れると質権に優先しえないこと、物上代位の対象である保険金請求権は、保険者と保険契約者間の保険契約から生ずることから、保険契約者の各種の行為によって保険金請求権が影響を受けざるをえない。以上のことからして、物上代位制度は、「きわめて不完全」[1]な制度であると評価せざるをえない。

（1）　南出・六三頁。

三　質権設定

(1)　意義　これは、保険事故の発生を条件とする未必の保険金請求権の上に質権を設定するものである。物上代位の無力化に対する抵当権者の自衛手段として、わが国では大正四、五年頃から行われており、その後においても圧倒的に広く利用されている。

このように、質権設定の方式が広く利用され、実務界に定着している理由は、次の点にある。すなわち、保険の目的物の上に担保物権を有しない一般債権者も利用しうること、物上代位権と質権が競合した場合、近時、有力になっている確定日付対差押説によると、質権設定の方が有利であること、物上代位と異なり、質権の場合には差押を必要としないので手続が簡便であること、抵当権の順位とは関係なく質権の順位によって優先順位が決定されるので、後順位抵当権者でも優先権を取得しうること、保険の目的物は動産・不動産であることを問わないこと、継続保険契約に基づく保険金請求権にも質権を設定する旨の合意がなされることが多く、毎年継続契約をする都度質権設定および保険者への承認請求手続を行う必要がなく、債権保全手段として安定していること等である[1]。

（1）　松島実「火災保険と担保権者の保護」田辺＝石田・新双書(1)二八九―二九〇頁。

(2)　成立要件・効力要件　質権設定の成立要件として、まず、質権者と被保険者との間において、質権の設定に関する合意がなされることを要する。また、債権であってこれを譲渡するために証書の交付を必要とするものを質権の目的とするときは、その証書の交付によって質権設定の効力が生ずるので（民三六三条）、保険金請求権の譲渡のために保険証券の交付を必要とするものについては、保険証券の交付が質権設定の効力要件となる。

(3)　対抗要件　質権設定の対抗要件として、第三債務者＝保険者に対し、質権設定の通知を行い、またはその承諾を必要とするだけでなく、第三債務者＝保険者以外の第三者に対しては、この通知または承諾が確定日付のある証書をもってなされることを要する（民三六四条・四六七条）。実際には、第三債務者＝保険者に対しては、質権者と質権設定者の連署で作成した質権設定承認請求書を提出して、その承認を得る方法が行われ、第三債務者以外の第三者に対しては、質権設定承認請求書の上に公証人役場で確定日付を取り付ける方法が行われている。(1)

(1) 民法四六八条一項は、債務者の異議をとどめない承諾に公信力を認めることによって、譲受人の保護と債権譲渡の安全を確保しているが、この規定は、質権設定の場合にも類推適用されると解されている（我妻・新訂担保物権法一八五頁）。そして、質権者に対抗しえない抗弁事由には、債権そのものに存するすべての事由が包含されると解されている。しかし、保険事故招致・告知義務違反による解除・通知義務違反による失効・保険料未収等を理由とする保険者免責の抗弁は、債務者の異議なき承諾によって排除されないと解するのが判例（保険事故招致の事案につき、大阪地判昭和三八年五月二四日判時三六八号六〇頁）・通説である。もっとも、保険制度に特有なこれらの抗弁には異議なき承諾の公信力は及ばないと解される理由の説明には、かなりの差異がある。この点については、棚田・判例百選八〇―八一頁、椎原・損保判例百選九一頁参照。

(4)　効力　質入債権が金銭債権である場合、質権者は直接に被担保債権を限度として金銭債権を取り立てることができる。質権の目的である債権の弁済期が、自己の債権の弁済期前に到来したときは、質権者は第三債務者にその弁済すべき金額を供託させることができ、質権はこの供託金の上に存続する（民三六六条）。質権による優先弁済額は、元本、利息、違約金、質権実行費用、質物保存費用、債務不履行等による損害賠償額に及び（民三六二条二項＝民三四六条）、抵当権に比較して相当に広い（民三七五条参照）。この点において、質権設定は抵当権者特約よりも有利である。

(5)　質権設定と継続契約　旧保険契約上の保険金請求権についてなされた質権設定が、継続契約の保険金請求権にも効力を及ぼすか否かについては、見解が分かれている。

通説は、旧保険契約と継続契約は別個の契約であり、両契約における保険金請求権は別個の請求権であることを理由として、消極的に解している。したがって、継続契約における保険金請求権に対して質権を取得するためには、旧契約の保険金請求権に関する質権設定行為とは別個の行為を必要とすることになる。もっとも、たとえば、旧保険契約の保険金請求権について質権設定をなす際に、継続契約の保険金請求権についても質権を設定する旨の契約をなすことは妨げない。そして、質権設定の対抗要件は、保険者に対する関係では、継続契約の成立以前に具備することができるが、保険者以外の第三者に対する関係では、継続契約の成立後に、確定日付のある通知または承諾があることを要するとしている。(1)

これに対し、関係者の手数と費用を省き、質権者の地位の強化を図るという趣旨から、通説とは異なる見解が主張されている。その一は、旧契約上の保険金請求権について質権を設定する際に、継続契約の保険金請求権についても質権設定をなし、これについて確定日付のある対抗要件を備えるという一度の手続によって、継続契約の保険金請求権について第三者にも対抗しうる質権を取得しうるようにするための試みである。その二は、さらに進んで、旧契約の保険金請求権について質権設定をなすことによって、継続契約の保険金請求権にも当然に質権を取得しうるとする試みである。(2)

（1）田辺「火災保険契約の継続と質権」金法六八九号一〇七頁、中西・判例百選四二―四三頁参照。
（2）中西・判例百選四三頁参照。

(6)　質権設定の欠点　右に説明したように、質権設定には多くの長所が認められるが、次のような欠点もある。すなわち、債務者が保険契約を締結し、かつ保険金請求権について質権設定に応ずるなど、債務者の協力が不可欠であること、債務者＝保険契約者・被保険者の告知義務・通知義務・損害防止義務の違反、保険事故招致、保険料不払などを理由とする保険者の免責によって、債権者は保険金を受領することができないこと、保険証券の代理占有承諾手続など後順位質権者には繁雑な手続が必要となること等の欠点を有する。これらの欠点を克服するために、後述する抵当権者特約、債権保全火災保険が開発されたが、実際にはあまり利用されていないといわれている。

四　抵当権者特約

(1)　意義　抵当権者特約とは、抵当権者の債権を保全するために、火災保険金請求権を抵当権者に譲渡するとともに、その対抗要件として、第三債務者である保険者が譲渡を承諾するに際し（民四六七条）、保険者と抵当権者との間で行われる特約をいう。この特約は、物上代位制度および質権設定の欠点を克服するために、わが国では昭和二七年に創設された。

抵当権者特約の特色は、次の点に認められる。すなわち、債務者の通知義務違反による保険者免責の効果は、質権設定では質権者に及ぶが、抵当権者特約では抵当権者には主張しえないこと、保険者が保険契約を解除する場合、抵当権者に対して一定の猶予期間を設けて予告しなければならないこと、保険金請求権の譲渡は諾成契約であるから、質権設定と異なり、保険証券を債権者＝抵当権者に交付しなくても譲渡は有効であるということである。

しかし、抵当権者特約には、次のような制限がある。すなわち、これを利用できる者は、抵当権者に限定され、したがって、対象物は原則として抵当不動産であること、利用しうる保険契約は、住宅火災保険、普通火災保険、住宅総合保険、店舗総合保険およびこれらに付帯する地震保険に限定されていること、当該抵当権に優先する他の権利が控除されるという優先債権控除規定による制限があること、対象となりうる保険金は物の損害保険金に限られており、費用保険金は除かれるということである。(1)

（1）　松島実「火災保険と担保権者の保護」田辺＝石田・新双書(1)二九八―二九九頁参照。なお、抵当権者特約条項の詳細については、損害保険料率算定会・抵当権者特約条項の解説（昭和四九年版）参照。

(2)　手続　抵当権者が保険契約およびその継続契約に基づく保険金請求権を被保険者から譲り受けた旨と、保険契約およびその継続契約に抵当権者特約条項を付すべき旨を求める内容の「抵当権者特約条項添付申込書」に、抵当権者、被保険者が連署のうえ保険者に提出することを要する。したがって、この申込書は譲渡契約証書、保険者に対する譲渡承諾請求書および特約申込書を兼ねた性格を有する。抵当権者特約は、保険金請求権の譲渡であるから、保険証券の占有移転は効力発生要件ではない。しかし、実際には、抵当権者保護の要請から、保険証券を抵当権者に交付している。(1)

(1)　松島実・前掲田辺＝石田・新双書(1)二九九頁。

(3)　効力　抵当権者特約条項付譲渡によって、抵当権者は、保険金請求権から優先弁済を受けることができるが、その優先弁済額は、抵当権による優先弁済額、すなわち、元本と二年分の利息に限られる（民三七五条）。しかも、保険金支払の場合に、抵当権に優先する他の権利があるときは、その優先債権を控除して支払われるにすぎない。

五　債権保全火災保険

(1)　意義　債権保全火災保険とは、抵当権者を被保険者、抵当権付債権を被保険利益とし、抵当物が火災によって滅失することにより抵当権者が抵当権付債権について被る損害を塡補することを目的とする火災保険である。わが国では、昭和三〇年に創設された。狭義の抵当保険、すなわち、抵当債権者が自己固有の被保険利益につき自らを被保険者とする保険について、次の二点がとくに問題となる。

まず、この保険を、物価値保険と債権喪失保険のいずれと構成すべきかが問題となる。学説は、そのいずれの構成も可能なことを認めながら、どちらかといえば物価値保険を重視する見解、(1) どちらかといえば債権喪失保険を重視する見解、(2) 債権喪失保険としてのみ可能であると解する見解に分かれている。(3) 最後の見解が近時の有力説であり、妥当であると思われる。その理由は、抵当権はそれ自体独立の経済的価値を有するにいたっているとはいえ、わが法制上、被担保債権から独立した抵当権の存在は認められていないので、被担保債権に対する損害を離れて抵当権自体の損害を考えることはできないこと、抵当権者の有する被保険利益は、抵当物の滅損によりその被担保債権の弁済受領可能性の減少に対処することにあるという点に求められる。それ以外に、あるいは、それと無関係に、抵当物自体についての抵当権者の被保険利益を考えることは困難である。もっとも、債権喪失保険と構成した場合、抵当物の滅失によって、債権者にいかなる額の損害が生じたかという、損害額の算定の問題がある。

次に問題となるのは、抵当物の滅失によって抵当権が消滅しても、抵当権者は債権を失うものではないから、抵当権者は当然に損害を被ったとはいえず、この点につき一定の措置を講じないと抵当権者に利得が生ずるということである。この点につき、抵当物の滅失による抵当権者の債権の価値減少の場合の損害額の算定は困難であること、保険者が被保険者に保険金を支払った後にも被保険者はなお債務者に対する債権を保有し、被保険者は利得するということを理由として、抵当保険を無効とした判決がある。(4) しかし、損害額算定の困難は、損害の不存在と損害額算定の不可能を意味するものではないこと、抵当権者は、抵当物の滅失によって債権の弁済受領可能性の減少という損害を被る以上、この損害に備えて保険契約を締結しうることは認めざるをえない。もっとも、抵当物自体の損害をもって抵当権者の損害として、その額の保険金を抵当権者に支払い、抵当権者が後に債権の弁済を受けるならば、抵当権者は利得する可能性がある。そこで、抵当権者の損害をどのような形で把握し、保険金支払の要件をどのように定め、また、被担保債権の帰属をどのように考えるべきかが問題となる。そして、抵当権者の利得は、保険者と抵当権者とのあらかじめの特約によって、保険者に債権を譲渡することを条件として保険者が保険金を支払うということにすれば解決しうる。(5) このような考えを基礎として、債権保全火災保険は、債権喪失保険説の立場に立って、保険の目的は抵当権付債権、被保険利益は抵当物の滅失による債権の弁済受領可能性において認められるという構成をしている。(6)

（1）　鴻「抵当保険の法律的構成」私法一一号九四頁以下、同・商法の争点（第二版）二五七頁、同・商法研究ノートII一三〇頁。

（2）　田中＝原茂・二〇一頁。

（3）大森・一九〇頁、伊沢・三二九頁、田辺・一九一頁、西島・二七二頁。
（4）東京地判昭和二年五月一四日法律新報一一八号二〇頁。
（5）松本・一二六頁、大森・一九一頁、田辺・一九一頁、西島・二七二頁、田村・損保判例百選九七頁。
（6）約款の詳細については、損害保険料率算定会・債権保全火災保険普通保険約款の解説（昭和五九年版）参照。なお、わが国において、抵当権者の保護のために不十分な規定しか設けられていないことは、立法論として問題である。抵当権者を保護し、抵当金融の確実性を強化するため、保険契約と抵当権者の地位との関係を考察することは、立法政策上の重要な問題である（鴻・商法研究ノートII一三一頁、石田・諸問題一三三頁）。この点につき、ドイツ民法とドイツ保険契約法における抵当権者の保護規定の紹介として、石田・諸問題一三五頁以下参照。

(2)　効力　抵当権の目的物が、火災・落雷・破裂または爆発によって損害を被った場合、抵当権付債権が抵当物の損害割合と同じ割合で損害を被ったものとして、保険金額、抵当物価額、損害時の被担保債権額のいずれか低い額に、抵当物損害額の抵当物価額に対する割合を乗じて得た額の保険金が支払われる[1]。その際、債務者の弁済能力の有無は問わない。それと同時に、被保険者の利得を防止するために、支払保険金と同額の債権が保険者に譲渡される。この債権の譲渡は、民法の規定（民四六七条）に従う。

（1）抵当物が滅失しても債権は消滅せず、債権が弁済期に弁済されるならば債権についての損害は生じなかったことになる。したがって、抵当物の滅失の段階で保険金を支払うこの保険は、純粋に債権の保険とはいえない（石田・一六五頁（1））。そこで、田辺・一九一頁、同・判例百選八五頁は、抵当物の滅失によって、抵当権者は、被担保債権の弁済受領の確実性の喪失（単なる弁済受領可能性の減少ではない（田辺・一九二頁（1）））という不確定損害を被り、これに対する保険金の支払は、不確定損害に対する救済という「塡補原則」に対する質的例外をなすとする。

(3)　欠点　この保険契約は、抵当権者を被保険者とする保険契約であるので、抵当権者が保険契約者であるかぎり、債務者の行為によって保険契約上の権利が影響を受けることはないという長所が認められる。しかし、この保険を利用しうる債権者は、抵当権者に限られており、しかも、建物抵当権者・工場財団抵当権者に限り、船舶・

航空機・自動車の抵当権者は利用できない。また、保険者から債権者に保険金が支払われても、債務者に対する債権者の債権は保険者に移転するだけで、債務者の債務は消滅しない。債務者のこの不利益は、債権者との特約によって、債務者が保険料を負担する場合にとくに大きい(1)。

(1)　松島実・前掲田辺＝石田・新双書(1)三〇四頁（5）。

第二章　損害保険契約各論

第一節　総　説

改正前商法は、第二編第一〇章「保険」において、損害保険に関する通則（商旧六二九条―六六四条）を設けるほか、火災保険（商旧六六五条―六六八条）および運送保険（商旧六六九条―六七二条）に関する特則を設け、また、第三編第六章「保険」において、海上保険に関する特則（商八一五条―八四一条）を設けるとともに、損害保険に関する通則の適用を定めていた（商八一五条二項）。このように、改正前商法では、損害保険の種類として、火災保険、運送保険、海上保険が予定されていたが、それは、改正前商法が制定された当時において一般に行われている保険は主としてこれらの保険であったので、これらの保険に関する規定を定めれば足りると考えられたことに基づいている。そして、科学技術と経済の発展に対応して、現実には多くの新しい種類の保険が存在するにいたっている。

海上保険に関する特則は、現行法においてもそのまま維持されている。他方、保険法においては、火災保険契約、責任保険契約、および傷害疾病損害保険契約に関する若干の特則が設けられているが、運送保険契約に関する特則は設けられていない。これは、運送保険契約は企業保険であることが多いのでその内容については契約当事者間の合意に委ねることで足りること、損害保険契約全体に占める運送保険契約の割合は小さくなっているという理由に基づく(1)。

以下においては、保険法に規定されている火災保険契約、傷害疾病損害保険契約および責任保険契約のほか、理論的・実際的にも重要な自動車保険契約および保証・信用保険契約について説明する。

（1）萩本・一問一答一五三頁。もっとも、運送保険契約も損害保険契約なので、損害保険契約に関する保険法の通則的規定は適用される。

第二節　火災保険契約

一　意義

火災保険契約とは、火災という事故によって生ずる損害を塡補することを目的とする損害保険契約である。

現在行われている住宅総合保険においては、火災、落雷、破裂または爆発、台風、旋風、暴風、暴風雨等の風災（洪水、高潮等を除く）、雹災または豪雪、雪崩等の雪災（融雪洪水を除く）のほか、建物の外部からの物体の落下、飛来、衝突もしくは倒壊または建物内部での車両もしくはその積載物の衝突もしくは接触、給排水設備に生じた事故または被保険者以外の者が占有する戸室で生じた事故に伴う漏水、放水または溢水による水濡れ、騒擾およびこれに類似の集団行動または労働争議に伴う暴力行為もしくは破壊行為等による損害に対しても、保険金が支払われる（例、住宅総合約款二条）[1]。このように、担保される危険は火災に限定されず、担保範囲の拡大と総合化の傾向にある[2]。これは、保険加入者にとっては好都合であるが、他方では、不必要な担保危険をも包括的に買わされるということを意味する。したがって、総合化にあたっては、保険加入者一般について予想される事故を保険事故とするように留意する必要がある[3]。

（1）以下の説明は、損害保険料率算出機構が作成した住宅総合保険普通保険約款（二〇〇九年一一月）に基づく。

（2）石田「火災保険序説」田辺＝石田・新双書(1)一—二頁。

（3）石田・二一七頁。

二　内　容

(1)　保険事故　火災保険における保険事故は、火災である。しかし、法律には火災に関する定義規定が存在しないため、火災の意義をめぐって見解が分かれている。火災の意義を、必要にして十分に定義することは、きわめて困難である。

まず、火災の定義無用論とも評すべき見解がある。この見解は、火災の定義を行うことは不可能であること、社会通念に従い、火と考えうるものが偶然に起こり、それによって損害が生ずるならば、火災といわれるとする。[1]あるいは、社会通念上、火事と認められる性質と規模をもった火力の燃焼作用を火災と定義する見解が有力に主張されている。[2]しかし、これだけでは、漠然としている。[3]

そこで、通説は、火災とは、通常の用法によらないところの、独立の燃焼作用によって生じた災害と定義している。[4]通説による火災のこの定義は、ドイツ火災保険普通保険約款の定義とほぼ一致する。それによると、火災とは、火床なくして発生し、または火床を去った火であり、自力で拡大しうるものと定められている。通説の立場が妥当である。その結果、第一に、火災は、火であることを要するから、火を伴わない焦損、醱酵、自然発熱、煤け・燻り等による損害は、火災による損害とはいえない。第二に、その火は、火床なくして発生したか、または火床を去った火であることを要する。これは、通常の用法によらない火という意味である。したがって、ストーブやガスコンロなどのような燃焼器具の中で燃えている火は火災ではない。第三に、自力拡大力のある火であることを要する。したがって、ストーブからはぜて畳の上に落ちた火は、それだけでは自力拡大力がある火とはいえないので、火災ではない。[5]

ところで、保険事故である火災は、その性質上、発火から鎮火まで一定の時間的な幅をもって燃え続けるものであることから、保険期間との関係において、保険事故発生時点の認定が重要な問題となる。たとえば、①午後四時から保険期間が開始する保険契約において、午後三時五〇分に建物に発火し、午後四時二〇分に鎮火した場合、②保険期間が午後四時に終了する保険契約において、午後三時五〇分に建物に発火し、午後四時二〇分に鎮火した場合の保険者の塡補責任の有無および塡補責任の範囲が問題となる。この点につき、罹災説と損害説が対立している。罹災説は、保険の目的物に火がついたことをもって火災の発生と解し、その時点が保険期間内に属するかぎり、その火災が保険期間終了後に及んだ場合でも、保険者は全部の損害について塡補責任を負うが、保険の目的物に火がついた時点が保険期間開始前であれば、火災が保険期間開始後に及んだ場合でも保険者は塡補責任を負わないとする(6)。この見解によると、保険者の塡補責任は、①の場合には否定され、②の場合には全損害について肯定されることになる。これに対し、損害説は、保険の目的物に火がついてから鎮火するまでの全期間にわたって保険事故の存在を認定し、燃え続けた期間の一部でも保険期間内に属していれば、その燃え続けた部分の損害について保険者は塡補責任を負うとともに、保険期間開始前または保険期間終了後に燃え続けた部分の損害についてはは塡補責任を負わないと解している。この見解によると、保険者は、①の場合には、午後四時から四時二〇分まで燃え続けた部分の損害につき、②の場合には、午後三時五〇分から午後四時まで燃え続けた部分の損害につき、それぞれ塡補責任を負うことになる。保険事故は偶然性を有することを要するが、偶然性を有するのは火災の発生であって、その継続ではない。したがって、罹災説が妥当である(7)。

(1)　小町谷「海上保険および火災保険における火災の意義について」諸問題一九三頁以下（金子「火災の意義と保険者の責任」田辺＝石田・新双書(1)二六頁参照）、小町谷＝田辺・九六頁。
(2)　大森・二〇四頁、伊沢・三七六頁、石井＝鴻・二一八頁、石田・二一八頁、服部＝星川・基本法コン二六二頁（岩崎稜筆）。
(3)　田中＝原茂・二一六頁。
(4)　加藤・火災保険論一一九頁、田中＝原茂・二一六頁、田辺・一九七頁、西島・二八〇頁、倉沢・通論八九頁。

(5) 加藤・前掲一一九―一二〇頁、田辺・一九九頁（1)、西島・二八〇頁、鈴木（辰）・火災六二―六七頁。
(6) 加藤・前掲一三三頁。
(7) 田辺・一九九頁、同「火災保険における事故発生時点と保険者の塡補責任」田辺＝石田・演習1二〇六―二〇七頁、同「火災事故と保険期間」田辺＝石田・新双書(1)六四頁。もっとも、羅災説によると、午後四時に保険期間が終了する保険契約において、午後三時三〇分に保険の目的物に火がつくことが確実視されたが、保険の目的物に火がついたのは午後四時三〇分であったような場合には、保険者は塡補責任は負わないことになる。そこで、この場合にも保険者に塡補責任を負わせるために、保険の目的物に火がつくことが避けられないと判断された時点に保険事故の発生を認める危険説が主張される。しかし、この見解にも問題があることについては、田辺・一九八頁、同・前掲田辺＝石田・演習1二〇九頁参照。

(2)　保険の目的物　火災保険契約において保険事故発生の対象である保険の目的物には、別段の制限はない。火災によって損傷されるおそれがあるかぎり、動産・不動産を問わず、保険の目的物となりうる。なお、改正前商法は、火災保険の目的物として、建物または建物内の動産を予定していたが（商旧六六八条）、保険の目的物をこれに限定する趣旨ではないと解されていた。すなわち、不動産の保険は、建物のほかに、山林や木造の橋なども保険の目的物となりえ、また、動産の保険は、建物内にある動産のほかに、建物外にある器具・原材料なども保険の目的物となりうる。保険の目的物の範囲は、保険約款や保険契約によって具体的に定めうるが、保険約款では、保険の目的物の範囲につき詳細な定めをなしている（住宅総合約款四条）。

(3)　被保険利益　火災保険契約における被保険利益には、保険の目的物の所有者としての被保険利益、保険の目的物の賃借人としての被保険利益、保険の目的物の担保権者としての被保険利益、保険の目的物の焼失による休業のために失われる利益などがある。また、保険の目的物に火災が発生することによって負担する損害賠償責任や臨時に必要となる費用などのように、消極的な面における被保険利益もある。これらの被保険利益のうち、どの被保険利益について保険契約がなされたかは、もとより契約の内容によって判断されるが、物を目的とする保険にお

いては、特別の事情がないかぎり、物の所有者としての被保険利益についての保険と解される。(1)

（1）大森・二〇四頁、西島・二八一頁。

三　効　果

(1) 書面（保険証券）交付義務

火災保険契約は損害保険契約なので、損害保険契約の締結時の書面（保険証券）交付義務に関する規定（六条）が適用される。保険者は、火災保険契約を締結したときは、遅滞なく右の規定に定められている事項を記載した書面（保険証券）を保険契約者に交付しなければならない。

(2) 保険者の損害塡補責任

火災保険契約における保険事故は火災であり、保険事故である火災により保険の目的物に損害が生じた以上、火災の原因のいかんを問わず、保険者は損害塡補責任を負うのが原則である（商旧六六五条参照）。これを、危険普遍の原則という。もっとも、危険普遍の原則を定めていた改正前商法の規定は当然のことを定めているにすぎないとして、保険法はこれを削除している。

ところで、改正前商法は、保険者が塡補すべき損害の範囲に関する特別規定を設け、消防または避難に必要な処分によって保険の目的物につき生じた損害について、保険者は塡補責任を負うと定めていた（商旧六六六条）。その損害に該当するものとして、破壊消防による損害、注水による濡損、避難搬出による損傷などがある。このような損害について保険者が塡補責任を負う根拠をどのように説明すべきかについて、見解が分かれていた。多数説は、このような損害は、火力の燃焼それ自体による損害ではないが、通常は火災に伴って当然に生ずる損害であり、火災の当然の結果としての損害に含まれると解していた。(1) これに対し、このような損害は、保険者が理論上当然に負担すべき直接損害に属しないが、法がとくに保険者に負担させたのであると解する見解が主張されていた。(2) これらの見解は、このような損害は火災によって当然に生ずる損害か否かという観点、すなわち、火災損害の範囲をめぐる因果関係論の観点から改正前商法六六六条の規定を論じているところに特色がある。これに対し、改正前商法六六六条を因果関係論から絶縁して、損害防止義務および損害防止費用負担義務の具体化として把握すべきであると解する見解が主張されていた。(3) なお、消防・避難行為は、保険の目的物に火災という保険事故が発生する前にも行われることがある。保険事故の発生時点の認定につき、罹災説に従うかぎり、この場合にはまだ保険事故は発生していないと解されることになる。そこで、保険事故の発生前であっても、危険が切迫しているために行われた消防・避難に基づく損害についても保険者が塡補責任を負うとするのが改正前商法六六六条の趣旨であるとし、これは、保険者の損害塡補責任は保険事故が発生しないかぎり生じないという原則に対する例外であると解されていた。(4) 保険法は、改正前商法六六六条の規定を基本的に維持するとともに、保険者は、保険の目的物に保険事故が発生していないときであっても消防活動等によって生じた損害について塡補責任を負うことを明確にしている（一六条）。

物保険において、保険の目的物が全部滅失したときは、保険契約は当然に終了する。これに対し、分損によって保険金額の一部が支払われた場合の、その後の保険金額については、残存保険金額主義と、保険金額不変更主義または保険金額自動復元主義がある。前者は、一回の事故によって支払われた保険金の額を、約定された保険金額から控除した残額をその後の保険金額とするものであり、後者は、なお依然として約定された保険金額による付保が行われるとするものである。残存保険金額主義と保険金額不変更主義のいずれが原則であるかについて、見解が分かれているが、近時は、被保険者に有利なように、保険金額不変更主義が一般的な傾向であるといわれている。(5) たとえば、住宅総合保険普通保険約款においては、支払保険金が、約定された保険金額の八〇％に相当する額を超えるときは、保険契約は損害発生の時に終了するが、保険金額の八〇％に相当する額以下の保険金が支払われたときは、保険金額不変更主義によるとされている（住宅総合約款三九条）。

（1）　松本・一四六頁、大森・二〇六頁、田辺・二〇三頁、石井＝鴻・二一九頁。
（2）　野津・新四六八頁、田中＝原茂・二二二頁。

（3）　服部＝星川・基本法コン二六三頁（岩崎稜筆）、西島・二九五頁。
（4）　田辺・二〇三―二〇四頁。
（5）　田辺＝石田＝棚田＝戸出・註釈三〇九頁（棚田筆）。

四　保険者の免責事由

火災保険者は、保険期間内に保険事故が発生し、これによって損害が生じたときに塡補責任を負うが、保険事故による損害が一定の原因により生じたときは、塡補責任を負わない。これを保険者の免責事由というが、それには、法律上のものと保険約款上のものとがある。

(1)　法律上の免責事由(1)　(イ)　戦争その他の変乱　保険者は、戦争その他の変乱によって生じた損害については、塡補責任を負わない（一七条一項後段）。その理由は、これらの事由による保険事故の発生率はきわめて高く、通常の保険料率においては、これらの特殊な危険は考慮されていないという点にある。したがって、特約により、これらの特殊な危険をも考慮した保険料率を用いて、これらの危険を保険者が引き受けることができることはいうまでもない。実際上においても、保険者は戦争保険特別約款による引受を行っている。戦争とは、国家間の交戦状態をいい、宣戦布告の有無は問わない。また、その他の変乱とは、これに準ずる国家間の紛争状態または内乱等をいう。なお、保険約款では、これらの免責事由をより詳細に定めている（例、住宅総合約款三条二項一号）。

(ロ)　保険契約者または被保険者の故意または重大な過失によって生じた損害（一七条一項前段。ただし、一七条二項）　保険事故招致を理由とする免責であるが、これに関しては困難な問題が多い。

まず、この場合の保険者免責の理論的根拠の説明をめぐって、見解が分かれている。(2)一般責任理論説は、自ら招いた損害は自ら負担すべきことは当然であり、これを他に転嫁することは認められないとし、(3)民法の債務不履行や不法行為の場合の一般責任理論の見地から説明している。しかし、保険者に対する請求権は、一般の損害賠償請求権と異なり、保険者と保険契約者との間において締結された有償的な危険転嫁契約の効果に基づくものであるから、保険事故招致の場合の保険者免責の根拠を一般責任理論によって説明することは、保険制度の特殊性を無視することになる。(4) 偶然性欠如説によると、保険事故は偶然の事故であることを要するが、保険事故招致の場合には事故の偶然性が欠けているとされる。(5) しかし、保険事故の偶然性とは、保険契約の成立当時において、将来事故が発生するか否かが不確定であるということを意味するのであり、招致された事故も保険事故の偶然性を欠くものではない。条件成就説によると、条件の成就によって利益を受けるべき当事者が、信義則に反して条件を成就せしめたときは、相手方は、条件は成就しなかったものとみなすことができるという一般法則によって、保険者免責の根拠が説明されるとされる。(6) この見解は、条件付法律関係にある当事者に対して求められる信義則と公序良俗維持の見地から、保険者免責の根拠を説明している。しかし、この見解に対しては、第一に、第三者のためにする保険契約における保険契約者は保険事故の発生（条件成就）によって利益を受けるべき者でないにもかかわらず、この者の事故招致も保険者免責とされていること、第二に、重過失による事故招致は必ずしも信義則違反とは解されないにもかかわらず、この場合にも保険者は免責されるということの説明が困難であるとされ、疑問がないでもない。(7) さらに、危険除斥説によると、保険者が保険契約によって危険を引き受ける場合には、故意または重過失による招致事故のような主観的危険事情の除斥のもとに、危険を引き受けるのであるとされる。すなわち、保険契約の締結に際して、保険者は事故の特定の原因、たとえば、戦争とか地震を危険負担から除斥するのであり、保険事故招致もその一つに該当するとされる。(8) もっとも、この見解に対しては、この見解はそれ自体は誤りでないが、現存の法則の叙述的説明にすぎず、危険が除斥される根拠を積極的に明らかにしていないとされる。(9)

次に、保険者免責が生ずる事故招致者の範囲が問題となる。保険法においては、保険者は保険契約者または被保険者が保険事故を招致したときに免責される（一七条一項）。そこで、保険契約者または被保険者以外の第三者、たとえば、被保険者の法定代理人や、被保険者である法人の機関等が保険事故を招致したときにも保険者は免責されるかが問題となる。この点につき、自己責任主義と代表者責任理論が対立している。自己責任主義とは、被保険者以外の第三者の保険事故招致は、当然には保険者免責の事由にはならないとする見解である(10)。もちろん、第三者の保険事故招致の際に、被保険者が教唆・共謀している場合には、被保険者自身の事故招致として、保険者免責となるのは当然である。自己責任主義によると、被保険者である法人の機関、被保険者の法定代理人・家族・被用者などの保険事故招致は、理論上当然には保険者免責とならないことになる。これに対し、代表者責任理論は、保険契約者または被保険者が、保険の目的物について危険管理者としての地位を完全に退き、その代わりに第三者が保険の目的物について事実上危険管理者としての地位に立つならば、この第三者を保険契約者または被保険者の代表者と解し、この代表者による保険事故招致を保険契約者または被保険者のそれと同視して、保険者の免責を肯定する(11)。このように、保険者免責となる事故招致者の範囲に関しては見解が分かれているが、保険約款において、保険者免責となる事故招致者の範囲を定めることは、もとより可能である(12)。

（1）　改正前商法は、本文で述べた免責事由のほか、保険の目的の性質もしくは瑕疵、その自然の消耗によって生じた損害についても、保険者は塡補責任を負わないと定めていた（商旧六四一条）。しかし、これらはあらゆる種類の損害保険契約に妥当する免責事由ではないこと、とくに企業保険の分野においては、これらの事由によって生じた損害についても保険給付を行うものが存在すること、保険者免責の規定は任意規定であるから、これらを免責事由とするか否かは個々の保険契約の定めに委ねれば足りることなどから、保険法は、これらを法定の免責事由とはしていない（萩本・一問一答一二〇頁）。

（2）　この問題については、大森・法的構造二〇三頁以下、竹濱「保険事故招致免責規定の法的性質と第三者の保険事故招致㈠」立命一七〇号五一四頁以下、坂口「保険事故の招致」法論四三巻四・五号一九九頁以下参照。

（3）　松本・九七頁。

（4）　大森・法的構造二〇五頁、同・一五〇頁。

（5）　水口・二〇九―二一〇頁。

（6）大森・法的構造二一七―二二〇頁、同・一四八頁、石田・一九四頁、青谷・II一四七頁、服部＝星川・基本法コン二三一頁（中西筆）。
（7）竹濱・前掲五二三頁、坂口・前掲二一〇―二一一頁、田辺＝坂口・注釈七二頁以下（坂口筆）。
（8）竹濱「保険事故招致免責規定の法的性質と第三者の保険事故招致㈡」立命一七一号六八二―六八三頁、坂口・前掲二一一頁。なお、石田「保険契約者または被保険者の行為の保険者の契約上の責任に及ぼす影響」私法三六号二七頁参照。
（9）大森・法的構造二〇八頁。
（10）大森・法的構造二三二頁以下、伊沢・二三九頁、西島・二八四―二八五頁、服部＝星川・基本法コン二三二頁（中西筆）、竹濱・前掲立命一七一号六八八頁。
（11）野津・新二四七頁、石田・一九五頁、坂口・前掲二三六―二三七頁。損害保険契約法改正試案六四一条一項二号も、代表者責任理論の考えを採用している。代表者責任理論に対する批判として、大森・法的構造二六九頁、竹濱・前掲立命一七一号五三四―五三六頁参照。わが国において、大判昭和七年九月一四日民集一一巻一八号一八一五頁（解説として、近藤・百選四〇頁）は、法人の専務理事が、金員費消の犯跡を隠蔽する目的で法人所有の保険の目的物に放火した事案において、この理事の行為はもっぱら個人の資格における行為であるとして、保険者の免責を認めず（石田・損保判例百選四七頁はこれに批判的である）、また、大判昭和一八年六月九日法律新聞四八五一号五頁は、未成年者である保険契約者兼被保険者の後見人が他人を教唆して保険事故を招致した事案において、保険者の免責を認めたが、その際、代表者責任理論と同一の考えに従っている（加美・損保判例百選四九頁）。このように、判例上、この問題についての結果的な整合性は存在しないと思われる（大隅＝戸田＝河本・判例コン六三八頁（倉沢筆））。なお、ドイツおよび日本の判例・学説における代表者概念を厳密に分析するとともに、代表者責任理論の立場から日本の裁判例を検討する近時の研究として、坂口「第三者の保険事故招致と保険者の免責」タートンヌマン一一号六九頁以下がある。
（12）火災保険約款では、保険契約者または被保険者の法定代理人、保険契約者または被保険者が法人である場合に、理事、取締役または法人の業務を執行するその他の機関の事故招致免責を定めているのが通例である。なお、最判平成一六年六月一〇日民集五八巻五号一一七八頁は、有限会社の破産宣告当時の取締役の放火によって保険事故が生じた事案において、有限会社の破産宣告当時に取締役の地位にあった者は、破産宣告によっては取締役の地位を当然には失わず、事故招致免責条項にいう取締役に該当すると判示した。この判決については、加藤・百選四二頁参照。

(2)　保険約款上の免責事由　保険者の免責に関する保険法一七条の規定は任意規定なので、保険約款で法定の免責事由以外の免責事由を定めることもできる。ここでは、保険約款上の若干の代表的な免責事由について説明する。

(イ)　保険事故の際における保険の目的物の紛失または盗難による損害（住宅総合約款三条一項四号）(1)

(ロ)　地震もしくは噴火またはこれらによる津波（住宅総合約款三条二項二号）　地震による保険事故発生の度合は平均性を欠いていること、その蓋然性を測定することは困難であること、地震によって壊滅的な損害が生ずることなどにより、通常の保険料による引受は不可能であるため、保険約款の中に地震免責条項が挿入されている。

わが国において、地震免責条項の効力が最初に争われたのは、大正一二年九月一日の関東大震災の際における判決においてである。当時の火災保険普通保険約款には「原因ノ直接ナルト間接ナルトヲ問ハス地震ノ為メ生シタル火災及其延焼其他ノ損害ハ当会社塡補ノ責ニ任セス」と定められており、この規定を根拠として、保険者は保険金の支払を拒絶した。同判決(2)は、商法四一九条（商旧六六五条相当）は、当事者間に特別の合意がない場合における保険者の塡補すべき損害の範囲に関する原則を示したもので、特定の原因に基づく火災による損害を除外すべき特約を禁止する趣旨でないこと、地震免責特約は、火災保険契約の本旨に悖らず、公序良俗にも反しないとして、その有効性を認め、通説も判例の立場を支持している(3)。したがって、地震免責条項の効力論は決着をみたといってよく、現在では、地震免責条項の有効性を前提として、その解釈論に論争が移っているといってよい(4)。

そこで、地震免責条項の解釈をめぐって注目されたのが、昭和三九年六月一六日午後一時すぎに発生した新潟地震の際における昭和石油事件判決である(5)。当時の火災保険普通保険約款は「原因が直接であると間接であるとを問わず、地震又は噴火に因って生じた火災及びその延焼その他の損害」について、保険者は塡補責任を負わないと定めていた。昭和三九年六月一六日午後一時すぎに発生した地震の際、原告の原油タンクが地震と同時に発火し（第一災火）、これとは別に、流出した大量の原油・ガソリン類が浸水と混ざり、その気化ガスが海綿鉄粉の浸水自然発火によって火災を起こした（第二火災）。この第二火災は、地震発生時から約五時間経過した後に発生しているため、それが地震によるものであるか否かが争われた。同判決は、保険約款の規定の解釈として、次のように判示した。すなわち、保険約款は「火災及びその延焼」と定め、火災と延焼を区別しているので、「火災」とは延焼でない火災、すなわち、火元の火災を意味すること、「原因が直接であると間接であるとを問わず、地震に因って生じた」は「火災」にかかり、「その延焼その他の損害」を修飾するのではないこと、したがって、「その延焼」とは、地震によって生じた（火元の）火災の延焼をいうと判示した。そして、結局、第二火災の火元の火災は、間接的ではあるが、本件地震によって生じたものというべきであるとし、原告の請求を棄却した。本判決は、事実認定論と法律解釈論とも周到をきわめた名判決と評価されている。(6) 本判決を契機として、昭和五〇年四月一日に火災保険約款などの免責条項が改定された。(7)

(ハ)　核燃料物質もしくは核燃料物質によって汚染された物の放射性、爆発性その他の有害な特性またはこれらの特性による損害（住宅総合約款三条二項三号）

(1)　火災発生時の紛失・盗難損害を免責としている理由の詳細については、鈴木（辰）「火災時の保険の目的物の盗難・紛失と保険者の責任」田辺＝石田・新双書(1)五三―五四頁参照。
(2)　大判大正一五年六月一二日民集五巻八号四九五頁。
(3)　大森・二〇五頁、西島・二八九頁、石田・二二三頁。無効論の根拠については、末永・損保判例百選一一五頁参照。
(4)　岩崎稜「地震損害と保険」現代損害賠償法講座８六四頁。
(5)　東京地判昭和四五年六月二二日下民集二一巻五・六号八六四頁。
(6)　岩崎稜・損保判例百選一一七頁。
(7)　たとえば、住宅総合保険普通保険約款三条二項は、各種の免責事由を定めるとともに、その脚注で、これらの免責事由によって発生した火災が延焼または拡大して生じた損害、および発生原因がいかなる場合でも火災がこれらの事由によって延焼または拡大して生じた損害についても保険金を支払わない旨を定めている。

五　新価保険

(1)　意義　新価保険とは、保険の目的物の再調達価額を保険価額とする保険契約をいう。損害保険契約において、使用財についての保険価額は、取得価額から減損額を控除して算定される。しかし、取得価額から減損額を控除した額を保険価額としたのでは、保険価額相当の保険金の支払を受けたとしても、その金額では再調達できない場合が生ずる。ここに、再調達価額を保険価額とする新価保険の必要性が認められる。なお、新価保険をさらに進めたものとして、超新価保険がある。新価保険が、被保険物と同種・同性能の新品の調達を目的としているのに対し、超新価保険は、被保険物よりも性能がより高度でより高価な新品の調達を目的としている点に、両者の差異がある。超新価保険の適法性については、決着をみていない[1]。

(1)　超新価保険については、西島「コンピュータ総合保険について」鈴木古稀(中)六四七頁以下、同・商法の争点（第二版）二四九頁参照。

(2)　被保険利益　損害保険における保険者の塡補額は、保険事故によって被保険者が現実に被った損害額、すなわち、時価額に限定される。もし保険者が時価額以上の保険金の支払をなすならば、被保険者は利得することになる。ところが、新価保険は、損害塡補を時価額ではなく新価で行うものである。そこで、新価保険の適法性の問題と関連して、新価保険の被保険利益を何に求めるかということが問題となり、見解が分かれている[1]。

まず、物利益特別評価説によると、新価保険は、通常の保険と同じく、物利益を被保険利益とするが、ただ、その塡補価額は時価ではなく新価によることを当事者が約定したものであるとされる。この見解に対しては、物保険においては、塡補価額が物利益の現実の価額（それは、時価であって新価ではない）を超えてはならないという批判が加えられている[2]。また、費用利益説によると、新価保険は純粋の物価値保険ではなく、保険事故発生の場合に時価と新価との間に差額があるため、被保険者が支出すべき費用を塡補する保険であるとされ、財産を、損害発生前と同様な能率を発揮しうる状態に回復させるために、必要な費用を給付する点に特色があるとされる。そして、新価保険は、物的原状回復ではなく、事故発生前の能率の回復、未消耗状態への回復の点にあるとされる。しかし、新旧差額についてだけでなく、新価全額が費用保険の性格を有すると解することは、焼失物を再調達しないときは時価額の塡補もしないという構造の新価保険でないかぎり、右の見解は妥当でない。なぜなら、全体が一個の費用保険であるならば、費用の支出のないところに損害はなく、したがって、保険者の責任は存在しないからである。(3) そこで、物利益特別評価説と費用利益説の折衷説として、混合利益説が主張される。この見解によると、新価保険は、時価額についての物保険という積極保険と、新旧差額についての費用保険とが結合した保険であるとされる。この見解が有力であり、妥当であると思われる。(4) さらに、消耗危険・減価危険説によると、新価と時価との差額、すなわち消耗額または減価額を塡補する新価保険は、火災危険に対する保険ではなく、消耗危険に対する保険であるとされる。このことから、新価保険は、保険者によって負担される危険が特別な点にある保険であるとされる。この見解に対しては、自然の消耗は偶然性に欠け危険の性格を有しないこと、新価と時価の差額は消耗によってのみ生ずるのではなく物価騰貴によっても生ずると批判されている。(5)

このように、新価保険の適法性の問題と関連して、時価と新価との差額についての被保険利益を何に求めるかにつき見解が分かれている。ところで、保険法は、保険者が塡補すべき損害額の算定基準につき、その損害が生じた地におけるその時の価額と定めている（一八条一項）。この規定は、損害塡補額の算定基準に関するものであるが、間接的には保険価額の算定基準をも示していること、そして、保険価額は損害発生時の時価によると定めているものである。そこで、新価保険と保険法一八条一項の規定との関係が問題となるが、新価保険は右の規定の適用を排除することについての特約と解することができる。

(3) 特約条項　わが国では、昭和三九年七月から新価保険特約が、また、昭和五〇年一〇月から価額協定保険特約がそれぞれ実施され、これによって、新価保険が行われている。しかし、この保険の濫用を防止するために、まず、保険の目的物の減価度がある程度を超えている場合には、再調達価額のすべてを塡補しないこととし、保険金額の制限が行われている（減価条件）。また、保険事故発生後、被保険者が財産の使用継続を中止して復旧を行わない場合にも新価保険金を支払うならば、被保険者は不当に利得することになる。そこで、保険事故発生後に、一応時価で保険金を支払い、新価部分は、復旧した場合に支払うものとされている（復旧条件）(6)。

(1) この問題に関する諸外国とわが国の学説の詳細については、木村「新価保険の適法性」今村古稀一八七頁以下参照。
(2) 木村・前掲今村古稀二〇四頁。
(3) 木村・前掲今村古稀一九二頁、西島・商法の争点（第二版）二四九頁。
(4) 田辺・二〇八頁、同・基本構造一一五頁は、費用の支出が損害と解されるためには、その費用支出が経済上マイナスになるような失費であることを要し、新たな財産財購入のための支出のように、支出した金銭が他の財産に変形して残っている場合には損害と解することはできないこと、したがって、新品調達のための費用は損害とは解されないとする。
(5) 木村・前掲今村古稀一九九―二〇三頁。
(6) 価額協定保険では復旧を条件とすることなく保険金が支払われるが、利得禁止の原則上、問題であるとされる（田辺・二〇九頁、同「価額協定保険特約について」損保企画一八号四頁）。なお、利得禁止のために、新価保険に本文で述べた減価条件および復旧条件を付することに疑問を示すものとして、山下・四〇六頁参照。

六　地震保険

(1) 総説　わが国は、世界有数の地震国であるので、早くから地震損害に対する保険の必要性が認識され、その創設のための試みが多くなされていた。それにもかかわらず、わが国において、長年にわたって、地震損害は保険の対象外とされていた。その理由は、地震の発生率の予測が事実上不可能であること、地震損害は巨額に達すること、平均損害額と最大損害額の差が大きすぎるために大数の法則の適用が困難であること、地域的・時間的逆選択のおそれがあること、地震自体の予知が不可能であるばかりか、地震による損害の額は、地震の強度・頻度・建物の耐震度・火災可能性によって左右されるため、その予測が困難であることに基づく。(1) しかし、昭和三九年に発生した新潟地震を契機として、昭和四一年五月に「地震保険に関する法律」（法七三）が成立した。(2) もっとも、この法律は政治的妥協の産物であるため、多くの欠陥を有しており、その欠陥は、昭和五三年六月に発生した宮城県沖地震に際して、露呈することとなった。その欠陥とは、全損のみ担保と保険金額設定基準を中心とするものであった。そこで、法律の改正が行われ、現在にいたっている。(3)

（1）岩崎稜「地震損害と保険」現代損害賠償法講座8五五―五六頁、西島・二九二―二九三頁、吉川「地震と保険者の責任」田辺＝石田・新双書(1)四〇三―四〇五頁。そこで、岩崎・前掲論文は、保険原理論的観点から、地震損害の保険化不能を指摘している。

（2）地震保険法の成立過程については、坂口「地震保険―立法史序説」倉沢＝奥島・昭和商法学史五六九頁以下参照。

（3）昭和五三年六月一二日発生の宮城県沖地震に際して露呈した地震保険の欠陥については、鈴木（辰）・保険の現代的課題三一―三五頁参照。

(2)　内容　地震保険は、保険者の引受能力等を考慮して、きわめて複雑な内容のものとなっている。①一回の事故による損害の過大な集積を避けるために、次のような措置が採られている。すなわち、保険の目的物は、居住用建物と生活用動産に限定され（地震二条二項一号、地震規一条一項）、企業物件は除かれていること、保険金額は、特定の損害保険契約に附帯することを前提として（地震二条二項三号）、附帯される損害保険契約の保険金額の三〇％以上五〇％以下の額に相当する金額とされるが、建物では五、〇〇〇万円、家財では一、〇〇〇万円が限度とされること（地震二条二項四号、地震令二条）、総支払保険金の額に限度が設定されていること（地震四条）、塡補される損害は、地震もしくは噴火またはこれらによる津波を直接または間接の原因とする火災、損壊、埋没または流失による損害である（地震二条二項二号）。②逆選択を防止するために、火災保険、火災相互保険、建物更新保険、満期戻長期保険に附帯して締結することを要する（地震二条二項三号、地震規一条二項）。③事故発生率・平均損害額の不可測性に対処するために、国の超過損害額再保険方式が採用されている。これは、保険会社が一定額まで損害を塡補し、これを超過する損害については政府が再保険の引受をする方式である。現在、一、一五〇億円までは民間が一〇〇％、一、一五〇億円超八、七一〇億円までは民間と政府がそれぞれ五〇％、八、七一〇億円を超える部分については政府が九五％、それぞれ負担する（地震三条一項二項、地震令三条）。④保険料率の算定につき、建物の構造を木造と非木造の二つに区分し、地域をも細分している。⑤塡補される損害の範囲として、全損のときは保険金額の全額、半損のときは保険金額の五〇％、一部損のときは保険金額の五％が、それぞれ支払われる（地震令一条一項）。以上のことから明らかなように、現行の地震保険制度には多くの制約が伴っている。

第三節　傷害疾病損害保険契約

一　総　説

改正前商法は、損害保険契約と生命保険契約に関する規定を設けていたが、傷害疾病保険契約（いわゆる第三分野の保険契約）に関する規定は定めていなかった。しかし、傷害疾病保険は現在の社会において広く普及し、重要な役割を果たしている。このような実情を踏まえ、保険法では、傷害疾病保険契約に関する規定が新設されるにいたっている。保険法は、傷害疾病保険契約について、傷害疾病損害保険契約と傷害疾病定額保険契約とに分けて規定を設けているが、そのうち、傷害疾病損害保険契約とは、損害保険契約の一種として、保険者が人の傷害または疾病によって生ずる損害を塡補するものをいう（二条七号）。その例として、自動車保険における人身傷害保険や、海外旅行傷害保険における治療費用保険等が挙げられる。

二　特　則

(1)　傷害疾病損害保険契約は、損害保険契約の一種なので、これには損害保険契約に関する保険法の通則的規定が適用される。他方、傷害疾病損害保険契約は、人保険契約なので、生命保険契約および傷害疾病定額保険契約と共通性を有する。すなわち、契約当事者以外の第三者を被保険者とする傷害疾病損害保険契約も、損害保険契約の一種であり、しかも被保険者自身が保険給付を受けることになるため、生命保険契約および傷害疾病定額保険契約と異なり、被保険者の同意は保険契約の効力発生要件とはされていないが、第三者の傷害疾病が保険事故とされる傷害疾病損害保険契約において、当該第三者が被保険者となることを望まない場合にまで当該保険契約を存続させるのは妥当ではない。そこで、保険法は、被保険者が契約当事者以外の者であるときは、被保険者は、保険契約者との間に別段の合意がある場合を除き、保険契約者に対し、傷害疾病損害保険契約を解除することを請求することができると定め（三四条一項）、被保険者に契約関係から離脱することを認めている。そして、保険契約者は、契約解除の請求を受けたときは、たとえ保険契約者の任意解除が約款等で制限されている場合であっても、当該傷害疾病損害保険契約を解除することができる（三四条二項）。

(2)　傷害疾病損害保険契約の中には、被保険者の死亡によって生じた損害を塡補するものも含まれるので、これに対応するために、保険法は、必要な読替規定を設けている（三五条）。

第四節　責任保険契約

一　意　義

責任保険契約とは、被保険者が第三者に対して一定の財産的給付をなすべき法的責任を負担することによって被る損害を塡補することを目的とする損害保険契約をいう（一七条二項括弧書参照）。責任保険契約は、責任の負担による被保険者の財産上の損害についての保険契約であるから、損害保険契約に属する。ただ、保険事故によって価値を減少させられるのは、被保険者の具体的な個々の物ではなく、被保険者の有している全財産である。したがって、責任保険は、物保険ではなく財産保険である。

一般に、個人または企業は、過失によって他人に損害を与えた場合に、損害賠償責任を負い（民七〇九条）、場合によっては、無過失の場合にも他人に対して損害賠償責任を負うことがある（例、民七一七条・七一八条）。とくに、産業や交通などの飛躍的な発展とともに、個人または企業が他人に対して損害賠償責任を負担する機会が増大した。このような場合、損害賠償責任を負担した者が単独で責任を履行することは困難または不可能であることが多く、また、賠償責任を負担した者に充分な支払資力がない場合には、被害者の救済もなしえない。そこで、損害賠償責任を負担した加害者の損害を塡補するとともに、被害者の損害賠償請求権の確実な実現を図るための多数者による責任の分散制度が、責任保険である。責任保険は、近時、損害保険の中でもきわめて重要な地位を占めるにいたっている。損害保険の重点は、物の保険から責任の保険へと移りつつあるということができる[1]。

（1）　西島・二九六頁。なお、保険と責任との関係、とくに、前者の存在が後者の承認・加重に対していかなる影響を及ぼすかはきわめて興味のある問題であるが、この問題につき、山下丈「損害賠償責任に及ぼす保険の影響」文研七六号一頁以下参照。そして、前者が後者に対して影響を及ぼしていると解されるならば、責任保険は、不法行為責任が自己完結的性格を保持しえなくなってきた最初の契機であるということができるとされている（藤岡「私法上の責任」岩波講座・基本法学5二一六頁）。

二　機能と限界

責任保険契約は、損害賠償責任を負担する加害者と、その相手方である被害者の双方を保護する機能を有する。すなわち、加害者は、責任保険に加入することによって、損害賠償責任を負担した場合の経済的損害から自らを防衛することが可能となり、他方、責任保険の存在によって加害者の支払資力が確保され、その結果として、被害者の損害賠償請求権の実現が確実なものとなる。

しかし、責任保険には限界があることも認めざるをえない。すなわち、責任保険は、被害者に対する加害者の責任に依存しているので、責任保険が機能するためには、加害者の責任の確定が必要となる。そして、過失責任原則のもとにおいては、被害者は加害者の過失を証明する責任を負っており、また、因果関係の証明も要する。確かに、近時においては、証明責任の軽減が図られているが、被害者が依然として証明責任を負わされていることに変わりはない。また、加害者の責任の確定のためには多くの費用と時間を要するため、被害者の迅速な救済を図ることができない場合がある。このように、加害者の責任の有無とは無関係には責任保険の保険給付は行われないという点に、責任保険の限界がある。(1) そこで、責任保険の目的が加害者保護から被害者保護に移ってきたことに伴って、責任保険を責任依存性から脱却させ、責任の有無とは無関係に保険給付が行われるようにする必要がある。これがノーフォルト保険または傷害保険である。この保険の導入が各国で提唱され、改革が実現した国もある。(2)

(1) 西島「責任保険」竹内＝龍田・現代企業法講座4二九九—三〇一頁、同「賠償と保険・補償」岩波講座・基本法学5三三七—三三八頁、同・三一三頁、中西「現代において責任保険の果たすべき役割」法学教室〈第二期〉五号六四頁。

(2) そのために、責任保険制度が不要になるとは必ずしもいえない。その理由は、被害者が加害者に対する責任の追及を断念するということは考えられないこと、責任の有無を問わずに画一的に補償を行う場合には給付金額が低額となり被害者の完全な賠償が行われないという点にある（西島・三一三—三一四頁）。そこで、西島「賠償と保険・補償」岩波講座・基本法学5三四〇頁は、わが国にノーフォルト制を導入することについて消極的である。

三　種　類

わが国において、責任保険が本格的に実施されるにいたったのは、一九五六年の自動車損害賠償責任保険、一九五七年に制定された賠償責任保険普通保険約款においてである。とくに、一九六〇年代の後半における経済の高度成長とともに、自動車・LPガス・航空機・医療・建設工事関係の事故が多発し、これらの事故に基づく損害賠償責任に対処するものとして責任保険が注目を集めるにいたった[1]。

わが国において、これまで行われている責任保険には、おおよそ次のようなものがある。施設所有（管理）者賠償責任保険、昇降機賠償責任保険、受託者賠償責任保険、請負業者賠償責任保険、船舶修繕者賠償責任保険、LPガス業者賠償責任保険、旅館賠償責任保険、旅行業者職業危険賠償責任保険、情報処理業者賠償責任保険、消防用設備等保守業者賠償責任保険、クリーニング業者賠償責任保険、生産物賠償責任保険、医師賠償責任保険、公認会計士賠償責任保険、弁護士賠償責任保険、税理士職業賠償責任保険、建築家賠償責任保険、ゴルファー保険、スポーツ賠償責任保険、ハンター賠償責任保険、油濁賠償責任保険、自動車航送船保険、食中毒・伝染病利益担保保険、個人賠償責任保険、住宅性能保証責任保険等である[2]。

（1）　西島・二九六頁。
（2）　詳細については、石田「新種保険の構造」田辺＝石田・新双書(3)一一—一七頁参照。

四　内　容

(1)　被保険利益　責任保険における被保険利益については、多くの議論がある。

通説は、被保険者の全財産が責任保険の被保険利益であると解している。すなわち、責任保険は、被保険者である加害者が被害者から損害賠償の請求を受けることによって自己の全財産に負担が加わることに対して、被保険者を保護することを目的としているので、責任保険における保護の対象である被保険利益は、被保険者の全財産であると解している（全財産説）[1]。この見解は、責任保険における被保険利益は、具体的な特定の有体物ではなく、被保険者の全財産であることを指摘することによって、損害保険の体系中における責任保険の地位を明らかにしようとしたものである[2]。この見解に対して、次のような批判がなされている。すなわち、被保険利益を被保険者の全財産と解し、それを積極財産と解するかぎり、その価額の算定は不可能なことではない。その結果、その額を超えては責任保険契約を有効に締結することはできないはずである（商旧六三一条参照）。賠償責任の限度額（保険価額）があらかじめ確定している責任保険、たとえば、他人の物の保管者の責任保険（商旧六六七条参照）においては、保険価額を超えて保険金額を約定するならば、それは超過保険となる。しかし、それ以外の責任保険については、賠償責任額はあらかじめ確定しておらず、約定の保険金額を被保険者の全財産の価額に制限すべき理由は存在しない。全財産説では、この点の説明が困難であるとされる(3)。

そこで、責任保険における被保険利益を、被保険者である加害者の財産の現状であると解する見解がある。すなわち、加害者は、現在の財産状態がマイナスの方向に変動しないことについて利益を有し、責任保険によって被保険者である加害者が維持しようとしているものは、純資産としての加害者の全財産ではなく、資産と負債とを全部つっこみにしたうえでの財産の現状であるとされる(4)（現状維持説）。現状維持説に対しては、賠償責任を負担しうる権利能力があるかぎり、かかる財産状態を有しない者はなく、被保険利益の有無を問題とする実益はないこと(5)、被保険者の財産の現状という場合、いつの現状を意味するかが問題となり、保険契約締結時のそれを意味するとするならば、かかる現状は一定不変ではありえず、また、これを保険事故発生直前におけるそれを意味するとするならば、これは契約締結時にその存在が要請される被保険利益としては不適格であるとされる(6)。

さらに、責任保険における被保険利益不要論も主張されている。すなわち、人は権利能力があるかぎり、責任を負担することができ、責任保険が法的責任の負担に対処する保険であるとすれば、責任保険契約を有効に締結しうるための要件としては、被保険者に責任負担能力、すなわち権利主体能力が存在すれば足り、経済的意味における利益の存在は必要でなく、被保険利益の代わりに権利主体能力が存在すればよいとされる(7)。この見解に対して、損害保険の一種である責任保険についてのみ被保険利益不要論を唱えるのは疑問であるとされる(8)。

責任保険も損害保険に属する以上、損害発生の可能性が存在することを要する。そして、損害が発生したときに、利益が失われたと解することができるので、その意味において、責任保険においても被保険利益の存在が必要であると思われる。ただ、被保険利益には、本質的に評価可能なものと、責任保険の場合のように評価が不可能なものがあり、後者の場合の被保険利益は、一部保険、超過保険、重複保険等の有無を判断する基準としての特有の技術的機能を営むわけではない。したがって、責任保険においても、被保険利益の存在は必要であるが、この被保険利益は、特有の技術的機能を営むものではないので、固有の意味における被保険利益とは異なっていると解すべきである。

(1) 加藤・構造二二五頁、大森・二一六頁、石井＝鴻・二二〇頁、伊沢・三九三頁、鈴木・九七頁(1)、鈴木編・新法律学演習講座商法下巻一五九頁。

(2) 西島・三〇二―三〇三頁。

(3) 田辺「責任保険契約の特殊性とその本質」南出三〇年一三六頁、同・二二四頁、西島・三〇二頁、同「責任保険の被保険利益」保雑四三二号三七頁。もっとも、この批判は、保険契約の超過部分を一律に無効とする改正前商法の規定を前提とするものであることに留意すべきである。なお、倉沢・通論六〇頁は、責任負担それ自体が損害なのであり、被保険者が自己の財産から責任債務を弁済したときにはじめて損害が発生するのではないということを理由として、責任充当財産を被保険利益と解するのは妥当でないとする。

(4) 西島・前掲保雑四三二号三七頁、同・研究三〇頁。現状維持説は全財産説に近い考えであるが、全財産説においては、財産は積極財産であって消極財産は含めていない点で、両者は異なっている。その結果、全財産説に従うと、積極財産を有しない者や債務超過の者は、責任保険契約を締結できなくなる（西島・前掲保雑四三二号三七頁）。そこで、西島・三〇三頁は、責任保険における被保険利益は、責任債務の発生により財産状態が変動しないことについて有する被保険者の利益であると解している。

(5) 田辺・前掲南出三〇年一三六頁、同・二二四頁。

(6) 鈴木（辰）・自動車三一―四頁。

(7) 田辺・前掲南出三〇年一三九頁、同・二二四頁。なお、田辺教授は、他人の物の保管者の責任保険のように、保管物の価額に限定があり、したがって、責任負担額に限定がある責任保険契約における被保険利益につき、保管物の価額を限度とする被保険者の不特定の積極的財産、すなわち、被保険者が他人の保管物を滅損した場合に、その賠償にあてられるべき被保険者の積極的財産であると解している（同・前掲南出三〇年一三九頁）。

（8）　鈴木（辰）・自動車五頁。なお、倉沢・通論六〇頁、同・法理八四頁参照。

(2)　保険価額　責任保険の被保険利益を、被保険者の全財産と解する通説によると、保険契約の締結当時においては被保険者が将来どれだけの額の損害賠償責任を負担するかは一切明らかでないので、保険価額の算定は困難であるが、他人の物の保管者の責任保険のように、特定物に対する責任の保険においては、被保険者の責任の最高限度はあらかじめ知ることができ、保険価額の算定も可能であるとされる(1)。しかし、責任保険における被保険利益を被保険者の全財産とし、しかもそれを積極財産と解するかぎり、それは算定しうる。これを算定しえないと解するのは、通説が理解している被保険利益の概念自体に問題があることに基づくといわれている(2)。これに対し、責任保険における被保険利益不要論によると、責任保険における保険価額は当然に認められないと解すべきことになる。もっとも、他人の物の保管者の責任保険においては、一般の責任保険と異なり、その負担することあるべき責任額に限度があるので、その限度額を保険価額と解すべきことになる(3)。もっとも、この場合の保険価額は、被保険利益の評価額ではないので、正確には、保険価額に準ずる価額というべきであるとされている(4)。

（1）　伊沢・三九三―三九四頁。
（2）　田辺・前掲南出三〇年一三六頁、同・二二五頁。
（3）　田辺・新版一五五頁。
（4）　田辺・二二五頁。

(3)　保険事故　責任保険における保険事故をいかなる事実に求めるべきかについては、多くの議論がなされている。その理由は、たとえば、火災保険における保険事故は、火災の発生という比較的単純で明確な事実であるのに対し、責任保険においては、保険事故に類する多くの事実が存在するために、その事実のうちどの事実をもって保険事故と解するかということが問題とならざるをえないからである。たとえば、自動車の責任保険において、自動車による他人の加害―被害者の損害発生―加害者に対する賠償請求―裁判上・裁判外における責任債務の確定―被害者の賠償金支払―加害者の財産の減少―保険者に対する加害者の保険金支払請求―保険者の保険金支払という、時間的にも手続的にも複雑な経過をたどるのが通常であり、これらの事実のうちどの事実をもって保険事故と解するかが問題となる。

責任保険における保険事故をいかなる事実に求めるべきかの問題は、種々の観点から重要な意味を有する。すなわち、第一に、保険事故は、保険期間中に発生した場合にのみ保険者による損害塡補が行われるので、いかなる事実をもって保険事故と解するかは、保険期間との関係において重要な意味を有する。第二に、保険事故は、その発生につき保険契約者または被保険者に通知義務が課されているのが通常であるので、いかなる事実をもって保険事故と解するかは、通知義務との関係において重要性を有する。第三に、保険事故の発生をいかなる事実に求めるかによって、被保険者が保険者の承認を得ずに第三者の請求を認諾・和解した場合の効果が異なってくる。すなわち、保険事故を被保険者の賠償義務の確定に求めるならば、被保険者の認諾・和解は保険事故招致となるが、保険事故を損害事故または請求事故に求めるならば、損害防止義務違反となる。第四に、保険事故の発生をいかなる時点に求めるかによって、第三者の理由のない請求に対する保険者の権利保護給付が影響を受けることになる。すなわち、被保険者の責任負担をもって保険事故と解するならば、被保険者が第三者からの請求に対して勝訴した場合には、保険事故は発生しなかったことになり、保険者の給付は何ら行われえないことになる。これに対し、第三者の請求をもって保険事故と解するならば、請求の時に保険事故は発生していることになるから、その後の応訴に対しては保険者の権利保護給付が行われることになる。(1)

まず、従来の通説は、被保険者が責任を負担した事実をもって保険事故と解している（広義の責任負担説）。もっとも、この見解は二つに分かれる。一つは、被保険者が責任を負担したかぎりにおいて、損害事故をもって保険事故と解する見解であり(2)、他は、被保険者の責任負担自体を保険事故と解する見解である(3)。この見解に対して、次のような批判がなされている。第一に、責任負担説は、被保険者の責任負担をもって保険事故と解しているが、被保険者の責任負担は、保険者が塡補すべき損害そのものであって保険事故ではありえず、責任保険において、保険事故と責任負担は区別して把握すべきであるとされる(4)。第二に、責任負担説によると、被保険者が被害者に対して財産的給付をなすべき法的責任を負担することが保険事故であると解されるので、被保険者の行為によって被害者が損害を被り、次いで、被害者が被保険者に対して損害賠償の請求をした事実だけでは保険事故の発生は認められず、したがって、確定判決によって被保険者が勝訴し、その損害賠償責任が否定された場合には、保険事故は発生しなかったことになる。その結果、この場合には、被保険者が支出した訴訟費用は損害防止費用として保険者に負担させることができないことになる(5)。もっとも、この場合の訴訟費用の負担については、責任保険契約に付随してとくに保険者に引き受けさせることによって解決されるとされる(6)。この第二の点は、責任保険契約における権利保護機能の位置づけの問題と密接に関係している(7)。

また、請求説は、被保険者が被害者から損害賠償請求を受けた事実をもって保険事故と解している(8)。この見解は、被保険者に対する被害者の請求という事実をもって保険事故と解しているので、保険事故発生時点が明確であり、また、被保険者が被害者からの賠償請求に対して争ったために支出した費用は、訴訟の結果いかんを問うことなく、保険者は損害防止費用として負担するという点において、長所を有する。しかし、この見解に対して、次のような批判がなされている。第一に、保険期間との関係において重要な意味を有する保険事故の発生時点が、被害者の請求という被害者の任意によって左右されるという点に致命的な欠点を有している。すなわち、損害事故は保険期間内に発生していても被害者の損害賠償請求が保険期間終了後になされた場合には、保険者の損害塡補責任は存在せず、反対に、損害事故は保険期間開始前に発生していても被害者が保険期間開始後に損害賠償を請求した場合には、保険者は損害塡補責任を負うことになり、被害者による請求時期によって保険者の責任の有無が左右されることになる。(9) もっとも、この問題は、保険期間との関係においては、損害事故が保険期間内に発生したことを要するすると解することによって解決することが可能となろう。しかし、このように解するのであるならば、あえて請求説に固執すべき理由は乏しくなる。(10) 第二に、請求説によると、損害事故が実際には存在しないのに被害者が事実を虚構し、あるいは単なる言いがかりをつけてきた場合にも、保険事故が発生したものと解されるので、保険者によって権利保護が与えられることになる。しかし、このような場合にも権利保護を与えることは、果たして責任保険の権利保護機能の範囲内のものであるか否かという問題が生ずる。(11) 第三に、請求説によると、保険事故の偶然性についても疑問が生ずる。なぜなら、被害者の損害賠償請求の事実は損害事故と密接に関連するのであり、損害事故が発生したかぎり、被害者によって請求される蓋然性は高く、厳密には偶然的事実とはいえないからである。(12)

さらに、責任保険における保険事故は、被保険者の責任を生ぜしめる原因である事実（例、自動車責任保険における自動車事故）であると解する損害事故説が主張される。(13) この見解に対して、次のような批判がなされている。すなわち、責任保険は、被保険者が被害者によって責任を追及されることによって被る損害を塡補することを目的としているが、損害事故の発生によって被害者に損害が生じただけでは被保険者に損害が生じたと解することはできず、したがって、被保険者に損害が未だ生じていない損害事故発生の時点において、保険事故が発生したと解することはできないとされる。(14) この批判の基礎には、保険事故が発生したといいうるためには、必然的に損害も生じていなければならないという考えが存在している。そこで、保険事故の概念と損害との関係が問題となる。損害保険において、保険事故と損害との関係、具体的にいえば、損害の発生は保険事故の概念的特徴を構成するか否かについては、議論がある。[15] まず、保険事故の概念を、保険者の給付義務を基礎づける事故であると定義するかぎり、損害の発生をも保険事故の概念的特徴に含めることになる。なぜなら、保険事故の概念を保険者の給付義務と関連づけて定義するかぎり、保険事故が発生したといいうるためには保険者の給付義務発生の前提としての損害も発生していなければならないからである。これに対し、保険事故は保険者の給付義務の原因であり、損害は保険者の給付義務の内容を決定するものであると解する立場から、損害の発生は保険者の責任にとっての前提ではあるが、保険事故自体の要件ではないと解する見解がある。この見解によると、保険事故が発生したといいうるためには、無条件に損害が発生しているということは要求されず、通常の成行きにおいて損害を生ぜしめるべき事故[16]、あるいは、損害を引き起こすことに適している事故であれば足りると解されることになる。この見解が妥当である。[17] 保険事故と損害との関係をこのように解するかぎり、責任保険における保険事故として、損害事故説に賛成することについて何ら問題は生じないと思われる。[18]

(1) 田辺・基本構造二一六—二一七頁参照。
(2) 中西「責任保険における『第三者』の地位」香経二九巻四号三三頁は、「被保険者が第三者に対し責任を負担したこと、その限りにおいて、いわゆる損害事故である」と述べている。
(3) 松本・三五頁、田中（耕）・一三一頁、大森・二一八頁、田中＝原茂・二四六頁、石田・二三五頁、倉沢・通論一〇九頁。
(4) 田辺・基本構造二三〇頁、同・前掲南出三〇年一四二頁、石井＝鴻・二二一頁。
(5) 田辺・基本構造二二九頁、同・二二六頁、石井＝鴻・二二一頁、西島・三〇五頁。
(6) 大森・二二一頁。
(7) この問題については、西島・研究四二頁以下、田辺・基本構造二三八頁以下参照。
(8) 伊沢・三九六—三九七頁、野津・新五五八頁、鈴木・九七頁（2）、石井＝鴻・二二一頁、浦田・責任保険法論一七頁、西島・研究三二—三七頁（もっとも、西島・三〇五頁では、損害事故説に見解を改めている）、鈴木（辰）・自動車一〇頁。鈴木編・新法律学演習講座商法下巻一六一頁も同旨か。

(9) 田辺・基本構造二三一頁、同・二二六頁、西島・三〇五頁。
(10) 田辺・二二六頁。
(11) 田辺・基本構造二三一頁。
(12) 田辺・基本構造二三七頁。
(13) 田辺・基本構造二三六頁以下、同・二二七頁、小町谷＝田辺・一一三頁、西島・三〇五頁、金沢「責任保険における保険事故」金沢＝西島＝倉沢・講座Ⅰ四七頁、仲尾「損害賠償責任保険の保険事故について」南出三〇年一九四頁。もっとも、仲尾氏は、無条件に損害事故説に賛成しているのではなく、被保険者に法的損害賠償責任を生ずべき損害事故を保険事故としている。
(14) 西島・研究三二頁、鈴木（辰）・自動車八頁。
(15) この点については、坂口「損害保険における保険事故の概念」創立四十五周年記念損害保険論集三四二頁以下参照。
(16) 田辺・基本構造二二三頁、同・二二七頁。
(17) 坂口・前掲創立四十五周年記念損害保険論集三六四頁。
(18) 責任保険は多種にわたり、それにより性質も異なることから、保険事故の一般的な確定は困難かつ無意味であるとする指摘として、石田・二三五頁、同「田辺康平著・保険契約の基本構造」民商八〇巻六号七九〇頁がある。

五　効　果

(1) 保険者の損害塡補責任　責任保険契約は、被保険者が被害者に対して一定の財産的給付をなすべき法的責任を負担することによって被る損害を塡補することを目的としている。したがって、保険者の被保険者に対する損害塡補責任は、被保険者が被害者に対して法的責任を負担した時に発生する。そして、損害事故が発生した時に被保険者が被害者に対して法的責任を負担するのが通常であるから、保険者の損害塡補責任は、損害事故の時に発生すると解される。もっとも、保険者の損害塡補責任は、被保険者が被害者に対して法的責任を負担した時に発生するとしても、保険者の損害塡補責任の履行期は、被害者に対する被保険者の損害賠償責任額が確定した時であると解される。(1)

責任保険の損害塡補の方法には、三つの方法がある。第一は、先履行型であり、被保険者が被害者に対して負担している債務を現実に履行した場合に、その支払った金額を限度として保険者が被保険者に対して損害塡補をするというものである。しかし、この方法による損害塡補には疑問がある。すなわち、この方法は、責任保険の被保険者の損害は被保険者が被害者に対して現実に債務を履行した場合にはじめて発生するという考えを前提としていること、また、被害者に対する被保険者の法的責任が確定した場合にも、被保険者が債務の履行のための充分な資力を有しないとき、あるいは、被保険者が行方不明のときには責任保険が機能しないという不都合が生ずる。このような不都合を避けるために、一方では、責任保険における損害概念について反省がなされるとともに、他方では、被保険者の債務の履行を保険者の保険金支払の条件としている実務は改善されることになった。(2)

第二は、責任負担型である。これは、被害者に対する被保険者の法的責任が確定した段階で、その履行を待つことなく保険者は被保険者に保険金を支払うというものである。この方法は、責任保険の被保険者の損害は被保険者が被害者に対して現実に債務を履行した場合にはじめて発生するという考えを改め、被保険者の法的責任負担の確定をもって被保険者の損害発生を認める点において、先履行型に比較してすぐれている。しかし、この方法にも、被害者保護との関連において、問題がある。なぜなら、この方法のもとにおいては、被保険者の法的責任負担の確定とともに保険者から被保険者に損害塡補として保険金の支払が行われるが、被保険者が保険者から受領した保険金を被害者への賠償金の支払に用いずに費消する場合、あるいは、被保険者が破産手続開始の決定を受けた場合には、被害者は賠償金の支払を受けることはできないからである。被保険者が保険者から受領した保険金が確実に被害者への賠償金支払に当てられるべきであるとする法理が存在せず、また、被保険者が破産した場合に被害者は他の債権者に優先して弁済を受けうるという法理が存在しない従来の法体系のもとにおいては、責任負担型にも問題がある。(3) また、責任負担型は、裁判上または裁判外において被保険者の法的責任の負担が確定した場合に保険金の支払が行われるので、被保険者が行方不明などのために、被保険者の法的責任の負担が確定しない場合には被害者の救済に欠け、この点において、先履行型の場合と変わりがない(4)。

第三は、責任免脱型である。これは、被害者に対する被保険者の法的責任が確定した場合、保険者は、被害者に保険金を支払うことによって被害者に対する被保険者の責任を免脱させ、被保険者は被害者に対して債務を履行した場合にかぎり、かつ履行した限度においてのみ、保険者に対して保険金の支払を請求しうるとするものである。この方法は、被保険者の免脱が行われると同時に被害者をも迅速かつ確実に救済することから、最も合理的であり、責任保険の理念型である(5)。

責任保険契約においては、損害事故によって被保険者が被害者に対して法的責任を負担した場合に、保険者は被保険者に対して損害塡補義務を負う。これに対し、被保険者が被害者からの損害賠償請求の訴訟において勝訴し、被保険者の責任がないことが確定した場合には、保険者は損害塡補義務を負わない。しかし、この場合においても、保険者は、被保険者が応訴のために支出した費用を負担することを要する。保険約款においては、保険者は、損害賠償責任に関する争訟について、被保険者が保険者の書面による承認を得て支出した費用の全額を負担すると定められている（賠償責任約款二条一項四号）(6)。

保険者は、保険金額の限度において、被保険者が被害者に対して負担する賠償責任額について、損害塡補責任を負う。被保険者が数人の保険者と同一の事故について責任保険契約を締結している場合には、重複保険に関する保険法の規定（二〇条）が適用されるが、保険約款では、それぞれの保険契約について、他の保険契約がないものとして算定した支払保険金の額の合計額が損害の額を超えるときは、保険者は、当該保険契約による支払保険金の額の右合計額に対する割合によって支払保険金の額を決定すると定めている（賠償責任約款一九条）。

責任保険においては、被害者は、責任保険契約外の第三者として、保険者に対して権利を有しないのが原則である。しかし、被害者は保険者に対して直接請求権を有する場合がある。この直接請求権には、法律の規定によるもの（自賠一六条一項）と、当事者の契約（保険約款）によるもの（例、自動車約款賠償責任条項一一条）とがある。被害者が保険者に対して直接に請求しうる額は保険金額の範囲内においてであり、また、保険者は、被害者に支払った金額の限度において、被保険者に対する保険金支払義務を免れることはいうまでもない。

（1）　石田・二三七頁。
（2）　わが国では、昭和四〇年頃までは先履行型の約款が普通であり、判例もそのような考え方に従っていたが、その後、約款が改正され、後述の責任負担型ないし免脱型に改められた（西島・三〇〇頁（1）、鈴木（辰）・自動車一一頁（1）参照）。責任負担型の責任保険の出現によって、保険利用の価値が大きく増大したといいうる（西島「アメリカ法と『ノーアクション・クローズ』」南出三〇年一二〇頁）。
（3）　鈴木（辰）・自動車一二頁。
（4）　西島・三〇一頁。
（5）　中西「責任保険における『第三者』の地位」香経二九巻四号五一頁以下、西島・研究二六六頁、同・三〇一頁、鈴木（辰）・自動車一〇頁。なお、責任負担は確定損害と同一視することはできないので、責任免脱給付は厳密には損害塡補とはいえず、蓋然損害ないし不確定損害の発生に対する救済としての給付であると解する田辺教授の見解がある（同・基本構造九〇頁、同「損害保険契約における被保険利益の地位」私法三三号二〇四頁、同「責任保険契約の特殊性とその本質」南出三〇年一三五頁）。
（6）　本文で引用している賠償責任保険普通保険約款の規定は、三井住友海上火災保険株式会社編・新種保険論（賠償責任）七一頁以下（損害保険事業総合研究所、二〇〇九年）による。

⑵　保険契約者または被保険者の義務　　法律または保険約款によって、保険契約者または被保険者は、次のような義務を負わされている。

まず、保険契約者または被保険者は、保険契約の締結後、保険契約申込書または保険証券に記載された事項に変更が生じたとき、また、保険契約の締結後、この保険契約と重複する保険契約が締結されたときは、遅滞なく書面でその旨を保険者に申し出て、保険証券に承認の裏書を請求しなければならず、その手続を怠った場合には、保険者は、承認裏書請求書を受領するまでの間に生じた事故については損害塡補責任を負わない（賠償責任約款六条一項・二項）。

また、保険契約者または被保険者は、事故が発生したことを知ったときは、事故発生の通知義務と書類等の提出義務を負うとともに（一四条、賠償責任約款一五条一項一号二号）、損害賠償責任の全部または一部を承認しようとするときは、原則として、あらかじめ保険者の承認を得ること（賠償責任約款一五条一項三号）、損害を防止軽減するために必要な一切の手段を講ずること（賠償責任約款一五条一項四号）、損害賠償責任に関する訴訟を提起しようとするときまたは提起されたときは、直ちに保険者に通知すること（賠償責任約款一五条一項五号）、他人から損害の賠償を受けることができる場合において、その権利の保全または行使について必要な手続をすること（賠償責任約款一五条一項六号）を要する。そして、保険契約者または被保険者が、正当な理由なくして右の履行を怠ったときは、保険者は、一号、二号、五号の場合には、損害填補責任を負わず、三号の場合には、保険者が賠償責任がないと認めた額、四号の場合には、損害を防止軽減することができたと認められる損害額、六号の場合には、求償して取得することができたと認められる金額をそれぞれ控除して、填補責任額を決定する（賠償責任約款一五条二項）。

六　保険者の免責事由

損害保険においては、保険者は、保険契約者または被保険者の故意または重大な過失によって生じた損害を填補する責任を負わない（一七条一項）。これに対し、損害保険の一種である責任保険については、保険契約者または被保険者の重大な過失は、右の法定の免責事由から除かれている（一七条二項）。これは、責任保険契約は、被保険者が不法行為等により損害賠償責任を負った場合に備えて締結されるものであり、保険契約者等に重過失があった場合に保険給付が行われないとすると、保険契約を締結した目的が十分に達成できなくなること、責任保険契約は、被害者のための保険としての機能があり、保険契約者等に重過失がある場合でも保険給付を行うこととしたほうが被害者の保護に資すること、実務上も保険契約者等の重過失を保険者の免責事由としていない契約が多いという理由に基づく[(1)]。なお、保険約款では、保険者の免責事由につき、詳細な定めをなしている（賠償責任約款四条）。

（1）　萩本・一問一答一二〇頁。

七　被害者の地位

(1)　契約外の第三者としての被害者　本来、責任保険契約は、被保険者が被害者に対して損害賠償責任を負担することによって被る損害を塡補する保険契約であり、この保険契約において保険者に対して保険金の支払請求をなしうる者は、加害者である被保険者であって、被害者ではない。被害者は、責任保険契約に対しては「契約外の第三者」にすぎない。被保険者が損害事故によって被害者に損害を加え、被害者が被保険者に対して損害賠償請求権を取得したとしても、保険者に対して保険金の支払を請求しうるのは、被保険者であって被害者ではない。その結果、被害者は、保険金請求権を有しないのはもちろん、保険金に対して優先的地位を主張しうるものでもない。その結果、被害保険者から保険金の支払を受けた被保険者が、これを他に費消して被害者に対する賠償の支払に当てないということがありえ、また、被保険者の債権者が被保険者から保険金請求権を譲り受け、質に取り、差し押えて転付を受ける場合には、被害者は賠償を受けられないことになる。そこで、被害者保護との関連において、責任保険における被害者の地位を責任保険関係の中にいかに位置づけるかの問題が生じ、責任保険に関する問題のうちで最も重要な問題となっている[1]。

契約外の第三者にすぎない被害者に保険者に対する権利を認めることは、一見して論理矛盾であるようにも考えられる。なぜなら、保険契約に関与しない被害者には、保険契約から生ずる権利を享受すべき根拠は存在しないからである。しかし、責任保険の理念として、その社会的意義が認識されるようになるにつれて、被害者の地位が注目を集めるにいたり、それが、責任保険契約の構造にも大きな影響を及ぼすことになった[2]。そこで、責任保険契約を、単に保険者と被保険者との間の孤立的な契約関係として把握し、被害者を契約外の第三者としてこの契約関係から排除するという閉鎖主義的な契約法理に固執することは不可能となった。被害者の地位を責任保険関係の中にいかに位置づけ、いかに被害者保護のための責任保険契約の法理を構築するかということが、現代における責任保険法研究の重要な課題となっている。(3)

（1）中西「現代において責任保険の果たすべき役割」法学教室（第二期）五号六〇頁、西島・研究一四八頁以下。
（2）西島・研究一五二頁、同「責任保険」竹内＝龍田・現代企業法講座4三〇三頁。
（3）西島「保険契約外の第三者の地位」保雑四五一号七七―七八頁。

(2)　被害者の保護措置　被保険者の加害行為によって損害を被った被害者を救済しうるためには、保険者から被保険者が取得する保険金が被害者に確実に支払われるような措置を講ずること、すなわち、保険金の被害者帰属性を確立することが必要である。(1) そのための方法として、諸外国およびわが国において、次のような方法が用いられている。

すなわち、①保険者は、被害者に対する損害賠償責任から被保険者を免れさせる義務（免脱義務）を負うとすること（ドイツ保険契約法一〇〇条）、②免脱請求権を被害者に譲渡する場合を除き、被保険者等による免脱請求権の処分は、被害者に対する関係において無効であるとすること（ドイツ保険契約法一〇八条）、③被保険者の財産に関し破産手続が開始したときは、被害者は被保険者の免脱請求権について別除権を有するとすること（ドイツ保険契約法一一〇条）、④保険加入が法的に義務づけられる責任保険等の場合において、保険者に対する被害者の直接請求権を認めること（ドイツ保険契約法一一五条一項、自賠一六条一項、保険法制研究会・責任保険（新設）試案六七二条の六第一項）(2)、⑤保険者が被保険者に対して給付義務の全部または一部を免れる場合でも、被害者に対する関係では保険者の義務は存続するとすること（抗弁の制限）（ドイツ保険契約法一一七条一項、保険法制研究会・責任保険（新設）試案六七二条の七）(3) などである。これらの保護措置の中で、被害者の救済を最も徹底させるものは、保険者に対する被害者の直接請求権である。

（1）西島・三〇九頁。
（2）わが国の責任保険（新設）試案六七二条の六第一項は、立法論として、被害者の保険者に対する直接請求権を認めている。そして、直接請求権の理論構成として、制定法に基づく権利と構成する法定説に立脚している（西島「責任保険法改正試案の成立

過程」創立四十周年記念損害保険論集三二七頁）。

（3）　わが国の責任保険（新設）試案六七二条の七は、立法論として、被保険者に対する保険者の抗弁のうち、保険事故発生後の事由に基づく抗弁は被害者に対抗しえないと定めている。これは、保険者に対する被害者の直接請求権は、保険事故発生の時点で独立性を取得するのに対し、それ以前は従属性を有するという考えに立っているが、妥協的な規定である（西島「責任保険の立法に際して考慮すべき問題点」私法三六号三九頁）。なお、中西「責任保険における『第三者』の地位」香経二九巻四号五八頁も、保険事故発生後に生じた抗弁を除いて、抗弁の対抗を肯定する。

(3)　保険法の規定　右に述べたように、被害者の救済に徹底するならば、保険者に対する被害者の直接請求権を認める方法も考えられるが、保険法は、被害者が保険給付から優先的な被害回復を受けるための法的な枠組みとして、責任保険契約に基づく保険給付請求権について被害者に特別の先取特権を認める方法を採用することとしている（二二条一項）。これは、被害者の直接請求権を一般的に認めると、被保険者の損害賠償責任の有無やその額に争いがある場合に、紛争の当事者でない保険者が被害者との間でこれを確定しなければならないことになり、適正かつ迅速な紛争の解決を阻害することになりかねないこと等に基づく[1]。

もっとも、責任保険契約に基づく保険給付請求権について被害者に先取特権を認めたとしても、被害者が保険者から保険給付を受ける前に被保険者自身が保険給付を受領した場合、また、保険給付請求権が第三者に譲渡されたり、差し押さえられたりした場合には、被害者は先取特権の実行をすることができなくなるので、被害者に与えられた法律上の優先権の実効性が失われてしまう。そこで、保険法は、被保険者は、被害者に対する損害賠償債務について自ら弁済した金額または被害者の承諾があった金額の限度においてのみ、保険者に対して保険給付請求権を行使することができると定めるとともに（二二条二項）、責任保険契約に基づく保険給付請求権の譲渡、質入、および差押を原則として禁止している（二二条三項本文）。もっとも、後者の規定の趣旨は、被害者が保険給付から確実に弁済を受けられるようにすることにあるので、保険給付請求権を被害者に対して譲渡したり、被害者が損害賠償請求権を被担保債権として差し押さえたりすることまで禁止する必要はない。また、前者の規定により被保険者が保険給付請求権を行使することが認められる場合についても、保険給付請求権の譲渡、質入および差押を禁止する必要はない。そこで、保険法は、これらの場合には例外的に保険給付請求権の譲渡、質入、および差押ができることとしている（二二条三項但書）[2]。

（1）萩本・一問一答一三四頁。
（2）萩本・一問一答一三六―一三七頁。

第五節　自動車保険契約

第一款　総　説

自動車保険とは、自動車損害賠償保障法（昭三〇法九七号、以下では「自賠法」という）に基づいて保険契約の締結が強制されている自動車損害賠償責任保険（以下では「自賠責保険」という）と、保険契約の締結が任意とされている任意自動車保険（以下では「任意保険」という）とを総称していう。任意自動車保険は、複数の担保種目からなる保険で、その構成および担保種目の内容等は、平成一〇年七月の保険料率の自由化以後、多様化しているが、主要な担保種目として、賠償責任（対人・対物）、自損事故、無保険車傷害、搭乗者傷害、車両損害などがある。

後述するように、任意自動車保険においては、対人事故による損害賠償の責任額が、自賠法に基づく責任保険または責任共済によって支払われる金額を超過する場合にかぎり、その超過額のみが塡補される。自動車保険の中でとくに重要なのは、対人事故に基づく損害賠償責任に関する保険であり、この点につき、自賠責保険と任意対人賠償責任保険の二重構造となっている。自賠責保険と任意保険の二本建てとなっているために、保険契約者・被保険者にとっては、保険契約の締結から保険金の支払まで二重の手続が必要となるほか、担保範囲にも差異が存在し、自動車保険に関する問題の中で解決が迫られている最大の課題とされている。そこで、自賠責保険と任意保険の一本化が提案されている。(1)

（1）　石田「自賠責保険と任意保険の一本化」田辺＝石田・新双書(2)三四九頁以下参照。これに対し、保険審議会答申と損害保険業界は、一本化に消極的である（宮原「自動車損害賠償責任保険」遠藤＝林＝水本・現代契約法大系第六巻一四四―一四六頁参照）。なお、自賠責保険と任意保険における重要な相違点は、保険者の免責事由、親族間事故、直接請求権、過失相殺の点に認められる（石田・前掲田辺＝石田・新双書(2)三五四―三五八頁）。

第二款　自動車損害賠償責任保険契約

一　意義と特色

自動車損害賠償責任保険契約とは、自動車の運行によって他人の生命または身体を害し、損害賠償責任を負担した場合において、その損害賠償責任を保障するために、保険契約の締結が強制されている対人損害賠償責任保険契約をいう。

自賠責保険の特色は、次の点に認められる。①自動車の運行供用者に事実上の無過失責任を負わせるとともに（自賠三条）、被害者の保護のために、保険契約（または共済契約）の締結を強制している（自賠五条）。そして、付保率を高くするために、車検リンク制を採用している（自賠九条）。②自動車の保有者のほかに運転者も責任保険契約の被保険者として（自賠一一条）、被保険者となるべき者の範囲を法定している。保有者および運転者が被保険者であるということは、このような地位に立つ不特定多数人がすべて被保険者となりうることを意味する。③自賠責保険の保険金額は一律に政令で定められ（自賠一三条一項）、経済事情の変化に対応しうるように、たびたび保険金額の改訂が行われている。保険金額は、一般の損害保険における保険金額とは異なり、一事故における被害者一人に対しての塡補限度を定めているだけである（自賠令二条一項）。したがって、保険期間中であるならば、何回でも被害者一人に対する保険金額までは保険金の支払が行われる。すなわち、保険金額は、一事故あたりの制限は設けず、また、自動復元するという特色を有している。④保険者の免責事由は保険契約者または被保険者の悪意の場合のみに限定されている（自賠一四条）。これは、自賠責保険が被害者の保護を目的としている以上、種々の免責事由を認めたのでは被害者の救済に欠けることになるという理由に基づく。重過失を免責事由としていない理由は、自動車事故の大多数は過失または重過失によって発生するものであることから、重過失を免責事由とすると、責任保険の機能が減少してしまうという点に求められる。⑤保険契約の解除事由を、必要最小限度の四つに制限している（自賠二〇条の二）。解除事由を広く認めるならば、契約を解除しうる場合が多くなり、これによって、自賠責保険を強制にした意味が失われるという理由に基づく。⑥保険料率の算定においては、適正原価主義を明示し、営利目的の介入を排除している（自賠二五条）。適正原価主義とは、保険者が利益を得るものでも損失を被るものでもあってはならないということであり、営利目的の介入の排除とは、予定利潤を盛り込むことは認められないということである。これは、自賠責保険は、被害者保護を目的とした社会保障的性格がきわめて強い保険であるということに基づく。⑦ひき逃げや無保険車による事故に対処するために、政府の保障事業が行われている（自賠七二条(1)）。

（1）　自賠責保険の構造的特色については、田辺「自動車保険の構造」田辺＝石田・新双書(2)一〇―一二頁参照。

二　契約の締結と関係者

自動車は、適用除外車を除いて、自賠責保険契約（または責任共済契約）を締結しなければ、運行の用に供してはならない（自賠五条・一〇条）。適用除外車とされるのは、自衛隊、米軍、国連軍の自動車、構内自動車の四種類である（自賠一〇条・自賠令一条の二）。

このように、自賠責保険契約の締結が強制されているが、保険者が保険契約の引受を拒絶することができるとするならば、加害者の賠償資力が確保されず、また、自動車の運行もできなくなる。そこで、保険者は、政令で定める正当な理由がある場合を除いて、責任保険契約の締結を拒絶することができないことになっている（自賠二四条）。

自賠責保険契約は、自動車一両ごとに締結することを要する（自賠一二条）。保有する数両の自動車を一括して責任保険契約の対象とすることは認められない。仮に、一両の自動車について二以上の保険契約が締結されたとしても、それらの契約のうち、締結した時が最も早い契約以外の契約については、保険者は、重複する部分について塡補責任を負担しない（自賠八二条の三第一項）。自賠法の制定当時においては、一両の自動車に二以上の自賠責保険契約を締結すること（重複契約）が有効と認められ、それぞれの契約に基づいて重複して保険金が支払われていた。しかし、そうすると、強制保険という自賠責保険の性格上、被害者間に不均衡が生ずること、また、事故発生のときに保険金が重複して支払われると、この保険が最低保障の保険であるという性格からも問題である。そこで、一車両に二以上の自賠責保険契約が締結されている場合には、そのうちの一契約のみが有効であると改定されたのである。これによって、一車両に二以上の重複する契約が締結されている場合にも、支払われる保険金は一契約の金額となる。

自賠責保険における被保険者は、保有者および運転者である。保有者とは、自動車の所有者その他自動車を使用する権利を有する者で、自己のために自動車を運行の用に供するものをいう（自賠二条三項）。運転者とは、他人のために自動車の運転または運転の補助に従事する者をいう（自賠二条四項）。運転者が被保険者となるには、保有者に自賠法三条の責任が発生することが前提となるので（自賠一一条）、運転者だけが被保険者となることはない。運転者も被保険者に加えられているのは、運転者は、保有者と異なり、自賠法三条の賠償責任の主体から除外されているが、直接の加害行為者として民法七〇九条により賠償責任を負う場合があるので、その場合に、保有者に保険金の支払をなした保険者が、運転者に対する保有者の求償権（自賠四条、民七一五条三項）に代位（二五条）して運転者に求償することに対処するためである。

三　内　容

(1)　保険金額　保険金額は、被害者一名の支払限度を定めるだけで、一事故における支払限度額および保険期間内に二事故以上の事故があった場合の支払限度額についての制限は存在しない。保険金額は、自動車損害賠償保障法施行令で定められており（自賠令二条一項）、任意の金額を約定することはできない。保険金額は、保険期間中に何度も事故が発生し保険金の支払がなされても、その都度自動的に復元する。

(2)　保険事故　自賠責保険においては、自動車の運行によって他人の生命または身体を害した場合に、保険金が支払われる（自賠一条）。

自賠法三条は、「他人」の生命または身体を害したときに、当該自動車の運行供用者に対して損害賠償責任を負わせている。そして、自動車事故における被害者が自賠責保険による保護を受けるためには、自賠法三条にいう「他人」であることを要する。しかし、この「他人」とはいかなる者を意味するかについて、多くの議論が行われていた。とくに、近親者の一方が運行供用者であり、他方がその被害者である場合に関して、裁判上で争われていた。そして、「他人」とは、当該自動車の運行供用者および運転者以外の者を意味し、運行供用者の妻[1]、子供[2]、好意同乗者[3]は、「他人」に含まれると解されている[4]。

（1）　最判昭和四七年五月三〇日民集二六巻四号八九八頁。この判決につき、西島・商法判例百選五八頁、米津・損保判例百選一二六頁参照。判例の詳細については、石田・諸問題二一三頁以下参照。そして、右の判決は、被害者が「他人」に該当するか否かは、具体的な事実関係のもとにおいて判断すべきであるとし、本件の自動車は、夫が購入し、ガソリン代、維持費等も夫が負担し、運転ももっぱら夫がなし、他方、妻は、運転免許も取得しておらず、運転の補助行為もしていなかったので、運行供用者・運転者もしくは運転補助者といえず、自賠法三条の「他人」に該当すると判示した。

（2）　東京高裁昭和四六年一月二九日高民集二四巻一号一三頁。この判決につき、山本・損保判例百選一二八頁参照。

（3）最判昭和四二年九月二九日判時四九七号四一頁。この判決につき、三島・交通事故判例百選（第二版）五六頁参照。

（4）自動車損害賠償責任保険共同本部による昭和三二年五月一〇日付査定指針「損害査定に関する考え方」一二項は、夫婦・親子・兄弟姉妹・内縁関係にある者の間には不法行為の発生する余地はないとして、親族間事故については保険金の支払を否定していた。しかし、前述の昭和四七年五月三〇日の最高裁判決を契機として、運輸省から昭和四七年一〇月二七日付をもって「親族間事故の取扱いについて」と題する通達がなされ、親族間事故についても自賠責保険金（共済金）等の支払をすることになった。そして、親族間事故として扱われるのは、第一に、配偶者の一方が保有者、他方が被害者である事故、第二に、同一生計に属する親子の一方が保有者、他方が被害者である事故、第三に、同一生計に属する兄弟姉妹の一方が保有者、他方が被害者である事故である。この点については、棚田「親族間事故と保険者の責任」田辺＝石田・新双書(2)二三―二四頁参照。

(3)　免責　自賠責保険においては、保険者は、保険契約者または被保険者の悪意によって生じた損害についてのみ、塡補責任を免れる（自賠一四条）。これ以外の免責事由は認められない。保険法および任意の自動車保険においては、故意のほかに種々の免責事由が認められているが、自賠責保険における免責事由が悪意に限定されているのは、種々の免責事由を認めると被害者の保護に欠けることになるという理由に基づいている。自動車による事故は、ほとんどが過失に基づいて発生することから、重過失も免責事由とされていない。

損害が保険契約者または被保険者の悪意によって生じた場合であっても、被害者は保険者に対して直接に損害賠償額の支払を求めることができる（自賠一六条四項参照）。すなわち、自賠法一四条の保険者免責事由が存在している場合であっても、被害者は保険者に対して直接請求権を行使しうる。しかし、保険者は、自賠法一四条の免責事由が存在する場合には、保険責任を負わないので、被害者に対し損害賠償額を支払った保険者は、政府に対して補償を求めることができる（自賠一六条四項）。そして、政府は、自賠法七二条二項によって保険者に補償を行った場合に、悪意の加害者に対して求償することができる（自賠七六条二項）。

(4)　損害の塡補　(イ)　保険金の請求　被保険者は、被害者に対する損害賠償額について自己が支払をなした限度においてのみ、保険者に対して保険金の支払を請求することができる（自賠一五条）。これは、被保険者が被害者に損害賠償の支払をしないかぎり、保険者に対して保険金請求権を行使することはできないという意味であり（先履行型）、被害者に損害賠償の支払をしていない被保険者に保険金を支払うと、被保険者は、受領した保険金を被害者に支払わずに着服してしまうという危険を防止するためである。被保険者が保険者に対して保険金の支払を請求できるのは、被保険者が被害者に実際に支払った範囲においてであり、しかも、被保険者が現実に自己の出捐によって支払を完了したことを要する。なお、先履行型の責任保険においては、被保険者が無資力であるために先履行をなしえない場合には、被害者はいつまでも賠償を受けられないということになる。そこで、被害者を保護するため、被害者には、加害者に対する損害賠償請求権とは別に、保険者に対する直接請求権が認められている（自賠一六条一項）。

(ロ)　被害者の直接請求権　　自賠法三条の規定による保有者の損害賠償責任が発生したときは、被害者は、保険者に対して、保険金額の限度において、損害賠償額の支払をなすべきことを請求することができる（自賠一六条一項）。これは、被保険者が無資力である場合に備えるとともに、被害者に迅速に保険金を受領させることによって、被害者を保護するために認められたものである。被害者のこの直接請求権は、自賠責保険の大きな特色であったが、その後、任意の自動車保険にも直接請求権が導入された。

被害者の直接請求権は、法の規定に基づく請求権であり、被保険者の保険金請求権に対する代位的請求権ではなく、独自の損害賠償額についての請求権である(1)。被害者が保険者に対して支払を請求しうる損害賠償額は、保険金額の範囲内で被害者が被保険者に対して有する損害賠償請求権の額である。被害者が訴訟追行を弁護士に委任した場合の弁護士費用は、相当と認められる額の範囲内のものにかぎって、被害者は保険者に対して直接請求しうる(2)。被害者の直接請求権は、三年の時効によって消滅する（自賠一九条）。三年の時効期間は、不法行為による損害賠償請求権に準じて（民七二四条）、被害者が、損害および加害者と契約をしている保険者を知った時から起算される(3)。被保険者が被害者に損害賠償をした場合において、保険者が被保険者に対してその損害を塡補したときは、保険者は、その塡補した金額の限度において、被害者に対する支払義務を免れ（自賠一六条二項）、また、保険者が被害者に対して損害賠償額の支払をなしたときは、被保険者に対して損害の塡補をなしたものとみなされる（自賠一六条三項）。

自賠法一五条によると、被保険者は、被害者に対して損害賠償義務を履行した場合に、その限度において、保険者に対して保険金の支払を請求しうる。したがって、被保険者が被害者に対する損害賠償義務を履行しない場合、また、被害者に対して負担する賠償額の全額が被保険者の賠償義務の履行によって支払われた場合には、とくに問題は生じない。これに対し、被害者に賠償額の一部を支払ったときの被保険者の保険金請求権と、賠償を受けていない残額についての被害者の直接請求権との合計額が自賠責保険の限度額を超過する場合、その超過部分について両請求権の競合が生ずることになる。この場合、いずれの請求権を優先させるべきかということが問題となる。まず、被保険者の保険金請求権が優先すると解する見解がある[4]。その理由を、次のように説明している。すなわち、自賠責保険における被害者の直接請求権は、被害者保護という社会政策的な理由に基づくものであるかぎり、それはまた、同時に、すべての被害者を平等に取扱うことを要し、したがって、すべての被害者に対し、一律に定められている保険金額の限度までの賠償を確保させるべき性格を有し、それゆえ、自賠責保険によって確保させるべき被害者の賠償額は、被害者が被保険者から賠償を受けたときは、保険金額からすでに賠償を受けた金額を控除した額であるとする[5]。要するに、この見解は、すべての被害者の平等的取扱い、自賠責保険は保険金額を超える額についてまで被害者に賠償額の受領を確保させる制度ではないということを理由としている。これに対し、同じく被保険者の保険金請求権に優先性を認めつつ、異なった理由を主張する見解がある。すなわち、被保険者が賠償金の一部を支払った場合には、その限度において減少した責任財産の回復に対する被保険者の債権者の利益が被害者の直接請求権に優先するとする。換言するならば、被保険者が先払して責任財産が減少した場合の被保険者の債権者と、被保険者が先払しないために責任財産が減少していない場合の被保険者の債権者との間の公平の確保、および、被害者の賠償請求権が自賠責の限度額を超える場合に被害者が他の債権者に優先しうるのは自賠責の限度額までであるとする。(6) 以上の見解に対し、被害者の直接請求権を優先させるべきであると解する見解がある。(7)

(八)　仮渡金の請求　保有者が、責任保険契約に係る自動車の運行によって他人の生命または身体を害したときは、被害者は、保険者に対し、政令で定める金額(8)を損害賠償額の支払のための仮渡金として請求することができる（自賠一七条一項）。被害者の保険者に対する直接請求権の行使は、被保険者の被害者に対する損害賠償責任が、示談や判決によって確定してから行われる。したがって、被保険者の責任および責任額が確定されない間は、保険者による支払は行われないことになる。そのため、被害者は長い期間にわたって、賠償金の支払を受けられないことがあり、治療費や葬儀費など、当座の出費に困惑することが考えられる。この当座の出費のために、被保険者の責任の有無が確定する前に、直ちに一定の支払をする制度が仮渡金の制度である。

自賠法一六条一項に定められている被害者の直接請求権は、自賠法三条の規定による保有者の損害賠償責任が発生したときにはじめて行使しうるのに対し、仮渡金請求権は、保有者による自動車事故によって被害を受けた場合に行使することができ、保有者に自賠法三条の責任が発生しているか否かは問わない。仮渡金は、損害賠償額の一部先渡しであり、後日、損害賠償額が確定すると、仮渡金を控除して、保険金または直接請求による損害賠償額が支払われる。

(1)　自賠法一六条一項による被害者の直接請求権は、被害者が保険者に対して有する損害賠償請求権であって、保険金請求権に準ずる権利ではない。したがって、保険者の被害者に対する債務は商法五一四条所定の「商行為によって生じた債務」には該当せず、遅延損害金には年六分の商事法定利率は適用されないと解されている（最判昭和五七年一月一九日民集三六巻一号一頁）。もっとも、自賠法一六条一項による被害者の直接請求権が独自の損害賠償額についての請求権である（田辺「自賠責保険の直接請求権と保険金請求権」田辺＝石田・新双書(2)三九頁）としても、そのことのゆえに、その遅延損害金は直ちに民事法定利率によるべきことになるのか否かについては問題がある。この点については、石田・ジュリ七九二号一一七頁参照。

(2)　最判昭和五七年一月一九日民集三六巻一号一頁。

(3)　田辺・前掲田辺＝石田・新双書(2)四一頁。

(4)　田中＝原茂・二六一頁、田辺・理論と解釈一九六頁、同・二四一頁、西島・三一八頁。

(5)　田辺・理論と解釈一九六頁、同・二四一頁。

(6)　西島・三一八頁。

(7)　金沢「被害者の直接請求権」金沢＝西島＝倉沢・講座II七一頁。

(8)　仮渡金の金額は、現在、死亡した者一人につき、二九〇万円、傷害を受けた者一人につき、傷害の程度に応じて、四〇万円、二〇万円、五万円となっている（自賠令五条）。

(5)　政府の保障事業　交通事故の被害者の救済のために、政府の保障事業がある。すなわち、ひき逃げの場合には、加害自動車の保有者が明らかでないため、請求しようとしても、相手方の自賠責保険者も分からないために請求することができず、また、無保険の場合には、相手方に賠償資力がないかぎり賠償を受けられないので、政府が自動車損害賠償保障事業を行うことになっている（自賠七二条）。政府の保障事業は、自賠責保険制度を補完するものとして、被害者のための最終的救済措置である。

自動車事故の被害者が保障事業に対して請求しうるのは、次の二つの場合である。①自動車の保有者が明らかでないため、被害者が自賠法三条の規定による損害賠償の請求をすることができない場合である。自動車の保有者が明らかでない場合とは、ほとんど、ひき逃げ事故の場合であると考えてよい。②人身損害が、責任保険の被保険者および責任共済の被共済者以外の者の自動車の運行によって生じた場合である。この場合、被保険者または被共済者以外の者として、第一に、自賠責保険契約または責任共済契約を締結していない者（無保険者）がある。第二に、責任保険契約または責任共済契約が締結されているが、被保険者または被共済者でない者であり、その例として、当該付保車を不正に自己のために運行の用に供する者（自動車泥棒、無断使用者）がある。

被害者の有する保障請求権の法的性格につき、公法上の請求権と解する見解と、私法上の請求権と解する見解とに分かれている。公法上の請求権と解する見解は、保障請求権は、被害者が本来有している私法上の損害賠償請求権とは異質の、自賠法七二条によって新たに創設された保障請求権であるとし、自賠法七二条は保障金について遅延金の支払を予定していないとして、遅延損害の請求を斥けた判決がある。[1]これに対し、私法上の請求権と解する見解は、財源論から出発する。すなわち、保障事業の財源のほとんどは、賦課金という形で自賠責保険の加入者である保有者の集団が負担しているのであり、その目的は、ひき逃げまたは無保険による被害者の救済にあり、保障事業は、保有者集団による自主的な保障組織を政府が代わって運営しているとする。[2]この見地から、保障請求権は、公法上の請求権ではあるが、自動車保有者集団と政府との間には自賠責保険関係に準ずる公法上の契約関係が存在するとし、遅延損害金などについては、自賠責保険金請求権に準ずる取扱をなすべきであるとされている。[3]

（1）札幌高判昭和四七年五月一五日高民集二五巻二号一八七頁。
（2）詳細については、岡田「自賠責保険と政府保障事業」田辺＝石田・新双書(2)九七頁参照。
（3）西島・三二二頁、岡田・前掲田辺＝石田・新双書(2)九八頁。

第三款　任意自動車保険契約

一　総　説

わが国において、任意自動車保険は、平成一〇年七月の保険料率の自由化以後、多様化しているが、現在行われている任意自動車保険によって担保される主たる危険として、①対人賠償責任、②対物賠償責任、③自損事故、④無保険車傷害、⑤搭乗者傷害、⑥車両損害などがある。任意自動車保険の中でもとくに重要なのは、対人賠償責任保険であり、これは、自賠責保険の上積みである。以下では、対人賠償責任保険と車両保険についてのみ説明する[1]。

（1）以下の説明は、損害保険料率算出機構が作成した自動車保険普通保険約款（二〇一一年五月）に基づく。

二　対人賠償責任保険契約

(1)　意義　対人賠償責任保険契約は、保険証券記載の自動車（被保険自動車）の所有、使用または管理に起因して他人の生命または身体を害することにより（対人事故）、被保険者が法律上の損害賠償責任を負担することによって被る損害を塡補することを目的とする保険契約をいう（自動車約款賠償責任条項一条・二条）。

対人賠償責任保険として、すでに説明した自賠責保険がある。しかし、自賠責保険は、その保険金額が均一に一定の限度で定められているため、その保険金額ではカバーしきれない賠償責任額につき他の保険が必要となる。これが、任意の対人賠償責任保険である。この保険の最も著しい特色は、被保険者が被害者に対して負担した損害賠償責任額のうち、自賠責保険によって支払われる金額を超過する場合に、その超過額のみを保険金額の範囲内で塡補すること、すなわち、自賠責保険の上積み保険であるという点にある（自動車約款賠償責任条項二条二項）。

(2)　被保険者　法律上の損害賠償責任を負担することによって被る損害について、保険者に対して損害塡補を請求しうる者である。

自動車は、一般に、その所有者だけではなく、家族や友人などによって使用されることが多く、それとともに、自動車の所有者以外の者も損害賠償責任を負担することがありうる。そこで、被害者および被保険者を保険によって保護するためには、被保険者となりうる者の範囲を拡張することが必要となる。保険約款によると、次の者が被保険者とされている（自動車約款賠償責任条項七条）。①保険証券記載の被保険者（記名被保険者）であり、被保険者群の中核となる者として、常に被保険者として賠償責任を負担する危険から保護されている。②記名被保険者の配偶者（内縁を含む）、記名被保険者またはその配偶者の同居の親族、記名被保険者またはその配偶者の別居の未婚の子で被保険自動車を使用または管理中の者である。これらの者は、記名被保険者との身分的・経済的一体性が強いことから、自動車の使用頻度も高く、被保険者の承諾の有無を問わず、被保険者の地位を与えられる。(1) ③記名被保険者の承諾を得て被保険自動車を使用または管理中の者である。これは、許諾被保険者であり、記名被保険者の承諾は、明示のほかに黙示でもよく、事前の承諾だけでなく事後の追認でもよい。(2) しかし、許諾被保険者がさらに他人に自動車を使用させたような「又借り」の借主は、被保険者にはならない。(3) ④記名被保険者が被保険自動車をその使用者の業務に使用している場合における記名被保険者の使用者である。

右に説明したように、被保険者の範囲が拡張されているので、同一の自動車事故について複数の被保険者が存在することがある。このような場合、被保険利益は各被保険者ごとに独立に存在するので、それぞれの被保険者ごとに賠償責任条項の規定、たとえば、免責規定などを個別に適用することになっている（自動車約款賠償責任条項八条）。これは、被保険者に有利に被保険者の範囲が拡張されていることが、保険者免責規定の適用の面ではマイナスに作用することを回避することを目的としている。すなわち、同一の自動車事故につき複数の被保険者が存在する場合に、その中の一人の免責事由が他の被保険者をも巻きぞえにすることを回避するためである。(4) したがって、被保険者甲について保険者免責となる場合であっても、被保険者乙については保険者有責となることがありうる。

（1）　保険毎日新聞社・自家用自動車保険の解説（改訂版）二五―二六頁。なお、東京高裁平成一八年九月一三日金判一二五五号一六頁は、運転者家族限定特約にいう「同居の親族」は、記名被保険者と同居していることにより、夫婦と子によって構成される家族概念に包含されるものであり、「同居」の意義は「同一家屋に居住し起居を共にしていること」という通常の理解によるべきであり、記名被保険者の同居者といえるか否かは、その生活の実態に即して判断すべきであると判示した。この判決の解説として、清水・百選九二頁参照。

（2）　西島・三二三頁、石田・二五六頁、大槻・損保判例百選一四一頁。

（3）　保険毎日新聞社・前掲二六頁。

（4）　西島・判評三四四号七〇頁。

(3)　担保危険　保険者が担保する危険は、被保険自動車の所有、使用または管理に起因して他人の生命または身体を害することにより、被保険者が負担する法律上の損害賠償責任である（自動車約款賠償責任条項一条）。自賠責保険においては、自動車の「運行によって」保有者責任が発生した場合に賠償責任が塡補される（自賠一一条・三条）のに対し、任意保険においては、自動車の「所有、使用または管理」に起因した事故による賠償責任が塡補されるのであり、両者の保険における事故の間には差異がある。任意保険においては、起こりうるすべての事故を可能なかぎり広く担保するために、被保険自動車の「所有、使用または管理」に起因する事故という表現が用いられている。その結果、車庫に駐車中の自動車から出火して人身損害が発生した場合、自賠責保険では、損害は「運行によって」生じたものではないとして塡補されないが、任意保険では、損害は自動車の「所有、使用または管理」に起因するものとして塡補される。（1）

（1）　田辺「自動車保険の構造」田辺＝石田・新双書(2)一三―一四頁、保険毎日新聞社・前掲一八―一九頁。

(4)　損害の塡補　保険者は、被保険者が損害賠償請求権者に対して負担する法律上の賠償責任の額およびその他の費用（損害防止・軽減費用等）から、自賠責保険等から支払われる金額を差し引いた金額を、保険金額を限度として支払う（自動車約款賠償責任条項一三条）。自動車の対人賠償責任保険においては、保険金額は被害者一名ごとに定められ、一事故については定められていない。したがって、被害者が複数であるときは、それぞれの被害者について、保険金額を限度として、支払保険金が算定されることになる。

(5)　被害者の直接請求権　対人事故によって被保険者の負担する法律上の損害賠償責任が発生したときは、損害賠償請求権者は、保険者が被保険者に対して塡補責任を負う限度において、保険者に対して損害賠償額の支払を請求することができる（自動車約款賠償責任条項一一条一項）。

るのに対し、任意自動車対人賠償責任保険においては、自賠法一六条一項の類推適用の余地がないことから、被害者の直接請求権は認められないと解するのが従来の通説であった。このような状況のもとで、被害者の保護を図り、交通事故紛争の一回的解決を図るために、債権者代位権に基づく保険金請求の代位訴訟、いわゆる「民法四二三条の借用現象」が、昭和四〇年代を通じて頻発することになった。この代位訴訟の頻発が契機となって、保険約款の中に、被害者の直接請求権に関する規定が設けられることになった。すなわち、昭和四九年三月の自動車保険約款の改定の際に、従来の自動車保険約款のほかに新たに家庭用自動車保険約款が全社統一約款として制定され、対人事故に関する被害者の直接請求権の規定が設けられ、昭和五〇年三月に制定された業務用自動車保険約款にも導入され、昭和五一年一月の約款改定の際には、家庭用自動車保険約款と業務用自動車保険約款を統一した自家用自動車保険に引き継がれたほか、新たに自動車保険約款中にも設けられた。その後、昭和五七年一〇月に自家用自動車総合保険約款が制定された際に、対人事故と並んで対物事故にもその適用が拡張された。(1)

任意対人賠償責任保険における被害者の直接請求権の法的性質については、見解が分かれている。すなわち、被害者の直接請求権を、被害者の被保険者に対する損害賠償請求権と同質的なものと解して民事上の請求権と解するか、それとも被保険者が有する保険金請求権の代位的取得と解して商事債権と解するかということが問題となる。この問題を議論する実益は、具体的には、遅延損害金に対する利率の差に現れる。まず、保険約款の規定によると、被害者は、保険者が被保険者に対して塡補責任を負う限度において、保険者に対して直接請求権を行使しうることから、保険契約の無効・失効などによって保険者の塡補責任が発生しないときは直接請求権は認められず、また、保険者は被保険者に対するすべての抗弁を被害者に対抗しうることから、直接請求権は保険金請求権に酷似し、その商事性を肯定する見解がある。(2)これに対し、従来の自家用自動車保険普通保険約款の規定によると、被保険者が所定の保険金請求の手続をした場合には、保険者がその書類等を受領した時から三〇日を経過した時が保険金請求権の二年の時効期間の始期となる（同約款六章一般条項二四条二号）のに対し、被害者が直接請求できる期間は、一律に、賠償額の確定等の時から二年とされている（同約款六章一般条項二五条一号）ので、被保険者の保険金請求権がまだ時効によって消滅しないのに、被害者が直接請求できない期間がわずかながら生じ、この点を考慮すると、被害者の直接請求権は、被保険者の保険金請求権とは別個の損害賠償額の請求権であると解する見解がある。(3) この見解によると、被害者の直接請求権は商事債権ではないと解すべきことになる。もっとも、この見解のもとにおいても、保険者は、保険契約者に対する保険の引受という商行為（商五〇二条九号）(4) に基づいて被害者に対する損害賠償額の支払義務を負うのであるから、それは商事債務であると解されている。

（1）金沢「任意賠償責任保険における直接請求権」田辺＝石田・新双書(2)二〇一―二〇三頁。
（2）金沢・前掲田辺＝石田・新双書(2)二〇一―二一一頁。
（3）田辺・二四七頁。なお、現在の保険約款では、被保険者の保険金請求権は、それを行使することができる時の翌日から起算して三年を経過した場合は、時効によって消滅し（自動車約款基本条項二七条。なお、同条項二三条一項一号参照）、また、被害者の直接請求権は、被保険者が被害者に対して負担する法律上の損害賠償責任の額が確定した時の翌日から起算して三年を経過した場合には、これを行使することはできないと定められているので（自動車約款基本条項二八条一号）、両請求権の間には、権利行使ができる期間という点に関しては、差異が見られなくなった。
（4）田辺・二四七頁。

(6) 保険金請求権の代位行使　任意の自動車責任保険において被害者の直接請求権がはじめて認められたのは、前述のとおり、昭和四九年三月誕生の家庭用自動車保険においてである。それ以前においては、被害者から保険者に対する直接請求は認められないと解されていた。そこで、被害者は民法四二三条に基づいて、被保険者の保険者に対する保険金請求権を代位行使するという、実質的には、直接請求権の行使に等しい訴訟が頻発することになった。昭和四七年一〇月の自動車保険普通保険約款の改定によって、保険者に対する被保険者の保険金請求権は、賠償損害に関しては、被保険者が負担する法律上の損害賠償責任の額が、判決、和解、調停または書面による協定によって、被保険者と損害賠償請求権者との間で確定した時から発生し行使することができると定められた（同約款三章一般条項一七条一項）。これを文字どおりに解釈すると、賠償額の確定前においては、代位の対象となるべき保険金請求権はまだ存在していないことになり、代位は認められないことになる。そして、保険金請求権の代位訴訟の可否に関して、従来論争された中心問題の第一は、被保険者の無資力の要件、第二は、代位訴訟は被保険者の賠償額が確定してはじめて認められるか否かということである。

まず、第一の問題については、学説の大多数は無資力要件を不要と解していたが、従来の下級審判決は、無資力要件不要説と無資力要件必要説に分かれ、後者の判決が有力になっていた[1]。そして、最高裁は、交通事故による損害賠償債権も金銭債権にほかならないので、債権者がその債権を保全するために自動車対人賠償責任保険の保険金請求権を行使するには、債務者の資力が債権を弁済するに十分でないことを要すると判示し[2]、この判決によって、下級審の判決が統一されることになった。

また、第二の問題については、判例・学説は複雑に対立していた[3]。すなわち、下級審の判例には、①賠償額確定前には代位訴訟を認めず、責任訴訟と併合されている併合型代位訴訟については、例外的に、将来の給付請求として認めるもの、②賠償額確定前には代位訴訟を認めないもの、③賠償額確定前における単独型の代位訴訟をも、現在の給付請求として認めるものに分かれていた。また、学説も、①賠償額確定前における併合型代位訴訟につき、これを将来の給付請求として認めるもの、②賠償額確定前における単独型の現在給付請求として代位訴訟を認めるもの、③賠償額確定前における単独型の将来給付請求として代位訴訟を認めるものに分かれていた。そして、判例・学説の圧倒的多数は、賠償額確定前の併合型代位訴訟を将来給付請求として肯定していた。最高裁も、保険約款に基づく被保険者の保険金請求権は、保険事故の発生と同時に被保険者と損害賠償請求権者との間の損害賠償額の確定を停止条件とする債権として発生し、被保険者が負担する損害賠償額が確定したときに右条件が成就して保険金請求権の内容が確定し行使しうること、損害賠償請求権者が、同一訴訟手続で、被保険者に対する損害賠償請求と保険者に対する被保険者の保険金請求権の代位行使による請求とを併わせて訴求し、併合審理される場合には、被保険者が負担する損害賠償額が確定するということによって右停止条件が成就するので、裁判所は、損害賠償請求権者の被保険者に対する損害賠償請求を認容するとともに、損害賠償請求権者の保険者に対する保険金請求は、これを認容することができると判示した。(4) もっとも、被害者の直接請求権の行使が一般に認められている現在においては、保険金請求権の代位行使は、その実際的意義を失っている。

(1) 学説と下級審判決の詳細については、西島・商法判例百選六三頁参照。
(2) 最判昭和四九年一一月二九日民集二八巻八号一六七〇頁。その評釈として、西島・商法判例百選六二頁参照。
(3) 下級審判決と学説の詳細については、藤田「保険金請求権の発生とその債務の履行期」田辺＝石田・新双書(2)一九八―一九九頁、清原・ジュリ七九二号一一四頁参照。
(4) 最判昭和五七年九月二八日民集三六巻八号一六五二頁。その解説として、藤村・百選六八頁参照。

三　車両保険契約

(1)　意義

車両保険契約とは、被保険自動車に、衝突、接触、墜落、転覆、物の飛来、物の落下、火災、爆発、盗難等の偶然の事故によって生じた損害を被保険者に対して塡補することを目的とする保険契約である（自動車約款車両条項二条）。

自動車保険の歴史は、車両保険に始まり、わが国においては、昭和三〇年代までは、自動車保険全体の中では車両保険の占める割合が圧倒的に多かった。しかし、現在においては、車両保険は、契約件数、収入保険料とも、その構成比の面でも、普及率の面でも著しく低下している。(1)

（1）大浜＝小野塚「車両保険の損害てん補」田辺＝石田・新双書(2)三一二頁。

(2)　保険の目的物　車両保険契約における保険の目的物は、いうまでもなく自動車である。被保険自動車には、自動車本体のみならず、被保険自動車に定着または装備されている付属品、および保険証券に付属品または付属機械装置として明記された物が含まれる（自動車約款車両条項一条）[1]。

（1）自動車の付属品とは、社会通念上、自動車の安全性、機能性、居住性を高めるために資するものであり、単なる装飾品は除かれる。保険証券に明記された付属品として、車内定着式テレビ、車内定着式音声装置等は、保険証券への明記によって保険の目的物に含まれ、付属機械装置として、放送中継車、検査測定車等に装置されているものは、自動車と一体ではあるが自動車本体と区別される。しかし、これらの機械部分を切り離して他の手段により保険保護を与えることは不便であるので、保険証券への明記によって自動車の一部として扱っている（大浜＝小野塚・前掲田辺＝石田・新双書(2)三一五頁）。

(3)　被保険者　車両保険契約の被保険者は、被保険自動車の所有者である（自動車約款車両条項六条）。自動車の販売、とくに新車販売の場合には、多くは販売代金を割賦で支払う方式がとられている。この場合、自動車販売業者は、割賦代金債権を確保するために、割賦代金の完済まで自動車検査証上の所有者名義を買主とせず、自動車販売業者の名義で登録する「所有権留保条項付売買契約」によって、自動車の販売を行っている。この場合、自動車検査証上の使用者＝買主を保険契約者として保険契約を締結しても、被保険者は自動車の所有者＝自動車販売業者である。このことは、保険契約者たる使用者＝買主の保護に欠けることになるのではないかという疑問が生ずるが、被保険者を被保険自動車の所有者に限定している以上やむをえないと解されている[1]。もっとも、実質的には、買主が自動車の使用管理をしているので、買主を保険契約者かつ被保険者とし、買主の保険金請求権に対して担保権を設定する方式をとってもよいと解されている[2]。

（1）大浜＝小野塚・前掲田辺＝石田・新双書(2)三一六頁。

（2）石田・二六二頁。

(4)　被保険利益　車両保険の被保険者は被保険自動車の所有者に限定されていることから、被保険利益も所有者利益である。車両事故のために自動車の使用者としての利益が侵害されたことによる損害、たとえば、被保険自動車を使用できなかったことによる休車損害や、代替車を借りるための代車費用は、保険保護の対象とはならない。車両保険は、物保険として、事故発生前の所有者利益を回復させるための保険である。(1)

(1)　大浜＝小野塚・前掲田辺＝石田・新双書(2)三一八頁。

(5)　保険事故　車両保険においては、保険者は、衝突、接触、墜落、転覆、物の飛来、物の落下、火炎、爆発、盗難、台風、洪水、高潮その他偶然の事故によって被保険自動車に生じた損害を塡補する（自動車約款車両条項二条）。偶然の事故によって生じた損害であるならば、事故の発生形態を問うことなく保険者が塡補責任を負う「包括責任主義」が採用されている。したがって、被保険者は、被保険自動車に生じた損害が偶然の事故によるものであることを立証すれば足り、その損害が生じた特定の事由まで立証することは要しない。すなわち、保険者は、車両条項の免責規定、基本条項の義務違反もしくは特約付帯の場合の免責規定に該当することを立証しないかぎり、塡補責任を負う。(1)

(1)　大浜＝小野塚・前掲田辺＝石田・新双書(2)三一九頁。なお、車両保険の被保険者がなすべき主張・立証責任に関する近時の裁判例として、最判平成一八年六月一日民集六〇巻五号一八八七頁（解説として、神谷・百選八八頁）、最判平成一九年四月一七日民集六一巻三号一〇二六頁（解説として、加瀬・百選九〇頁）がある。

(6)　保険価額　車両保険における保険価額は、被保険自動車の価額である。しかし、自動車の価額の算定には、自動車の使用・保守状態の差異、モデルチェンジによる新車価格の変更、車種の人気、景気動向、新車価格の値引、車検の残存年月等の自動車の有する特殊性によって、大きな困難が伴う。そして、自動車の価額を算定する基準として、市場販売価格相当額、可処分価額、帳簿上の残存価額があるが、保険約款では、市場販売価格相当額をもって保険価額とされている（自動車約款車両条項一条）。

(7)　保険者の損害塡補　車両保険契約における保険者の損害塡補の方法として、保険金の支払によるほか、現物による支払が認められている（自動車約款車両条項一一条）。現物による支払は、保険者が修理を行うか、代品を交付するものである。

保険金の支払による損害塡補として、全損の場合には、保険金額を限度として保険価額が支払われ、分損の場合には、損害額から保険証券記載の免責金額（小損害免責）を差引いた額が支払保険金となり、一部保険の場合には、比例塡補の原則を適用した金額が支払保険金となる（自動車約款車両条項一〇条一項）。

(8)　保険代位　車両保険契約においても、残存物代位および請求権代位が行われる（自動車約款車両条項一二条・一般条項二九条）。ただし、保険者が、保険の目的物について被保険者が有する所有権その他の物権を取得しない旨の意思を表示して保険金を支払ったときは、右の権利は保険者に移転せず（自動車約款車両条項一二条三項）、また、保険者は、正当な権利により被保険自動車を使用または管理している者に対しては、原則として、代位によって取得した権利を行使しないことにしている（自動車約款一般条項二九条三項本文）。後者は、現実に自動車の所有者以外の者が被保険自動車を使用または管理している場合が多いのが実態であり、その者の過失によって車両損害が発生し、保険金を支払った保険者がその者に対して代位権を行使することになると、保険の効用が失われてしまうという理由に基づく(1)。

（1）　保険毎日新聞社・自家用自動車保険の解説（改訂版）二三五頁。

第六節　保証・信用保険契約

一　総　説

経済・社会の進歩・高度化・複雑化に伴って、火災保険、運送保険、貨物海上保険および船舶保険などの従来からの典型的な保険種目に加え、新しい種類の保険が登場する。この新しい種類の保険を、通常は、新種保険というが、法律上、新種保険という語が存在するわけではなく、また、講学上、新種保険という体系が存在するわけでもない。新種保険は、保険事故、保険の目的物、被保険利益などを標準として、種々に分類することができるが、ここで説明する保証・信用保険は、債権についての新種保険に属する。(1)

損害保険会社が営業免許を受けている新種保険には、保証保険と信用保険がある。保証保険に属するものとして、入札保証保険、履行保証保険、住宅ローン保証保険等があり、また、信用保険に属するものとして、身元信用保険、割賦販売代金保険、住宅資金貸付保険、個人ローン信用保険、家賃信用保険等がある。実務上は、債務者が保険契約者として保険契約を締結する場合を保証保険、債権者が保険契約者として保険契約を締結する場合を信用保険と呼んでいるが、法的には、第三者のためにする保険契約と自己のためにする保険契約の差異が存在するだけで、両者間には内容上の差異は存在しない。(2)

(1)　新種保険の分類については、石田「新種保険の構造」田辺＝石田・新双書(2)三―四頁参照。

(2)　倉沢・現代的課題六七―六八頁、同・通論一二三頁、西島・三三四頁。なお、各種の保証・信用保険契約の内容および特色の詳細については、金澤＝西島＝倉沢・講座Ⅲ四五頁以下、田辺＝石田・新双書(3)二一九頁以下、損害保険実務講座8新種保険(下)六九頁以下参照。

二　保証保険契約

保証保険契約とは、契約に基づく債務の履行に関して債権者が被る損害を塡補することを債務者に対して約し、債務者からその報酬を受ける保険契約をいう。債務者の債務不履行の場合に備えて、個別的に保証金を預託させたり、保証人を立てさせる代わりに、保険者との保証保険契約によって合理的に対処することが可能となる。

昭和二六年六月に保険業法の改正が行われ、その一条一項の保険事業の下に括弧書条文として「売買、雇傭、請負其ノ他ノ契約ニ基ク債務ノ履行ニ関シ生ズルコトアルベキ債権者ノ損害ヲ塡補スルコトヲ債務者ニ対シ約シ債務者ヨリ其ノ報酬ヲ収受スル事業ヲ含ム以下同ジ」の文言が付加され、保証保険事業が保険事業に含まれることになった。そして、この保証保険事業が法的にいかなる性質を有する事業であるか、また、保証保険契約は、通常の意義における損害保険契約に属するか否かをめぐって、議論がなされていたが、これについては、すでに説明した。

三　信用保険契約

信用保険契約は、保証保険契約と同じく、債務者の信用を補完する機能を営む損害保険契約の一種である。この中には、被用者の不誠実行為によって生ずる使用者の財産的損害を塡補する保険と、債権者が債権を回収することができないことによって被る損害を塡補する保険がある。前者の保険として、身元信用保険があり、後者の保険として、割賦販売代金保険、住宅資金貸付保険、海外旅行資金貸付保険、個人ローン信用保険等がある。そして、前者の保険は、保険による身元保証を目的とし、債務不履行の危険の対象となりうる具体的な債権が被保険利益となるものではないのに対し、後者の保険は、債権を被保険利益とし、債権者の信用危険をカバーする保険であり、両者は、性質を異にしている。(1)

(1)　倉沢「保証保険・信用保険・ボンド」遠藤＝林＝水本・現代契約法大系第六巻二九〇頁。

第四編　定額保険契約

第一章　定額保険契約総論

一　定額保険契約の意義・特色

定額保険契約とは、保険者が、人の生死や傷害疾病等の一定の事由が生じたことを条件として、損害の有無またはその額とは無関係に、契約で定めた一定の金額を給付することを約し、保険契約者がこれに対し当該一定の事由の発生の可能性に応じたものとして保険料を支払うことを約する保険契約をいう(二条八号・九号参照)。

定額保険契約という概念は、改正前商法の規定中には存在していなかった。しかし、保険契約を、保険者の行う給付の内容を標準として分類するならば、損害保険契約に対立するものは定額保険契約でなければならない。改正前商法は、保険契約を、損害保険契約と生命保険契約に分類していたが、このような対立のさせ方は論理的ではない。なぜなら、前者は、支払われる保険金の額の定め方を標準にして定められる保険契約を意味するのに対し、後者は、保険事故発生の客体を標準にして定められる保険契約を意味するからである。これに対し、保険法は、損害保険契約と生命保険契約という従来の契約類型に加え、傷害疾病定額保険契約という契約類型を新たに設けている。そして、生命保険契約と傷害疾病定額保険契約は定額保険契約であるから、保険法は、保険契約を、損害保険契約と定額保険契約に分類していると解することができる。

損害保険契約は、保険事故によって損害が発生した場合に、その損害を塡補する保険契約であるので、保険事故発生の際に支払われる保険金の額は損害額を超えることができないのが原則である。これに対し、定額保険契約においては、保険事故の結果として損害が発生したか否か、また、損害額とは無関係に、契約で定められた金額が支払われるので、定額保険契約の本質は、条件付の金銭給付契約といいうる。しかし、定額保険契約の本質が条件付の金銭給付契約であるということは、定額保険契約が単純な賭博契約であるということを意味するのではない。定額保険契約も保険契約であるかぎり、その本来の目的は、経済的不利益を救済するところにあるのであり、そこに、保険保護の対象としての経済的利益が存在する。ただ、その経済的利益は特殊な性格を有するために、これが保険契約の法構造の中で具体的な機能を果たすことができないのにすぎない。(1)すなわち、人の死亡や後遺障害が発生した場合、その結果としての損害の有無や損害額を具体的に算定することは困難であり、そのため、損害額を基準として保険者の支払保険金の額を決定することは不可能である。そこで、契約で定められた金額の給付という方式によらざるをえないのである。その結果、定額保険契約においても、保険保護の対象としての経済的利益の存在は認められるが、被保険利益の存在は保険契約の成立・有効要件ではなく、したがって、保険価額の観念もなく、一部保険、超過保険、重複保険の問題が生ずる余地はなく、保険代位に関する法則も適用されない。(2)

(1)　田辺・基本構造二五―二六頁。

(2)　定額保険契約は、保険事故発生の場合に簡明・迅速な保険給付を可能ならしめる一方、不当な目的に利用される危険性を内包していることから、定額保険契約には内在的制約が存在しないのかということが問題となる。定額化必要性の理由に応じて、定額化の限界も異なりうる（山下（友）「保険法の課題」ジュリ八七五号九八頁）。

二　定額保険契約の種類

保険法は、保険事故を標準として、定額保険契約を、生命保険契約と傷害疾病定額保険契約に分類している。生命保険契約は、人の生存または死亡を保険事故として、約定の保険金を支払う保険契約（ただし、傷害疾病定額保険契約に該当するものを除く）であり、定額保険契約のうちで代表的なものである。傷害疾病定額保険契約は、傷害疾病自体またはその結果としての死亡、後遺障害、入院、手術等に対して、約定金額の全部または一定割合を支払い、もしくは約定日額に入院、通院日数を乗じた金額を支払う保険契約である。(1)

(1) 保険法が傷害保険と疾病保険を分けずに規定を設けているのは、傷害保険と疾病保険とで実質的な規律の内容が異ならないことや、傷害と疾病の区別が困難な場合もあること等の理由に基づく（萩本・一問一答一六頁）。

三　定額保険契約の内容

定額保険契約は、保険事故（傷害疾病定額保険契約にあっては給付事由。以下同じ）発生の場合に、契約で定められた金額を支払う保険契約であるので、定額保険契約の保険事故は、人について生ずる事故に限られる。なぜなら、財産について生ずる事故の場合には、事故による損害額の算定が可能であるため、損害保険が妥当するからである。事故発生の客体とされる者を被保険者といい（二条四号ロハ）、損害保険契約における保険の目的物に相当する。定額保険契約においては、保険契約における受益者を保険金受取人といい（二条五号）、損害保険契約における被保険利益の主体としての被保険者に相当する。定額保険契約には被保険利益の観念は存在しないので、被保険利益の主体にとらわれることなく、保険契約者は任意に保険金受取人を指定することができる。

第二章　生命保険契約

第一節　生命保険契約の意義と種類

一　意　義

生命保険契約とは、保険契約のうち、保険者が人の生存または死亡に関し一定の保険給付を行うことを約するもの（傷害疾病定額保険契約に該当するものを除く）をいう（二条八号）。傷害疾病定額保険契約に該当するものが除外される理由は、生命保険契約および傷害疾病定額保険契約のいずれにも人の死亡に関して保険給付を行うものが含まれているが、保険法は、死亡の原因を一定の傷害や疾病に限定しているものを傷害疾病定額保険契約、このような限定をしていないものを生命保険契約として整理しているためである(1)。生命保険契約における保険事故は人の生存または死亡であり、しかも、保険事故による損害の有無や損害額を問うことなく、約定の一定金額を支払う定額保険契約である。生命保険契約の特質は、この点にみられる。

生命保険の存在基礎は、人の生命の長短が不確定であるという点に求められる。すなわち、人の死亡は経済上の需要（例、葬式の費用）を生ぜしめるのみならず、死亡の時期が早すぎると遺族のために生活資金を蓄積することができず、反対に、生存が長くなると、稼得能力の減少によって財産上の需要を生ぜしめる。そこで、将来の経済生活の不安に対処するために、生命保険契約を締結する必要性が存在する。

（1）萩本・一問一答三四頁。

二　種　類

生命保険契約は、種々の観点から分類することができる。

(1)　保険事故による分類　死亡保険契約は、被保険者が死亡したときに保険金を支払うもので、これには、保険期間の定めのある定期保険契約と、保険期間の定めがなく死亡に対して保険金が支払われる終身保険契約がある。生存保険契約は、被保険者が約定の保険期間満了まで生存していたときに保険金を支払うもので、その利用される目的によって、学資保険、婚資保険などといわれることもある。生存保険契約においては、保険期間内に被保険者が死亡したときは、保険金給付は行われない。生死混合保険契約は、一定時期（満期）における被保険者の生存およびその時期までの被保険者の死亡の双方をもって保険事故とするもので、死亡のときは死亡保険金、生存のときは一定額（多くは同額）の満期保険金が支払われる。これは養老保険契約ともいわれ、最も広く行われている生命保険の一種である。

(2)　保険金の給付方法による分類　資金保険契約は、保険事故が発生したときに保険金を一時に支払うもので、年金保険契約は、保険金を年金として支払うものである。年金保険契約には、確定金額を数年に分けて支払う定期年金保険と、確定金額を被保険者の生存中毎年支払う終身年金保険がある。

(3)　保険期間による分類　定期保険契約は、保険期間内に被保険者が死亡したときに保険金が支払われるもので、保険期間満了時に被保険者が生存していても満期保険金の支払は行われないものである。被保険者死亡後の遺族の生活保障にその目的がある。終身保険契約は、保険期間の定めのない保険であり、保険期間の満了時を被保険者の死亡時とした保険でもある。

(4)　被保険者の数による分類　単生保険契約は、一つの保険契約の被保険者が一名である保険であり、通常の形態の保険である。連生保険契約は、被保険者が複数の保険であり、複数の被保険者のうち一人が死亡した場合に他の者が保険金の支払を受けるものをいう。団体保険契約は、団体に所属する者の全部または一部を包括的に被保険者とする保険である。団体保険契約は、事業者が、主としてその従業員の福利厚生のために、保険契約者となり保険料を負担して行うことが多い。普通の生命保険契約と異なる点は、危険選択の単位を個人にではなく団体自体においていることである。(1)

(1)　団体保険契約において、事業者が保険金受取人となる場合には、被保険者である従業員の同意が必要となるが、この点については、大森＝三宅・諸問題二〇九頁以下参照。

(5)　その他の分類　そのほか、利益配当付か否かを標準として、利益配当付保険契約と無配当保険契約があり、また、保険契約の締結の際に被保険者の診査を要するか否かにより、有診査保険契約と無診査保険契約がある。

第二節　生命保険契約の内容

一　総　説

生命保険契約とは、保険契約のうち、保険者が人の生存または死亡に関し保険給付を行うことを約するもの（傷害疾病定額保険契約に該当するものを除く）をいう（二条八号）。このことから、生命保険契約の内容として、次の諸点が問題となる。

二　内　容

(1)　契約当事者　保険契約当事者のうち、保険事故が発生したときに保険給付を行う義務を負う者を保険者といい（二条二号）、その相手方となって保険料を支払う義務を負う者を保険契約者という（二条三号）。また、保険契約の当事者ではないが、保険事故が発生したときに保険金を受け取る権利を有する者を、保険金受取人という（二条五号）。保険金受取人は、保険契約者と同一人である場合と別人である場合とがあり、前者を自己のためにする生命保険契約、後者を第三者のためにする生命保険契約という。

(2)　被保険者　その者の生存または死亡が保険事故とされる者を、被保険者という（二条四号ロ）。被保険者となりうる者は自然人に限られ、法人は被保険者となりえないことは、被保険者という概念からして、当然のことである。被保険者は保険契約者と同一人である場合と別人である場合とがあり、前者の場合を自己の生命の保険契約、後者の場合を他人の生命の保険契約という。一つの保険契約における被保険者の数を標準として単生保険と連生保険に区別され、また、一定の標準に適合するある範囲内の不特定の多数人を包括的に被保険者とする団体生命保険がある。

(3)　保険事故　生命保険契約における保険事故は、被保険者の生存または死亡である。生とは、一定時期における生存であり、出生を意味しない。人に関する保険であっても、病気・傷害・高度障害状態などを保険事故とする保険は生命保険ではない。

保険事故である被保険者の生存または死亡は偶然性を有すること、すなわち、保険契約の成立時において不確定であることを要する。たとえば、被保険者の一定時期における生存や一定期間内における死亡などのように、それ自体が不確定な場合はもちろん、単に被保険者の死亡というように、発生時期のみが不確定な場合も、これを保険事故とすることができる。保険事故は、保険契約の成立時において不確定であることを要するが、客観的に不確定であることは必ずしも必要でなく、客観的には確定していても、保険者、保険契約者または保険金受取人が主観的にこれを知らないかぎり、これを保険事故とする生命保険契約は無効とはならない（三九条参照）。このように、保険事故の偶然性とは、事故の客観的不確定ないし主観的不可測性を意味するのであり、保険事故が関係者の意思に基づいて発生しないということを意味するのではない。なお、生命保険契約における保険事故は、損害保険契約における保険事故とは異なり、保険金受取人に経済的な損害を生ぜしめる事故であることを要しない。

(4)　保険期間・満期　生命保険契約における保険期間とは、その期間中に被保険者が死亡した場合に保険者の保険金支払義務が生ずる期間をいう（四〇条一項六号）。定期死亡保険および生死混合保険では、保険期間は確定期間として定められるが、終身保険では、保険期間の終期は特定されない。満期とは、その時期に被保険者が生存していた場合に保険者の保険金支払義務が生ずる一定の時期をいい、生存保険および生死混合保険において認められる。

(5)　保険金額　生命保険契約において、保険金額とは、被保険者が保険期間中に死亡し、あるいは、満期に生存していた場合に、保険者が保険金受取人に支払うことを約する金額をいう。保険法上、保険金額の約定については制限がないので、保険者と保険契約者との合意によって自由に約定しうる。そして、保険事故が発生した場合、これによって保険金受取人が損害を被ったか否か、損害の額を問題とすることなく、保険者は約定の保険金額を支払う義務を負う。(1)この点において、約定保険金額は単に保険者が支払うべき金額の最高限度額にとどまり、現実に支払うべき金額は保険事故による損害額によって左右される損害保険契約における保険金額と異なる。生命保険契約における保険金額支払の方法として、その全額を一時に支払う方法と、年金として順次支払う方法がある。前者は資金保険であり、後者は年金保険である。

(1)　このように、保険法における生命保険は、定額保険である。これに対し、給付される保険金額が変動する生命保険があり、これを、変額生命保険という。変額生命保険は、生命保険の機能に投資信託の機能を加えたものであり、保険契約者から払い込まれる保険料中の保険料積立金を特別勘定として分離し、通常よりリスクの高い方法で運用して、その運用実績に従って保険金額および解約返戻金の額を変動させる仕組の保険である。分離勘定の運用から生ずる投資リスクは、保険契約者が負担する。変額生命保険契約の法的性質をいかに理解するかについては、議論がある。変額生命保険については、江頭「変額保険・ユニバーサル保険」ジュリ九五三号六五頁以下、竹濱「変額生命保険」法時五九巻三号四二頁以下参照。

(6)　保険料　　生命保険契約における保険料は、保険契約者が保険者に対しその危険負担の対価として支払うものである。保険料に関する一般的な問題については、すでに説明した。生命保険契約においては、保険期間は長期にわたる場合が多いが、保険料期間は一年であるのを通例とする。

生命保険契約における保険料は、次の点にその特殊性が認められる。すなわち、生命保険契約の保険期間は長期にわたる場合が多く、被保険者の死亡率は年令の増加とともに高くなり、したがって、保険料も被保険者の年令の増加とともに毎年増加すべきことになる。これを、自然保険料という。しかし、これによると、被保険者の年令の増加とともに保険料も増加することになるので、保険契約者の負担も増大することになる。そこで、実際の保険契約においては、全保険期間を通じて平準化された保険料を支払うことにしている。これを、平準保険料という。したがって、保険期間が長期である場合が多い生命保険契約においては、後年度のために先払される保険料の額が相当に高額に達し、また、養老保険においては、満期保険金の支払のために積み立てられるべき金額が保険料として支払われることになる。これらは、損害保険契約には原則として存在しないものであり、保険料積立金（六三条）を構成する。

(7)　被保険利益の問題　　生命保険契約は、被保険者の生死による保険金受取人の経済的資力の弱化の場合に備える制度であるが、その資力の弱化の程度を事前に予測することはほとんど不可能である。そのため、生命保険契約については、損害保険契約の場合のような被保険利益の有無およびその評価額いかんは、保険契約の成立および効力に関しては問題とならない。生命保険契約においては、いかなる者を被保険者や保険金受取人とし、保険金額をいかに定めるかについては、保険契約の当事者の自由な判断に委ねざるをえないのであり、被保険利益の存在を積極的に要求していない[1]。そこで、法は、生命保険契約が賭博目的に悪用されることや保険犯罪を誘発する可能性を防止するために、被保険利益の存在とは別の基準を採用している。もっとも、生存保険と死亡保険とでは性質が異なっていることから、悪用防止についても両者は区別される。

すなわち、生命保険のうちでも生存保険においては、保険金の支払は保険契約の成立後相当の長期間経過後に行われるうえ、支払保険金額と払込保険料の総額との間に大差が存在しないのが一般的であることから、自己の生命の保険であると他人の生命の保険であるとを問わず、また、自己のためにする保険であると第三者のためにする保険であるとを問わず、さらに、被保険者と保険金受取人が同一人であるか否かを問わず、保険法はこのような保険契約の締結について別段の制限を定めていない。これに対し、死亡保険においては、保険料と保険金額との差額が大きいため、その差額の利得を目的として死亡保険を賭博目的に悪用したり、また、故意に被保険者を死亡させたりすることが考えられる。そこで、保険法は、被保険者の自殺等、保険契約者や保険金受取人による被保険者の故殺の場合には、保険者は保険金支払の責任がないと定めている（五一条）。また、死亡保険が賭博目的に悪用されることや保険犯罪を誘発する可能性を防止するために、保険契約者以外の他人の死亡を保険事故とする場合には、契約の効力が生ずるためには被保険者の同意があることを要すると定めている（三八条）。したがって、保険契約者自身を被保険者とする保険契約の場合には、何人を保険金受取人に指定する場合でも、右のような制限は存在しない。[2]

（1）生命保険は、人の生命の価値を無限なものとする前提に立っているが、人の生命を対象とする保険と定額保険性との間には必然的な結びつきは認められないとし、生命保険の定額保険性に対して問題提起するものとして、倉沢「生命保険といのちの値段」法セ三七二号七八頁以下参照。

（2）大森・二六一頁、西島・三四九頁。これに対し、東京地判平成八年七月三〇日金判一〇〇二号二五頁は、不倫関係の相手を保険金受取人として指定したという事案において、当該受取人指定は不倫関係の維持継続を目的としたものであるとして、当該受取人指定の部分は公序良俗に反し無効であると判示したが、異論は少なくない（山下・四八九頁、甘利＝福田・二一〇頁）。

第三節　他人の死亡の保険契約

一　総　説

生命保険契約には、保険契約者自身が被保険者である自己の生命の保険契約と、保険契約者以外の他人を被保険者とする他人の生命の保険契約がある。他人の生命の保険契約には、他人の生存を保険事故とするものと、他人の死亡を保険事故とするものがある。他人の死亡を保険事故とする他人の生命の保険契約を無制限に認めると、生命保険契約が賭博目的に悪用されることや保険犯罪を誘発する可能性が考えられる。そこで、他人の死亡を保険事故とする生命保険契約の締結については、何らかの制限を設けることが必要となる。その方法として、三つの立法例がある。

二　立法例

まず、利益主義は、保険金受取人が被保険者の生存について利益を有することを要するとする主義で、英米法が採用している。しかし、この主義には次のような問題点がある。すなわち、第一に、他人の生存について有する利益には、典型的には、被扶養者が扶養者の生存につき、また、債権者が債務者の生存につきそれぞれ有する利益等が考えられるが、利益をこうした典型的な利益に限定すると、他人の死亡の保険契約が有用性を有する場合をカバーしきれないこと、第二に、利益主義の要件を満たす類型のものについても、たとえば配偶者同士の間には利益の存在が推定され、利益は契約締結当時に存在すれば足りること、利益の概念は精神的利益にも拡張されていることと等によって、利益主義は緩和されており、そのため、他人の死亡の保険契約に付随する危険の防止に役立たなくなっているとされる(1)。

また、親族主義は、保険金受取人は被保険者の親族であることを要するとする主義であり、わが国の明治四四年の改正前の商法が採用していたものである。しかし、親族という形式的基準によって人間関係における利害の存否を判断することは妥当でないこと、生命保険制度の利用拡大とともに、親族以外の者にも保険金を取得させる必要があるのにこれを認めないことは妥当でないこと、保険金受取人を被保険者の親族に限定することによって必ずしも生命保険契約に付随する危険を防止しうるとはいえないと批判されている。[2]

同意主義とは、被保険者の同意を要するとする主義であり、今日、多くの国で採用されている。わが商法も明治四四年の改正以来、同意主義を採用し（商旧六七四条）、保険法はこれを受け継いでいる（三八条）。同意主義は、利益主義と異なり、その要件がきわめて明確であるとともに、親族主義と異なり、有用な他人の死亡の保険の発達が害されるというおそれもなく、比較的妥当な立法例である。[3]もっとも、同意主義にあっても、被保険者の同意さえあれば法外に高額な保険金額で他人の死亡保険の契約を有効に締結できるのであり、保険犯罪を誘発する可能性がないでもない。これに対処するために、改正前商法のもとにおいては、同意の要件を厳格に解し、正当な理由が存在する場合には同意の撤回を認め、また、保険金受取人による被保険者故殺未遂等が発生した場合には、保険者に特別解約権を認める必要があるとする見解が主張されていた。[4]他方、保険法は、右に述べたような弊害に対処するために、重大事由による解除（五七条）および被保険者による解除請求（五八条）の制度を新設している。後者については、後述する。

（1）大森＝三宅・諸問題二九九―三〇二頁、大森・二六八頁（二）、田辺・二六二頁（1）、西島・三五四頁（1）、石田・二七九頁（2）、江頭「他人の生命の保険契約」ジュリ七六四号五九―六〇頁。

（2）大森＝三宅・諸問題三〇三―三〇四頁、大森・二六八頁（三）、田辺・二六二頁（1）、西島・三五四頁（1）、石田・二七九頁（2）、江頭・前掲ジュリ七六四号六〇頁。

（3）江頭・前掲ジュリ七六四号六一頁。

（4）　田辺・二六二頁。

三　被保険者の同意に関する諸問題

他人の死亡の保険契約の効力が生ずるためには、その他人の同意があることを要するが（三八条）、この同意に関して、解釈論として、多くの問題がある。すなわち、被保険者の同意は、契約につき異議がないことについての被保険者の意思の表明であり、その性質は準法律行為として、意思表示の瑕疵に関する民法の一般原則が類推適用されるべきこと等についてはほぼ争いはないが、どの程度の包括的同意が認められるか、被保険者が制限行為能力者である場合に法定代理人のみが同意すればよいか等について見解が分かれている[1]。次に、被保険者の同意に関する諸問題について説明する。

（1）　江頭・前掲ジュリ七六四号六一頁参照。なお、被保険者の同意に関する保険法の諸規定の解説として、山下＝米山・一七九頁以下、三二五頁以下、三四一頁以下（山本筆）参照。

(1)　同意を必要とする場合　被保険者の同意を必要とするのは、次の場合である。(イ)　他人の死亡を保険事故とする保険契約　他人の死亡、すなわち、他人の死亡保険契約と生死混合保険契約の効力が生ずるには、その他人の同意を必要とする（三八条）[1]。団体生命保険契約の場合にも、被保険者の同意を必要とする。

(ロ)　保険契約より生ずる権利の譲渡・質入　他人の死亡の保険契約が、被保険者の同意を得て効力が生じた後、保険金受取人がその権利を他人に譲渡し、あるいは、その権利を目的とする質権を設定する場合には、被保険者の同意を要する（四七条）。この規定は、保険金請求権者が変更すると被保険者の生命に危害が加えられるおそれがあるというモラル・リスクの危険性を重視する考えに従っていると解することができる[2]。もっとも、保険事故が発生した後は、保険金請求権は通常の指名債権として具体化することになるため、その譲渡や質入についてモラル・リスクや賭博保険のおそれは考えにくいことから、保険法の規律対象から除外されている（四七条括弧書）[3]。なお、立法論として、保険金請求権の譲渡に際しても被保険者の同意を必要とする規定について、疑問が提起されたことがある。その理由として、保険金受取人による被保険者の故殺の場合の保険者の免責規定で十分に対処しうるとする。[4]しかし、被保険者は、保険金請求権者が誰であるかを知りえないのでは不安であるので、一概に被保険者の同意は必要としないということには疑問がある。[5]

(ハ) 保険金受取人の変更　他人の死亡の保険契約において、保険契約の成立後に保険契約者が保険金受取人を変更する場合には、被保険者の同意を必要とする（四五条）。被保険者の同意を必要とする理由は、前述の(ロ)の場合と同じく、モラル・リスクの可能性に対処するためである。しかも、モラル・リスクの可能性は、前述の(ロ)の場合よりもこの場合の方が強いといわれている。[6]

(1) 改正前商法は、他人の死亡の保険契約であっても、その他人が保険金受取人とされる場合には、例外として、その他人の同意は必要でないと定めていた（商旧六七四条一項但書）。しかし、被保険者を保険金受取人とする場合であっても、被保険者が死亡したときに保険金を受け取るのは、被保険者自身ではなくその相続人であるため、実質的には他人を受取人とした場合と異ならない（大森・二六九頁（二）、田中＝原茂・二九四頁、田辺・二六五頁（1）、服部＝星川・基本法コンニ七二頁（金沢筆）、西島・三五五頁、石田・二八〇頁（1）、江頭・前掲ジュリ七六四号六一頁）。そこで、保険法は、右の例外を削除している。

(2) 江頭・前掲ジュリ七六四号六二頁。

(3) 萩本・一問一答一九〇頁。

(4) 大森・二七〇頁（五）、大森＝三宅・諸問題三一一頁。

(5) 石田・二八一頁（1）。

(6) 江頭・前掲ジュリ七六四号六二頁。

(2) 同意の性質　被保険者の同意を要求する法の趣旨は、被保険者が異議がないことを表明するならば、これによってその契約の適法性を推断しうるとすることにある。その意味において、被保険者の同意は、保険契約から分離独立した存在意義を有するものではなく、保険契約と密接な関係を有する。もっとも、被保険者の同意は、保険契約の当事者の意思表示と結合して保険契約を成立せしめる要素を構成するものではなく、契約の効力が発生するために必要な外部的な効力要件にとどまる。その法的性質は、準法律行為と考えられるので、法律行為に関する一般原則が準用される。同意は、相手方の受領を必要とする単独行為であるから、保険契約当事者のいずれかに到達することを要するが、保険者か保険契約者のいずれか一方に対してなせば足りる。(1)

（1）　大森＝三宅・諸問題三一四頁、服部＝星川・基本法コンニ七二頁（金沢筆）。

(3)　同意の方式・相手方・時期・撤回　保険法は、同意の方式・相手方・時期・撤回に関して格別の制限を設けていない。そのため、この点について柔軟な解釈が可能となるが、他方、弊害が生じやすい状況のもとでは、ずさんな処理が行われると、被保険者の同意を要求している法の趣旨を失わせることになる。

まず、同意の方式については、保険法は格別の制限をしていないので、書面によると口頭によるとを問わず、また、明示的であると黙示的であるとを問わない。(1)わが国の保険実務においては、保険契約の申込書に被保険者の同意を表示して署名または記名捺印をさせている。しかし、保険者は被保険者の印鑑証明書の添付を要求しておらず、また、保険者が契約申込書が提出された後に被保険者に対し申込のあった事実を通知して意思を確認することも行っておらず、保険契約者による代署・代印が行われることも少なくないといわれている。(2)なお、被保険者の同意は、各保険契約につき個別的に行われることを要し、今後締結される一切の死亡保険契約についてあらかじめ同意するというような包括的な同意は認められないと解される。(3)同意主義の空洞化を防止するためである。

同意の相手方については、保険契約者に限ると解する見解、保険契約の両当事者に与えることを要すると解する見解があるが、(4)被保険者の同意の意思さえ明瞭に表明されれば足りるので、保険者または保険契約者のいずれか一方に対して同意がなされればよいと解される。(5)

同意がなされるべき時期については、見解が分かれている。保険契約の成立と同時かまたはそれ以前になされるべきであると解する見解は、その理由として、事後の同意でも足りると解するならば、すでに保険契約が締結されているという既成の事実によって、被保険者は同意を余儀なくされるという弊害が生ずるとする。(6)これに対し、事後の同意でもよいと解する見解は、その理由として、事後の同意であっても、同意があるかぎり制度の濫用は防止されるとする。(7)

なお、改正前商法のもとにおいて、被保険者は、一度与えた同意を撤回することができるか否かについては、見解が分かれていた。通説は、保険契約の成立前には撤回することができるが、保険契約の成立後には撤回することはできないとし、その理由として、被保険者がいつでも一方的に特段の理由なく同意を撤回できるとすれば、保険契約の効力があまりにも不安定になり、保険契約者、保険金受取人または保険者の利益を害することになることを挙げていた。(8)これに対し、モラル・リスクの防止との関連において、たとえば、保険金受取人による被保険者の殺人未遂や被保険者と保険金受取人との婚姻関係の解消の場合など、正当な理由があるかぎり、同意を撤回することが可能であると解する見解が有力に主張されていた。(9)後述するように、保険法は、右のモラル・リスクを防止するために、被保険者による解除請求の制度（五八条）を新設しているが、実質的には、一定の要件のもとに同意の撤回を認めているといってもよい。

（1）萩本・一問一答一七五頁。
（2）江頭・前掲ジュリ七六四号六三頁。
（3）大森・二七二頁、服部＝星川・基本法コンニ七三頁（金沢筆）、西島・三五八頁、江頭・前掲ジュリ七六四号六三頁。
（4）大森＝三宅・諸問題三一四—三一五頁参照。
（5）大森＝三宅・諸問題三一四頁、江頭・前掲ジュリ七六四号六三頁。
（6）田中＝原茂・二九五頁、田辺・二六六頁。
（7）大森・二七一頁、野津・新六四〇頁、西島・三五八頁、石田・二八一頁。

（8）大森・二七二頁、野津・新六四〇頁、西島・三五八頁、江頭・前掲ジュリ七六四号六四頁、山下・二七一頁。
（9）青山・契約法一八四頁、田辺・二六六頁、石田・二八一頁。

(4)　法定代理人の同意　被保険者が制限行為能力者である場合に、法定代理人がその同意を代理しうるか否かにつき、法律には規定がないために、見解が分かれている。この問題について議論する実益は、未成年者を被保険者とする死亡保険の場合に存在する。なぜなら、成年被後見人については保険者は保険契約を拒否するであろうし、被保佐人・被補助人については、本人の同意のみで足り、保佐人・補助人の同意は必要でないと解されるからである。(1)

まず、法定代理人による同意で足りると解する見解が主張されている。その理由として、同意は準法律行為としての性質を有するので、これには民法の法律行為に関する一般原則が類推適用されること、法定代理人が、未成年者を保険契約者兼被保険者とする死亡保険契約を法定代理人の資格で締結することができることとの比較均衡ということを挙げている。(2) これに対し、同意は、一身専属的性質を有することから代理に親しまないと解する見解(3)や、意思能力を有する未成年者の同意か法定代理人の同意のいずれか一方の同意さえあれば十分であると解する見解(4)がある。

なお、改正前商法のもとにおいて、法定代理人による同意に関して、弊害防止のため、立法論として、未成年者と法定代理人の双方の同意を要求すべきであるとする見解(5)、家庭裁判所の許可を受けるべきであるとする見解(6)、また、一定年令以下の子供についての死亡保険を禁止するとともに、それ以上の者の場合でも制限を設けるべきであるとする見解(7)が主張されていた。これに対し、保険法は、未成年者を被保険者とする死亡保険契約を一律に禁止したり、保険金の額について制限を設け、その上限を超える保険契約を一律に無効とすることは、過剰な規制であって相当でないこと、モラル・リスクについては、実務上および監督上の施策を通じて総合的な対策を講ずることが適切であることから、未成年者を被保険者とする死亡保険契約について、これを禁止または制限するような規定を設けていない。(8)

なお、被保険者の同意に関する規定（三八条・四五条・四七条）は、モラル・リスクや賭博保険の防止等を目的とする公序に関するものであるため、その性質上強行規定である。

（1）江頭・前掲ジュリ七六四号六四頁、同「他人の生命の保険」中西喜寿二四五頁注（4）。
（2）江頭・前掲ジュリ七六四号六四頁参照。
（3）田中＝原茂・二九三―二九四頁。
（4）大森＝三宅・諸問題三一八頁。
（5）大森＝三宅・諸問題三一八頁。
（6）田中＝原茂・二九三頁。
（7）西島・三五七頁（2）。なお、石井＝鴻・二四八頁参照。
（8）萩本・一問一答一五六頁。

(5)　被保険者による解除請求　前述したように、改正前商法のもとにおいて、被保険者は、いったん与えた同意を保険契約の成立後には撤回することはできないと解するのが通説であった。しかし、たとえば、保険契約者や保険金受取人と被保険者の関係が契約締結後に険悪になり、被保険者の保険契約者等に対する信頼が失われたためモラル・リスクのおそれが生じた場合や、離婚や離縁等により被保険者が同意を与える前提となっていた事情が変更した場合にまで、被保険者が自らの意思で被保険者の地位から離脱することが一切できないというのでは、被保険者の同意を契約の有効要件とした法の趣旨に反することになる。そこで、保険法は、被保険者による死亡保険契約の解除請求権を認める規定を新設した。(1)

被保険者による死亡保険契約の解除請求は、保険契約者に対してなされることを要する（五八条一項）。これは、解除請求の要件である被保険者の保険契約者等に対する信頼が失われたか否か、また、被保険者が同意をするにあたって基礎となっていた事情の変更の有無を保険者が正確に認識することは容易でなく、これについて最も利害関係を有している者の間で争わせるのが相当であるという理由に基づく(2)。

被保険者が保険契約の解除を請求することができるのは、以下の事由がある場合に限定される。①保険契約者等が保険金取得目的で被保険者を死亡させようとした場合や、保険金受取人が当該生命保険契約に基づく保険給付の請求について詐欺を行い、または行おうとした場合である（五八条一項一号）。これらの場合、保険者の保険契約者等に対する信頼だけでなく、被保険者の保険契約者等に対する信頼も失われることになるからである。②被保険者の保険契約者等に対する信頼を損ない、当該死亡保険契約の存続を困難とする重大な事由がある場合である（五八条一項二号）。たとえば、保険契約者等が別の生命保険契約について保険金詐欺を行った場合には、一号には該当しないが、本号に基づいて、被保険者の解除請求が認められる。③保険契約者と被保険者との間の親族関係の終了その他の事情により、被保険者が保険法三八条の同意をするにあたって基礎とした事情が著しく変更した場合である（五八条一項三号）。これは、右のような場合には、当該死亡保険契約を継続する意義が失われるという理由に基づく(3)。

保険契約者は、被保険者から保険法五八条一項の要件を満たす解除請求を受けたときは、死亡保険契約を解除する義務を負う。そして、被保険者による解除請求は、被保険者の利益保護のために認められるものであるから、保険契約者の解除権が約款で制限されている場合であっても、保険契約者が解除することができるようにする必要がある。そこで、保険法は、被保険者から解除請求を受けた保険契約者は、約款上、当該保険契約の解除権があるか否かにかかわらず、当該保険契約を解除することができると定めている（五八条二項）(4)。

なお、保険法五八条の規定は、モラル・リスクの防止などを目的とする公序に関するものであるので、その性質上強行規定である。

（1）萩本・一問一答一九六頁。なお、被保険者による解除請求の詳細については、山下＝米山・五八二頁以下（洲崎筆）参照。
（2）萩本・一問一答一九六―一九七頁。
（3）萩本・一問一答一九八―一九九頁。
（4）萩本・一問一答二〇〇頁。

第四節　第三者のためにする生命保険契約

一　総　説

生命保険契約において、保険事故が発生した場合に、保険者に対し保険金請求権を有する者を、保険金受取人という。保険金受取人は、保険契約者と同一人である場合と別人である場合があり、前者を、自己のためにする生命保険契約、後者を、第三者のためにする生命保険契約という。

第三者のためにする生命保険契約は、いくつかの類型に分類することができる。すなわち、保険契約者自身が被保険者である自己の生命の保険契約と、保険契約者以外の者を被保険者とする他人の生命の保険契約に分けられる。そして、他人の生命の保険契約は、さらに、被保険者と保険金受取人が同一人である場合と、被保険者と保険金受取人が別人である場合に分けられる。第三者のためにする生命保険契約は、生存保険、死亡保険のいずれについても可能であるが、現実に圧倒的な重要性を有するのは、生死混合保険の場合をも含めて死亡保険の場合である。(1)

一つの保険契約における保険金受取人は必ずしも一人であることを要するものではなく、選択的に、または、保険金額の一部ずつについて並列的に数人を保険金受取人と定めることができる（五一条但書参照）。保険金受取人の資格については、格別の制限はなく、自然人に限らず法人でもよく、被保険利益の有無も問わない。

（1）　山下（友）「保険金受取人の指定・変更」ジュリ七四七号二七九頁。

二　保険金受取人の指定[1]

第三者のためにする生命保険契約が成立するためには、保険契約者によって第三者が保険金受取人として指定されることを要する。この指定がない場合には、保険契約者自身を保険金受取人とする契約と解され、保険契約者が死亡したときは、その相続人が保険金受取人の地位を相続することになる。

保険契約者によって第三者が保険金受取人に指定された場合には、保険金受取人は当初から自己固有の権利として保険金請求権を取得するのであり、保険契約者の権利を承継的に取得するのではない。そして、保険金受取人として単に被保険者の相続人と指定した場合でも、保険契約者の意思を合理的に推測して、保険金請求権発生当時の相続人たるべき個人を特に受取人と指定した第三者のためにする保険契約と解され、その結果として、保険金請求権は、保険契約の効力発生と同時に右相続人の固有財産となり、保険契約者兼被保険者の遺産から離脱していると解される[2]。

保険金受取人の指定の方法として、特定の受取人の氏名を表示する方法と、単に抽象的に「被保険者の相続人」と表示する方法がある[3]。いずれの方法で表示するかは、保険契約者が自由に決定できる。そして、前者の場合には、保険金受取人と表示されている特定人が保険金請求権を取得することはいうまでもない。これに対し、後者の場合には、保険金受取人の指定のないものとして、保険金請求権は相続財産に属し相続人が相続によって承継すると解する見解もあるが[4]、相続人としての地位を有する者を保険金受取人とした、第三者のためにする生命保険契約と解する見解がある[5]。後者の見解が妥当であると思われる。この問題は、保険契約者の意思の解釈の問題に帰着するが、保険金請求権を相続財産として相続人に承継させる意思であるならば、保険金受取人を指定せずに放置しておけばよいのに、保険金受取人を「相続人」と指定した以上、保険契約法上の保険金受取人の指定と解するのが、保険契約者の意思の合理的な解釈として妥当であると思われる[6]。もっとも、このように解するとしても、相続人が複数存在する場合に、各人の保険金受取割合が問題となる。最判平成六年七月一八日民集四八巻五号一二三三頁は、保険契約者が死亡保険金の受取人を被保険者の相続人と指定したという事案において、このような指定には相続人に対してその相続分の割合により保険金を取得させる趣旨も含まれているものと解するのが、保険契約者の通常の意思に合致し合理的であるとして、特段の事情のないかぎり、民法四二七条にいう「別段の意思表示」である相続分の割合によって権利を有するという指定があったものと解すべきであると判示した[7]。

さらに、保険金受取人の指定の方法として、被保険者の「妻・何某」というように、続柄と氏名を表示して指定することが行われており、この場合、いずれの表示に従って保険金受取人を確定すべきかが問題となる。最高裁は、団体定期保険契約の保険金受取人として被保険者の「妻・何某」と表示してその者を保険金受取人に指定し、被保険者が死亡した時には被保険者は何某とすでに離婚していたという事案において、次のように判示した。すなわち、「妻・何某」という指定は、氏名をもって特定された者を保険金受取人と指定した趣旨であること、それゆえ、何某において被保険者の妻たる地位を失ったとしても、保険金受取人の変更手続が行われないかぎり、何某は保険金受取人の地位を失うものではないとする[8]。離婚した妻に保険金を受け取らせたくないという考えは十分に理解しうるが、保険金受取人の変更手続を行わないかぎり、何某は依然として保険金受取人としての地位を有していると解さざるをえないと思われる[9]。

（1）　改正前商法と異なり、保険法は、「指定」という概念を用いていない。これは、たとえ契約締結時に保険金受取人が「指定」されていなかったとしても、保険事故が発生すれば保険者は誰かに対して保険金を支払わなければならず、その意味において、保険金受取人は常に存在するということができるので、契約締結時に保険金受取人は契約において定められ、契約締結後はすべて保険金受取人の変更になるものとして整理するのが合理的であるという理由に基づく（萩本・一問一答一七七―一七八頁（注1））。これに対し、保険金受取人の「指定」という概念がすでに普及していることからすると、法律からこの概念を抹消することに対する違和感は払拭できないとの批判がある（山下＝米山・三〇二頁（山野筆））。

（2）最判昭和四〇年二月二日民集一九巻一号一頁（解説として、宮島・百選一四四頁）、最決平成一六年一〇月二九日民集五八巻七号一九七九頁（解説として、金子・百選一四六頁）、大森・二七三―二七四頁、野津・新六四九頁、田中＝原茂・二九八頁、西島・三六〇頁。

（3）保険金受取人を単に「被保険者の相続人」と指定した場合に生ずる問題として、①このような保険契約は有効であるか否か、これが肯定されるとして、その指定の意義をいかに解するか、②ここにいう相続人とは、保険契約締結時の相続人と解すべきか、それとも保険事故発生時の相続人と解すべきか、③保険金請求権は相続人の固有財産に属すると解されるとしても、相続人が保険金請求権を取得する時期は、保険事故発生の時か、それとも保険契約成立ないし保険金受取人指定の時であるかという問題がある。この問題に関する学説については、上田・商法の争点（第二版）二六六―二六七頁参照。

（4）松本・二二四頁。

（5）最判昭和四〇年二月二日民集一九巻一号一頁、大森・二七三―二七四頁、伊沢・三五〇頁、野津・新六四九頁、石井＝鴻・二五〇頁、田中＝原茂・二九八頁、田辺・二六八頁、西島・三六一頁、戸田＝西島・一三四頁（中西筆）、石田・二八三頁、上田・商法の争点（第二版）二六七頁。

（6）西島・三六一頁。これに対し、大森・研究三五六頁は、本文で述べられた理由は形式論で問題があるとし、疑わしい場合には、相続財産としての移転の趣旨ではなく、保険契約法上の受取人指定の趣旨と推定するのが妥当であるとする。

（7）解説として、久保・百選二〇八頁。一方、最高裁は、保険契約者の指定によらず、法律または約款規定の適用により死亡した指定受取人の相続人が保険金受取人として確定した場合には、各保険金受取人の権利の割合は、民法四二七条の適用により、平等の割合になると判示した（最判平成四年三月一三日民集四六巻三号一八八頁、最判平成五年九月七日民集四七巻七号四七四〇頁）。これに対し、右の場合にも相続分割合によるべきであるとする見解がある（山下・五一三頁）。

（8）最判昭和五八年九月八日民集三七巻七号九一八頁。この判決については、木下・百選一三八頁参照。

（9）田中＝原茂・二九八頁、青谷・判評二九九号一〇九頁、坂口・ジュリ八一五号一一二頁、同・商法（保険・海商）判例百選（第二版）七八頁。これに対し、竹内・生保判例百選二一三頁は、最高裁の判旨について、数点にわたって、問題点の鋭い指摘を行っている。なお、甘利「保険金受取人の権利と離婚」文研八八号五七頁以下は、離婚した配偶者に利益を得させる意思を有しないと推定されるアメリカの理論は、わが国でも積極的に適用すべきであるとする。示唆的な指摘である。

三　保険金受取人の地位

(1)　保険金受取人の権利　保険金受取人は、受益の意思表示を必要とすることなく、当然に保険契約上の権利を取得する（四二条）。したがって、保険金受取人に指定された者が保険契約に基づく利益を享受したくないと考える場合には、権利の放棄をすることを要し、放棄すると、保険契約者の自己のためにする保険契約となる。保険金受取人の権利の取得時期については、法律に規定がないので問題があるが、保険契約者が保険金受取人の変更権を留保しているか否かを基準として判断される。すなわち、留保していない場合には、指定と同時に条件付の保険金請求権を取得するが、留保している場合には、争いはあるが、通説は、指定と同時に条件付の保険金請求権を取得すると解している(1)。保険金受取人の権利は、保険契約者が有していた権利の承継的取得ではなく、自己固有の権利として原始的に取得される。これを、保険金請求権取得の固有権性という(2)。

保険金受取人が取得する権利にはどのようなものが含まれるかは、保険者と保険契約者との間の契約によって定められる。保険金請求権を取得することについては問題がないが、保険契約の当事者であることに基づく権利、すなわち、保険契約の解約権、保険金受取人の変更権は、保険金受取人は取得しない。問題となるのは、解約返戻金請求権、保険料積立金返還請求権、利益配当請求権、証券貸付請求権である。これらの権利が保険契約者と保険金受取人のいずれに属するのかについては、契約当事者、とくに、保険契約者の意思を合理的に解釈して決するほかない(3)。

保険金受取人の権利は、固有の権利として原始的に取得されるものであるが、保険者と保険契約者との間の保険契約を基礎として認められるものであるから、保険契約の不成立・無効・消滅により保険金受取人の権利も影響を受け、また、保険料不払や告知義務違反を理由とする保険者の解除や、保険契約者の解除によっても保険金受取人は対抗を受けることになる。さらに、後に説明するように、保険契約者は、ある者を保険金受取人に指定した後においても、保険事故が発生するまではこれを自由に変更することができるので（四三条一項）、保険金受取人の権利は確定的でなく、変更権の行使によって消滅するという不安定な権利である。[4]

（1）山下（友）・前掲ジュリ七四七号二八六頁参照。
（2）保険金請求権取得の固有権性から論理的に導かれる帰結については、山下（友）・前掲ジュリ七四七号二八七―二八八頁参照。
（3）山下（友）・前掲ジュリ七四七号二八六頁。
（4）大森＝三宅・諸問題四二〇頁。

(2) 保険金受取人の義務　保険金受取人に指定された者は、これによって当然に保険契約上の義務を負担するものではない。とくに、保険金受取人は、保険契約の当事者ではないから、保険料支払義務は、保険契約者が負担する（二条三号）[1]。また、保険金受取人は、被保険者が死亡したことを知ったときは、遅滞なくこれを保険者に対して通知すべき義務を負う（五〇条）。

（1）改正前商法は、保険契約者が破産手続開始の決定を受けたときは、保険者は保険金受取人に対しても保険料の支払を請求できると定めていた（商旧六八三条一項＝六五二条）。しかし、このような場合には、破産管財人としては保険契約の解除を選択するのが通常であるし、実務上も右の規定により保険者が保険金受取人に対して保険料を請求することはないことから、保険法では、これに相当する規定は設けられていない（萩本・一問一答二一四頁）。

四　保険金受取人の変更

(1) 総説　第三者のためにする保険契約によって保険金受取人が指定され、保険金受取人が権利を取得した以上、保険契約の当事者はこれを変更しまたは消滅させることはできないのが原則である（民五三八条）。しかし、生命保険契約は、通常は長期間にわたる契約であり、その間の事情の変更によって、保険契約者が、別の者を保険金受取人に変更し、あるいは、保険金受取人に対して利益を与えることを撤回して自らがこの利益を享受したいと考えることは無理からぬことである。しかも、保険者の立場からしても、誰に保険金を支払うかについて保険者はとくに重大な利害関係を有しているわけではない。そこで、保険金受取人の変更が認められている。

改正前商法は、保険金受取人の変更等について規定を設けていたが（商旧六七五条以下）、その規定には必ずしも規律の内容が明確とはいえないものがあるため、保険法は、以下に述べるように、保険金受取人の変更に関する規定を全面的に見直している。

(2)　保険金受取人の変更　　保険契約者は、保険事故が発生するまでは、契約締結時に保険金受取人の変更権を留保しているか否かを問うことなく、保険金受取人の変更をすることができる（四三条一項）。これは、長期間にわたる生命保険契約の存続期間中に保険契約者と保険金受取人との関係について種々の事情変更が生じうること、このような事情変更があった場合には保険契約者の意思をできるだけ尊重すべきであるという理由に基づく(1)。

保険金受取人変更の意思表示は、保険者に対してなされることを要する（四三条二項）。改正前商法のもとでは、保険金受取人変更の意思表示の方法等について規定がなかったため、意思表示の相手方についても解釈が分かれていたが、最判昭和六二年一〇月二九日民集四一巻七号一五二七頁は、保険金受取人変更の意思表示の相手方は必ずしも保険者であることを要せず、新・旧保険金受取人のいずれに対してしてもよいと判示した。これに対し、保険法は、保険金受取人を誰にするかは生命保険契約にとって最も重要な要素の一つであるので、その変更の意思表示についても契約当事者である保険者を相手方とするのが簡明かつ自然であること、右の判例の立場によると、新・旧保険金受取人に対する意思表示さえあれば、保険金受取人変更の効力が生ずることになるが、変更の通知を受けていない保険者が旧受取人に対して保険金を支払ったときは保険者は免責されるため（商旧六七七条一項参照）、新受取人は、保険金を受取った旧受取人に対して不当利得返還請求をすることになり、法律関係がいたずらに複雑化することになってしまうことから、保険金受取人の変更については、意思表示の相手方を保険者に限定することとした(2)。

そして、保険金受取人変更の意思表示は、その通知が保険者に到達したことをもって、当該通知の発信時に遡ってその効力が生ずる（四三条三項本文）。意思表示の効力発生時期に関する一般原則によると、保険金受取人変更の意思表示の通知が保険者に到達した時からその効力が生ずることになる（民九七条、到達主義）。しかし、それでは、保険契約者が保険金受取人変更の意思表示を発した後、その通知が保険者に到達する前に保険事故が発生した場合には、もはや保険金受取人変更の効力は生じないため、保険金は変更前の保険金受取人に支払われることになるという保険契約者の意思に反する結果になる。そこで、保険法は、右のような場合にも保険契約者の意思を尊重して保険金受取人変更の効力を生じさせるために、到達主義の例外を認めたのである。もっとも、保険金受取人変更の意思表示が保険者に到達した時点で、保険者が変更前の保険金受取人に対してすでに保険金を支払った場合にも、当該意思表示の効力が遡及的に生ずることとすると、保険者には二重払の危険が生ずるので、保険法は、例外的に、意思表示の到達前に行われた保険給付の効力を妨げないと定め（四三条三項但書）、保険者がすでに行った保険給付の効力が遡及的に否定されないようにしている(3)。

なお、保険法四三条二項および三項の規定は、意思表示の方法および効力発生時期を定めるものであり、その性質上強行規定である。

（1）　萩本・一問一答一七九頁。保険法四三条の解説として、山下＝米山・二九七—三一二頁（山野筆）がある。なお、改正前商法六七五条二項によると、保険契約者が保険金受取人の変更権を行使しないまま死亡したときは、保険金受取人の権利は確定するとされ、その結果、保険契約者の相続人は変更権を行使しえないことになる。誰を保険金受取人とするかの決定権は保険契約者自身に認めるのが妥当であるとする考えに基づく。これに対し、保険法は、保険料支払義務等を承継する相続人に保険金受取人の変更権だけを認めないとすることは相当ではないとして、右の規定に相当する規律を設けていない（萩本・一問一答一七九頁（注））。なお、保険契約によっては、保険金受取人の変更権を一定の範囲の者への変更に限定したり、保険者の同意を要件としたりすることに合理性が認められる場合もあることから、保険法四三条一項は任意規定とされているが、保険金受取人の変更を認めない旨の約款規定の効力が問題となる。これを有効と解する見解もあるが（福田＝古笛編・逐条解説改正保険法一三二頁（甘利筆））、保険金受取人変更を一定の範囲に限定する約款規定やこれを全く認めない約款規定の効力を認めるためには、商品の性質上そうすることについて合理性が担保されていることが必要であり、これを逸脱する場合には、消費者契約法一〇条が適用される余地があるとする見解がある（山下＝米山・三〇六頁（山野筆））。

（2）　萩本・一問一答一八一頁。
（3）　萩本・一問一答一八三―一八四頁。

(3)　遺言による保険金受取人の変更　改正前商法は、遺言による保険金受取人の変更について明文の規定を設けていなかったため、その可否について見解が分かれていた。しかし、保険契約者が、保険金受取人の変更を家族に知られたくない場合や、遺産の分割方法について遺言を残すと同時に自己の死亡保険金の受取人も変更したい場合等には、遺言による保険金受取人の変更を利用したいというニーズもありうることから、保険法は、保険契約者の意思をより尊重するために、遺言による保険金受取人の変更を明文で認めることとした（四四条一項）。そして、遺言による保険金受取人の変更は、民法九六〇条以下に定める遺言の要件を備えていれば、その効力が生ずることになる[1]。

ところで、遺言は相手方のない単独行為であり、通常、保険者としては、遺言による保険金受取人の変更があったことを直ちに知ることができないので、保険者に二重払の危険が生じないようにする必要がある。そこで、保険法は、遺言によって保険金受取人が変更された場合には、保険契約者の相続人がその旨を保険者に通知しなければ、保険者に対抗できないと定めている（四四条二項）[2]。

なお、保険法四四条二項の規定は、対抗要件を定めるものであり、その性質上強行規定である。

（1）　萩本・一問一答一八五頁。なお、保険法四四条の解説として、山下＝米山・三一三―三一四頁（山野筆）参照。
（2）　萩本・一問一答一八五頁。

(4)　保険金受取人の変更についての被保険者の同意　　死亡保険契約の保険金受取人の変更の効力が生ずるためには、被保険者の同意を要する（四五条）。これについては、すでに説明した。

(5)　変更行為の法的性質　　改正前商法および保険法は、変更行為の法的性質については何ら定めていない。保険金受取人の変更は、保険契約者の一方的意思表示によってなされる単独行為であり、保険者の同意や、新・旧保険金受取人の同意を要せずしてその効果が生ずる。この意味において、変更権は形成権に属する。この点については、従来から見解は一致している(1)。また、従来の通説的な見解によると、保険金受取人の変更行為は、財産関係の変動をもたらす行為であるので、身分上の行為ではなく、保険契約者の一身専属的な人格権と解することもできないとされる。その結果、制限行為能力者が保険金受取人の変更をなすには法定代理人等の同意を要し、保険金受取人の変更行為については詐害行為取消権（民四二四条）や否認権（破一六〇条）が認められ、債権者は、債権者代位権（民四二三条）により、保険金受取人変更権を代位行使することができる(2)。

（1）　松本・二五二頁、大森・二七九頁、伊沢・三五四頁、田中＝原茂・二九八頁、石田・二九一頁。
（2）　大森・二八〇頁、伊沢・三五五頁、石田・二九二頁。これに対し、近時の有力説は、保険金受取人変更権は保険契約者の一身専属権と解し、かかる権利行使を否定している（山下・五〇五頁、山下＝米山・三〇九―三一〇頁（山野筆））。

五　保険金受取人の死亡

改正前商法によると、保険金受取人が被保険者でない第三者の場合において、保険金受取人が死亡したときは、保険者はさらに保険金受取人を指定することができるとされた（商旧六七六条一項）。これに対し、保険法は、保険契約者に保険金受取人の変更権を認めており（四三条一項）、保険金受取人が死亡した場合に保険契約者が保険金受取人を変更することができるのは当然であるとして、改正前商法のような規定を設けていない(1)。保険金受取人が死亡した後、保険契約者が保険金受取人を変更しない間に保険事故が発生した場合には、誰が保険金受取人となるかが問題となる。この問題について、改正前商法には明文の規定がなかったため、見解が分かれていた[(2)]。そこで、保険法は、保険金受取人が保険事故発生前に死亡した場合には、当該保険金受取人の相続人全員が保険金受取人となると定め(四六条)、保険金受取人が存在しない状態を回避している[(3)]。そして、死亡した保険金受取人の相続人が複数存在している場合には、各人の取得する保険金請求権の割合は、民法四二七条の適用により平等の割合になるものと解される(均等割合説)[(4)]。

(1)　なお、改正前商法六七六条二項によると、保険金受取人が死亡した場合において、保険契約者が新たに保険金受取人を指定する権利を行使せずに死亡したときは、保険金受取人であった者の相続人が保険金受取人となり、保険契約者の相続人は保険金受取人の変更権を行使することはできないとされていた。これに対し、保険法は、保険契約者が死亡したとしても、保険金受取人の変更権だけが、保険契約者の地位を承継する相続人に承継されないとするのは相当ではないとして、右の規定に相当する規律を設けていない(萩本・一問一答一七九―一八〇頁)。

(2)　通説は、保険金受取人であった者の相続人が保険金受取人たる権利を取得すると解していた。その理由として、保険契約者が保険金受取人を変更しないということは、第三者のためにする保険契約を一変せしめて自己のためにする保険契約としようと欲したというよりも、保険金受取人であった者の相続人を受取人としようと欲していると解されることを挙げていた(大森・二七九頁、伊沢・三五四頁、石井＝鴻・二五二頁、田辺・二六九頁(2)、西島・三七一頁、石田・二八九頁、大沢功・生保判例百選四五頁、服部＝星川・基本法コン二七七頁(金沢筆))。

(3)　萩本・一問一答一八八頁。

(4)　最判平成五年九月七日民集四七巻七号四七四〇頁(解説として、大塚(英)・百選一五二頁参照)。判例の立場に対し、部分的二段階適用説や相続割合説も主張されているが、詳細については、山下＝米山・三三六―三三八頁(竹濱筆)参照。なお、保険契約者兼被保険者である夫と保険金受取人である妻が同時に死亡したが、夫の相続人と妻の相続人が異なる場合(たとえば、夫婦の間に子がなく、それぞれの尊属や兄弟姉妹が相続人になるような場合)、誰が保険金受取人になるかが問題となる。右のような事案につき、改正前商法下ではあるが、最判平成二一年六月二日民集六三巻五号九五三頁は、「商法六七六条二項の規定は、保険契約者と指定受取人とが同時に死亡した場合にも類推適用されるべきものであるところ、同項にいう『保険金額ヲ受取ルヘキ者ノ相続人』とは、指定受取人の法定相続人又はその順次の法定相続人であって被保険者の死亡時に現に生存する者をいい…、ここでいう法定相続人は民法の規定に従って確定されるべきものであって、指定受取人の死亡の時点で生存していなかった者はその法定相続人になる余地はない…。したがって、指定受取人と当該指定受取人が先に死亡したとすればその相続人となるべき者が同時に死亡した場合において、その者又はその相続人は、同項にいう『保険金額ヲ受取ルヘキ者ノ相続人』には当たらない」と判示した。この判決の解説として、福島・百選一五四頁参照。

第五節　生命保険契約の締結

第一款　生命保険契約の成立

一　総　説

生命保険契約は、諾成契約であるので、契約当事者の意思表示の合致によって成立する。保険申込者たるべき者がなす生命保険契約の申込は、保険契約申込書に必要事項を記載し、これを生命保険募集人に交付するという方法が一般的に行われている。

生命保険契約の申込者は、申込をした後一定期間はその申込に拘束され、原則として、申込を任意に撤回することはできない。すなわち、申込者が承諾期間を定めたときは、その期間中は申込を撤回しえず、申込者が承諾期間を定めていないときは、承諾の通知を受けるのに相当の期間を経過するまでは申込に拘束される（民五二一条一項・五二四条）。以上は、申込の拘束力に関する一般原則であるが、生命保険業界では、契約の申込については昭和四九年九月一日からクーリング・オフの制度が自主的に採用され、その後、平成七年の保険業法改正によって申込者のクーリング・オフの権利は法定されるに至った。それによると、法定の場合を除き、申込者は、保険契約の申込の撤回または解除に関する事項を記載した書面の交付を受けた場合において、その交付を受けた日と申込日のいずれか遅い日から起算して八日を経過するまでは、書面により保険契約の申込の撤回または解除をすることができ、申込の撤回または解除があったときは、保険者は、内閣府令で定める一定の金額を除いては、申込の撤回等に伴う損害賠償または違約金等の支払を請求することができず、保険契約に関連して受領した金銭を申込者に速やかに返還しなければならないとされている（保険三〇九条）。

二　承諾前死亡

保険約款によると、保険者が契約の申込とともに第一回保険料相当額（保険料充当金ともいう）を受け取った後に申込を承諾した場合にはその保険料相当額を受け取った時から、また、被保険者の診査（または被保険者に関する告知。以下同じ）前に受け取った場合には診査の時から、保険者は保険契約上の責任を負うと定められている（責任遡及条項）[1]。これは、生命保険契約においては、一般に、保険加入者が第一回保険料相当額を添えて保険契約の申込を行い、保険者は、その申込を受けた後に被保険者たるべき者の健康状態の調査等をなし、その結果により承諾をするか否かを決定するのを通例とする、ということに基づくものである。しかし、約款の規定によると、保険者の責任が遡及するのは、保険者が申込に対して承諾をなし契約が成立した場合であり、保険者が承諾せず、契約が成立しない場合には、責任の遡及も生じない。そこで、保険者の承諾が行われる前に被保険者が死亡した場合、保険者は承諾をしない自由を有するか否か、保険者は承諾して保険金を支払う義務を負うか否かが問題となり、これが、承諾前死亡の問題である。申込から承諾までの間に保険事故が発生しても、保険契約は未成立のゆえに、保険者は保険金支払責任を負わないと解される余地がある。そこで、右に述べた保険約款の規定の解釈をめぐって、学説は、大きく分けて、二つに分かれている。

まず、責任遡及説によると、約款の規定は、保険契約の成立自体ではなく、保険者の承諾によって成立した契約の効果としての保険者の責任開始時期についての約定であると解されている。すなわち、生命保険契約は、申込と承諾により成立し、その効果としての責任開始が、第一回保険料相当額の払込ないし被保険者の診査の時に遡及するとする。そして、生命保険契約は諾成契約であり、保険者は諾否決定の自由を有するとする。この見解が従来からの通説である。(2)しかし、この見解によると、保険者は諾否決定の自由を有することから、承諾前に保険事故が発生した場合の救済が困難となる。(3)そこで、信義則に基づく解釈として、第一回保険料相当額の支払時において被保険者が保険適格体であった場合には、保険者は承諾義務を負うとする見解が主張されている。(4)そして、現在の保険実務においても、当該事故が発生しなければ当然承諾したであろう申込については、承諾して保険金を支払うという原則が例外なく確立されているといわれている。(5)

これに対し、さらに徹底して、約款の規定は、第一回保険料相当額の払込時または被保険者の診査時に条件付契約が即時に成立するという趣旨の規定であると解する見解がある。(6)すなわち、第一回保険料相当額の払込時または被保険者の診査時に、被保険者が保険可能体であることを前提として、保険者の承諾を停止条件とし、あるいは保険者の拒否を解除条件として、契約が即時に成立するとする。この見解に対して、保険約款の規定は、生命保険契約は申込に対する承諾によって成立するとしており、単に責任開始時期を遡及させているにすぎないのであるから、第一回保険料相当額の払込時または診査時から保険契約が成立していると構成することは困難であると指摘されている。(7)また、契約は、通常は申込と承諾によって成立するのが契約法の一般原則である。(8)したがって、承諾前に死亡した被保険者が保険適格性を有していたときは、保険者は承諾義務を負うとする構成が妥当であろう。

(1)　責任遡及条項と遡及保険規定との関係については、山下＝米山・二一五頁以下（洲崎筆）参照。
(2)　大森・続法的構造一八四頁、石井隆「責任遡及条項と承諾前事故の取扱い」保雑四五九号九六―九七頁、奥田「承諾前死亡について」保雑四三六号四九―五〇頁。
(3)　吉川「承諾前死亡と保険者の責任」戸田＝唐松・商取引法の基礎三一五頁、田中＝原茂・二八〇頁。
(4)　田中＝原茂・二八〇頁、古瀬村・生保判例百選四九頁、石田・二九三頁、同・生保判例百選六三頁、中西「生命保険契約にも

とづく保険者の責任の開始」所報四七号九一―九二頁、同「生命保険契約の成立および責任の開始」ジュリ七三四号三三頁。なお、東京地判昭和五四年九月二六日判タ四〇三号一三三頁は、承諾前死亡の事案において、被保険者が皮膚疾患により治療中であるため、保険者がその内部的な査定基準に照らして承諾しなかったことは信義則に反しないと判示した。解説として、小林・百選一〇八頁参照。

（5）古瀬村・生保判例百選四九頁参照。

（6）倉沢・現代的課題一八五頁、吉川「契約の成立と保険料の払込」静論三一・三三号一三九頁以下、同・前掲戸田＝唐松・商取引法の基礎三一五頁。

（7）石田・二九三頁。

（8）中西・前掲ジュリ七三四号三七頁。

第二款　告知義務

一　総　説

生命保険契約の締結に際し、保険契約者または被保険者は、保険事故発生の可能性に関する重要な事項のうち保険者が告知を求めたものについて、事実を告げることを要し（三七条）、これに違反したときは、保険者は一定の要件のもとに契約を解除することができる（五五条）。これが、保険契約者または被保険者の告知義務である。生命保険契約に関して生ずる紛争の多くは、告知義務をめぐる問題であり、多くの判例が形成されている。この点、損害保険契約と対照的である。

告知義務の理論的根拠、法的性質、告知義務者およびその相手方、告知の時期と方法、告知事項、違反の要件・効果、告知義務違反と詐欺・錯誤との関係等の一般的な問題については、すでに説明したので、以下では、生命保険契約における告知義務についてとくに問題となる諸点についてのみ説明する。

二　告知義務者および相手方

(1)　告知義務者　　生命保険契約において、保険契約者のほかに、被保険者も告知義務者とされている（三七条）。被保険者は、保険が付けられる者として、自己の過去の病歴や現在の健康状態をよく知りうる立場にあることに基づいている。これに対し、保険金受取人は、契約の当事者ではなく、また、被保険者の健康状態等に関する情報に通じていないことが一般的であると考えられることから、告知義務者とはされていない。

(2)　告知の相手方　　告知をなすべき相手方は、保険者、または保険者のために告知を受領する代理権を有する者であるが、この点につき、診査医（保険医）、生命保険面接士、保険外務員の地位が問題となる。

(イ)　診査医　　診査医には、保険者との間に雇用関係がある社医と、準委任関係がある嘱託医とがあるが、生命保険では、無診査の場合は別として、保険者は、保険契約の締結前に診査医をして、被保険者の身体・健康状態など危険測定上重要な事項について診査させている。診査医は、生命保険契約の成立前に、被保険者となるべき者の診査を行い、これを保険者に報告すべき任務を負っている。このような診査医に対する告知が保険者に対する告知となるか否か、また、その際に診査医が重要事項を知りまたは過失によって知らなかった場合に、これが保険者の知または過失による不知として、告知義務違反を理由とする保険者の解除権行使を妨げることになるか否かが問題となる。この点につき、判例・学説は一貫して肯定する立場に立っている。ただ、これを肯定する理論的根拠をいかに説明するかについては、機関説、衡平説、推定説が対立しているが、この点については、すでに説明した[1]。

(ロ)　生命保険面接士　　生命保険面接士とは、生命保険協会の検定試験に合格した者に与えられる生命保険業界内部における資格で、被保険者の身体・体重・顔色などを観察し、告知義務者が告知書に記載した告知事項の確認を行うことを主たる任務とする者をいう。医師でない点で診査医と異なり、また、生命保険契約の募集を行わず、新規契約高に比例した歩合給を受けるのでもないので、外務員とも異なる。告知義務者が生命保険面接士に口頭で告知したとしても、口頭の告知の受領権限を有する者は診査医に限定されていることから、保険者に対する告知にはならないと解されている(2)。

(ハ)　保険外務員　生命保険の加入申込の勧誘にあたる保険外務員は、保険契約締結の権限を有しないのみならず、告知受領の代理権も有しないとされている。したがって、とくに告知受領権限を与えられている場合や表見代理の法理が適用される場合は別として、保険外務員に対する告知は保険者に対する告知とはならず、また、保険外務員の知または過失による不知は、保険者の知または過失による不知とはならないと解する点において、判例・多数説は一致している(3)。

しかし、保険外務員のように、保険者のために保険契約の締結の媒介を行うことができる者（保険媒介者、二八条二項二号参照）の指揮や監督は保険者が行うのが当然であること、保険契約者等が保険加入申込の勧誘を行う者の言葉を信じて告知義務を履行しなかった事情がある場合には、保険契約者等の信頼を保護する必要があることから、保険媒介者の告知妨害や不告知教唆による不利益は、保険契約者等ではなく、指揮や監督を適切に行わなかった保険者に課すのが妥当である。そこで、保険法は、保険外務員を含む保険媒介者による告知妨害および不告知教唆を保険者の解除権の阻却事由と定め（五五条二項二号・三号）、保険契約者等の保護を図っている。この点については、すでに説明した。

(1)　判例の詳細な分析については、大森＝三宅・諸問題一八三頁以下参照。

(2)　服部＝星川・基本法コン二七九頁（金沢筆）。

(3)　詳細については、江口・商法の争点（第二版）二四一頁以下参照。これに対し、外務員の告知受領権限を肯定する見解も主張されているが、その構成をめぐっては、議論が分かれている。この点については、すでに説明した。

三　告知事項

(1)　危険に関する重要な事項　告知事項は、危険測定に関する重要な事項である。その判断基準は、保険者がその事実を知っていたならば、保険契約を締結しなかったか、または約定保険料よりも高額な保険料を徴収しないかぎり保険契約を締結しなかったと客観的に判断されるか否かに求められる。保険契約者または被保険者は主観的に重要でないと判断したが、保険者が主観的に重要であると判断した場合でも、当事者の主観的判断によってではなく、保険取引の通念に即して裁判所が客観的に判断すべきことになる。もっとも、いかなる事項が重要な事項、したがって告知事項に該当するかについては、微妙な判断を要求され、そのため、当事者の地位が不安定になるおそれが生ずることは避けられないが、生命保険の分野においては多数の判例が形成されており、相当の程度において判断基準が確立されるにいたっているといいうる。

⑵　具体例　判例によると、次のように判断されている。(1) ①道徳危険の存在を示すにとどまる事項、たとえば、保険契約者がその資力に比較して過大な保険金額の保険契約を締結することは、重要な事項ではない。(2) ②被保険者の身分も重要事実ではない。(3) ③被保険者の既往症および現症で、重要事実とされたものとして、肺結核、結核性腹膜炎、肺炎、肋膜炎、気管支炎、気管支喘息、胃潰瘍、慢性胃酸過多症、胆石病、脚気、精神病、高血圧症、心臓病、胃癌、子宮癌腫、子宮筋腫、梅毒、妊娠、子宮異常出血等があり、反対に、重要事実でないとされたものとして、扁桃腺炎、胃拡張、骨傷、軟性下疳、流産等がある。(4) ④被保険者の血族、とくに尊属親に遺伝的疾病があるか否か、その健否・死亡年令・死因いかんは重要事実である。(5) ⑤被保険者の父母の健否・死亡年令・死因につき、父親が老令にて脳溢血で死亡した事実は重要事実でないとされ、(6) 父親が精神病で自殺した事実は重要事実であるとされる。(7) ⑥被保険者の職業につき、理髪業を農業と告知し、(8) 教員を貿易商と告知しても告知義務違反とはならない。(9) ⑦他の保険会社との保険契約に関する事項につき、他の保険会社に生命保険契約の申込をしたが拒絶された事実は、重要事実である。(10) 他の保険会社に保険契約の申込をして再診査に付された事実も重要事実である。(11) 他の保険会社との生命保険契約が解除された事実は重要事実である。(12) 他の保険会社との保険契約が重要な事実にあたるか

否かにつき、大審院の判決は、肯定するもの(13)と否定するもの(14)とに分かれている。

（1）判例の詳細については、中西・総合判例研究叢書・商法(8)一八―六〇頁、大隅＝戸田＝河本・判例コン七一九―七三〇頁（石田筆）参照。
（2）大判明治四〇年一〇月四日民録一三輯九三九頁。この判決につき、中西・生保判例百選六四頁参照。
（3）大判大正二年三月三一日民録一九輯一八五頁。
（4）詳細については、中西・総合判例研究叢書・商法(8)二二―二七頁参照。
（5）大判大正四年四月一四日民録二一輯四八六頁。なお、現在の生命保険実務では、血族（尊族親）の遺伝性疾患は、告知の対象とされていない（山下・二九九頁）。
（6）東京地判大正六年四月一二日評論六商二四五頁。
（7）東京地判昭和八年九月一一日法律新聞三六一二号七頁。
（8）大阪控判明治三八年一二月一五日法律新聞三三九号八頁。
（9）大判明治四〇年一〇月四日民録一三輯九三九頁。
（10）大判明治四〇年一〇月四日民録一三輯九三九頁。
（11）東京地判昭和七年七月一五日評論二一商五六六頁。
（12）大判大正六年一二月五日民録二三輯二〇五一頁。
（13）大判大正六年一二月五日民録二三輯二〇五一頁。
（14）大判明治四〇年一〇月一四日法律新聞四六〇号一三頁、大判昭和二年一一月二日民集六巻一一号五九三頁。後者の判決につき、中西・生保判例百選六六頁参照。

(3)　少し注意すれば思い出せた事実　　症状が軽く自覚症状もないために告知をしなかったが、保険契約の締結時に、少し注意すれば思い出せた事実を忘れていて告知しなかった場合、重過失による告知義務違反となるか否かが問題となる。判例は、契約締結の三カ月前に軽い脳溢血症にかかっていたという事案において(1)、また、契約締結の約一年半前に数回多量の喀血をしたという事案において(2)、契約締結の当時に、少し注意すれば思い出せた事実を忘れていて告知しなかった場合には、重過失による告知義務違反になると判示した。

告知義務違反が成立するためには、主観的要件として、告知義務者の故意または重過失が存在することを要し、ここで問題となるのは、重過失の有無である。そして、重過失は、次の三つの場合について問題となりうる。①告知すべき事実の存在を知らないことについて重過失がある場合であり、②告知すべき事実の存在は知っていたが、その事実が重要な事実であることを知らないことについて重過失がある場合であり、③事実の存在とその重要性を知っていたが、これを告知しなかった点に重過失がある場合である。そして、右の判決は、告知義務者の知らない事実の不告知について告知義務違反を認めた判例であると位置づける見解がある。[3] しかし、たとえば、三カ月前に脳溢血症にかかった者は、これを記憶し知っているのが通常であると考えられるので、右の判決をもって、知らない事実の不告知について告知義務違反を認めたと位置づけることには疑問があろう。[4] むしろ、右の判決の事例は、三カ月前にかかった軽度の脳溢血症を告知しない事案であり、したがって、判決は、告知義務者において、その事実の重要性の不知について重過失があったと認定したものとして、支持すべきであろう。[5] 事実の不知についての重過失は、告知義務違反とはならない。

(1) 大判大正四年六月二六日民録二一輯一〇四四頁。
(2) 大判大正七年四月二七日法律新聞一四二二号二〇頁。
(3) 大森・一二八頁(二)、石井＝鴻・一七一頁、田中＝原茂・一七一頁。
(4) 中西・総合判例研究叢書・商法(8)一一八頁、西島・八八頁(6)、山口・判例百選一五五頁、清水・生保判例百選八三頁。
(5) 西島・三八三頁、石田・三〇〇頁、大隅＝戸田＝河本・判例コン七三一頁(石田筆)、山口・判例百選一五五頁。

四　告知の時期

告知義務は、「保険契約の締結に際し」履行することを要する(三七条)。告知義務違反の有無は、契約申込の時ではなく、契約成立の時を基準として判断する。したがって、契約申込の時に告知義務違反があっても契約成立の時まで新たに告知し、また、前の告知を補正すれば、告知義務違反はなくなる。反対に、契約成立後においては、成立前にすでに告知してしまった内容を修正・撤回・追加することによっても、成立前における告知義務違反を補正することはできない(1)。なお、保険約款においては、生命保険契約の復活、復旧についても告知義務を課しているが、このような場合にまで告知義務を課すことが妥当か否かについては、検討の余地があるとされている(2)。

法律の規定によると、告知は契約の成立時までにすれば足り、告知義務違反の有無は、契約成立の時を標準として判断することになっている。これに対し、生命保険の約款においては、かつて、告知義務の履行時期を、原則として、契約の申込時とし、契約申込の後に第一回保険料または第一回保険料相当額が払い込まれる場合には、申込後その払込がなされるまでの間に被保険者の健康に著しい異常が生じ、その他重要事項について異動が生じたときは、保険者に告知してその承認を求めることを要するとされ(追加告知)、これに違反すると保険者の解除権が発生するとされていた。まず、告知義務の履行時期を契約の成立時ではなく契約の申込時と定める特約は有効と解される。なぜなら、保険法三七条にいう「保険契約の締結に際し」というのは、同規定の前身である改正前商法六七八条にいう「保険契約ノ当時」と同様に、契約の申込時から成立時までを示す幅のある概念であることから、申込時も広い意味で契約締結時の中に含まれると解することは不可能ではないこと、保険約款においては、第一回保険料領収後に保険者が申込に対し承諾した場合の責任開始時期が保険料領収日に遡及するとされているので、保険契約者が不利益を被るおそれはないと考えられるからである(3)。これに対し、追加告知条項については問題がある。保険料の払込が契約の申込後、契約成立前になされている場合には問題がないが、保険料の払込が契約成立後になされた場合には、契約成立後に生じている事実を告知義務の対象に加えることになり、法律の規定に違反するのではないかという問題が生ずる。すなわち、保険者は、自ら収集した危険測定資料と保険加入者の提供した告知事項によって契約申込の諾否を決定する以上、契約の成立によって告知義務は完成されるのであり、契約成立後にまで告知義務を認めることは、告知義務立法の効果を減殺するのではないかという疑問が生ずる(4)。これに対し、告知義務に関する法律の規定の強行規定性を肯定しつつ、追加告知条項を有効と解する見解がある。その理由として、告知事項発生の時間的範囲を保険者の責任開始時までとすることは告知義務違反の要件を実質的に変更するものではないこと、保険技術上、保険者の責任開始時の重要事実を保険者が重視することに合理性が認められるとする。(5)

(1) 大森・一二三頁、小町谷・総論(一)二〇八頁、西島・三八五頁。
(2) 石田「生命保険」竹内＝龍田・現代企業法講座4三七〇頁。
(3) 西島・三八六頁(2)、石田・三〇一頁(1)。
(4) 青谷・I一九三頁、同「告知義務の延長」生命保険経営三一巻一号六〇頁。
(5) 西島・三八七頁(3)。契約成立後にまで告知義務の履行時期を延長する趣旨は、契約成立後被保険者の健康の異常によって翻意第一回保険料を支払って、保険事故発生の場合に保険金を獲得しようとする意図を防止するためであると解されている（江口・判例百選一四三頁）。なお、このように、追加告知条項の効力をめぐって見解が分かれていたことから、この条項は、昭和四九年九月に廃止された（石田・三〇一頁(1)）。

五　告知義務違反による契約解除

告知義務違反があったときは、保険者は保険契約を解除することができる。別個の事実について告知義務違反があるときは、保険者は、それぞれの事実に基づいて独立して保険契約を解除することができる。(1)

(1) 大判大正九年四月一六日民録二六輯五三七頁、大隅＝戸田＝河本・判例コン七四一頁（石田筆）。

(1)　解除の通知の相手方　　契約解除の意思表示は、契約の相手方である保険契約者またはその相続人に対してなすことを要する。第三者のためにする保険契約の場合においても、保険契約者の死亡後は、保険契約者の相続人に対して解除の意思表示をなすことを要する。(1)

保険約款では、保険契約者が二人以上おり、代表者が定められているときは、その代表者に対して解除の通知をすればよく、代表者の定めがないかまたはその所在が不明のときは、契約者の一人に対してなした解除の通知は他の契約者に対しても効力が生ずると定められている。また、保険約款では、保険契約者またはその相続人の所在が不明であるなど、正当の事由によってその者に通知をなしえない場合には、被保険者または保険金受取人に解除の通知をなしうると定められている。これは、解除の通知の相手方は、本来は保険契約者またはその相続人であるとすることに反する定めであるが、保険者の大量事務処理に必要で合理的な措置[2]、あるいは、保険金受取人に解除通知受領の代理権を認めたものと解して[3]、その有効性は肯定されている。

（1）　大森・二八七頁、伊沢・一七四頁、石井＝鴻・一七二―一七三頁、西島・三八八頁、大判大正五年二月七日民録二二輯八三頁。この判決につき、戸塚・生保判例百選一〇〇頁参照。なお、最判平成九年六月一七日民集五一巻五号二一五四頁は、保険契約者兼受取人たる有限会社が意思表示を受領する権限を有する者を欠く状態にある場合において、転付命令により保険金受取人の保険者に対する生命保険金請求権を取得した者があるときは、保険者は、転付債権者に対しても告知義務違反を理由とする生命保険契約の解除の意思表示をすることができると判示した。この判決の解説として、山下（真）・百選一三〇頁参照。

（2）　西島・三八八頁、石田・三〇一頁。

（3）　大森・二八七頁（三）。

(2)　解除権の阻却　告知義務違反があっても、保険者が不告知または不実告知の対象となった事実を知りまたは過失により知らなかった場合には、解除権は認められない（五五条二項一号）。この場合の過失は、重大な過失に限られないことは法文上明らかであるのみならず、これを重大な過失に限定して解釈すべき法理上の根拠も存在しない。診査医の知または過失による不知が、保険者のそれと同視されるか否かの問題については、すでに説明した。保険者の知または知らないことについての過失の立証責任は、解除権が発生しないことを主張する保険契約者が負担する。また、保険媒介者による告知妨害や不告知教唆があった場合にも、保険者は、解除権を行使することはできない（五五条二項二号・三号。ただし、同条三項）。これについては、すでに説明した。

(3)　解除権の消滅　解除権は、保険者が解除の原因があることを知った時から一カ月間これを行使しないとき、または、契約締結の時から五年を経過したときは消滅する（五五条四項）。この期間は、時効期間ではなく除斥期間である。このような期間が設けられている趣旨は、法律関係を早期に決着させ、保険契約者の地位の安定を図るという点にある。

六　契約の解除と弔慰金の支払

保険者が告知義務違反を理由として保険契約を解除したときは、解除がされた時までに発生した保険事故に関し、保険者は保険金の支払責任を負わない（五九条二項一号本文）。ところが、生命保険の実務において、告知義務違反を理由とする契約解除の場合に、保険者が保険金の支払を全面的に拒否するのではなく、弔慰金等の名目で若干の金額を支払うという慣行が存在しているといわれている。そこで、法の規定と異なった処理をしている右の慣行の正当化理由と適正な運用の確保が問題となる[1]。

まず、弔慰金制は、次の理由からその正当性・合理性が肯定されるといわれる。第一は、保険契約者側の訴訟離れと保険者側の示談志向である。すなわち、保険契約者が保険に関する紛争をすべて裁判で解決することを望むのであるならば、弔慰金制が存在する余地はないが、告知義務違反をめぐる大部分の紛争が弔慰金制により裁判外で解決されていること、また、示談を志向する保険者にとっても、弔慰金制は大量な事務の迅速公平な処理方法として企業の合理的な運営に役立つことである[2]。第二は、告知義務違反をめぐる紛争が構造的に示談に親しむ特質を有していることが、弔慰金制を正当化する決定的理由であるとされる。すなわち、告知義務違反の主観的要件としての告知義務者の悪意・重過失の有無や因果関係の存否に関して微妙な事実認定を必要とすることから、一刀両断的な処理ができる場合が少ないこと等によって、告知義務違反をめぐる紛争は示談に親しむとされる[3]。

このように、弔慰金制には合理性があるので、その適法性は肯定されるが、弔慰金制は、その適正な運用を誤ると弊害を招く危険がある。そこで、保険者としては厳正な態度を維持すべきであり、支払うべき保険金の値切りのための手段として弔慰金制を悪用してはならず、他方、きわめて悪質な告知義務違反が存在するにもかかわらず、不当に譲歩する手段として弔慰金制を利用して支払うということは回避すべきであるとされる。(4) そして、弔慰金制の合理化のために検討すべき課題として、弔慰金制の要件の明確化と、要件充足の有無の判定を公正にする機構の確立、客観的で合理的な査定基準の制定、確立された基準の公表が挙げられている。(5) この見解は、保険の実務に対し、弔慰金制の運用に関し妥当な指針を与えているものと思われる。

(1) この問題については、西島「生命保険契約と告知義務」ジュリ七四九号一三七頁以下参照。なお、本文で述べた慣行は、保険実務と保険約款との乖離を意味するが、その場合の問題点につき、西島「法理論と保険実務との架橋」ジュリ七五六号一一五頁参照。
(2) 西島・前掲ジュリ七四九号一四一―一四二頁。
(3) 西島・前掲ジュリ七四九号一四二―一四四頁。
(4) 西島・前掲ジュリ七四九号一四四頁。
(5) 西島・前掲ジュリ七四九号一四四―一四五頁。

第六節　生命保険契約の効果

第一款　保険者の義務

一　書面(保険証券)交付義務

生命保険契約においても、保険者は、保険契約を締結したときは、法定事項を記載した書面(保険証券)を遅滞なく保険契約者に交付することを要する(四〇条一項)。保険証券に関する一般的な事項については、すでに説明した。なお、生命保険契約においては、指図式保険証券は発行されない。

二　保険金支払義務

(1)　総説　保険者は、保険契約において定められている保険事故が発生したときに、保険金支払義務を負う。生命保険契約の効果として、保険者は種々の義務を負うが、保険金支払義務は保険者の負担する中心的義務である。生命保険契約における保険事故は、死亡保険では所定期間内に被保険者が死亡することであり(1)、生存保険では所定の時期、すなわち満期に被保険者が生存していることであり、生死混合保険（養老保険）では被保険者が所定期間内に死亡することまたは生きて満期を迎えることである。

生命保険契約における保険事故は、被保険者の生死であるから、傷害や疾病などを保険事故とする保険契約は生命保険契約ではない。したがって、両眼・両手・両足などを失うという高度障害状態となっても、それは人の生死のいずれにも該当しないので、生命保険契約の保険事故とはいえず、保険金は支払われない。これに対し、保険約款においては、被保険者が一定程度の高度障害状態になった場合には、保険者は保険金に相当する金額を高度障害保険金（かつては廃疾給付金と呼ばれていたもの）として支払い、これにより保険契約を消滅させると定められている（高度障害条項）。高度障害状態を死亡に準じて考えるならば、右の約款規定には必ずしも不都合はないが、高度障害状態は生命保険契約の保険事故ではないので、右の約款規定は必ずしも正確であるとはいえない。しかし、生命保険契約に付随して行われることは差支えないと解されている(2)。なお、保険事故が第三者の不法行為または債務不履行によって発生した場合、それによって保険金受取人に支払われた保険金は、保険金受取人が第三者に対して有する損害賠償請求権の額からは控除されない。これが今日の判例・通説であるが(3)、その理論構成については、見解が分かれている。保険金は、不法行為の原因である保険事故の発生を条件として給付されるものではあるが、保険金は、不法行為の原因とは別個の保険契約に基づくものであり、したがって損益相殺の対象とはならず、損益相殺の対象とならない利益は賠償額から控除されないと解するのが妥当であると思われる(4)。

（1）死因は問わず、死亡の事実があればよいので、病死や災害死でもよい。被保険者について失踪宣告がなされた場合（民三〇条・三一条）や、水難、火災その他の事変によって死亡したが死体が発見されず、官公署が死亡を報告した場合（戸籍八九条）にも死亡とされる（大森・二九一頁（一）、西島・三九二頁（1）、石田・三二八頁（1））。

（2）大森・二五八頁（一）、西島・三九一頁。この高度障害保険金の法的性質に関しては見解が分かれている。生命保険契約の満期保険金の繰り上げ弁済と解する見解、高度障害状態条項を死亡保険金の支払をなすべき場合を若干拡張したと解する見解がある。しかし、高度障害状態は生命保険契約の定義にいう人の生死ではない。高度障害状態自体が、保険者の保険金支払義務を具体化せしめる事由となっているのである。したがって、本来の意味での生命保険ではなく、高度障害状態を保険事故とする傷害疾病定額保険と解するのが妥当ではないかと思われる（中西「廃疾給付の法律問題」保雑四五七号二九—三〇頁）。

（3）最判昭和三九年九月二五日民集一八巻七号一五二八頁。学説の詳細については、田辺・生保判例百選二〇—二一頁、泉田・百選一八〇頁参照。

（4）田辺・生保判例百選二〇頁、大森・判例百選一一五頁、坂口・基本問題一六九頁以下。

(2)　保険者の免責事由　死亡保険において、被保険者が保険期間中に死亡した場合に、保険者は保険金受取人に死亡保険金を支払う義務を負う。しかし、保険法は、被保険者が死亡した場合であっても、それが次に掲げる事由によるときは、保険者は保険金支払責任を負わないと定めている（五一条柱書本文）(1)。

（1）保険法五一条に相当する改正前商法六八〇条一項一号は、被保険者の決闘その他の犯罪または死刑の執行による死亡をも保険者の免責事由として掲げていた。これらの原因による死亡は、いずれも犯罪行為に関連する死亡として共通性を有しており、この場合にも保険金を支払うことにするならば、遺族のことを心配しないで安心して犯罪行為を行うことになるため公益に反する、というのがその理由である。しかし、これらの原因による死亡は、被保険者が保険金を受取るべき者に保険金を取得させる目的で死亡したものではないこと、保険金受取人の立場からするならば、これらの原因による死亡は、偶然の事故による死亡にほかならないこと、犯罪行為を行った者の行為の結果を、犯罪行為と関係のない被扶養者にまで及ぼす必要はないとも考えられることから、立法論としては、このような犯罪条項の当否については検討の余地があるとされていた（田辺・二七七頁）。また、右の場合にも保険者は遺族に死亡保険金を支払うと定めている保険約款の規定の効力についても、見解が分かれていた。保険法は、右の議論を踏まえつつ、いかなる犯罪行為が免責の対象となるのかが文言上明らかでないこと、免責規定は任意規定であるため、これを免責事由とするか否かは個々の保険契約の定めに委ねれば足りること等から、これらの原因による死亡を法定の免責事由とはしていない（萩本・一問一答一九二頁）。

(イ)　被保険者が自殺したとき（五一条一号）　ここにいう自殺とは、被保険者が故意に自己の生命を絶ち、死亡の結果を生ぜしめる行為をいう。したがって、過失に基づく場合はもとより、意思無能力や精神病その他による精神障害中や心神喪失中の被保険者が自己の生命を絶つ場合のように、生命を絶つ意識なくしてなす場合は自殺に該当しない。(1) また、正当防衛や人命救助の結果として死亡しても、それは自殺ではない。自殺の方法は問わないので、自ら直接に手を下すのではなく他人をして殺害せしめる場合でも、右の目的のもとに行われるかぎり、自殺といいうる。(2) なお、保険約款は、保険者の責任開始日または契約復活日から一定期間（これを自殺免責期間といい、多くは三年）を経過した後の被保険者の自殺を保険者免責事由から除外しているのが一般的である。したがって、右の期間内の自殺だけが問題となりうる。一定期間後の自殺を決意して生命保険に加入する者は少ないと考えられるし、たとえ保険の加入時に自殺の意思を有していたとしても、一定期間以上もその意思を持ち続けて自殺を行う者はさらに少ないと考えられるので、保険約款の規定は有効と解される。(3)

ところで、被保険者の自殺が保険者免責事由とされている理由は、それが故意の事故招致に該当するということに基づいている。しかし、被保険者の自殺は、故意による事故招致であるとしても、一般の場合における被保険者による故意の事故招致とは性格を異にしている。すなわち、一般の場合における被保険者による故意の事故招致が免責事由とされている理由は、この場合にも保険金の支払を受けうるとするならば事故が誘発されるので、これを防止する必要があるという点にある。ところが、被保険者の自殺の場合には、これによって被保険者自身が保険金を取得するということは性質上ありえないのみならず、自殺という行為は容易に行われるものではないのである。

したがって、被保険者の自殺は確かに故意による事故招致であるが、被保険者が保険金を受け取るべき者に保険金を取得せしめることを唯一または主要な目的として自殺した場合にも保険金を支払うという特約の効力は認められないが、そうでない自殺の場合には保険金を支払うという特約は有効であると解される(4)。

被保険者の死亡が自殺によるものか否か、自殺によるものであるとしても、精神障害中の自殺であるか否かの立証責任の問題が生ずる。自殺は保険者の免責事由であるから、自殺であることの立証責任は保険者が負担し、自殺が精神障害等に基づくものであるとの立証責任は、保険金受取人が負担すると解するのが公平である(5)。自殺であるか否かの立証には困難を伴うことが多く、死亡の状況から客観的に判断すべきことになる(6)。

(1)　大判大正五年二月一二日民録二二輯二三四頁（解説として、遠山・百選一五四頁参照）、松本・二二七頁、大森・二九一頁、伊沢・三六五頁、石井＝鴻・二五四頁、田中＝原茂・二八四頁、田辺・二七五頁、西島・三九三頁、石田・三三一頁。判例上で自殺にあたらないとされた場合につき、大隅＝戸田＝河本・判例コン七六〇—七六二頁（吉川筆）参照。

(2)　大森・二九一頁、西島・三九三頁、石田・三三一頁。

(3)　大森・二九二頁、小町谷・諸問題八二頁、田中＝原茂・二八五頁、田辺・二七六頁、西島・三九四頁、石田・三三一頁。なお、保険約款の規定によると、自殺免責期間後はあらゆる自殺について保険金が支払われるようにも読めるが、保険金を取得させることを主要な目的とする自殺の場合にも保険金を支払う趣旨であるならば、そのかぎりで約款の規定は無効となるとする見解がある（大沢（康）「生命保険における自殺免責」エコノミア八九号一一頁）。

(4)　大森・二九二頁、西島・三九四頁、大沢（康）・前掲エコノミア八九号六頁、田辺・二七六頁も、公序維持の目的は、初めから自殺を計画して締結した保険契約における被保険者の自殺を免責とするだけで達成しうるとする。なお、最判平成一六年三月二五日民集五八巻三号七五三頁は、約款所定の自殺免責期間経過後に被保険者が自殺したという事案において、自殺免責特約は、自殺免責期間経過後の被保険者の自殺による死亡については、当該自殺に関し犯罪行為等が介在し、当該自殺による死亡保険金の支払を認めることが公序良俗に違反するおそれがあるなどの特段の事情の存在が認められない場合には、当該自殺の動機・目的が保険金の取得にあることが認められるときであっても、免責の対象とはしない旨の約定と解するのが相当であると判示した。この判決の解説として、吉田・百選一六六頁参照。

（5）大森・二九四頁（五）、野津・新六二五頁、田中＝原茂・二八四頁、西島・三九三頁、石田・三三二頁。
（6）西島・三九三頁、石田・三三二頁。

(ロ)　保険契約者が被保険者を故意に死亡させたとき（五一条二号）　保険契約者は、保険契約の当事者として、保険事故を招致することは保険者に対して信義則違反となること、保険契約者は、自ら保険金受取人でない場合でも、保険事故を招致することによって保険金受取人に保険金を取得させ、それによって保険金支払について間接的とはいえ利益を有するのであり、このような保険契約者による事故招致は保険者に対して信義則違反となる、というのが立法趣旨である。(1)

（1）立法論として、保険契約者に対する制裁は刑事責任に任せ、保険金受取人と保険者との関係をそこから切り離して処理するのが合理的であるとされるが（西島・三九七頁）、保険契約者による被保険者故殺につき保険者免責が認められるのは当然であると解する見解がある（田辺「生命保険契約と保険者の免責事由」ジュリ七三六号一一三頁）。

(ハ)　保険金受取人が被保険者を故意に死亡させたとき（五一条三号）　保険者は、保険金受取人が故意に被保険者を死亡せしめた場合には、保険金の支払責任を負わない。その理由は、このような場合にも保険金の支払を認めると、事故を誘発し、公益に反し、また、射倖契約としての保険契約の特殊性に由来する信義則に反するということに基づいている。(1)

本号の前身である改正前商法六八〇条一項二号が、保険者の法定免責事由の一つとして、「保険金額ヲ受取ルヘキ者」による被保険者故殺を掲げていたのに対し、本号は、それを「保険金受取人」による被保険者故殺に限定している。しかし、保険金受取人のほかに、被保険者の死亡によって法律上当然に保険金額を受取るべき者、たとえば、被保険者が保険金受取人である場合のその相続人、また、保険金受取人からその権利を譲り受けた者による被保険者故殺の場合について保険者の免責が生じないとする理由はないことから、これらの者については、本号の類

推適用を認めるべきである。(2)

保険者の免責は、保険金受取人による被保険者故殺の場合にのみ生ずる。したがって、過失によって被保険者を死亡せしめた場合には、保険者の免責は生じない。しかし、故意に基づく以上、被保険者を死亡せしめた手段は問わないので、自ら直接に死亡せしめた場合のほかに、他人をして被保険者を殺害せしめ、他人と共同して殺害し、他人を幇助して被保険者を殺害せしめた場合も含まれる。

問題は、保険金受取人が被保険者を故殺する際に保険金取得の意図を有していなかった場合にも本号が適用されて、保険者の免責が生ずるか否かということである。この点につき、最高裁は、保険金受取人である夫が被保険者である妻を殺害した後、自身も自殺し夫婦心中し、遺児が保険金請求をなしたという事案において、殺害当時、殺害者に保険金取得の意図がなかったときにも保険者は保険金支払責任を免れると判示した。(3) 学説の多くも、判旨に賛成している。(4) これに対し、本件のように、保険金受取人が被保険者を殺害した直後に自殺したという夫婦心中のような場合には、自殺する意図のもとに被保険者を殺害したものと解されるので、そのかぎりにおいて、もはや保険金受取人たる地位にはなく、保険金請求権は、保険契約者兼被保険者の相続財産に帰し、遺児によって相続されると解する見解、(5) 保険金取得の目的がなく、保険金受取人自身も後追い自殺をしたような場合には、保険金受取人の遺族の生活保障を重視して保険者の支払責任を認める見解がある。(6) 保険金取得の意図が存在しない場合に一般的に本号の適用を否定するのではなく、本件のような特殊な事案にかぎって保険者の支払責任を認めることは公益違反性が存在しないと考えられることから、右の見解は妥当であると思われる。

保険金受取人が数人いる場合において、そのうちのある者が被保険者を故意に死亡させたときは、保険者の免責は、その者が受け取るべき部分の保険金についてのみ認められ、その他の者の受け取るべき部分の保険金については認められない（五一条柱書但書）。被保険者の殺害に関与しない保険金受取人に対しては、保険者は免責されないという趣旨である。この考えをおし進めて、数人の保険金受取人のうちのある者が被保険者を故殺したときは、故殺者の保険金請求権は否定するとしても、残りの保険金受取人には約定の保険金額全額を支払うべきである。(7)

（1） 最判昭和四二年一月三一日民集二一巻一号七七頁、最判平成一四年一〇月三日民集五六巻八号一七〇六頁。なお、後者の判決は、保険契約者兼保険金受取人たる会社の取締役による被保険者故殺の事案において、当該取締役が会社を実質的に支配しもしくは事故後直ちに会社を実質的に支配しうる立場にあり、または当該取締役が保険金の受領による利益を直接享受しうる立場にあるなど、当該取締役の故意による保険事故の招致をもって会社の行為と同一のものと評価することができる場合にのみ、改正前商法六八〇条一項二号本文および三号（保険法五一条二号・三号相当）の規定と同旨の免責条項に該当すると判示した。解説として、藤田・百選一七〇頁参照。

（2） 山下＝米山・四五一頁（潘筆）。なお、改正前商法六八〇条一項二号にいう「保険金額ヲ受取ルヘキ者」の解釈については、大森・二九三頁、小町谷＝田辺・一四三頁、西島・三九六頁、田辺・前掲ジュリ七三六号一一〇頁、服部＝星川・基本法コン二八二頁（金沢筆）、石田・三三三頁、大隅＝戸田＝河本・判例コン七六二頁（吉川筆）参照。

（3） 最判昭和四二年一月三一日民集二一巻一号七七頁。

（4） 学説については、大澤（康）・生保判例百選一五二―一五三頁、家田・百選一六八頁参照。

（5） 田辺・二七八頁（2）。

（6） 西島・三九六頁、同・昭和四一・四二年度重要判例解説一九二―一九三頁、青谷「保険金受取人の被保険者故殺と商法六八〇条一項」所報一五号一〇三頁。

（7） 青谷・判例百選一九一頁、西島・三九六頁。なお、東京高判平成一八年一〇月一九日判タ一二三四号一七九頁は、保険金請求権を取得し行使しないまま死亡した保険金受取人の相続人が被保険者の故殺者であり、同相続人から保険金請求権を譲り受けた他の相続人が保険金の支払を求めたという事案において、特段の事情がないかぎり、事故招致者であっても、相続した保険金請求権の行使または処分をすることができると判示した。解説として、志田・百選一七四頁参照。

㈡　戦争その他の変乱によって被保険者が死亡したとき（五一条四号）　これは、保険料算定の基礎とされる通常の危険には含まれないという技術的理由に基づいている。特別に割増保険料を徴収して、戦争などの危険を担保する特約は有効である。保険約款では、被保険者が戦争その他の変乱によって死亡した場合であっても、その原因によって死亡した被保険者の数の増加が、当該保険の計算基礎に及ぼす影響が少ないと認めたときは、死亡保険金の全額を支払い、またはその金額を削減して支払う旨の規定を設けているのが一般的である。

なお、生存保険または生死混合保険において、満期において被保険者が生存している場合には、保険者は満期保険金を支払うべき義務を負うが、この満期保険金支払義務については、もちろん、死亡保険金支払義務におけるような免責事由は存在しない。

三　保険料返還義務

保険契約の全部または一部が無効である場合（三八条・三九条のほか、民九〇条・九五条等）には、民法の原則によると、保険者はすでに受領した保険料の全部または一部を不当利得として返還しなければならないことになる（民七〇三条）。しかし、改正前商法は、民法の特則として、右の場合において、保険契約者等が善意にして重大な過失がないときは、保険者に対して保険料の全部または一部の返還を請求することができると定めていた（商旧六八三条一項＝六四三条）。また、右の規定は、保険契約が取り消された場合（民五条二項・九六条等）にも適用されると解されていた。これに対し、保険法は、保険契約の無効・取消事由のうち、保険契約者等に対する制裁として保険料を返還しないとすることが相当と認められる場合に限定して規定を設けている（六四条）。これについては、すでに説明した。

四　利益配当義務

生命保険においては、営利保険の場合でも、保険者は、その利益を保険契約者に配当すべきことを保険約款で定めることができる（保険一一四条一項参照）。相互会社の場合には、社員である保険契約者が剰余金の分配を受けうることはいうまでもない。生命保険契約は長期にわたる契約であり、保険料も、予定事業費率・予定死亡率・資産運用の予定利率について十分な余裕を見込んで定められており、したがって、剰余金が生じた場合に、これを保険契約者に返還すべきことになる(1)。利益配当の約定がある場合には、保険者は利益の配当をなすべき義務を負い、そのために必要な利益配当準備金等を積み立てることを要する（相互保険につき、保険五五条の二第二項・保険規三〇条の五、営利保険につき、保険一一四条二項・保険規六四条）。

（1）　剰余金の分配は、公正かつ衡平に行われることを要する（相互保険につき、保険五五条の二第一項・保険規三〇条の二、営利保険につき、保険一一四条一項・保険規六二条）。なお、相互会社の場合であっても、剰余金の分配のない保険契約について、当該保険契約に係る保険契約者を社員としない旨を約款で定めることができる（保険六三条（非社員契約））。これは、保険の中には、巨大リスクを保障する保険やきわめて短期の保険のように、有配当保険よりも事後的精算を要しない無配当保険のほうが適しているものがあるが、無配当保険についても社員関係を伴うものとして販売しなければならないとすると、無配当保険による社員と有配当保険による社員の間で剰余金の分配をめぐって利害の対立が生ずるおそれがあることから、平成七年の業法改正で認められたものである（安居・最新保険業法の解説（改訂版）二〇七―二〇八頁）。もっとも、非社員契約はあくまでも例外的なものであり、相互会社による非社員契約に係る保険の引受には一定の限度が設けられている（保険六三条三項・保険規三三条三項）。

五　積立金払戻義務

保険法は、一定の事由により生命保険契約が終了した場合に、保険者に、当該終了の時における保険料積立金を保険契約者に払い戻す義務を課している（六三条）。これは、平準保険料方式の採用により、将来の保険給付に充てる部分の保険料に相当する金額は、一定の事由により保険契約が保険期間の途中で終了した場合には、保険契約者に払い戻される必要があるという理由に基づく[1]。

ここにいう保険料積立金とは、保険者が受領した保険料の総額のうち、当該生命保険契約に係る保険給付に充てるべきものとして、保険料または保険給付の額を定めるための予定死亡率、予定利率その他の計算の基礎を用いて算出される金額に相当する部分をいう（六三条柱書括弧書）[2]。

保険料積立金を保険契約者に払い戻すことを要するのは、次の場合である。すなわち、①被保険者が自殺した場合、保険金受取人が被保険者を故意に死亡させた場合、戦争その他の変乱によって被保険者が死亡した場合（六三条一号＝五一条各号（二号を除く））、②保険者の責任開始前の保険契約者による任意の契約解除、または被保険者による解除請求を受けた保険契約者による契約解除の場合（六三条二号＝五四条・五八条二項）、③危険増加により契約が解除された場合（六三条三号＝五六条一項）、④保険者の破産により契約が解除または失効した場合（六三条四号＝九六条一項・二項）において、保険者が保険給付を行うことを要さずして契約が終了する場合である（六三条柱書）。

なお、保険法六三条の規定は、片面的強行規定である（六五条三号）。

（1）萩本・一問一答二〇九頁。なお、保険法六三条の解説として、山下＝米山・六三六—六五九頁（金岡筆）参照。

（2）平成七年の保険業法改正前では、保険者の責任準備金中の保険料積立金の計算基礎と保険料の計算基礎は同一のものであり、保険契約者に払い戻すべき金額も保険料積立金と同一のものを使用するのが通例であったことから、保険料積立金は、保険者の責任準備金のうち、当該被保険者についての契約に対応する部分と解されていたが、同年の保険業法改正により、標準責任準備金方式の導入に伴い、保険料積立金の計算基礎は、保険料の計算基礎とは概念上切り離されることとなったため、保険法六三条の前身である改正前商法六八〇条二項および六八三条二項にいう「被保険者ノ為メ積立テタル金額」は、保険業法に基づき計算される「契約者価額」（保険規一〇条三号）に該当すると解されるようになった（山下・六五〇頁以下）。保険法六三条は、右改正前商法の規律を実質的に維持するものであるが、保険料積立金概念については、独自の定義を用いている。

六　解約返戻金払戻義務

契約は、いったん成立した以上、任意に解除・解約できないのが原則である。しかし、生命保険契約は通常長期にわたるものであることから、保険契約成立後の諸事情の変更により、保険契約者は契約の継続を望まなくなることがある。この場合にも、保険契約者をして保険契約に拘束することは妥当でない。そこで、保険法は、保険契約者はいつでも保険契約を解除しうると定めているが（五四条）、保険約款では、保険者は、保険料積立金から費用の補償として一定額を控除した残額を保険契約者に払い戻すと定めているのが一般的である。生命保険契約においては、積立金の蓄積が相当多額となるため、保険事故の発生による保険金債権の具体化前においても、保険契約はかなりの経済的価値を有する。解約返戻金の払戻を目的として保険契約を解約することを、買戻というが、売買の契約を特別に締結するわけではないので、買戻という語は便宜的な表現にすぎない。(1) 保険法には買戻に関する規定はなく、(2) 保険約款において認められている制度にすぎない。

解約の効果として、解約返戻金債権が発生する。この債権発生の根拠は、法規定ではなく約款条項である。解約返戻金は保険契約者に支払うものとされている。解約返戻金額は、保険契約当事者の合意によって決定される。保険料積立金から一定額を控除した額が解約返戻金として支払われる。この解約控除の経済的根拠として、新契約費用の償却、逆選択対抗費、解約手数料、投資計画への悪影響に対する補償等、種々の根拠が考えられるが、いずれの根拠にも難点があるとされている。(3)

なお、保険契約者がとくに解約しない場合でも、保険約款では解約返戻金相当額を払い戻すと定めている場合がある。すなわち、保険契約者が第二回以降の保険料を支払わないときは一定の猶予期間を設け、猶予期間の満了の日までに保険料が支払われない場合には、保険契約は猶予期間の満了の日の翌日から効力を失うが、この場合にも解約返戻金相当額を払い戻すと定め、また、保険者が告知義務違反や重大事由による解除に関する規定に基づき保険契約を解除した場合、保険法では保険者が保険料を返還する必要はないが、保険約款では解約返戻金相当額を払い戻すと定めている。

（1）　大澤（康）「積立金に対する保険契約者の権利」ジュリ七五三号一〇五頁。

（2）　保険法の制定過程においては、解約返戻金に関する規律を設けるか否かについて議論がなされた。しかし、解約返戻金については、現在、商品設計とも密接に関連して多種多様な算出方法があり、そのすべてに妥当する一律の契約ルールを定めることは困難であること、仮にあらゆる保険商品に妥当する規律を設けようとするときわめて抽象的な表現とならざるをえず、それでは裁判規範となりえないため、契約ルールを定める保険法の規定としては適当でないことなどから、保険法は、解約返戻金に関する規定を設けていない（萩本・一問一答二一一頁）。

（3）　大澤・前掲ジュリ七五三号一〇八―一〇九頁。解約返戻金控除の法的根拠として、青谷「生命保険契約における解約返戻金控除の法的根拠」民商七八巻一号二九頁は、民法五四五条三項の損害賠償請求権と解している。なお、解約返戻金の額が意外に少なく、保険加入者の不満が根強く存在しているが、解約返戻金額の算定をめぐって争われた事案として、東京地判昭和五六年四月三〇日判時一〇〇四号一一五頁があり、解説として、山下（友）・ジュリ七六八号一〇七頁以下、金岡・百選一八二頁参照。

七　契約者貸付義務

(1)　総説　生命保険契約のうち、定期死亡保険を除いて、長期の生死混合保険においては、保険契約の効果として、保険契約者は保険者から金銭の貸付を受ける権利を有するとするのが一般的であり、これを契約者貸付という。これは、保険約款に基づく効果である。かかる保険約款がある場合には、保険契約者から所定の要件を備えた請求があれば、保険者は貸付をなすべき義務を負う。生命保険契約は、通常長期にわたる契約であり、しかも養老保険では貯蓄的な性格の一面をもっている。そこで、保険契約者が一時的に資金を必要とするときは、解約返戻金の範囲内で金銭の貸付を受けることができるとしている（保険規八条一項七号参照）。

(2)　内容　契約者貸付は、主契約の解約返戻金の額の一定割合（八割ないし九割）が貸付最高限度額であり、保険者の定めた額未満の金額の貸付は認められない。保険者の定める利率により複利で計算した利息を付けて、貸付がなされたときは、その内容を保険証券に裏書きする。返済期限はなく、保険契約者は、保険期間中はいつでも貸付金の元利の全部または一部を返済することができ、保険契約の消滅等の場合には、保険者は支払うべき保険金または解約返戻金の額から、貸付金の元利の額を控除する。貸付金の元利の合計額が解約返戻金の額を超えた場合には、保険者がその旨を保険契約者に通知し、その通知を発した日の属する月の翌月末日まで所定の金額を払い込まないときは、保険契約はその翌日から当然に失効する。(1)

（1）　倉沢「保険契約者貸付」ジュリ七六六号五五頁参照。

(3)　法的性質　契約者貸付の法的性質をいかに理解するかについては、見解が分かれている。もし、契約者貸付が生命保険契約上の保険給付に含まれるものと解されるならば、保険契約者の貸付請求権を定める保険約款は、保険給付の態様に関する特約、換言するならば、保険給付の方法を特約によって拡大することを意味し、保険者がこれをなすことについて特に問題は生じない。これに対し、契約者貸付が生命保険契約上の保険給付とは全く無関係な別個の給付であると解するならば、保険者はそのような給付をなすことが可能であるか、また、その給付をめぐる問題を解決するための法的根拠を何に求めるべきかが問題となる。(1)

契約者貸付の法的性質をめぐる学説は、大きく分けて、消費貸借説と前払説に分けられ、消費貸借説は、さらに、保険証券担保貸付説、権利質説、相殺予約付消費貸借説に分かれる。

保険証券担保貸付説によると、契約者貸付は、保険証券を担保としてなされる金銭消費貸借であると解されている。この見解は、わが国で最初に契約者貸付を定めていた保険約款が「保険証書ヲ抵当ニ」と表現していたこと、旧保険業法施行規則も「保険証券担保貸付」という表現を用いていたことを根拠としている。(2)しかし、この見解には疑問がある。なぜなら、証券は、証拠証券であれ有価証券であれ、権利の証明・流通・行使のための手段にすぎず、それ自体が担保物としての財産的価値を有するのではないからである。有価証券の質入ということも行われるが、その場合にも、担保権の目的は証券に化体されている権利であり、証券ではないのである。また、生命保険証券は単なる証拠証券にすぎないから、これを質入するということは法律上全く無意味である。したがって、この見解の意味するところは、生命保険契約から生ずる債権について担保権を設定するということであろう。そうであるとするならば、この見解は実質的には権利質説と同一の見解と解される。(3)

権利質説によると、契約者貸付は、生命保険契約上の権利を担保としてなされる金銭消費貸借契約であると解されている。しかし、この見解は、きわめて曖昧なうえ不徹底な見解である。なぜなら、権利質では、保険証券を保険者が預かる（民三六三条）ほかに、質権をもって第三者に対抗するためには証券に確定日付をとらなければならないのに（民三六四条・四六七条）、実務上単に保険証券を預かるのみで確定日付の手続がとられていないからである。また、第三者のためにする保険契約の場合には、保険金請求権者は保険契約者ではなく保険金受取人であり、したがって、保険金受取人の保険金請求権にも質権を設定しなければ安全とはいえないのに、これは行われていない。さらに、自己に対する債権を質にとることが可能かという疑問も生ずるし、今日では、契約者貸付の増大とともに保険証券の占有を移すことさえ廃止される傾向にあるといわれている。(4)

相殺予約付消費貸借説によると、契約者貸付は、保険事故が発生しまたはその他の事由により保険契約が消滅したとき、保険者はその支払うべき保険金または解約返戻金から貸付金元利を控除しその残額を支払うという、相殺の予約を含む消費貸借契約であると解されている。(5)その理由として、当事者の意思は消費貸借にあること、貸付金には利息が付けられているからであるとする。この見解に対しては、貸付金の弁済期が定められていないので、相殺適状が生ずることはないと批判されている。(6)

前払説によると、契約者貸付は、保険契約から生ずる権利の一部の前払であると解されている。その根拠として、契約者貸付の額は、解約返戻金の範囲内に限られており、保険契約者は貸付金を返還する権利は有するが義務を負わず、後日、契約上の権利の行使にあたって差引計算されるにすぎないとする。この見解によると、貸付金に対する利息は真正の利息ではなく、保険者が保険契約者のために積み立てた金額を運用して得べき利潤の補償にほかならず、また、貸付金の返還は、貸付金の真の返還ではなく、いったん受領した前払金を保険者に戻し入れて本来の状態に復活することであるとする。(7)この見解に対して、次のような批判がなされている。すなわち、保険契約者は、貸付金を返還する権利は有するが義務は負わないと解することは、保険者の意思を無視していること、貸付金に対する利息は真正の利息ではなく、積立金運用利息の補償にすぎないと解するならば、貸付金利息は予定利率と同額であるべきであるが、実際には予定利率と関係なしにより高率の利息を付けていること、解約価格または買戻価格とは、想像的な金額であって、解約されない間は具体的な請求権ではなく、このような具体的な請求権でないものの前払ということは法的には考えられないと批判されている(8)。

(1) 倉沢・前掲ジュリ七六六号五五—五六頁。
(2) 大森＝三宅・諸問題三四七頁、倉沢・前掲ジュリ七六六号五六頁参照。
(3) 大森＝三宅・諸問題三四七頁、倉沢・前掲ジュリ七六六号五六—五七頁、石田・三二〇頁（1）。
(4) 大森＝三宅・諸問題三四八—三四九頁、倉沢・前掲ジュリ七六六号五七頁、石田・三二〇頁（1）。
(5) 松本・二三四頁、大森・二九九頁、伊沢・三七一頁、田中＝原茂・二八九頁、田辺・二八六頁、西島・四〇一頁、石田・三二〇頁。
(6) 倉沢・前掲ジュリ七六六号五七頁参照。
(7) 野津・新六三二頁、石井＝鴻・二四七頁。
(8) 大森＝三宅・諸問題三五〇—三五二頁。なお、最判平成九年四月二四日民集五一巻四号一九九一頁は、保険契約者の妻が、虚偽の委任状、保険証券、保険契約者の印鑑を持参して保険者から契約者貸付を受けたという事案において、契約者貸付は、経済的実質において、保険金または解約返戻金の前払と同視することができるとして、保険者が、このような制度に基づいて保険契約者の代理人と称する者の申込による貸付を実行した場合において、右の者を保険契約者の代理人と認定するにつき相当の注意義務を尽くしたときは、保険者は、民法四七八条の類推適用により、保険契約者に対し、貸付の効力を主張することができると判示した。この判決の解説として、山田・百選一九四頁参照。

第二款　保険契約者または保険金受取人の義務

一　保険料支払義務

(1)　保険契約者は、保険者に対しその危険負担の対価として、保険料を支払うことを要する（二条三号）。保険料支払義務者は保険契約者である。改正前商法は、第三者のためにする生命保険契約において保険契約者が破産手続開始の決定を受けたときは、保険金受取人が自己の権利を放棄した場合を除き、保険者は保険金受取人に対しても保険料の支払を請求することができると定めていたが（商旧六八三条一項＝六五二条）、右の規定が機能する場面はほとんどないことから、保険法では、これに相当する規定は設けられていない。

(2)　保険料の額は、当事者の契約によって定められる。生命保険契約は、通常長期の契約であり、複数の保険料期間に分けられているので、保険期間と保険料期間は一致しない。保険料期間は、通常一年とされている。約定された保険料の額は当事者の一方のみの意思によって変更することはできないのが原則であるが、契約締結後に危険が著しく減少したときは、保険契約者は、将来に向かって、保険料について減少後の当該危険に対応する保険料に至るまでの減額を請求することができる（四八条）。

(3)　保険料の支払方法には、一時払と分割払の方法があるが、生命保険契約は、通常長期間にわたるので、年払・半年払・月払などの分割払となっているのが通例である。

(4)　保険料支払の場所は、保険者の営業所であるが（商五一六条一項・保険二一条二項）、保険約款では、保険料支払の方法として、集金扱、口座振替扱、店頭扱、団体扱等のうちのいずれかを選択させることとしている(1)。集金扱の場合には、保険者が派遣した集金人に保険料を払い込ませることにしているので、このような場合には、保険料の支払については実質的に当事者間に取立債務とする暗黙の合意が成立していると解される(2)。

（1）　田辺・二八八頁、生命保険新実務講座７九三頁以下参照。
（2）　大森・三〇一頁、田辺・二八八頁、石田・三〇九頁。

(5)　保険料支払義務の履行期については、保険法に規定が存在しない。学説においては、期限の定めのない債務として請求により履行期が到来する（民四一二条三項）と解する見解(1)と、契約の成立とともに履行期が到来すると解する見解(2)が対立している。

保険料支払義務者が保険料支払義務の履行期に保険料支払義務を履行しない場合には、保険者は一般原則に従って、契約の解除、履行の強制、損害賠償の請求をなしうる。これに対し、保険約款においては、保険者の責任は保険料の受領の時から始まるとし、また、第二回以降の保険料の払込を怠った場合には、払込期日後一定の猶予期間を定めているのが一般的である。この猶予期間内に発生した保険事故に対しては保険者は保険金支払責任を負うが、この猶予期間内に保険料が支払われない場合には、保険契約は失効するものと定められている（無催告失効条項）(3)。しかし、保険契約の失効は、保険契約者等にとって不利である。そこで、猶予期間内に保険料が支払われない場合でも、保険契約者に払い戻すべき解約返戻金があり、それが、払い込むべき保険料とその利息の合計額を賄うに足りるときは、保険者はそれを自動的に保険契約者に貸し付けて保険料の払込に充当し、保険契約を存続させるのが一般的であり、これを自動貸付という。これは、保険契約者が一時保険料の払込を継続することが困難となった場合に、積立金の返還請求権を引当として、その範囲内で金銭を融通し、保険契約を存続させようとするものである(4)。

（1）大森・一六五頁。

（2）田辺・一六四頁、二八七頁。

（3）東京高判平成二一年九月三〇日判タ一三一七号七二頁は、無催告失効条項は、信義則に反して消費者の利益を一方的に害するものであるから、消費者契約法一〇条により無効であると判示したが、批判も少なくない。解説として、神作・百選一六〇頁参照。

（4）その内容の詳細については、青谷・Ⅰ三九一頁、生命保険新実務講座7九八頁以下参照。

(6)　保険約款によって、保険料の払込免除が定められているのが通例である。すなわち、保険料が一時払の保険契約を除いて、被保険者が、責任開始の時以後に発生した不慮の事故による傷害を直接の原因として、その事故の日から起算して一八〇日以内の保険料払込期間中に所定の身体障害の状態になったときは、次期以後の保険料の払込が免除される。ただし、身体障害の状態が、保険契約者または被保険者の故意または重大な過失に基づくとき、被保険者の犯罪行為に基づくとき、被保険者の精神障害または泥酔の状態を原因とする事故に基づくとき、被保険者が運転資格を持たないで運転している間に生じた事故に基づくとき、被保険者が酒気帯び運転またはこれに相当する運転をしている間に生じた事故に基づくとき、地震・噴火・津波・戦争その他の変乱に基づくときは、保険料の払込は免除されない。保険料払込の免除事由が生じたときは、保険契約者または被保険者は速やかに保険者に通知するとともに、必要書類を提出して保険料払込の免除の請求をなすことを要する。

二　通知義務

(1)　危険著増の通知義務　保険法は、生命保険契約についても、契約締結後に危険増加が生じた場合において、保険料を当該危険増加に対応した額に変更するとしたならば当該生命保険契約を継続することができるときであっても、①当該危険増加に係る告知事項について、その内容に変更が生じたときは保険契約者または被保険者が保険者に遅滞なくその旨の通知をすべき旨が当該生命保険契約で定められており、かつ、②保険契約者または被保険者が故意または重大な過失により遅滞なく右の通知をしなかった場合には、保険者は、当該生命保険契約を解除することができると定めるとともに（五六条一項）、契約の解除により保険者が保険給付を行うことを要しないときは、保険料積立金を保険契約者に払い戻すべき旨を定めている（六三条三号）。

もっとも、生存保険契約については危険の著増が問題となることはなく、死亡保険契約についても、その性質上、年令の漸増その他の生活環境の変化による危険の著増が、保険者の責任に大きく影響を及ぼすことは少ない。そこで、保険約款では、被保険者が契約の継続中いかなる業務に従事し、またいかなる場所に転居し、もしくは旅行をしても、保険者は、契約の解除も保険料の変更をすることなく、保険契約上の責任を負うと定めているのが一般的である。(1)

（1）　保険約款の規定については、青谷・I三六〇頁（2）参照。

(2)　被保険者死亡の通知義務　死亡保険契約の保険契約者または保険金受取人は、被保険者が死亡したことを知ったときは、遅滞なく保険者に対してその旨の通知を発することを要する（五〇条）。

保険法によると、通知義務は被保険者の死亡についてのみ課されているが、保険約款では、保険金の支払事由が生じたときに通知義務が負わされている。養老保険契約の場合には、保険金の支払事由は、保険期間中の被保険者の死亡（死亡保険金）、保険期間中の被保険者の高度障害状態（高度障害保険金）、保険期間満了時における被保険者の生存（生存保険金）であるから、死亡のほかに高度障害状態および生存についても通知義務がある。もっとも、生命保険契約における保険事故発生の通知は、保険事故の原因の迅速な調査を目的としているので、保険事故の原因の調査を必要としない満期保険金の支払については、通知は、単に保険金支払の手続の一環としての意味を有するにとどまる。[1]

通知義務違反の効果については、保険法にも保険約款にも規定はない。通知義務違反があっても、保険者は保険金支払義務を免れるのではなく、通知義務違反のために死亡原因の調査等に余分な費用を支出することになった場合には、保険者はこれを支払うべき保険金の額から控除できる。もっとも、養老保険または生存保険における被保険者の満期生存の場合にも、通知すべきことが定められているが、この場合には死因の調査ということは問題とはならないので、通知義務違反の場合に費用等が支払保険金の額から控除されることはない。[2]

（1）石田・三二七頁。
（2）田辺・二八九頁。

第七節　生命保険債権の処分・差押

一　総説

生命保険契約に基づく保険金請求権は、二面性を有している。すなわち、生命保険契約は、保険加入者の生活保障または保険加入者の死後における遺族の生活保障のために締結されるのが一般的であるので、この目的を達成するためには、保険契約者または保険金受取人の債権者が生命保険金請求権に対して干渉することに制限を加えることが必要となる。他方、保険契約者の保険料の支払は少なからぬ経済的出捐であり、保険金請求権も大きな経済的価値を持つこともありうるので、保険金請求権について、保険契約者による自由な処分を認め、保険契約者または保険金受取人の債権者による干渉の対象とする必要が認められる。このように、生命保険契約に基づく保険金請求権は二面性を有していることから、保険契約者または保険金受取人の保護と、これらの者に対する債権者の保護とをいかに調和させるべきかという問題が生ずるのであり、この問題は、生命保険制度に内在する宿命的課題であるといいうる。現行法には、生命保険契約に基づく請求権の処分または差押の制限に関する規定は存在せず、立法政策上、慎重な配慮が必要とされる。(1)

（1）大森＝三宅・諸問題二頁、大森・三〇四頁（二）、西島・四〇一―四〇二頁。

二　保険事故発生後の保険金請求権

保険事故の発生によって具体化した保険金請求権は、通常の金銭債権と同様に、保険金受取人はこれを自由に譲渡・質入のような処分をなすことができ、また、差押や転付命令など、第三者による強制執行の対象となりうる。(1) 国税または地方税に関する滞納処分による差押の場合にもこれと異なるものではない。(2) 生命保険は、保険契約者やその被扶養者の生活のために締結されるとはいえ、生命保険契約上の権利に対する債権者の利益を無視することはできず、法の特別の規定が存在しないかぎり、具体化した生命保険金請求権を差押禁止財産と解することは困難である。(3)

（1）大森・三〇五頁、石井＝鴻・二七八頁、田辺・二九〇頁、西島・四〇二頁、石田・三一七頁。

（2）最判昭和四五年二月二七日判時五八八号九一頁。解説として、鴻・生保判例百選二三頁、松井・百選一九〇頁参照。

（3）　大森・三〇五頁（一）、鴻・生保判例百選二三頁。

三　保険事故発生前の保険金請求権

保険事故発生前における保険金請求権は、条件付ないし期限付債権として、直ちに一定の金額の支払を求めることのできる具体的な金銭債権ではない。したがって、実際的な効果は少ないが、やはり財産的価値を有しているので、処分や差押の対象となると解されている。（1）保険事故発生前における生命保険金請求権の譲渡・質入については、被保険者の同意の問題は存在するが、損害保険契約の場合のように、保険の目的物の処分を伴うことを要するか否かという問題は生じない。次に、場合を分けて、その要件等について説明する。

（1）　大森・三〇五頁、田辺・二九〇頁、西島・四〇二頁、石田・三一六頁。

(1)　自己のためにする保険契約　保険金受取人が同時に保険契約者である自己のためにする保険契約の場合には、保険金受取人は保険金請求権を譲渡・質入などの処分をなしうる。譲渡・質入の方法や対抗要件については、民法の一般原則（民四六七条・三六四条）に従う。他人の死亡を保険事故とする場合には、その他人である被保険者の同意を得て保険金請求権を譲渡・質入すべきことになる（四七条）。また、保険事故発生前の保険金請求権は、保険金受取人の債権者による差押の対象となりうる。保険契約者として有する保険金受取人変更権も同時に差押の対象となる。（1）他人の死亡を保険事故とする保険契約の場合には、差押自体には被保険者の同意を必要としないが、転付命令についてはその同意を要すると解されている。（2）

（1）　田辺・二九一頁。
（2）　大森・三〇六頁、田辺・二九一頁、西島・四〇三頁。

(2)　第三者のためにする保険契約　保険契約者と保険金受取人とが別人である第三者のためにする保険契約において、保険金受取人の有する保険金請求権の譲渡・質入が可能であるか否かの問題を考えるにあたっては、保険契約者に受取人変更権が留保されていない場合と留保されている場合とに分けて考えることができる。まず、前者の場合には、受取人の権利は確定的なので、保険事故発生前にこれを譲渡・質入することができる。これに対し、後者の場合には、保険金受取人は権利ではなく単なる期待しか有しないこと、あるいは、受取人の権利は確定していないということを理由として、受取人による譲渡・質入を否定する見解が、かつては主張されていた(1)。そこでは、受取人変更権が留保されている場合の保険金受取人の権利の不存在またはその不確定性から、権利の非譲渡性が導かれている。また、受取人変更権が留保されている場合には、受取人変更権不行使の確約を保険契約者から得られないかぎり、保険金請求権の譲渡・質入はほとんど意味を有しないともいうことはできる(2)。しかし、受取人変更権が留保されていない場合でも、保険契約者には任意解約権が認められ、その場合の解約返戻金は保険契約者に帰属する以上、保険金受取人の地位が不確定であることに変わりはない。そこで、通説は、後者の場合についても、保険金請求権の譲渡・質入の可能性を肯定している(3)。もっとも、このような処分が肯定されるとしても、保険契約者の受取人変更権の行使は妨げられないので、保険金請求権の譲受人・質権者の地位は不安定である。なお、この場合の処分の方法や対抗要件については、(1)の場合と同様に解される。同様に、保険金受取人の保険金請求権は、保険金受取人の債権者の差押の対象となりうる。

(1)　詳細については、原茂・生保判例百選四六頁、山下（孝）「生命保険金請求権の処分と差押」ジュリ七五一号一〇六頁参照。東京地判昭和九年二月五日法律新聞三六八五号一一頁も同旨である。

(2)　田辺・二九一頁。

(3)　大森・三〇六頁、田辺・二九一頁、西島・四〇三頁、石田・三一七頁。なお、第三者のためにする生命保険契約において、保険契約者が、保険金受取人の有する保険金請求権に質権を設定することができるかが問題となる。これを肯定した下級審判決として、東京高判平二二年一一月二五日金判一三五九号五〇頁がある。

四　解約返戻金請求権

保険契約者は、自己のためにする保険であると否とを問わず、任意に保険契約を解約して、解約返戻金を請求する権利を有するのが一般的である。解約によって具体化した解約返戻金請求権を処分しうることはいうまでもなく、まだ具体化していない解約返戻金請求権も処分しうる。解約返戻金請求権は、保険事故の発生により具体化する権利ではないので、他人の死亡を保険事故とする保険の場合にも、被保険者の同意を要することなく、保険契約者は処分することができる。解約返戻金請求権が処分されたときは、解約権も同時に処分されたものと解される。[1] なぜなら、たとえば解約返戻金請求権の譲渡が行われた場合、保険契約者が後に解約権を行使し、これによって具体化した解約返戻金請求権を行使して支払を受けるということも考えられるが、実際的には、解約返戻金請求権の譲渡は、その趣旨から考えて、これを具体化せしめる権能としての解約権の譲渡をも包含していると解するのが妥当であるからである。[2] 解約返戻金請求権の処分の方法や対抗要件は、民法の一般原則（民四六七条・三六四条）による。解約権をも同時に譲受けまたは質取りし、対抗要件を備えておくことを要するか否かにつき、疑問が生ずる余地はありうるが、解約返戻金請求権は、解約権と一体となって意味を有するので、解約返戻金請求権に対する対抗要件で十分であると解される。同じく、保険契約者の債権者は解約返戻金請求権を差し押えることができ、その差押が行われたときは、解約権もその対象となると解される。[3]

（1）大森＝三宅・諸問題一一一―一一三頁、大森・三〇七頁、田辺・二九二頁、石田・三一八頁。
（2）大森＝三宅・諸問題一一三頁。
（3）大森＝三宅・諸問題一一三頁、大森・三〇七頁、田辺・二九三頁、石田・三一八頁。最判平成一一年九月九日民集五三巻七号一一七三頁も、解約返戻金請求権の差押債権者は、債務者の有する解約権を行使できると判示した。この判決の解説として、竹濱・百選一八八頁参照。

五　介入権

解約返戻金請求権の差押債権者や保険契約者の破産管財人等は、保険契約を解除することができる。しかし、死亡保険契約については、契約がいったん解除されると、被保険者の年齢や健康状態によっては改めて保険契約を締結することができない場合があること、死亡保険契約が遺族等の生活保障の機能を有することにかんがみると、差押債権者等が解約返戻金を取得する目的で保険契約を解除しようとする場合に、保険契約を存続させる方策を保険金受取人に認める必要性が高い。そこで、保険法は、以下に述べる介入権制度を新設し、右の場合に、差押債権者等の解除権者（六〇条一項。差押債権者および破産管財人のほか、解約返戻金請求権の質権者や債権者代位権を行使する者なども含まれる）が解約返戻金相当額を取得できるようにしてその経済的不利益が生じないように配慮しつつ、当該保険契約が生活保障の機能を有すると定型的に認められる保険金受取人にかぎって介入権を行使することによって当該保険契約を継続することができるようにしている。[1]

介入権行使の対象となる保険契約は、死亡保険契約であって保険料積立金があるものに限定されている（六〇条一項）。この保険料積立金のあるものに限ったのは、保険料積立金がある保険契約は長期契約であることが一般的であり、このような長期契約については右の趣旨が広く妥当すること、債権者等による解除の対象となるのも保険料積立金がある保険契約であることが多いという理由に基づく。[2] そして、保険金受取人が介入権を行使するためには、①解除を行った者が保険法六〇条一項に規定する解除権者であること（六〇条一項）、②保険金受取人が、解除の通知の時において、保険契約者でなく、保険契約者もしくは被保険者の親族または被保険者（介入権者）であることが必要であるとともに（六〇条二項括弧書）、③介入権の行使について、保険契約者の同意を得ること、④保険者が解除の通知を受けた時から一か月以内に、当該通知の日に解除の効果が生じたとすれば保険者が解除権者に対して支払うべき金額を解除権者に対して支払うこと、⑤保険者に対して、支払った旨の通知をすることを要する（六〇条二項）。右のすべての要件を満たしている介入権の行使があったときは、差押債権者等による解除の意思表示がされたにもかかわらず、その効力は生じないことになる。それとともに、解除の意思表示が差押の手続または保険契約者の破産手続、再生手続もしくは更生手続においてされたものであるときは、これらの手続との関係においては、保険者が当該解除により支払うべき金銭の支払をしたものとみなされる（六〇条三項）[3]。

なお、介入権に関する保険法の諸規定（六〇条〜六二条）は、解除の効力発生時期や介入権の行使要件、民事執行法等の他の法令に基づく手続との調整などについて規定するものであるから、その性質上いずれも強行規定である。

（1）　萩本・一問一答二〇一頁。なお、介入権制度の詳細については、山下＝米山・六一一―六三五頁（萩本＝嶋寺筆）参照。

（2）　萩本・一問一答二〇二頁。

（3）　萩本・一問一答二〇三―二〇五頁。なお、保険法六一条は、介入権者が供託をする場合につき、また、六二条は、解除権者による解除の通知の時から、解除の効力が生じまたは介入権の行使により解除の効力が生じないこととなるまでの間に保険事故が発生した場合につき、それぞれ規定しているが、その詳細については、萩本・一問一答二〇七―二〇八頁参照。

第八節　生命保険契約の変更・復活

一　総　説

生命保険契約は、通常長期にわたる契約であるから、保険契約の継続中に、保険者側または保険契約者側に存する事情の変更により、あるいは、危険の変更により、保険契約の内容に変更を加える必要が生ずる場合がある。保険契約の変更とは、保険契約の存在を失わしめないで、その内容を変更することをいう。また、第二回以降の保険料の不払により保険契約が失効した場合にも、一定の条件のもとに保険契約を復活させることも認められている。

二　保険契約の変更

生命保険契約は、契約当事者の合意によってその内容を変更することができることはいうまでもないが[1]、とくに、次の特則が注意されるべきである。

（1）契約内容の変更の詳細については、山下＝米山・三六八頁以下（平澤筆）参照。

(1)　保険契約者は、保険事故が発生するまでは、保険金受取人を変更することができるので（四三条一項）、保険金受取人を指定した場合であっても、保険金受取人を保険契約者自身または他の者に変更することができる。この点については、すでに説明した。

(2)　生命保険契約の締結後に危険が著しく減少したときは、保険契約者は、将来に向かって、保険料について減少後の当該危険に対応する保険料に至るまでの減額を請求することができる（四八条）。これは、保険契約者の一方的な意思表示によって行われる形成権であるから、保険者の承諾なくして当然に保険料減額という効果が生ずる。

(3)　保険約款においては、保険契約者が一定額の保険料を払い込んだ後、以後の保険料の払込を欲しない場合には、保険料の払込を中止して、保険金額を減額した保険契約に変更することが認められている。これを、払済保険という。この場合には、保険契約者が受けるべき解約返戻金をもって以後の保険料の一時払として振替え充当することになる。これは、保険契約の他の条件、たとえば、保険種類や保険期間を変更せずに将来の保険料の払込を中止するものであり、保険契約が消滅することを防止する目的を有する。この場合、変更後の保険金額は変更前の保険金額よりも少額とはなるが、解約返戻金の額よりも多いので、保険契約を消滅させるよりは有利となる。保険約款所定の手続により、右の変更の効力が生ずる。なお、原契約への復旧も認められている。[1]既存の契約の内容の一部に変更が加えられて存続するものであるから、変更前の契約について存在していた無効・解除事由は変更後の契約についても存続することはいうまでもない。[2]

（1）保険約款の規定の詳細については、青谷・Ⅰ三五二頁（2）参照。
（2）大森・三〇九頁、石田・三一四頁。

三　保険契約の復活

(1)　総説　保険約款によると、保険者の責任は、保険者が第一回保険料を受領した時に開始し、また、保険契約者が第二回以後の保険料の払込をしないまま所定の猶予期間（通常は一カ月）が経過したときは、保険契約は当然に失効したものとされている。しかし、その場合でも、契約の失効後、一定期間（多くは三年）内であれば、保険契約者は、保険者が定める書類を提出して、保険契約の復活の申込をすることができると定められている。そして、保険者が復活の申込を承諾したときは、契約は復活し、従前の保険契約は失効しなかったと同様の効果が生ずるとされる。これは、保険契約者が新規の保険契約の締結を希望しても、被保険者の年令が旧契約の年令よりも高いため、またその他の事情により、保険料が割高になったり高年令のために保険加入が不可能になるという不利が生ずることに対処するためのものである。

(2)　復活の手続　保険契約の復活は、契約であるから、保険契約者の申込と保険者の承諾を必要とする。一般に、保険約款によると、三年以内であれば復活の請求をなしうると定められている。保険契約者が復活の請求をなすには、復活請求書や被保険者の告知書(1)を提出することを要する。保険者が承諾したときは、保険契約者は、保険者が指定した日までに未払保険料とその利息を支払うことを要する。保険契約は、延滞保険料の払込があった時（被保険者に関する告知の前に払込があった場合には、告知の時）から効力が復活し、その払込があった日が復活日とされている。

(1)　学説では、保険約款における復活時の告知義務に関する規定は有効であると解されており（田中＝原茂・三〇一頁、青谷・Ｉ三八一頁、伊沢・三七三頁）、また、復活の場合にも告知せしめる必要があることは保険契約締結の場合と同じであり、復活の場合にも告知義務に関する規定の法意を汲んで事案を解決すべきであるとする判決がある（東京控判昭和一三年七月三〇日法律新報五一八号二〇頁）。この判決につき、神原・生保判例百選一六八頁参照。

(3)　復活の効果　保険契約が復活したときは、従前の保険契約が回復し、保険契約はその効力を失わなかったものとみなされる。したがって、復活は新たな保険契約の締結ではなく、従前の保険契約に無効・失効・解除などの原因が存在すれば、それは復活後の保険契約にも引き継がれることになる。保険約款では、復活の申込の時に告知書を提出させているのが通例であり、また、新たな保険契約を締結する場合に準じて告知義務が負わされると解されている(1)。これは、保険契約者がいったん保険契約を失効させていたところ、被保険者の健康状態が悪化して復活の請求をしてくることを排除するためであると解されている(2)。しかし、復活は新しい保険契約の締結ではないので、新しく告知義務に関する法則を適用すべき余地はないこと(3)、また、復活の請求には一定期間の限定があるので、そこまで厳しく要求することには疑問があると解される(4)。

（1）　野津・新六七二頁。
（2）　神原・生保判例百選一六九頁参照。
（3）　伊沢・三七四頁。
（4）　石田・三四〇頁。なお、大隅＝戸田＝河本・判例コン六四四頁（倉沢筆）参照。

(4)　復活の法的性質　復活の法的性質については、見解が分かれている。新契約説によると、従前の保険契約と同じ内容の新しい保険契約を締結するものであると解されている。しかし、復活という用語自体がこの見解と相容れないし、復活は、前の契約が消滅して新しい契約を成立させるものではなく、失効した前の契約の効力を回復させるものであること、復活をもって新契約の締結と解すると、前の契約について存在していた瑕疵は新契約の締結とともに消滅し、復活を認めている趣旨に反することから、この見解には疑問がある。単独行為説によると、保険契約者の復活の請求があるときは、保険者はこれに拘束され、保険契約者の一方的な意思表示によって復活の効力が生ずるとされる(1)。しかし、この見解によると、復活の申込に対する保険者の諾否の権限が否定されることになる。そこで、通説である特殊契約説は、復活は、保険約款の定めるところに従い、保険契約当事者の合意により、契約失効前の状態を回復させることを内容とする特殊の契約であると解している。(2) 保険約款の復活条項の内容から判断するかぎり、この見解が妥当であると思われる。

（1）東京地判大正五年九月一五日法律新聞一一九一号二三頁。

（2）松本・二五九頁、大森・三一四頁、伊沢・三七五頁、野津・新六七三頁、小町谷＝田辺・一五五頁、石井＝鴻・二四六頁、田中＝原茂・三〇一頁、西島・四〇五頁、石田・三四〇頁、倉沢・通論一四三頁。なお、近時の議論については、山下＝米山・二四一頁以下（洲崎筆）参照。

第三章　傷害疾病保険契約

第一節　総　　説

改正前商法は、保険を損害保険と生命保険に分けて規定し、傷害保険および疾病保険については、規定を全く設けていなかった。これは、同法の立法者が、保険の分類に関して法の果たすべき政策的・規範的機能を意識しつつ、立法当時の保険事業の実際的状況を勘案した結果であるといわれる。すなわち、保険は、その契約構造上の射倖性のゆえに、不労利得の可能性を秘めているが、保険給付の内容が実損塡補であるかぎり問題の生ずる余地はなく、不労利得のおそれは、保険給付が約定額の支払としてなされるときに生じうる。そこで、立法者は、保険を損害保険と定額保険に分類するとともに、前者については給付の条件となる保険事故の種類を限定しないが、後者については保険事故の種類を「人ノ生死」に限定するという立法政策を採用したのである。また、立法当時において、傷害保険および疾病保険は、生命保険に付随して行われていたにすぎないゆえに、その規制を約款に委ねることを立法者が意図していたとされる(1)。

一方、現代社会においては、入院保険やがん保険などのように、人の傷害や疾病に基づいて保険給付を行う保険が広く普及し、国民生活においても重要な役割を果たしている。このような実情を踏まえて、保険法は、傷害疾病保険に関する規定を新設するに至った(2)。そして、人の傷害や疾病に基づいて保険給付を行う保険契約には、損害塡補方式で行われるものと定額方式で行われるものがあることから、保険法は、保険の分類をめぐる学説上の議論を踏まえ、傷害疾病保険契約を傷害疾病損害保険契約と傷害疾病定額保険契約に区別するとともに、前者については、損害保険契約の一種として整理し、損害保険契約一般に関する規定を適用することとし、後者については、新たな契約類型として規定を設けることとした。

傷害疾病損害保険契約については、すでに説明しており、また、傷害疾病定額保険契約の成立（六六条～七〇条）、効力（七一条～七八条）、保険給付（七九条～八二条）、終了（八三条～九四条）については、生命保険契約について説明したことがほぼ妥当するので、ここでは、傷害保険契約と疾病保険契約に特有の事項についてそれぞれ説明する。

（1）　倉沢・法論一〇七―一一八頁。

（2）　萩本・一問一答一五頁。なお、保険法が傷害保険と疾病保険を分けて規定を設けなかったのは、傷害保険と疾病保険とで実質的な規律の内容が異ならないことや、「傷害」と「疾病」の区別が困難な場合もあることなどに基づく（同書・一六頁）。

第二節　傷害保険契約

一　意　義

傷害保険契約とは、当事者の一方が相手方または第三者の傷害に関して一定の金額を支払うこと（定額方式）、または傷害による損害を塡補すること（損害塡補方式）を約し、相手方がこれにその報酬を支払うことを約することによって、その効力を生ずる契約をいう（二条七項・九項参照）。ここにいう傷害とは、急激かつ外来の偶然な事故による身体の損傷を意味する。

傷害保険契約は、人の傷害に関する保険契約であり、生命保険契約、疾病保険契約と同じく、人保険契約に属し、物保険契約ないし財産保険契約と対立する。人保険契約である結果として、保険者と保険契約者のほかに保険事故発生の対象である被保険者、保険金請求権の帰属主体である保険金受取人という概念が存在している。また、傷害保険契約における保険事故[1]は、急激かつ外来の偶然な事故による身体の損傷であるが、これは、生命保険契約における保険事故とは異なり、発生時期のみでなく、発生自体およびその態様や結果の程度においても不確定であり、この点で、損害保険契約における保険事故と共通した性格を有している。さらに、傷害保険契約は、保険事故である傷害の結果として被保険者が死亡し、後遺障害を被り、または医療を要したときに、一定の金額または傷害による損害を塡補するものである。

（1）保険法では、傷害疾病定額保険については、保険給付の要件の定め方の多様性にかんがみ、「保険事故」という概念に代えて「給付事由」という概念が用いられており、また、保険約款では、「不慮の事故による傷害」や「支払事由」などの表現がみられるが、ここでは、従来の用語法による。

二　種　類

(1)　総説　傷害保険契約には、損害保険会社が締結しているものと、生命保険会社が生命保険契約に付帯する特約として締結しているものとがある。

(2)　損害保険会社の傷害保険契約　(イ)　個人契約　損害保険会社が締結している傷害保険契約には、普通傷害保険、家族傷害保険、交通事故傷害保険、ファミリー交通傷害保険、国内旅行傷害保険、海外旅行傷害保険などがある。そのうち、普通傷害保険は、広く日常生活上の傷害一般を対象とする最も基本的な傷害保険である。この普通傷害保険に対し、交通事故傷害保険などは、その名称から明らかなように、交通事故など、限定された傷害のみについて保険金が支払われる傷害保険である。

(ロ)　団体契約　これには、一般団体傷害保険、共通団体傷害保険、学童団体傷害保険、スポーツ団体傷害保険、ＰＴＡ団体傷害保険などがある。そのうち、一般団体傷害保険が最も基本的な契約類型である。

(ハ)　その他　その他、他の種類の保険契約の一内容として、傷害に対する保険保護が含まれている場合がある。たとえば、自動車保険の人身傷害保障条項や搭乗者傷害条項、火災保険の傷害費用担保条項などがこれに属する。

なお、損害保険会社の傷害保険契約は、各保険会社とも同一内容の普通保険約款、特約条項等を使用しており、その結果、保険会社によって契約内容に相違がみられないものが多い。

(3)　生命保険会社の傷害保険契約　生命保険会社は、傷害保険契約を独立の保険契約としては締結せず、生命保険契約に付帯する特約としてのみ締結している。その結果、保険加入者が生命保険会社との契約によって傷害に対する保険保護を得ることを希望する場合には、同時に生命保険契約を締結することを要する。このように、生命保険会社が生命保険契約に付帯する特約の形においてのみ傷害保険契約を締結しているのは、生命保険会社は傷害保険については単独商品としては発売せず、他の種目の保険と組み合わせて発売することとするという、昭和四〇年一二月二四日の旧大蔵省の行政指導方針に基づくものである[1]。

(イ)　災害保障特約　これは、昭和三九年の災害保障特約の発売に始まるものであり、被保険者が不慮の事故によりまたは法定・指定の伝染病により死亡した場合に災害保険金を、被保険者が不慮の事故により所定の身体障害の状態になった場合に傷害給付金を、また、被保険者が不慮の事故を原因として五日以上入院した場合に入院給付金を、それぞれ支払うものである。支払われる金額は、災害保険金は保険金額の全額、傷害給付金は保険金額に身体障害の各場合について定められている割合を乗じた金額、入院給付金は入院日数に応じて所定の金額とされている。なお、昭和五一年四月以降の新契約においては、災害保障特約に代わって、次に述べる災害割増特約、傷害特約、災害入院特約が広く行われている。

(ロ)　災害割増特約　これは、被保険者が不慮の事故または法定・指定の伝染病により死亡した場合に災害死亡保険金を支払い、また、被保険者が不慮の事故または法定・指定の伝染病により重度の身体障害の状態になった場合に高度障害保険金を支払うもので、支払うべき金額は、災害保険金額の全額である。

(ハ)　傷害特約　これは、被保険者が不慮の事故または法定・指定の伝染病により死亡した場合に災害保険金額の全額を災害死亡保険金として支払い、また、被保険者が不慮の事故により所定の身体障害の状態に該当した場合に、災害保険金額に身体障害の各場合に応じて定められている割合を乗じた金額が障害給付金として支払われるものである。

(ニ)　災害入院特約　これは、被保険者が不慮の事故により二〇日以上入院した場合に、災害入院給付日額に入院日数を乗じた金額を災害入院給付金として支払うものである。(2)

（1）　この問題については、大森・研究九三一一二七頁、鴻・商法研究ノートII一三三一一四三頁、田辺「いわゆる第三分野における生・損保の競合について」ジュリ六三六号四一一四六頁参照。分野調整をめぐる議論の整理として、安田火災海上社・傷害保険の理論と実務九一一一〇五頁、中西「傷害・疾病保険」竹内＝龍田・現代企業法講座4三八五頁（5）参照。なお、平成七年の保険業法改正により、いわゆる第三分野（傷害・疾病・介護分野の人保険）については、生命保険業免許および損害保険業免許のいずれでも取り扱うことができるようになり（保険三条四項二号・三条五項二号）、その後、平成一三年一月から子会社方式による第三分野への相互参入が解禁され、さらに、同年七月から保険会社の本体による相互参入が完全に自由化された。

（2）　傷害保険を内容とする生命保険会社の特約は、保険会社によって名称および内容が必ずしも同じでないが、本文の説明は、中西・前掲竹内＝龍田・現代企業法講座4三八一一三八二頁による。

三　傷害保険と道徳危険

(1)　総説　傷害保険においては、保険金の不正請求の事例が多く、傷害保険は、道徳危険の高い保険の分野である。すなわち、傷害保険においては、保険金受取人が被保険者を殺害し事故死のように見せかけて保険金の支払を請求する事例、また、被保険者が故意に自傷行為を行い事故による受傷のように偽って保険金の支払を請求する事例が多い。もちろん、故意の事故招致は、保険者の免責事由に該当するので、保険者は保険金支払責任を負わず、また、事故発生の仮装による保険金請求の場合には、保険事故は発生していないので、保険者が保険金支払責任を負わないことは明らかである。しかし、故意の事故招致または事故発生の仮装による保険金請求の場合であるのに、保険者がその証明をなすことができず、または保険者がそのことに気付かないために、保険金の支払をなさざるをえない場合がありうる。このような道徳危険の排除ないし防止の問題は、傷害保険契約上の種々の局面と関連するが、ここでは、その主要なものを説明する。(1)

（1）　中西・前掲竹内＝龍田・現代企業法講座４四〇七—四一三頁参照。

(2)　保険給付の内容　　傷害保険契約は、それが定額保険契約として行われるかぎり、被保険利益、保険価額の観念は存在せず、したがって、それに制約されることなく保険契約の当事者は自由に保険金額を約定しうる。しかし、そうすると、被保険者の年令・職業・地位・収入に比較して不相当に高額な傷害保険契約が締結され、それとともに道徳危険が生ずることがある。そこで、保険者は、定額給付方式の傷害保険契約に関して、保険金額や入院保険金日額等の最高限度を定め、それ以上の金額の保険を引き受けないことにしているのが一般的である。これは、保険金額等が過大な定額給付方式の傷害保険契約は、道徳危険防止の面で問題があることを考慮したものである。もっとも、この点を徹底するならば、傷害保険契約を定額保険契約として締結することを禁止し、損害保険契約としてのみ締結しうるという考えになる。(1)しかし、定額給付方式の傷害保険契約を締結することについての経済的需要があり、右の考えには疑問がある。なお、不相当に高額な保険金額を約定し、傷害事故に基づく金銭需要から全くかけ離れた傷害保険契約が締結された場合の効力が問題となる。定額給付方式が採られている傷害保険契約については、保険金額の定め方に対する制限はなく、当事者間で自由に約定しうると解さざるをえず、高額契約に伴う弊害の排除は、保険者側の自衛的な配慮に一任されていると解される。[2]

（1）中西・前掲竹内＝龍田・現代企業法講座4四〇八頁。
（2）西島・四〇九頁。

(3) 他人の傷害の保険契約　保険契約者以外の者を被保険者とする傷害定額保険契約は、被保険者が保険金受取人である場合を除いて、被保険者の同意がなければその効力が生じない（六七条一項）。傷害定額保険契約は、損害保険契約において要求されている被保険利益の存在は要求されないが、他方、それが不法な賭博目的に悪用されることおよびモラル・リスクを防止するために、生命保険契約と同様の取扱いが行われているわけである。[1]また、保険契約締結後、一定の場合に該当するときは、保険契約者に対する被保険者の解除請求が認められている（八七条一項）。これに対し、保険契約者以外の者を被保険者とする傷害損害保険契約については、被保険者の同意は保険契約の効力発生要件とはされていないが、保険契約者に対する被保険者の解除請求は認められている（三四条一項）。これは、被保険者が当該保険契約の被保険者になることを望まないという意思が明らかになった場合には、保険契約を存続させるべきではないという趣旨に基づく。

（1）大森・研究一一三頁、中西・前掲竹内＝龍田・現代企業法講座4四〇八頁、萩本・一問一答一七三頁。

(4) 他社契約の告知・通知　改正前商法のもとでは、保険者は、傷害保険契約締結の際に、保険契約者に対し、同一の被保険者についてすでに締結されている傷害保険契約（いわゆる他社契約）の告知を求めているのが通例であった。傷害保険契約における自傷行為の事案においては、傷害保険契約が多数締結されていることが少なくなく、これに対処するために、他社契約の存在を告知義務の対象としたのである。また、多数の傷害保険契約の集積の回避のために、保険契約の締結後に同一の被保険者について他の保険者と同種の保険契約を締結しようとするときや重複保険契約があることを知ったときは、その旨をはじめの契約の保険者に申し出てその承認を得なければならないとし、保険者は、重複保険契約の事実があることを知ったときは保険契約を解除することができるとする他社契約の通知義務の制度も存在していた。しかし、告知義務の対象となる事項は、本来、危険測定上の重要事項（保険危険事項）である。これに対し、他社契約の存在は、保険事故発生の原因となるべき事実ではなく、むしろ保険事故招致・保険事故発生の仮装による不正な保険金請求の意図の存在を示す徴憑（道徳危険に関する事実）にすぎない。このような道徳危険に関する事実も真正の告知義務の対象となる事実であると解するのが多数説であるが、[1]反対の見解も主張されている。[2]傷害保険においてはとくに道徳危険の防止が強調されるべきことは事実であるとしても、理論的にみて、危険測定上の重要事項には該当しない他社契約の存在を告知義務の対象とすることは困難であり、実際的にも、原則であるべき健全な契約事案を忘れて、告知義務の対象を拡大することには疑問がないでもない。また、他社契約の告知・通知義務につき、保険契約者に対する開示の徹底と違反効果の制限的解釈を強調する見解が主張されている。[3]

なお、現在の保険約款[4]では、右に述べた問題に対処するために、重大事由による保険契約の解除事由の一つとして、「他の保険契約等との重複によって、被保険者に係る保険金額、入院保険金日額、通院保険金日額等の合計額が著しく過大となり、保険制度の目的に反する状態がもたらされるおそれがある」場合には、保険者は保険契約を解除することができると定め（傷害約款一九条一項三号）、解除がなされた場合には、解除事由が生じた時から解除がなされた時までに発生した傷害に対しては、保険金を支払わない旨を定めている（傷害約款一九条二項）。

（1）中西・前掲竹内＝龍田・現代企業法講座4四〇九頁、同「告知義務と道徳危険に関する事実」保雑四八八号三八頁、竹内「傷害保険契約法の課題」私法四五号一六一―一六三頁。

（2）倉沢「火災保険の告知義務」田辺＝石田・新双書(1)一六三頁、山下丈・私法四五号一七四頁、一七六頁（発言）。なお、田辺・判評三三一号二三二頁参照。

（3）石田「他保険契約の告知・通知義務」上智二八巻一・二・三号三七頁以下。なお、改正前商法の下における裁判例であるが、他社契約の告知・通知義務違反による保険契約の解除の可否が争われた事案として、東京高判平成五年九月二八日判時一四七九号一四〇頁がある（解説として、武知・百選二一二頁参照）。

（4）以下の説明は、主として、損害保険料率算出機構が作成した傷害保険標準約款（二〇一一年三月）に基づくが、必要に応じて、生命保険会社が使用している傷害保険約款にも言及することとする。

(5)　保険者の特別解約権　保険契約者等が故意の事故招致や事故発生の仮装による保険金請求を行った場合には、保険者は保険契約を将来に向かって解消させたいと希望することがある。そこで、改正前商法のもとにおいて、保険者に特別解約権を認める見解が主張されていた。[1]その根拠として、保険契約は継続的契約であり、射倖契約でもあることから、とくに保険契約においては信頼関係の維持が重要であり、保険契約者等が当事者間の信頼関係を破壊する行為を行い、信義則上保険者に契約関係の維持を期待しえないときは、保険者は一方的意思表示により保険契約を将来に向かって解消しうるとされる。そして、右の見解は、次の場合に解約権が認められるとしている。すなわち、その者の故意の事故招致が保険者免責事由とされている者の故意の事故招致の場合、これらの者が第三者に対して保険事故の招致を示唆ないし依頼した場合、保険事故発生の仮装による保険金請求の場合、保険金受取人等が実際よりも多額の保険金取得の意図のもとに保険事故発生の原因・程度に関して虚偽の説明をした場合、保険契約者等が強迫によって契約上は自己に帰属しない利益の提供を保険者に求めた場合等に、保険者に特別解約権が認められるとされている。[2]一方、生命保険業界は、モラル・リスク対策の一つとして、昭和六二年以降、重大事由による解除の規定を保険約款に導入している。[3]そして、保険法は、右の議論および実務を踏まえつつ、各保険契約類型について重大事由による保険者の解除権を法定するに至っている（三〇条・五七条・八六条）。

（1）中村「生命保険・疾病保険における保険者の特別解約権」保雑四九一号九五頁、中西・前掲竹内＝龍田・現代企業法講座4四一一頁。
（2）中西・前掲竹内＝龍田・現代企業法講座4四一一頁、同「傷害保険」遠藤＝林＝水本・現代契約法大系第六巻三七六頁。
（3）重大事由による解除権が約款に導入された経緯については、山下＝米山・五六四頁以下（甘利筆）参照。

四　保険事故

傷害保険契約における保険事故は、被保険者が急激かつ偶然な外来の事故によってその身体に被った傷害である（傷害約款一条一項）。したがって、傷害保険契約の保険事故といいうるためには、事故の急激性、偶然性、外来性、身体の傷害性の四つの要素が存在することを要する。(1)

（1）生命保険会社が締結している各種の傷害保険契約における保険事故は、「不慮の事故」、すなわち「急激かつ偶発的な外来の事故」による傷害を直接の原因とする死亡等であり、事故の急激性・偶然性・外来性を要する点において同様である。

(1)　急激性　急激性とは、結果の発生を避けることができない程度に急迫した状態、(1) あるいは、事故が突発的に発生し、原因となった事故から結果として傷害が発生するまでの経過が、直接的で時間的間隔がないことをいう。(2) そして、とくに急激性が要求されている趣旨は、身体の衰弱や病気など、純然たる自然原因による身体の傷害を除外するためである。(3) その結果、急激性の意味を、結果の発生を避けることができない程度に急迫した状態と解することには疑問があり、むしろ、事故と傷害との間の関係が直接的で時間的間隔がないことと解するのが妥当である。(4) そこで、長時間の歩行による靴ずれや、長時間にわたる身体の一部の継続的酷使に基づく電信技師などの腱鞘炎は、急激性がないために、保険の対象とはならない。(5)

（1）青山＝河野「普通傷害保険」金沢＝西島＝倉沢・講座Ⅳ二一六頁。
（2）西島・四一一頁。
（3）田中＝原茂・三〇三頁、林「傷害保険の法的構造」田辺＝石田・新双書(3)三五三頁。
（4）石田・三四七頁。
（5）西島・四一一頁。

(2)　偶然性　偶然性とは、原因ないし結果の発生が被保険者の立場から予知できない状態にあることをいう。(1) この場合、自動車事故による傷害のように事故の原因が偶然であると、通常の荷物を持ち上げるときの怪我のように事故の原因が必然で結果が偶然であるとを問わない。[2] 交通事故・落馬などには偶然性は認められるが、自殺、生まれつき心臓に欠陥がある者がプールに飛び込み心臓マヒで死亡した場合などのように、被保険者の意思に基づく行為により事故を誘致した場合や、事故は被保険者の関与なしに発生したが、被保険者が事故の発生を予知しこれを防止しえたのに放置していた場合には、偶然性は存在しない。[3]

（1） 田中＝原茂・三〇三頁、田辺・三〇一―三〇二頁、西島・四一一頁、石田・三四八頁、林・前掲田辺＝石田・新双書(3)三五三頁。このように、傷害保険における事故の偶然性とは、予知できない状態、または、被保険者の意思に基づかないという意味あいを有していることから、保険の一般原則における保険事故の偶然性、すなわち、事故の客観的不確定性ないし主観的不可測性の意味とは異なっている（山下丈「傷害保険契約における傷害概念」民商七五巻六号三九頁）。ところで、傷害保険における保険事故の偶然性を右のように解すると、保険金請求権者は、保険事故の発生が被保険者の故意によらないことにつき主張・立証責任を負うことになる。一方、保険約款で被保険者の故意が保険者の免責事由と定められているときは、立証責任の分配に関する法律要件分類説に従うと、故意による事故であることにつき保険者が主張・立証責任を負うという右に述べたことに矛盾することになる。この点につき、最判平成一三年四月二〇日民集五五巻三号六八二頁は、被保険者が建物の屋上から転落し、脊髄損傷等により死亡したという事案において、被保険者の故意により保険金の支払事由に該当したときは保険金を支払わない旨の約款の定めは、保険金が支払われない場合を確認的・注意的に規定したものにとどまり、発生した事故が偶発的な事故であることについて、保険金請求権者が主張・立証すべき責任を負うと判示した。この判決の解説として、江頭・百選一九六頁参照。

（2） 石田・三四八頁。

（3） 西島・四一一頁。

(3)　外来性　外来という用語は、内在に対立する用語であり、したがって、外来性とは、傷害の原因が被保険者の身体の外部からの作用であることを意味する。[1] 傷害が被保険者の身体の内部的原因によって生じた場合には、外来性は認められない。しかし、傷害の原因が外来的であれば事故の外来性は認められるのであり、傷害自体まで外在的であることは要しない。したがって、打撲によって骨折した場合も、事故の外来性は認められる。[2] また、事故の原因が外来性を有するかぎり、被保険者の身体の内部的欠陥が事故と関連性を有していてもよいので、急性の

心臓マヒで倒れて交通事故に出遭った場合にも、保険の対象となる。(3)

（1）最判平成一九年七月六日民集六一巻五号一九五五頁（解説として、鈴木・百選一九八頁参照）、最判平成一九年一〇月一九日判時一九九〇号一四四頁（解説として、潘・百選八四頁参照）。
（2）田辺・三〇二頁、西島・四一一頁、石田・三四八頁、林・前掲田辺＝石田・新双書(3)三五七頁。
（3）西島・四一一頁。なお、入浴中の溺死につき外来性の有無が争われた事案として、大阪高判平成一七年一二月一日判時一九四四号一五四頁がある（解説として、石田・百選二〇〇頁参照）。

(4) 身体の傷害性　これは、傷害事故から疾病や精神的障害を除外するために、必要とされるものである。そして、身体の傷害とは、一般に怪我に相当するが、外観上で傷痕を残すものに限定されないので、水死、煙やガスによる窒息死も身体の傷害に含まれる。(1) 身体の傷害は疾病と対立する概念であり、疾病は傷害保険の対象とはならない。ところが、実際的にみて、傷害事故が疾病を起こさせ、また、病弱のために傷害事故が発生し、あるいは傷害の結果を重くすることがありうる。この問題は因果関係の認定にかかわる問題である。(2) なお、身体の傷害は、急激かつ偶然な外来の事故に基づくこと、すなわち、両者の間に相当因果関係があることを要する。(3)

（1）田辺・三〇二頁、石田・三四九頁、林・前掲田辺＝石田・新双書(3)三六〇頁。
（2）この問題については、林・前掲田辺＝石田・新双書(3)三六〇―三六二頁参照。
（3）田辺・三〇二頁、石田・三四八頁。傷害が認められるために要求される因果関係とは、原因事故と身体傷害との間の因果関係であり、身体傷害と、その結果である死亡・機能障害等との間の因果関係は、保険者の給付に関する問題である（山下丈・前掲民商七五巻六号七六頁）。

五　効　果

(1) 保険者の義務　(イ) 書面（保険証券）交付義務　保険者は、保険契約を締結したときは、法定事項を記載した書面（保険証券）を遅滞なく保険契約者に交付しなければならない（六条・六九条）。これについては、すでに説明した。

(ロ) 保険金支払義務　保険者は、被保険者が保険期間中に傷害を被り、その結果として、死亡、後遺障害、入院・手術、通院等が生じたときは、保険金を支払う義務を負う。すなわち、死亡保険金は、傷害の直接の結果として、事故発生の日から一八〇日以内に死亡したときに支払われる保険金であり、保険金額の全額が支払われる。ただし、すでに後遺障害保険金が支払われている場合には、保険金額からすでに支払われている金額を控除した残額が支払われる（傷害約款五条）。後遺障害保険金は、傷害の直接の結果として、事故発生の日から一八〇日以内に後遺障害が生じたときに、後遺障害保険金支払区分表に掲げる割合（一〇〇％ないし三％）を保険金額に乗じて得た額が支払われる。同一事故により二種以上の後遺障害が生じた場合には、保険者はそれぞれの支払区分表に基づく後遺障害保険金の合計額を支払う（傷害約款六条）。入院・手術保険金は、傷害の直接の結果として、平常の業務に従事することまたは平常の生活ができなくなり、かつ、入院または入院保険金を支払う状態に該当し治療を受けた場合に、その期間に対し、事故発生の日から一八〇日を限度として、一日につき保険証券記載の入院保険金日額が支払われる（傷害約款七条）。通院保険金は、傷害の直接の結果として、平常の業務に従事することまたは平常の生活に支障が生じ、かつ、通院した場合に、九〇日を限度として、一日につき保険証券記載の通院保険金日額が支払われる（傷害約款八条、定額給付方式）。あるいは、傷害の直接の結果として医師の治療を要した場合に、事故発生の日から一八〇日以内に要した費用を限度として、被保険者が治療のため現実に支出した金額が保険金として支払われる（海外旅行傷害保険傷害治療費用補償特約二条一項、不定額給付方式）。

右に述べた保険金につき、死亡保険金は、死亡保険金受取人に支払われるが、死亡保険金受取人の指定がないときは、法定相続分の割合により被保険者の法定相続人に支払われ、後遺障害保険金、入院・手術保険金、および通院保険金は、被保険者に支払われる（傷害約款五条～八条）。

(ハ)　保険者の免責事由　　保険者の免責事由を定めている保険法の規定（一七条一項・八〇条）は、原則として任意規定であるので、約款でそれ以外の免責事由を定めることも可能である。傷害保険普通保険約款三条一項によると、保険者は、次の事由によって生じた傷害に対しては、保険金を支払わないと定められている。①保険契約者または被保険者の故意または重過失、②保険金を受け取るべき者の故意または重過失、③被保険者の自殺行為、犯罪行為または闘争行為、④被保険者が法定の運転資格を持たないで自動車等を運転し、あるいは、酒に酔った状態または麻薬等の薬物の影響により正常な運転ができないおそれがある状態で自動車等を運転している間に生じた事故、⑤被保険者の脳疾患、疾病または心神喪失、⑥被保険者の妊娠、出産、早産または流産、⑦被保険者に対する外科的手術その他の医療処置、⑧被保険者に対する刑の執行、⑨戦争、外国の武力行使、革命、政権奪取、内乱、武装変乱その他これらに類似の事変または暴動、⑩地震もしくは噴火またはこれらによる津波、⑪核燃料物質等の放射性、爆発性その他の有害な特性またはこれらの特性による事故、⑫⑨から⑪までの事由に随伴した事故またはこれらに伴う秩序の混乱に基づいて生じた事故、⑬⑪以外の放射線照射または放射線汚染である。ただし、②については、当該受取人の受取分についてのみ免責され、⑦については、保険者の担保傷害の治療の場合は除かれる。また、同約款三条二項によると、被保険者が頸部症候群（いわゆるむちうち症）、腰痛その他症状を訴えている場合であっても、それを裏付けるに足りる医学的他覚所見のないものに対しては、その症状の原因を問わず、保険金は支払われない。なお、被保険者が、山岳登攀、リュージュ、ボブスレー、スケルトン、航空機操縦（職務として操縦する場合を除く）、スカイダイビング、ハンググライダー搭乗、超軽量動力機搭乗、ジャイロプレーン搭乗その他これらに類する危険な運動等を行っている間や、乗用具を用いて競技等をしている間等に生じた事故によって被った傷害に対しては、これらの行為に対応する保険料をあらかじめ支払っていない場合には、保険金は支払われない（傷害約款四条）。

㈡　保険代位　被保険者の傷害が第三者の行為によって発生し、保険者が保険金を支払ったときに、保険者は被保険者が第三者に対して有する損害賠償請求権を代位取得するか否かの問題は、改正前商法のもとにおいて、傷害保険契約への同法六六二条（保険法二五条相当）の適用ないし類推適用の可否の問題として議論されていた。改正前商法には、傷害保険契約に適用される規定は全く存在しないのみならず、傷害保険契約と同じく人保険契約である生命保険契約については、同法六六二条の規定は準用されていなかった（商旧六八三条参照）。したがって、改正前商法のもとでは、傷害保険契約における保険代位の問題は、傷害保険契約の本質および保険者の代位制度の根拠と密接に関連する問題であった。

まず、従来の通説的見解によると、保険者の代位制度は、損害保険契約の損害塡補契約性と密接に関連する制度であるとされ、損害保険契約において、被保険者が保険金請求権と損害賠償請求権の二つの請求権を行使して二重に支払を受けると、被保険者は不当に利得し、損害保険契約の損害塡補契約性と矛盾することになるので、これを防止するために、保険者に代位権が認められていると解されていた。この通説的見解によると、傷害保険契約は、それが定額給付方式が採られているか不定額給付方式が採られているかに区別され、保険者の代位権は、前者については否定され、後者については、その損害塡補契約性を理由として、肯定されることになるものと解される(1)。

その結果、右の通説的見解によると、傷害保険契約においては、同じ対象に関する同じ事故についての保険契約でありながら、単なる支払保険金の決定方法についての約定が定額給付方式であるか不定額給付方式であるかの相違によって、保険者の代位権が否定されたり肯定されたりするという不合理が生ずるのみならず、一個の傷害保険契約において、死亡の場合については定額給付方式が約定され、治療等の場合については不定額給付方式が約定される場合には、単一の傷害保険契約の内部において、保険代位が認められるものと認められないものが存在するという不自然な結果が生ずると批判されていた(2)。そこで、保険代位の制度が損害保険契約に本質・固有な制度であると解する見解に反省を促すとともに、保険者の代位権の有無は、契約当事者の特約と保険料の計算方法によって決定される問題であるとする見解が主張されていた(3)。この見解によると、傷害保険契約においても、それが定額給付方式と不定額給付方式のいずれであるかを問わず、当事者間の合意によって、保険者の代位を約定することは可能となる(4)。

これに対し、定額給付方式か不定額給付方式かによって保険代位の有無が論理的に決定されるわけではないが、少なくとも不定額給付方式が採用された場合には、契約当事者の意思と損害分担の妥当なあり方から考えて、保険者の代位を認めるべきであると解する見解が主張されていた。この見解は、請求権代位の趣旨について、不確定損害肩代り説に立つとともに、不定額給付方式を採用した場合の契約の両当事者、とくに保険者の合理的な意思が、損害賠償請求権の代位の根拠であるとする。そして、同じ対象に関する事故についても、支払保険金の決定方法に関する当事者の約定の内容が、不定額給付方式か定額給付方式かによって代位の可否が決定されるのであり、同一の傷害保険契約の中に代位が認められる部分と認められない部分が存在するのは、それぞれの給付について独立の契約を締結させるべきものを適宜組み合わせて一つの契約にしたにすぎないことに基づくものであり、別に異とすることではないとする(5)。

現行法のもとでは、定額給付方式の傷害保険契約については、保険代位の適用を認めるべき形式上の根拠は存在しない。これに対し、不定額給付方式の傷害保険契約については、保険代位を定めている保険法二五条の規定は適用される。もっとも、右の規定は、片面的強行規定であり、保険者の代位権を排除する特約は、被保険者に有利なものとして基本的に有効であると解される。保険約款では、定額給付方式の傷害保険契約につき、「当会社が保険金を支払った場合であっても、被保険者またはその法定相続人がその傷害について第三者に対して有する損害賠償請求権は、当会社に移転しません」と定められているが（傷害約款三二条、交通事故傷害保険普通保険約款三一条等）、被保険者が治療のために現実に支出した金額や、被保険者が負担した救援費用等を補償する不定額給付方式の傷害保険契約については、代位が行われると定められている（海外旅行傷害保険傷害治療費用補償特約一三条、海外旅行傷害保険救援者費用等補償特約一三条等）。

(1)　広い意味において傷害保険に属する所得補償保険には、損害保険の一種として、改正前商法六六二条の保険代位の規定が適用されるとする最高裁判決がある（最判平成元年一月一九日判時一三〇二号一四四頁）。この判決につき、吉田・ジュリ九五七号一〇九頁以下、神田・百選四八頁参照。
（2）大森・研究一七〇―一七一頁。
（3）大森・研究一七三頁。
（4）金沢「傷害保険総論」金沢＝西島＝倉沢・講座Ⅳ一七頁。
（5）西島・四一二―四一四頁。

（2）保険契約者・被保険者・保険金受取人の義務　（イ）保険料支払義務　傷害保険契約の効果として、保険契約者は保険料支払義務を負う（二条三号）。

（ロ）職業または職務の変更通知義務　被保険者の職業または職務によって保険料率が異なるので、保険契約締結後、被保険者が証券記載の職業または職務を変更したときは、保険契約者または被保険者は遅滞なくその旨を保険者に通知することを要し、職業に就いていない被保険者が新たに職業に就いた場合または証券記載の職業に就いていた被保険者がその職業をやめた場合は同様である（傷害約款一三条一項・二項）。職業または職務の変更の事実がある場合において、保険料率を変更する必要があるときは、保険者は、変更前料率と変更後料率との差に基づき、職業または職務の変更の事実が生じた時以降の期間に対し日割をもって計算した保険料を返還または請求する（傷害約款一二条二項）。保険契約者が追加保険料の支払を怠ったときは、保険者は、保険契約を解除することができ（傷害約款一二条三項）、解除ができる場合には、職業または職務の変更の事実があった後に生じた事故による傷害に対しては、変更前料率の変更後料率に対する割合により、保険金が削減して支払われる（傷害約款一二条五項）。そして、保険契約者または被保険者が故意または重大な過失によって右の通知をしなかった場合において、変更後料率が変更前料率よりも高いときは、職業または職務の変更の事実があった後に生じた事故による傷害に対しては、変更前料率の変更後料率に対する割合により、保険金が削減して支払われるが（傷害約款一三条三項）、職業または職務の変更の事実に基づかずに発生した傷害については、保険金の削減は行われない（傷害約款一三条五項）。なお、職業または職務の変更の事実が生じ、当該保険契約の引受範囲を超えることとなったときは、保険者は、保険契約を解除することができ、職業または職務の変更の事実が生じた時以降に発生した事故による傷害に対しては、保険金は支払われない（傷害約款一三条六項・七項）。

(ハ)　事故発生の通知義務　　被保険者が給付事由となる傷害を被ったときは、保険契約者、被保険者または保険金を受け取るべき者は、その原因となった事故発生の日から三〇日以内に、事故発生の状況および傷害の程度を保険者に通知することを要し、被保険者が搭乗した航空機または船舶が行方不明または遭難したときにも、三〇日以内に、保険者に通知することを要する（傷害約款二六条一項・二項）。正当な理由がなくこれらの通知義務に違反したときは、保険者は、それによって被った損害の額を差し引いて保険金を支払う（傷害約款二六条三項）。

(ニ)　傷害の結果の防止・軽減義務　　正当な理由がなく被保険者が治療を怠ったことまたは保険契約者もしくは保険金を受け取るべき者が治療をさせなかったことにより給付事由に該当する傷害が重大となった場合には、保険者は、その影響がなかったときに相当する金額を支払う（傷害約款一〇条二項）。傷害保険契約における保険事故としての傷害の結果は、その程度において段階的であり、しかも発展的である。そして、保険者が支払うべき保険金の額は、死亡、後遺障害、入院治療等、傷害の結果・程度に応じて段階づけられている。発生した傷害について通常の治療をなしていたならば傷害の結果が軽微にとどまっていたはずなのに、正当な理由がなく故意に治療せず、そのため入院日数が増加し、後遺障害の範囲が拡大し、あるいは、被保険者が死亡するにいたった場合に、このように悪化した結果に対してまで保険者に保険金支払責任を負わせるのは妥当でない。そこで、傷害保険契約についても、損害保険契約の場合の損害防止・軽減義務と類似の法則が適用されるのである(1)。

(1)　大森・研究一二三頁、保険法制研究会・傷害保険契約法（新設）試案理由書四〇頁参照。

第三節　疾病保険契約

一　意義と法的規制

疾病保険契約とは、被保険者の疾病による損害を塡補すること（損害塡補方式）、または、疾病に基づき一定の金額を支払うこと（定額方式）を約し、相手方がこれに対して保険料を支払うことを約する契約をいう（二条七号・九号参照）。保険法は、傷害保険と疾病保険とで実質的な規律の内容が異ならないことや、「傷害」と「疾病」の区別が困難な場合もあることから、両者を区別することなく同一の規律に服させている。(1)

（1）萩本・一問一答一六頁。

二　種　類

(1) 総説　疾病保険契約には、生命保険会社が締結しているものと、損害保険会社が締結しているものがある。(1)

（1）以下の説明は、中西「傷害・疾病保険」竹内＝龍田・現代企業法講座4三九七―三九八頁による。

(2) 生命保険会社の疾病保険契約　昭和四八年から多数の生命保険会社が生命保険の特約（疾病特約）の形で疾病保険の引受を行うようになり、現在、多種多様な疾病保険商品が開発・販売されている。かかる特約は、主たる生命保険契約の被保険者の「疾病による入院」および「疾病または傷害による手術」に対して保険金を支払うもの（疾病入院特約）と、成人病による入院および手術に対して保険金を支払うもの（成人病特約）を基本形とするが、主契約の被保険者のほか、その家族を被保険者に加える場合もある。約款の形式として、生命保険契約の約款と疾病保険契約の約款が別の形になっているものと、疾病保険契約の内容が生命保険契約の約款の中に組み込まれているものがある。さらに、疾病により入院した場合に保険金を支払うことを主たる内容とする疾病保険の引受も行われている。

(3)　損害保険会社の疾病保険契約　損害保険会社の保険契約で疾病保険を内容とするものとして、海外旅行傷害保険の「疾病治療費用補償特約」や、「疾病死亡保険金支払特約」等がある。(1) 前者は、被保険者が、①責任期間中に発病した疾病または責任期間終了後七二時間以内に発病した疾病（その疾病の原因が責任期間中に発生したものに限る）の直接の原因として、責任期間終了後七二時間を経過するまでに医師の治療を開始した場合や、②責任期間中に感染した所定の感染症の直接の原因として、責任期間終了後三〇日を経過するまでに医師の治療を開始した場合に、㋑医師の診察費、処置費および手術費、㋺医師の処置または処方による薬剤費、治療材料費および医療器具使用料、㋩X線検査費、諸検査費および手術室費、㊁職業看護師費、㋭病院または診療所へ入院した場合の入院費等、約款所定の特定種類の費用の額を、被保険者が治療のため現実に支出した金額の範囲で保険金として支払うものである（疾病治療費用補償特約二条）。後者は、被保険者が、①責任期間中に疾病によって死亡した場合、②責任期間中に発病した疾病または責任期間終了後七二時間以内に発病した疾病（その疾病の原因が責任期間中に発生したものに限る）の直接の原因として、責任期間終了後三〇日以内に死亡した場合、③責任期間中に感染した所定の感染症を直接の原因として、責任期間終了後三〇日以内に死亡した場合に、証券記載の疾病死亡保険金額の全額を支払うものである（疾病死亡保険金支払特約二条）。

（1）　本文の説明は、損害保険料率算出機構が作成した各種の疾病特約条項（二〇一一年三月）に基づく。

三　保険事故

疾病損害保険契約は、被保険者の疾病によって生ずる損害を塡補することを目的とするものであるから（二条七号）、その保険事故は、保険期間中に発病した被保険者の疾病である。これに対し、疾病定額保険契約は、被保険者の疾病に基づき一定の給付を行うことを約するものであるが（二条九号）、その中には、保険期間中に被保険者の疾病が発病することだけで保険給付が行われるタイプのもののほか、疾病による入院や死亡といった結果が保険期間中に発生した場合にかぎって保険給付が行われるタイプのものもある。そこで、保険法は、疾病定額保険契約については、保険事故という概念を用いることなく、事実としての疾病と、保険給付の要件である給付事由という二つの概念を用いて規定を設けることとしている(1)。

疾病については、保険法に定義がないため、約款で定義があればそれによることになるが、疾病保険では、傷害保険における傷害のような定義がないのが通例である。したがって、社会通念に従って解釈されることになるが、病気よりは広い意味であり、身体の異常な状態のうち傷害を除いたものというのが実態に近いとされている(2)。

(1)　萩本・一問一答一六七頁。

(2)　山下・四五六頁。

四　契約前発病不担保条項

疾病保険の約款では、保険金を支払う場合を、責任期間開始後に発病した疾病に限定するのが通例であり、これを契約前発病不担保条項（または責任期間開始前発病不担保条項）という。契約前発病不担保条項は、危険選択を行うことにより予定事故発生率の維持を図るためのものとして、あるいは、疾病にかかったことに気付いた後に保険に加入するという保険契約者側のモラル・ハザードを防止するためのものとして、有効と解されている(1)。

しかし、契約締結前に自覚症状のない被保険者が責任期間開始後に体調を崩し、医師による診断の結果、すでに責任期間開始前から発病していたと医学的に判明した場合に疾病保険による保障を受けられないとすると、保険契約者側の期待を裏切ることになりかねず、また、保険募集時に、発病していたことを保険者が知っていたかまたは知りえた場合にも、発病が責任期間開始前であったことを理由に保険給付を否定することにも問題があるとされる(2)。そこで、保険実務では、契約前に発病していたとしても、契約前に受診の事実や診査・検査等で異常を指摘された事実がなく、かつ自覚症状もなかったと客観的に認められる場合には、保険者は、契約前発病不担保条項を適用しない等の取扱いが行われているようである。[3]他方、学説においては、発病を保険者側が認識していたかまたは容易に認識しえたにもかかわらず、保険契約者に対して契約前発病不担保となることを留保せずに保険契約を締結したような場合には、保険者は信義則上契約前発病不担保条項を援用することはできないと解する見解が主張されている。[4]

（1）大阪高判平成一六年五月二七日金判一一九八号四八頁、大阪地裁堺支部平成一六年八月三〇日判時一八八八号一四二頁（解説として、山本・百選二一六頁参照）、山下・四五八頁、山下＝米山・四八五頁（竹濱筆）。反対に、契約前発病不担保条項を無効とすると、契約締結前に発病していた場合についても必ず保険金を支払わなければならないことになるため、保険料が高額なものとなりかねないこと、このことは、保険者側からみると保険料を低額に抑えた商品の開発ができなくなることを意味し、結果的には保険契約者の選択の自由が奪われることになる（萩本・一問一答一六九頁）。

（2）山下・四五八頁。

（3）現在の保険約款では、「責任開始期以後の疾病」とは、その疾病（医学上重要な関係にある疾病を含む）について、責任開始期前に、①被保険者が医師の診療を受けたことがある場合、②被保険者が健康診断等において異常の指摘（要経過観察の指摘を含む）を受けたことがある場合、③被保険者が自覚可能な身体の異常が存在した場合または保険契約者が認識可能な被保険者の身体の異常が存在した場合のいずれにも該当しない場合をいうと定義するものがみられる。

（4）山下・四五九―四六〇頁、山下＝米山・四九二頁（竹濱筆）。

参考文献（ゴチック体は本文中に著者名または略称での引用を示す）

一　体系書・研究書・注釈書

青谷和夫　保険契約法論Ⅰ（生命保険）（昭和四一年　千倉書房）
同　同　Ⅱ（火災保険）（昭和四四年　同　）
青山衆司　保険**契約論**上巻（大正九年　巌松堂）
同　保険**契約法**（昭和四年　日本評論社）
朝川伸夫　保険法研究（昭和四二年　中央大学出版部）
甘利公人　会社役員賠償責任保険の研究（平成九年　多賀出版）
同　生命保険契約法の基礎理論（平成一九年　有斐閣）
甘利公人・**福田**弥夫　ポイントレクチャー保険法（平成二三年　有斐閣）
甘利公人・山本哲生編　保険法の論点と展望（平成二一年　商事法務）
伊沢孝平　保険法（昭和三三年　青林書院）
石井照久　**海上**保険法（昭和一七年　日本評論社）
同　**商法**Ⅱ（商行為法・海商法・保険法・有価証券法）（昭和四二年　勁草書房）
石井照久・**鴻**常夫　海商法・保険法（昭和五一年　勁草書房）
石田満　商法Ⅳ（保険法）（昭和五八年　青林書院新社）
同　保険契約法の**諸問題**（昭和四七年　一粒社）
同　保険契約法の**基本問題**（昭和五二年　一粒社）
同　増補**自動車**保険の諸問題（昭和五四年　損保企画）
同　保険業法の**研究**Ⅰ（昭和六一年　文眞堂）
同　保険業法の研究Ⅱ（平成四年　文眞堂）
同　保険契約法の論理と現実（平成七年　有斐閣）
同　保険判例の研究Ⅰ（平成七年　文眞堂）
同　保険判例の研究Ⅱ（平成七年　文眞堂）
同　保険業法（平成二三年　文眞堂）
石田満編　保険と担保（平成八年　文眞堂）
石田満・**海老名**惣吉編　**自動車保険**の基礎知識（昭和五四年　海文堂）
石山卓磨　現代会社法・保険法の基本問題（平成九年　成文堂）
石山卓磨編著　現代保険法（第二版）（平成二三年　成文堂）
今井薫・岩崎憲次・栗田和彦・坂口光男・佐藤幸夫・重田晴生　保険・海商法（改訂版）（平成六年　三省堂）
今井薫・岡田豊基・梅津昭彦　レクチャー新保険法（平成二三年　法律文化社）
今村有　海上保険契約法論**上**巻（昭和五三年　損害保険事業研究所）
同　同　**中**巻（昭和五四年　同　）

同　　同　下巻　（昭和五五年　同　）
岩崎　稜　保険料支払義務論　（昭和四六年　有斐閣）
梅津昭彦　保険仲介者の規制と責任　（平成七年　中央経済社）
浦田一晴　責任保険法論　（昭和三七年　法律文化社）
江頭憲治郎　商取引法（第六版）　（平成二二年　弘文堂）
大串淳子・日本生命保険生命保険研究会 編　解説保険法　（平成二〇年　弘文堂）
大隅健一郎・戸田修三・河本一郎 編　判例コンメンタール13下商法III下　（昭和五二年　三省堂）
鴻　常夫　保険法の諸問題　（平成一四年　有斐閣）
大橋光雄　保険法講義　（昭和一二年　有斐閣）
大浜信泉　保険法要論　（昭和九年　広文堂）
大森忠夫　保険契約の法的構造　（昭和二七年　有斐閣）
同　続保険契約の法的構造　（昭和三一年　有斐閣）
同　保険契約法の研究　（昭和四四年　有斐閣）
同　保険法（補訂版）　（昭和六〇年　有斐閣）
大森忠夫・三宅一夫　生命保険契約法の諸問題　（昭和三三年　有斐閣）
岡田豊基　現代保険法　（平成二二年　中央経済社）
同　請求権代位の法理　（平成一九年　日本評論社）
岡野敬次郎　商行為及保険法　（昭和三年　有斐閣）
落合誠一 監修・編著　保険法コンメンタール（損害保険・傷害疾病保険）　（平成二一年　損害保険事業総合研究所）
落合誠一・山下典孝 編　新しい保険法の理論と実務　（平成二〇年　経済法令研究会）
加藤由作　海上損害論　（昭和一〇年　巌松堂）
同　海上被保険利益論　（昭和一一年　巌松堂）
同　被保険利益の構造　（昭和一四年　巌松堂）
同　火災保険論　（昭和二五年　新紀元社）
同　海上保険新講　（昭和三七年　春秋社）
加藤勝郎・金沢理 編　保険法・海商法要説　（平成八年　青林書院）
金沢　理　保険と民事責任の法理　（昭和四一年　成文堂）
同　交通事故と責任保険　（昭和四九年　成文堂）
同　交通事故と保険給付　（昭和五六年　成文堂）
同　保険と補償の法理　（平成一〇年　成文堂）
同　保険法上巻（改訂版）　（平成一三年　成文堂）
同　同　下巻　（平成一八年　同　）
金沢理・塩崎勤 編　損害保険訴訟法（裁判実務大系26）　（平成八年　青林書院）
金沢理監修・大塚英明・児玉康夫 編　新保険法と保険契約法理の新たな展開　（平成二一年　ぎょうせい）
北沢宥勝　火災普通保険約款論　（昭和二五年　損害保険事業研究所）
木村栄一　海上保険　（昭和五三年　千倉書房）
木村栄一・大谷孝一・落合誠一 編　海上保険の理論と実務　（平成二三年　弘文堂）
窪田　宏　保険法（商法講義IV）　（昭和五四年　晃洋書房）
倉沢康一郎　保険契約の法理　（昭和五〇年　慶応通信）
同　保険契約法の現代的課題　（昭和五三年　成文堂）

同　保険法**通論**（昭和五七年　三嶺書房）
同　現代保険**法論**（昭和六〇年　一粒社）
栗田和彦編著　保険法講義（平成一二年　中央経済社）
小町谷操三　海上保険法**総論**㈠（昭和二八年　岩波書店）
同　同　**総論**㈡（昭和二九年　同　）
同　同　**各論**㈠（昭和二九年　同　）
同　同　**各論**㈡（昭和三六年　同　）
同　同　**各論**㈢（昭和四二年　同　）
同　同　**各論**㈣（昭和四三年　同　）
同　保険法の**諸問題**（昭和四九年　有斐閣）
小町谷操三・**田辺康平**　商法講義保険（昭和四六年　有斐閣）
坂口光男　保険法（平成三年　文眞堂）
同　保険者免責の**基礎理論**（平成五年　文眞堂）
同　保険契約法の**基本問題**（平成八年　文眞堂）
同　保険法**立法史**の研究（平成一一年　文眞堂）
同　保険法**学説史**の研究（平成二〇年　文眞堂）
酒巻俊雄・石山卓磨編　保険法・海商法（平成九年　青林書院）
塩崎勤編　生命保険・損害保険（現代裁判法大系25）（平成一〇年　新日本法規）
塩崎勤・山下丈編　保険関係訴訟法（新・裁判実務大系19）（平成一七年　青林書院）
塩崎勤・山下丈・山野嘉朗編　保険関係訴訟（平成二一年　民事法研究会）
勝呂弘　損害保険論選集（昭和六〇年　千倉書房）
鈴木譲一・**棚田**良平　火災保険概論（昭和五三年　海文堂）
鈴木竹雄　新版商行為法・保険法・海商法（全訂第一版増補版）（昭和六〇年　弘文堂）
鈴木竹雄編　新法律学演習講座商法下巻（昭和三四年　青林書院）
鈴木辰紀　**火災**保険研究（昭和四四年　成文堂）
同　**損害**保険研究（昭和五二年　成文堂）
同　**自動車**保険論（昭和五六年　成文堂）
同　保険の現代的課題（昭和五八年　成文堂）
同　続保険の現代的課題（昭和六一年　成文堂）
同　保険の現代的課題（第三巻）（平成七年　成文堂）
同　保険の現代的課題Ⅳ（平成二二年　成文堂）
高松基助編著　保険法（平成一八年　中央経済社）
竹内昭夫　手形法・保険法の理論（平成三年　有斐閣）
竹内昭夫編　保険業法の在り方（上・下）（平成四年　有斐閣）
竹田昌之　自動車損害賠償責任における因果関係（平成五年　成文堂）
棚田良平　保険契約の法的構造（昭和五九年　損害保険事業研究所）
田中耕太郎　保険法講義要領（昭和一〇年　自費出版）
田中誠二　**新版**保険法（昭和三五年　千倉書房）
田中誠二・**原茂**太一　新版保険法（全訂版）（昭和六二年　千倉書房）
田辺康平　（旧）**保険法**（昭和四五年　ミネルヴァ書房）
同　**新版**保険法（昭和五一年　ミネルヴァ書房）
同　保険契約の**基本構造**（昭和五四年　有斐閣）
同　保険法の**理論と解釈**（昭和五四年　文眞堂）

同　現代保険法（昭和六〇年　文眞堂）
同　新版現代保険法（平成七年　文眞堂）
石田満・田辺康平 編　保険法演習1（昭和五二年　文眞堂）
石田満・田辺康平・棚田良平・戸出正夫　註釈火災保険普通保険約款（昭和五一年　日本評論社）
田辺康平・坂口光男 編著　注釈住宅火災保険・普通保険約款（平成七年　中央経済社）
田村諄之輔・平出慶道　保険法・海商法（補訂第二版）（平成八年　青林書院）
戸田修三・西島梅治 編　二訂保険・海商法（昭和六〇年　青林書院）
中西正明　傷害保険契約の法理（平成四年　有斐閣）
同　保険契約の告知義務（平成一五年　有斐閣）
同　生命保険法入門（平成一八年　有斐閣）
西島梅治　責任保険法の研究（昭和四三年　同文館）
同　保険法（第二版）（昭和五七年　筑摩書房）
野口夕子　保険契約における損害防止義務（平成一九年　成文堂）
野崎隆幸　保険契約法論（昭和一一年　大同書院）
野津務　新保険契約法論（昭和四〇年　中央大学生協出版局）
同　相互保険の研究（昭和四〇年　中央大学生協出版局）
同　保険法における信義誠実の原則（昭和四〇年　中央大学生協出版局）
萩本修 編著　一問一答・保険法（平成二一年　商事法務）
同 編著　保険法立案関係資料（平成二〇年　商事法務）
長谷川雄一　基本商法講義（保険法）（平成元年　成文堂）
服部栄三・星川長七 編　基本法コンメンタール第三版商法総則・商行為法（平成三年　日本評論社）
潘阿憲　保険法概説（平成二二年　中央経済社）
福田弥夫　生命保険契約における利害調整の法理（平成一七年　成文堂）
福田弥夫・古笛恵子 編　逐条解説改正保険法（平成二〇年　ぎょうせい）
松木太郎　再保険法の法理（昭和三二年　有斐閣）
松本烝治　保険法（大正四年　中央大学）
三浦義道　告知義務論（大正一三年　巌松堂）
同　補訂保険法論（大正一五年　巌松堂）
水口吉蔵　保険法論（昭和二年　清水書店）
南出弘　保険担保の法理と実際（昭和三七年　金融財政事情研究会）
同　例解損害保険担保（昭和四五年　経済法令研究会）
村上隆吉　保険法論第一巻（大正四年　法政大学）
安居孝啓　最新保険業法の解説（改訂版）（平成二二年　大成出版社）
山下友信　現代の生命・傷害保険法（平成一一年　弘文堂）
同　保険法（平成一七年　有斐閣）
山下友信・竹濱修・洲崎博史・山本哲生　保険法（第三版）（平成二二年　有斐閣）
山下友信・米山高生 編　保険法解説（生命保険・傷害疾病定額保険）（平成二二年　有斐閣）
山野嘉朗　保険契約と消費者保護の法理（平成一九年　成文堂）

山野嘉朗・山田泰彦 編著　現代保険・海商法三〇講（第八版）（平成二二年　中央経済社）

二　記念論文集

日本**保険学会創立三十周年**記念論文集　（昭和四六年　日本保険学会）
損害保険事業研究所**創立三十周年記念損害保険論集**　（昭和四〇年　損害保険事業研究所）
損害保険事業研究所**創立三十五周年記念損害保険論集**　（昭和四四年　損害保険事業研究所）
損害保険事業研究所**創立四十周年記念損害保険論集**　（昭和四九年　損害保険事業研究所）
損害保険事業研究所**創立四十五周年記念損害保険論集**　（昭和五四年　損害保険事業研究所）
損害保険事業研究所**創立五十周年記念損害保険論集**　（昭和五八年　損害保険事業研究所）
損害保険事業研究所**創立六十周年記念損害保険論集**　（平成六年　損害保険事業総合研究所）
損害保険事業研究所**創立七十周年記念損害保険論集**　（平成一五年　損害保険事業総合研究所）
石田満先生還暦記念論文集　商法・保険法の現代的課題　（平成四年　文眞堂）
石井照久先生**追悼**論文集　商事法の諸問題　（昭和四九年　有斐閣）
今村有博士**古稀**記念論集　損害保険の基本問題　（昭和四二年　損害保険事業研究所）
大隅先生**還暦**記念　商事法の研究　（昭和四三年　有斐閣）
大隅先生**古稀**記念　企業法の研究　（昭和五二年　有斐閣）
大谷孝一博士古稀記念　保険学保険法学の課題と展望　（平成二三年　成文堂）
鴻常夫先生**還暦**記念　八十年代商事法の諸相　（昭和六〇年　有斐閣）
大森忠夫先生**還暦**記念　商法・保険法の諸問題　（昭和四七年　有斐閣）
奥島孝康教授還暦記念（第二巻）　近代企業法の形成と展開　（平成一一年　成文堂）
葛城照三博士**古稀**記念　損害保険論集　（昭和五一年　損害保険事業研究所）
加藤由作博士**還暦**記念　保険学論集　（昭和三二年　春秋社）
加藤由作博士**喜寿**記念論文集　（昭和四五年　論文集刊行会）
川又良也先生還暦記念　商法・経済法の諸問題　（平成六年　商事法務研究会）
倉澤康一郎教授還暦記念論文集　商法の判例と論理　（平成六年　日本評論社）
倉沢康一郎先生古稀記念　商法の歴史と論理　（平成一七年　新青出版）
小町谷先生**古稀**記念　商法学論集　（昭和三九年　有斐閣）
鈴木竹雄先生**古稀**記念　現代商法学の課題上中下　（昭和五〇年　有斐閣）
鈴木辰巳教授還暦記念　保険の現代的課題　（平成四年　成文堂）
鈴木辰紀先生古稀記念　現代保険論集　（平成一三年　成文堂）
相馬勝夫博士**古稀**記念論集　現代保険学の諸問題　（昭和五三年　専修大学出版局）
竹内昭夫先生追悼論文集　商事法の展望

（平成一一年　商事法務研究会）
田中誠二先生古稀記念　現代商法学の諸問題　（昭和四二年　千倉書房）
田辺康平先生還暦記念　保険法学の諸問題　（昭和五五年　文眞堂）
中西正明先生喜寿記念論文集　保険法改正の論点　（平成二一年　法律文化社）
野津務先生追悼記念論文集　商法の課題とその展開　（平成三年　成文堂）
保住昭一先生古稀記念　企業社会と商事法　（平成一一年　北樹出版）
南出弘博士在職三〇年記念　自動車・責任保険の諸問題　（昭和四二年　保険研究所）
三宅一夫先生追悼論文集　保険法の現代的課題　（平成五年　法律文化社）

三　講座・双書

新損害保険実務講座　一巻～一〇巻　（昭和三九年～四〇年　有斐閣）
新生命保険実務講座　一巻～一〇巻　（昭和四一年～四二年　有斐閣）
損害保険実務講座　一巻～八巻、補巻　（昭和五八年～平成九年　有斐閣）
生命保険新実務講座　一巻～八巻　（平成二年～三年　有斐閣）
金沢理・西島梅治・倉沢康一郎　編　新種・自動車保険講座Ⅰ～Ⅳ巻　（昭和五一年　日本評論社）
田辺康平・石田満　編　（旧）損害保険双書(1)～(3)　（昭和四九年～五〇年　文眞堂）
田辺康平・石田満　編　新損害保険双書(1)～(3)　（昭和五七年～六〇年　文眞堂）

四　判例解説

保険判例百選　（昭和四一年　有斐閣）
商法〈保険・海商〉判例百選　（昭和五二年　有斐閣）
商法〈保険・海商〉判例百選［第二版］　（平成五年　有斐閣）
損害保険判例百選　（昭和五五年　有斐閣）
損害保険判例百選［第二版］　（平成八年　有斐閣）
生命保険判例百選（増補版）　（昭和六三年　有斐閣）
保険法判例百選　（平成二二年　有斐閣）

五　その他

保険法制研究会　損害保険契約法改正試案・傷害保険契約法（新設）試案理由書　（昭和五七年　損害保険事業研究所）
損害保険法制研究会　損害保険契約法改正試案・傷害保険契約法（新設）試案理由書（一九九五年確定版）　（平成七年　損害保険事業総合研究所）
生命保険法制研究会　生命保険契約法改正試案（一九九八年版）理由書・傷害保険契約法新設試案（一九九八年版）理由書・疾病保険契約法新設試案（一九九八年版）理由書　（平成一〇年　生命保険協会）
生命保険法制研究会（第二次）　生命保険契約法改正試案（二〇〇二年修正版）理由書　（平成一四年　生命保険協会）
生命保険法制研究会（第二次）　生命保険契約法改正試案（二〇〇五年確定版）理由書・疾病保険契約法試案（二〇〇五年確定版）理由書　（平成一七年　生命保険協会）

傷害保険契約法研究会　傷害保険契約法試案（二〇〇三年版）理由書（平成一五年　生命保険協会）
損害保険の法律問題（平成六年　経済法令研究会）
生命保険の法律問題（平成八年　経済法令研究会）

六　文献略語

定期刊行物（学会誌、法律雑誌、大学紀要等）の表記については、法律編集者懇談会「法律文献等の出典の表示方法」に依拠した。

保険法
補訂版

一九九一年一〇月一五日　第一版第一刷発行
二〇二〇年　三　月二〇日　補訂版第三刷発行

検印省略

著　者　坂　口　光　男
補訂者　陳　　　　　亮
発行者　前　野　　　隆

発行所　〒162-0041　東京都新宿区早稲田鶴巻町五三三
株式会社　文　眞　堂
電話　〇三―三二〇二―八四八〇番
振替　〇〇一二〇―二―九六四三七番

組版　シナノ書籍印刷
印刷　シナノ書籍出版
製本　高　地　製　本　所

落丁・乱丁本はおとりかえいたします

定価は箱裏に表示してあります
ISBN978-4-8309-4747-6　C 3032

著者紹介

坂口光男（さかぐち・みつお）

1939年９月　北海道に生まれる
1968年４月　明治大学法学部助手、その後、専任講師、助教授、教授を経て
明治大学名誉教授　法学博士
2011年６月　逝去
主　　著　『保険者免責の基礎理論』（文眞堂、1993年）
『保険契約法の基本問題』（文眞堂、1996年）
『保険法立法史の研究』（文眞堂、1999年）
『商法総則・商行為法』（文眞堂、2000年）
『保険法学説史の研究』（文眞堂、2008年）
その他多数

補訂者紹介

陳　亮（ちん・りょう）

1973年５月　上海に生まれる
2006年９月　明治大学大学院法学研究科博士後期課程修了、博士（法学）
2007年４月　大阪経済法科大学法学部専任講師を経て
現　　職　明治大学法学部専任講師
主要論文　「契約者配当の範囲と配当付生命保険契約の法的性質」（大阪経済法科大学法学論集68号、2010年）
「透明性原則からみた契約者配当条項の効力」（法律論叢82巻４・５合併号、2010年）
「保険者の残存物代位について」（明治大学法学部創立百三十周年記念論文集、2011年）
「疾病診療上の医療過誤事故と傷害保険」（生命保険論集182号、2013年）
その他

事 項 索 引

た　行

な　行

は　行

ま　行

や　行

ら　行

判例索引

大審院

明40・5・7民録13輯483頁 ……………………54
明40・10・4民録13輯939頁……………………282
明40・10・14法律新聞460号13頁……………282
明44・5・16民録17輯287頁……………………161
明45・5・15民録18輯492頁 ……………………54
大2・3・31民録19輯185頁……………………282
大2・7・5民録19輯609頁……………………172
大4・3・6民録21輯363頁……………………174
大4・4・14民録21輯486頁……………………282
大4・6・26民録21輯1044頁……………73, 283
大4・6・30民録21輯1157頁 ………………174
大4・12・24民録21輯2182頁 ……………31, 32
大5・2・7民録22輯83頁………………74, 285
大5・2・12民録22輯234頁……………………292
大5・6・28民録22輯1281頁 ………………172
大5・10・21民録22輯1959頁 ……………51, 54
大5・11・21民録22輯2105頁……………………23
大6・12・5民録23輯2051頁 ………………282
大6・12・13民録23輯2103頁……………………27
大6・12・14民録23輯2112頁……………………78
大7・4・27法律新聞1422号20頁 …………283
大9・4・16民録26輯537頁……………………285
大12・4・7民集2巻5号209頁………172, 174
大14・2・19新聞2376号19頁……………………96
大15・6・12民集5巻8号495頁 ………86, 197
昭2・11・2民集6巻11号593頁 …………282
昭5・9・23民集9巻918頁 ………………174
昭7・2・19刑集11巻2号85頁………………51
昭7・9・14民集11巻18号1815頁……………195
昭9・10・30法律新聞3771号9頁 ……………51
昭10・5・22民集14巻923頁 ……………………91
昭12・12・8民集16巻23号1764頁 …………129
昭15・2・21民集19巻4号273頁 ………23, 166
昭16・8・21民集20巻19号1189頁 …………131
昭18・6・9法律新聞4851号5頁 …………195

最高裁判所

昭34・7・8民集13巻7号911頁 ……………29
昭36・3・16民集15巻3号512頁……………128
昭37・6・12民集16巻7号1322頁 …………103
昭39・9・25民集18巻7号1528頁 …………290
昭40・2・2民集19巻1号1頁 ……………267
昭42・1・31民集21巻1号77頁 ……………295
昭42・9・29判時497号41頁……………………227
昭45・2・27判時588号91頁……………………308
昭45・12・24民集24巻13号2187頁……………30
昭47・5・30民集26巻4号898頁……………226
昭49・3・15民集28巻2号222頁……………166
昭49・11・29民集28巻8号1670頁 …………239
昭51・11・25民集30巻10号960頁……………166
昭57・1・19民集36巻1号1頁 ………230, 231
昭57・9・28民集36巻8号1652頁 …………239
昭58・9・8民集37巻7号918頁……………267
昭62・2・20民集41巻1号159頁 ………27, 111
昭62・5・29民集41巻4号723頁……………165
昭62・10・29民集41巻7号1527頁 …………270
平元・1・19判時1302号144頁………………333
平4・3・13民集46巻3号188頁……………267
平5・2・26民集47巻2号1653頁 …………128
平5・7・20損保企画536号8頁 ……………74
平5・9・7民集47巻7号4740頁 ……267, 274
平6・7・18民集48巻5号1233頁 …………266
平9・3・25民集51巻3号1565頁……………92
平9・4・24民集51巻4号1991頁 …………303
平9・6・17民集51巻5号2154頁 …………285
平11・9・9民集53巻7号1173頁 …………311
平13・4・20民集55巻3号682頁……………328
平14・10・3民集56巻8号1706頁 …………295
平15・12・11民集57巻11号2196頁……………97
平16・3・25民集58巻3号753頁……………292
平16・6・10民集58巻5号1178頁 …………195
平16・10・29民集58巻7号1979頁 …………267
平16・12・13民集58巻9号2419頁……………81

平18・6・1民集60巻5号1887頁………81, 241
平19・4・17民集61巻3号1026頁………82, 241
平19・7・6民集61巻5号1955頁…………329
平19・10・19判時1990号144頁………………329
平21・6・2民集63巻5号953頁……………274

控訴院

大阪明38・12・15法律新聞329号8頁………282
大阪大5・7・3新聞1146号15頁…………131
東京昭13・7・30法律新報518号20頁………315

高等裁判所

福岡宮崎支昭32・8・30下民集8巻8号1619頁
…………………………………………174, 176
東京昭46・1・29高民集24巻1号13頁……226
広島昭46・10・19判時690号83頁……………103
札幌昭47・5・15高民集25巻2号187頁……232
東京昭53・1・23判時887号110頁……………27
東京平5・9・28判時1479号140頁…………325
大阪平16・5・27金判1198号48頁…………339
大阪平17・12・1判時1944号154頁…………329
東京平18・9・13金判1255号16頁…………234
東京平18・10・19判タ1234号179頁…………295
東京平20・3・13判時2004号143頁…………165
東京平21・9・30判タ1317号72頁…………305
東京平22・11・25金判1359号50頁…………310

地方裁判所

東京大5・9・15法律新聞1191号23頁……317
東京大6・4・12評論6商245頁……………282
東京昭2・5・14法律新報118号20頁………183
東京昭7・7・15評論21商566頁……………282
東京昭8・9・11法律新聞3612号7頁……282
東京昭9・2・5法律新聞3685号11頁……310
秋田昭31・5・22下民集7巻5号1345頁……27
鹿児島昭32・1・25下民集8巻1号114頁…175
岐阜昭34・3・23下民集10巻3号528頁……128
大阪昭38・2・19下民集14巻2号219頁……153
大阪昭38・5・24判時368号60頁……………178
東京昭43・11・21判時555号73頁……………27
東京昭44・2・3判時555号70頁……………27
盛岡昭45・2・13下民集21巻1・2号314頁
………………………………………………27
東京昭45・6・22下民集21巻5・6号864頁
………………………………………………197
東京昭47・6・30判時678号26頁……………27
旭川昭48・3・28判時737号84頁……………172
広島呉支昭49・6・7判時770号97頁………103
東京昭54・9・26判タ403号133頁…………278
東京昭56・4・30判時1004号115頁…………300
札幌昭59・5・22判時1139号94頁……………27
宮崎都城支昭61・3・17判時1187号129頁…27
京都昭63・2・24判タ674号196頁…………128
東京平8・7・30金判1002号25頁…………254
神戸平9・6・17判タ958号268頁……………24
大阪平12・2・22判時1728号124頁…………115
大阪堺支平16・8・30判時1888号142頁……339
大阪平19・12・20交民40巻6号1694頁……112

平成二〇年改正前商法条文

第十章　保険

第一節　損害保険

第一款　総　　則

第六二九条【定義】 損害保険契約ハ当事者ノ一方カ偶然ナル一定ノ事故ニ因リテ生スルコトアルヘキ損害ヲ塡補スルコトヲ約シ相手方カ之ニ其報酬ヲ与フルコトヲ約スルニ因リテ其効力ヲ生ス

第六三〇条【保険契約の目的】 保険契約ハ金銭ニ見積ルコトヲ得ヘキ利益ニ限リ之ヲ以テ其目的ト為スコトヲ得

第六三一条【超過保険】 保険金額カ保険契約ノ目的ノ価額ニ超過シタルトキハ其超過シタル部分ニ付テハ保険契約ハ無効トス

第六三二条【同時重複保険】 ①同一ノ目的ニ付キ同時ニ数箇ノ保険契約ヲ為シタル場合ニ於テ其保険金額カ保険価額ニ超過シタルトキハ各保険者ノ負担額ハ其各自ノ保険金額ノ割合ニ依リテ之ヲ定ム

②数箇ノ保険契約ノ日附カ同一ナルトキハ其契約ハ同時ニ為シタルモノト推定ス

第六三三条【異時重複保険】 相次テ数箇ノ保険契約ヲ為シタルトキハ前ノ保険者先ツ損害ヲ負担シ若シ其負担額カ損害ノ全部ヲ塡補スルニ足ラサルトキハ後ノ保険者之ヲ負担ス

第六三四条【同前一例外】 保険価額ノ全部ヲ保険ニ付シタル後ト雖モ左ノ場合ニ限リ更ニ保険契約ヲ為スコトヲ得

一　前ノ保険者ニ対スル権利ヲ後ノ保険者ニ譲渡スコトヲ約シタルトキ

二　前ノ保険者ニ対スル権利ノ全部又ハ一部ヲ抛棄スヘキコトヲ後ノ保険者ニ約シタルトキ

三　前ノ保険者カ損害ノ塡補ヲ為ササルコトヲ条件トシタルトキ

第六三五条【保険者の一人に対する権利の放棄】 同時ニ又ハ相次テ数箇ノ保険契約ヲ為シタル場合ニ於テ保険者ノ一人ニ対スル権利ノ抛棄ハ他ノ保険者ノ権利義務ニ影響ヲ及ホサス

第六三六条【一部保険】 保険価額ノ一部ヲ保険ニ付シタル場合ニ於テハ保険者ノ負担ハ保険金額ノ保険価額ニ対スル割合ニ依リテ之ヲ定ム

第六三七条【保険価額の著しい減少】 保険価額カ保険期間中著シク減少シタルトキハ保険契約者ハ保険者ニ対シテ保険金額及ヒ保険料ノ減額ヲ請求スルコトヲ得但保険料ノ減額ハ将来ニ向テノミ其効力ヲ生ス

第六三八条【損害額の算定】 ①保険者カ塡補スヘキ損害ノ額ハ其損害カ生シタル地ニ於ケル其時ノ価額ニ依リテ之ヲ定ム

②前項ノ損害額ヲ計算スルニ必要ナル費用ハ保険者之ヲ負担ス

第六三九条【評価済保険とてん補額の減少】 当事者カ保険価額ヲ定メタルトキハ保険者ハ其価額ノ著シク過当ナルコトヲ証明スルニ非サレハ其塡補額ノ減少ヲ請求スルコトヲ得ス

第六四〇条【保険者の法定免責事由】 戦争其他ノ変乱ニ因リテ生シタル損害ハ特約アルニ非サレハ保険者之ヲ塡補スル責ニ任セス

第六四一条【同前】 保険ノ目的ノ性質若クハ瑕疵、其自然ノ消耗又ハ保険契約者若クハ被保険者ノ悪意若クハ重大ナル過失ニ因リテ生シタル損害ハ保険者之ヲ塡補スル責ニ任セス

第六四二条【事故発生の主観的確定による契約の無効】 保険契約ノ当時当事者ノ一方又ハ被保険者カ事故ノ生セサルヘキコト又ハ既ニ生シタルコトヲ知レルトキハ其契約ハ無効トス

第六四三条【契約無効の効果】 保険契約ノ全部又ハ一部カ無効ナル場合ニ於テ保険契約者及ヒ被保険者カ善意ニシテ且重大ナル過失ナキ

トキハ保険者ニ対シテ保険料ノ全部又ハ一部ノ返還ヲ請求スルコトヲ得

第六四四条【告知義務違反による契約の解除】

①保険契約ノ当時保険契約者カ悪意又ハ重大ナル過失ニ因リ重要ナル事実ヲ告ケス又ハ重要ナル事項ニ付キ不実ノ事ヲ告ケタルトキハ保険者ハ契約ノ解除ヲ為スコトヲ得但保険者カ其事実ヲ知リ又ハ過失ニ因リテ之ヲ知ラサリシトキハ此限ニ在ラス

②前項ノ解除権ハ保険者カ解除ノ原因ヲ知リタル時ヨリ一个月間之ヲ行ハサルトキハ消滅ス契約ノ時ヨリ五年ヲ経過シタルトキ亦同シ

第六四五条【契約解除の効力】①前条ノ規定ニ依リ保険者カ契約ノ解除ヲ為シタルトキハ其解除ハ将来ニ向テノミ其効力ヲ生ス

②保険者ハ危険発生ノ後解除ヲ為シタル場合ニ於テモ損害ヲ塡補スル責ニ任セス若シ既ニ保険金額ノ支払ヲ為シタルトキハ其返還ヲ請求スルコトヲ得但保険契約者ニ於テ危険ノ発生カ其告ケ又ハ告ケサリシ事実ニ基カサルコトヲ証明シタルトキハ此限ニ在ラス

第六四六条【特別危険の消滅】保険契約ノ当事者カ特別ノ危険ヲ斟酌シテ保険料ノ額ヲ定メタル場合ニ於テ保険期間中其危険カ消滅シタルトキハ保険契約者ハ将来ニ向テ保険料ノ減額ヲ請求スルコトヲ得

第六四七条【他人のためにする保険—保険料支払義務】保険契約ハ他人ノ為メニモ之ヲ為スコトヲ得此場合ニ於テハ保険契約者ハ保険者ニ対シ保険料ヲ支払フ義務ヲ負フ

第六四八条【同前—委任を受けない場合の効力】保険契約者カ委任ヲ受ケスシテ他人ノ為メニ契約ヲ為シタル場合ニ於テ其旨ヲ保険者ニ告ケサルトキハ其契約ハ無効トス若シ之ヲ告ケタルトキハ被保険者ハ当然其契約ノ利益ヲ享受ス

第六四九条【保険証券の交付、記載事項】①保険者ハ保険契約者ノ請求ニ因リ保険証券ヲ交付スルコトヲ要ス

②保険証券ニハ左ノ事項ヲ記載シ保険者之ニ署名スルコトヲ要ス

一　保険ノ目的

二　保険者ノ負担シタル危険

三　保険価額ヲ定メタルトキハ其価額

四　保険金額

五　保険料及ヒ其支払ノ方法

六　保険期間ヲ定メタルトキハ其始期及ヒ終期

七　保険契約者ノ氏名又ハ商号

八　保険契約ノ年月日

九　保険証券ノ作成地及ヒ其作成ノ年月日

第六五〇条【保険の目的の譲渡】①被保険者カ保険ノ目的ヲ譲渡シタルトキハ同時ニ保険契約ニ因リテ生シタル権利ヲ譲渡シタルモノト推定ス

②前項ノ場合ニ於テ保険ノ目的ノ譲渡カ著シク危険ヲ変更又ハ増加シタルトキハ保険契約ハ其効力ヲ失フ

第六五一条【保険者の破産】①保険者カ破産手続開始ノ決定ヲ受ケタルトキハ保険契約者ハ契約ノ解除ヲ為スコトヲ得但其解除ハ将来ニ向テノミ其効力ヲ生ス

②前項ノ規定ニ依リテ解除ヲ為ササル保険契約ハ破産手続開始ノ決定ノ後三个月ヲ経過シタルトキハ其効力ヲ失フ

第六五二条【他人のための保険における保険契約者の破産】他人ノ為メニ保険契約ヲ為シタル場合ニ於テ保険契約者カ破産手続開始ノ決定ヲ受ケタルトキハ保険者ハ被保険者ニ対シテ保険料ヲ請求スルコトヲ得但被保険者カ其権利ヲ抛棄シタルトキハ此限ニ在ラス

第六五三条【責任開始前における任意解除】保険者ノ責任カ始マル前ニ於テハ保険契約者ハ契約ノ全部又ハ一部ノ解除ヲ為スコトヲ得

第六五四条【責任開始前における被保険利益の消滅】保険者ノ責任カ始マル前ニ於テ保険契約者又ハ被保険者ノ行為ニ因ラスシテ保険ノ目的ノ全部又ハ一部ニ付キ保険者ノ負担ニ帰スヘキ危険カ生セサルニ至リタルトキハ保険者ハ保険料ノ全部又ハ一部ヲ返還スルコトヲ要ス

第六五五条【手数料】前二条ノ場合ニ於テハ保険者ハ其返還スヘキ保険料ノ半額ニ相当スル金額ヲ請求スルコトヲ得

第六五六条【責めに帰すべき事由による危険の変更・増加】保険期間中危険カ保険契約者又

ハ被保険者ノ責ニ帰スヘキ事由ニ因リテ著シク変更又ハ増加シタルトキハ保険契約ハ其効力ヲ失フ

第六五七条【責めに帰すべからざる事由による危険の変更・増加】①保険期間中危険カ保険契約者又ハ被保険者ノ責ニ帰スヘカラサル事由ニ因リテ著シク変更又ハ増加シタルトキハ保険者ハ契約ノ解除ヲ為スコトヲ得但其解除ハ将来ニ向テノミ其効力ヲ生ス

②前項ノ場合ニ於テ保険契約者又ハ被保険者カ危険ノ著シク変更又ハ増加シタルコトヲ知リタルトキハ遅滞ナク之ヲ保険者ニ通知スルコトヲ要ス若シ其通知ヲ怠リタルトキハ保険者ハ危険ノ変更又ハ増加ノ時ヨリ保険契約カ其効力ヲ失ヒタルモノト看做スコトヲ得

③保険者カ前項ノ通知ヲ受ケ又ハ危険ノ変更若クハ増加ヲ知リタル後遅滞ナク契約ノ解除ヲ為ササルトキハ其契約ヲ承認シタモノト看做ス

第六五八条【保険契約者等の通知義務】保険者ノ負担シタル危険ノ発生ニ因リテ損害カ生シタル場合ニ於テ保険契約者又ハ被保険者カ其損害ノ生シタルコトヲ知リタルトキハ遅滞ナク保険者ニ対シテ其通知ヲ発スルコトヲ要ス

第六五九条【損害発生後における目的の滅失】保険ノ目的ニ付キ保険者ノ負担スヘキ損害カ生シタルトキハ其後ニ至リ其目的カ保険者ノ負担セサル危険ノ発生ニ因リテ滅失シタルトキト雖モ保険者ハ其損害ヲ塡補スル責ヲ免ルルコトヲ得ス

第六六〇条【損害防止義務】①被保険者ハ損害ノ防止ヲ力ムルコトヲ要ス但之カ為メニ必要又ハ有益ナリシ費用及ヒ塡補額カ保険金額ニ超過スルトキト雖モ保険者之ヲ負担ス

②第六百三十六条ノ規定ハ前項但書ノ場合ニ之ヲ準用ス

第六六一条【保険代位―保険の目的に関する権利の取得】保険ノ目的ノ全部カ滅失シタル場合ニ於テ保険者カ保険金額ノ全部ヲ支払ヒタルトキハ被保険者カ其目的ニ付キ有セル権利ヲ取得ス但保険価額ノ一部ヲ保険ニ付シタル場合ニ於テハ保険者ノ権利ハ保険金額ノ保険価額ニ対スル割合ニ依リテ之ヲ定ム

第六六二条【同前―第三者に対する権利の取得】①損害カ第三者ノ行為ニ因リテ生シタル場合ニ於テ保険者カ被保険者ニ対シ其負担額ヲ支払ヒタルトキハ其支払ヒタル金額ノ限度ニ於テ保険契約者又ハ被保険者カ第三者ニ対シテ有セル権利ヲ取得ス

②保険者カ被保険者ニ対シ其負担額ノ一部ヲ支払ヒタルトキハ保険契約者又ハ被保険者ノ権利ヲ害セサル範囲内ニ於テノミ前項ニ定メタル権利ヲ行フコトヲ得

第六六三条【短期時効】保険金額支払ノ義務及ヒ保険料返還ノ義務ハ二年保険料支払ノ義務ハ一年ヲ経過シタルトキハ時効ニ因リテ消滅ス

第六六四条【相互保険に対する準用】本節ノ規定ハ相互保険ニ之ヲ準用ス但其性質カ之ヲ許ササルトキハ此限ニ在ラス

第二款　火災保険

第六六五条【火災による損害のてん補】火災ニ因リテ生シタル損害ハ其火災ノ原因如何ヲ問ハス保険者之ヲ塡補スル責ニ任ス但第六百四十条及ヒ第六百四十一条ノ場合ハ此限ニ在ラス

第六六六条【消防・避難による損害のてん補】消防又ハ避難ニ必要ナル処分ニ因リ保険ノ目的ニ付キ生シタル損害ハ保険者之ヲ塡補スル責ニ任ス

第六六七条【保管者の責任保険】賃借人其他他人ノ物ヲ保管スル者カ其支払フコトアルヘキ損害賠償ノ為メ其物ヲ保険ニ付シタルトキハ所有者ハ保険者ニ対シテ直接ニ其損害ノ塡補ヲ請求スルコトヲ得

第六六八条【火災保険証券の記載事項】火災保険証券ニハ第六百四十九条第二項ニ掲ケタル事項ノ外左ノ事項ヲ記載スルコトヲ要ス

一　保険ニ付シタル建物ノ所在、構造及ヒ用方

二　動産ヲ保険ニ付シタルトキハ之ヲ納ルル建物ノ所在、構造及ヒ用方

第三款　運送保険

第六六九条【法定保険期間】保険者ハ特約ナキ

トキハ運送人カ運送品ヲ受取リタル時ヨリ之ヲ荷受人ニ引渡ス時マテニ生スルコトアルヘキ損害ヲ塡補スル責ニ任ス

第六七〇条【保険価額】①運送品ノ保険ニ付テハ発送ノ地及ヒ時ニ於ケル其価額及ヒ到達地マテノ運送賃其他ノ費用ヲ以テ保険価額トス

②運送品ノ到達ニ因リテ得ヘキ利益ハ特約アルトキニ限リ之ヲ保険価額中ニ算入ス

第六七一条【運送保険証券の記載事項】運送保険証券ニハ第六百四十九条第二項ニ掲ケタル事項ノ外左ノ事項ヲ記載スルコトヲ要ス

一　運送ノ道筋及ヒ方法

二　運送人ノ氏名又ハ商号

三　運送品ノ受取及ヒ引渡ノ場所

四　運送期間ノ定アルトキハ其期間

第六七二条【運送の変更】保険契約ハ特約アルニ非サレハ運送上ノ必要ニ因リ一時運送ヲ中止シ又ハ運送ノ道筋若クハ方法ヲ変更シタルトキト雖モ其効力ヲ失ハス

第二節　生命保険

第六七三条【定義】生命保険契約ハ当事者ノ一方カ相手方又ハ第三者ノ生死ニ関シ一定ノ金額ヲ支払フヘキコトヲ約シ相手方カ之ニ其報酬ヲ与フルコトヲ約スルニ因リテ其効力ヲ生ス

第六七四条【他人の生命の保険】①他人ノ死亡ニ因リテ保険金額ノ支払ヲ為スヘキコトヲ定ムル保険契約ニハ其者ノ同意アルコトヲ要ス但被保険者カ保険金額ヲ受取ルヘキ者ナルトキハ此限ニ在ラス

②前項ノ保険契約ニ因リテ生シタル権利ノ譲渡ニハ被保険者ノ同意アルコトヲ要ス

③保険契約者カ被保険者ナル場合ニ於テ保険金額ヲ受取ルヘキ者カ其権利ヲ譲渡ストキ又ハ第一項但書ノ場合ニ於テ権利ヲ譲受ケタル者カ更ニ之ヲ譲渡ストキ亦同シ

第六七五条【他人のためにする保険—利益の享受】①保険金額ヲ受取ルヘキ者カ第三者ナルトキハ其第三者ハ当然保険契約ノ利益ヲ享受ス但保険契約者カ別段ノ意思ヲ表示シタルトキハ其意思ニ従フ

②前項但書ノ規定ニ依リ保険契約者カ保険金額ヲ受取ルヘキ者ヲ指定又ハ変更スル権利ヲ有スル場合ニ於テ其権利ヲ行ハスシテ死亡シタルトキハ保険金額ヲ受取ルヘキ者ノ権利ハ之ニ因リテ確定ス

第六七六条【同前—保険金受取人の死亡と再指定】①保険金額ヲ受取ルヘキ者カ被保険者ニ非サル第三者ナル場合ニ於テ其者カ死亡シタルトキハ保険契約者ハ更ニ保険金額ヲ受取ルヘキ者ヲ指定スルコトヲ得

②保険契約者カ前項ニ定メタル権利ヲ行ハスシテ死亡シタルトキハ保険金額ヲ受取ルヘキ者ノ相続人ヲ以テ保険金額ヲ受取ルヘキ者トス

第六七七条【同前—指定又は変更の対抗要件】①保険契約者カ契約後保険金額ヲ受取ルヘキ者ヲ指定又ハ変更シタルトキハ保険者ニ其指定又ハ変更ヲ通知スルニ非サレハ之ヲ以テ保険者ニ対抗スルコトヲ得ス

②第六百七十四条第一項ノ規定ハ前項ノ指定及ヒ変更ニ之ヲ準用ス

第六七八条【告知義務違反による契約の解除】①保険契約ノ当時保険契約者又ハ被保険者カ悪意又ハ重大ナル過失ニ因リ重要ナル事実ヲ告ケス又ハ重要ナル事項ニ付キ不実ノ事ヲ告ケタルトキハ保険者ハ契約ノ解除ヲ為スコトヲ得但保険者カ其事実ヲ知リ又ハ過失ニ因リテ之ヲ知ラサリシトキハ此限ニ在ラス

②第六百四十四条第二項及ヒ第六百四十五条ノ規定ハ前項ノ場合ニ之ヲ準用ス

第六七九条【生命保険証券の記載事項】生命保険証券ニハ第六百四十九条第二項ニ掲ケタル事項ノ外左ノ事項ヲ記載スルコトヲ要ス

一　保険契約ノ種類

二　被保険者ノ氏名

三　保険金額ヲ受取ルヘキ者ヲ定メタルトキハ其者ノ氏名

第六八〇条【保険者の法定免責事由】①左ノ場合ニ於テハ保険者ハ保険金額ヲ支払フ責ニ任セス

一　被保険者カ自殺、決闘其他ノ犯罪又ハ死刑ノ執行ニ因リテ死亡シタルトキ

二　保険金額ヲ受取ルヘキ者カ故意ニテ被保険者ヲ死ニ致シタルトキ但其者カ保

険金額ノ一部ヲ受取ルヘキ場合ニ於テハ保険者ハ其残額ヲ支払フ責ヲ免ルルコトヲ得ス

三　保険契約者カ故意ニテ被保険者ヲ死ニ致シタルトキ

②前項第一号及ヒ第二号ノ場合ニ於テハ保険者ハ被保険者ノ為メニ積立テタル金額ヲ保険契約者ニ払戻スコトヲ要ス

第六八一条【保険契約者等の通知義務】保険契約者又ハ保険金額ヲ受取ルヘキ者カ被保険者ノ死亡シタルコトヲ知リタルトキハ遅滞ナク保険者ニ対シテ其通知ヲ発スルコトヲ要ス

第六八二条【積立金払戻義務】被保険者ノ為メニ積立テタル金額ヲ払戻ス義務ハ二年ヲ経過シタルトキハ時効ニ因リテ消滅ス

第六八三条【損害保険に関する規定の準用】①第六百四十条、第六百四十二条、第六百四十三条、第六百四十六条、第六百四十七条、第六百四十九条第一項、第六百五十一条乃至第六百五十三条、第六百五十六条、第六百五十七条、第六百六十三条及ヒ第六百六十四条ノ規定ハ生命保険ニ之ヲ準用ス

②第六百四十条、第六百五十一条、第六百五十三条、第六百五十六条及ヒ第六百五十七条ノ場合ニ於テ保険者カ保険金額ヲ支払フコトヲ要セサルトキハ被保険者ノ為メニ積立テタル金額ヲ保険契約者ニ払戻スコトヲ要ス